本书受中国人民大学科学研究基金项目暨中央高校基本科研业务费专项资金支持

百家廊文丛
BAIJIALANG WENCONG

三至六世纪海河流域
自然环境、灾乱与城镇兴衰

牛润珍◎著

中国人民大学出版社
·北京·

编委会名单

编委会主任　靳　诺　刘　伟

编委会副主任　贺耀敏　刘元春

编委会委员（以姓氏拼音排序）

冯惠玲　冯仕政　胡百精　刘大椿

孙　郁　王　轶　乌云毕力格　严金明

张　杰　张雷声

序　言

中国人民大学建校八十年，也是中国共产党创办新型高等教育的八十年。从 1937 到 2017，从延安的陕北公学，到晋察冀边区的华北联合大学、正定的华北大学，再到北京的中国人民大学，八十年历史沧桑，斗转星移，中国人民大学始终与党和国家同呼吸、共命运。八十年来，几代学人进行了殚精竭虑的学术探索，在治学方面取得了令人瞩目的杰出成就。

改革开放以来，中国人民大学的学者在马克思主义指导下，努力继承中华传统文化精粹，发扬老一辈学者的笃实学风，同时借鉴了西方学术研究的新方法、新成果，解放思想，大胆创新，有力推动了我国人文社会科学的深入发展。经过数十年的建设与积淀，中国人民大学在人文社会科学各领域内学科门类建设齐全，研究领域日渐拓展，研究水准不断提升，呈现出人才辈出、欣欣向荣的学术繁荣景象。

2017 年 9 月，经国务院批准，教育部等部门下发了《关于公布世界一流大学和一流学科建设高校及建设学科名单的通知》，中国人民大学入选 A 类一流大学建设名单，哲学、理论经济学、应用经济学、法学、政治学、社会学、马克思主义理论、新闻传播学、中国史、统计学、工商管理、农林经济管理、公共管理、图书情报与档案管理等 14 个一级学科入选一流学科建设名单。入选学科除统计学为理学学科外，其余全部为人文社会学科。

中国人民大学入选“双一流”建设高校和 14 个学科入选“双一流”建设学科，既体现了党和国家对人文社会科学的重视，同时也是对中国人民大学八十年发展成就的充分肯定，是鼓励和认可，更是鞭策和期许。我们感觉肩上的担子更重了。

习近平总书记指出："人类社会每一次重大跃进，人类文明每一次重大发展，都离不开哲学社会科学的知识变革和思想先导。"如果我们将"双一流"的入选视为中国高等教育在新的历史阶段开启新的征程的信号，那么当前，中国人民大学已经站在新的历史坐标点上。我们需要总结历史，更需要开拓未来。

2016 年中，学校科研处的同志与我们谈起，他们准备在校庆年启动一项名为"百家廊文丛"的持续支持工程，希望通过多年连续性的资助，把学校各学科卓有成就的学者所撰写的代表性学术成果择优出版，系统性地展示中国人民大学近年来的整体学术水平。科研处作为管理和服务教师科学研究的机构，一直把提升科研品质、打造学术精品作为部门的责任。但是，客观讲，中国高校的文科科研经费投入还是有限的，怎样把有限的资源配置到最需要、最出成效的地方，是中国人民大学多年来认真思考的问题。为了把"好钢用在刀刃上"，科研处也做了许多有益的谋划，推动了学校科研事业的蓬勃发展。

在校庆年首度推出"百家廊文丛"，具有几层特殊的意义。首先，"百家廊文丛"反映了中国人民大学在人文社会科学方面的深厚学术实力。本年入选的多部著作各具特色，有的资料翔实，有的论述细密，有的条理畅达，有的富有文采，足以彰显中国人民大学近年来的学术实绩。其次，体现出中国人民大学学者群体持续关注和深入研究我国发展面临的重大理论和实践问题的深沉人文情怀。有的学者耐得住寂寞，苦坐书斋；有的学者读万卷书行万里路，遍寻一手数据。再次，丛书是一个对外交流的窗口，在人大学者与国内外的学者之间架起了一个交流的平台。"百家廊文丛"如能持续坚持下去，就是一项规模较大的学术文化工程，值得期待。

大学因学术而显厚重，因学者而富气象。"百家廊文丛"首批推出的著作，选题丰富多元，特别是对基础学科和学科基础中的一些重要问题进行了专题研讨。对于"基础学科和学科基础"的强调和看重，一直以来也是我校科研工作的指导方针。"百家廊文丛"如果能做到叫得响、传得开、留得住，就成功了。好的学术成果一定要能沉淀下来，而非过眼云烟。

习近平总书记《在哲学社会科学工作座谈会上的讲话》指出："这是一个需要理论而且一定能够产生理论的时代，这是一个需要思想而且一定能够产生思想的时代。我们不能辜负了这个时代。自古以来，我国知识分子就有'为天地立心，为生民立命，为往圣继绝学，为万世开太平'的志向和传统。一切有理想、有抱负的哲学社会科学工作者都应该立时代之潮头、通古今之变化、发思想之先声，积极为党和人民述学立论、建言献策，担负起历史赋予的光荣使命。"中国人民大学长期秉持立学为民、治学报国的优良传统，始终践行着实事求是的学术良知。不论是在抗战烽火中，还是在建国伊始，不论是遭受了"文革"的磨难，还是在改革开放中凤凰涅槃，中国人民大学的学者一方面坚守书斋、甘于清贫，另一方面又关心国家、民族的命运，关心社会的进步。中国人民大学的命运从来与党和国家的命运休戚相关，而人大学者从来志向远大，他们为构建具有中国特色、中国风格、中国气派的哲学社会科学做出了积极贡献。今天，我们推出这套文丛，正是传承中国人民大学八十年文脉，弘扬砥砺奋进、实事求是精神的有益之举。

"百家廊文丛"的名字，非常契合中国人民大学的实际。因为"百家廊"是中国人民大学校内的著名风景，在李东东同志创作的《人民大学赋》中有云："百家廊，檐飞七曜，柱立八荒，凝古今正气，汇中外学术。"我们认为，这几句话就是对即将面世的首批"百家廊文丛"的最好诠释。"百家廊中百家争鸣"，这套文丛是献给历经岁月沧桑、培育桃李芬芳的中国人民大学八十年校庆的一份心意，祝愿这所伟大的学校在新的历史征程中继往开来、再续辉煌。

是为序。

靳诺　刘伟

目　录

绪　言

人类的生存与发展离不开自然环境，自然环境是人类从事各项社会活动包括衣、食、住、行等生活与生产活动的空间，虽然还不能说自然环境决定人类社会的发展，但一旦失去自然环境，人类的生存就成了问题，这是显而易见的道理。人类与自然若顺应天然和谐规则，则共生共存，诸业兴顺；一旦背离了此天然规则，灾难降临也就为时不远了。地球运动内、外力的作用所引起的自然环境变化，会影响到人类生活与生存，人类当顺应变化，趋利避害，改善环境。如果一味贪婪索取，破坏自然环境，人类只能自食其所造成的恶果。一次又一次的教训，使人类深刻感悟到天然和谐规则的不可违背。我国古人讲“天人合一”，20 世纪四五十年代西方人提出“人类生态学”，80 年代以后，经济学家反复强调“可持续发展”，其根本原理均在于人与自然的和谐。

人与自然的和谐是一个大道理，它包含了许多具体问题，诸如人类如何适应自然环境；如何充分利用自然环境和地理条件，最大限度地营造并优化自己的生存空间；如何与自然相安共处，天、地、人融合为一体；如何保护、改造自然环境；如何预防、消减自然灾害对人类造成的伤害；等等。人们不能违背自然法则，但人们可以积极顺应并利用自然法则。利用自然法则就必须认识、熟悉和掌握自然法则，而现实观察与历史考察都是认识和掌握自然法则的有效途径。自然环境的变化是一个十分漫长的过程，持续而且绵延不断，其变化现象背后的某些自然法则大多在一个很长的时限段内才会有所显示，较短时间内很难被观察到。因此，现实观察虽很有效，但也很有限，所以必须把观察的时限拉长，这时，历史考察就十分必要。对自然环境的历史考察是历史研究的一大难题，其最大困难在于取证难，取证有赖于古籍文献与考古，文献记载十之八九均非直接观察之记录。古人虽有“天”的意识，对自然灾害等现象有所记载，但其出发点在于“究天人之际”。古人所云“天人之际”，不是现代人所讲的人与自然的关系，而是述五行灾异，并非有意观察自然环境之变化。由于古人的观察缺乏科学意识，注意所及多为个别现象，所以有关记载少、散、乱、片断，不成系统，谶纬迷信、怪力乱神等非科学意识充斥其间，使有限的文献资料又显现出粗俗、混沌的一面，非剔抉一番不能发现其价值。对考古资料的取证也是十分困难，自然环境演变遗留下来的痕迹难寻，人类活动的遗迹又不能直接说明自然界的变化。20 世纪八九十年代以来，自然地理工作者探寻地下古代河道河系，钻孔取样分析，通过碳 14 和孢粉实验研究，推证古代气候、气温、雨量、水文、动植物生存与分布等，虽有一定成效，但由于工作量大，技术、设备有限，经费缺乏，成本高，野外作业艰苦，研究周期长等诸多困难，使得许多科学工作者无能为力，严重阻碍了有关历史考察和研究工作。可以说，古籍文献与考古取证的困难，是自然环境历史考察的最大障碍。再者，自然环境的历史考察涉及地理、历史、环境等学科，跨学科交叉综合研究的难度也较大，须研究者熟悉各学科研究情况，融汇各学科的知识、技能与方法，才能取得相应的成果。正因为存在着上述困难，使得已有的研究成果较为有限，可参考的论著数量并不太多，可资借鉴的前人研究经验和方法缺乏，这也是自然环境历史考察的第三个难题。然而科学研究的价值往往与问题的难度相关，一般说来，问题的难度越大，其研究的价值越高，出于这样的认识和考虑，本书将城镇建置沿革、兴衰变迁与自然环境变化及灾害战乱联系起来进行历史考察，推究古人如何与自然和谐相处，为今天城市建设与规划、环境保护、水资源合理利用、社会经济可持续发展等方面提供历史参考和支持，使人与自然皆循和谐之道。

自然环境会影响和制约人类社会的发展状况。那么，什么是自然环境？它包含哪些因素？在自然环境诸因素中，哪些因素与人类社会的联系最直接、最紧密？这些问题须明确。只有明确了这些问题，才能进一步考察自然环境对人类社会的影响。按照现代地理学的解释，自然环境亦即地理环境，是由地质、地貌、水文、气候、气温、雨量、土壤、植被等各种自然因素构成的地球表层关系链。这种关系链是多维形式的，相互交织、渗透、影响、制约，以达到某种程度的平衡与协调，共同形成一个和谐体。由于自然环境具有整体性、互动性，所以若其中某一自然因素发生变化，则必然引起其他诸因素的变化，具有牵一发而动全身的效应。自然因素与地理环境的变化往往导致人类生存条件的改变，由此影响着人类社会的发展。地貌、水文、气候、土壤、植被等自然因素与人类生活息息相关，常常是历史工作者在研究社会历史时首先关注的问题。因此，本书所探讨的历史自然环境，仅限于这些方面。

无论历史还是现实，自然环境与人类社会之关系均为一重大问题，非一人或数人之力所能事，由于诸多方面的局限，此将研究范围缩小，选择海河流域，从地域角度推证其历史上之气候、河水冲淤与地形地貌之变化、植被与森林之分布、物种之大概、自然灾害之种类与特点、主要灾害之分析，以及战乱灾害对城镇置废的影响，进而论述海河水系形成前之城邑建置，海河水系形成后之城镇沿革，海河流域城镇布局与区域中心城市之兴衰、变迁等，这样量力而行，使研究工作力所能及。古人的城邑建置特别注重地理环境。《周礼》云："惟王建国，辨方正位。"《诗·大雅·公刘》曰："笃公刘，逝彼百泉，瞻彼溥原；乃陟南冈，乃觏于京。京师之野，于时处处，于时庐旅。于时言言，于时语语。"又曰："笃公刘，既溥既长，既景乃冈，相其阴阳，观其流泉，其军三单；度其隰原，彻田为粮，度其夕阳，豳居允荒。"称颂公刘迁豳，并在此建置都邑。他先勘察地形地貌，调查水文资源，根据地理环境选定城址，然后再树立圭表测影，辨正方位，占卜取吉，丈量东西南北范围，确定城制规模，对都城做出设计规划和建设。古人并不懂得人类生态学，但他们可以根据人类同自然打交道的经验，科学地利用地理环境建设自己美好的家园。正因为城邑建置与地理环境的关系最为密切，故将二者联系起来做历史考察，由此亦可窥自然环境与人类社会关系之一斑。

根据新中国江河管理区划，今天的海河流域包括滦河水系、蓟运河水系、海河水系及徒骇河、马颊河，它们分别从流域的北部、西部、西南部汇入渤海，形成扇状水系系统（见图 1）。其流域范围在东经 111°59′至 119°36′，北纬 35°10′至 42°42′之间，周边地理东临渤海，南界黄河，西接太行山脉，北枕蒙古高原，横跨高原、山地、平原三大地貌单元，总面积 31.8 万平方公里。鉴于历史的原因，本项研究所讨论的海河流域并不完全与今日的范围一致，论及的范围仅包括蓟运河水系、海河水系及马颊河、徒骇河，行政区划包括今北京市、天津市、河北省大部及缘边内蒙古自治区、山西省、河南省、山东省一小部分，总面积约 26.5 万平方公里，这样的论述范围完全是根据历史和地理的因素确定的。

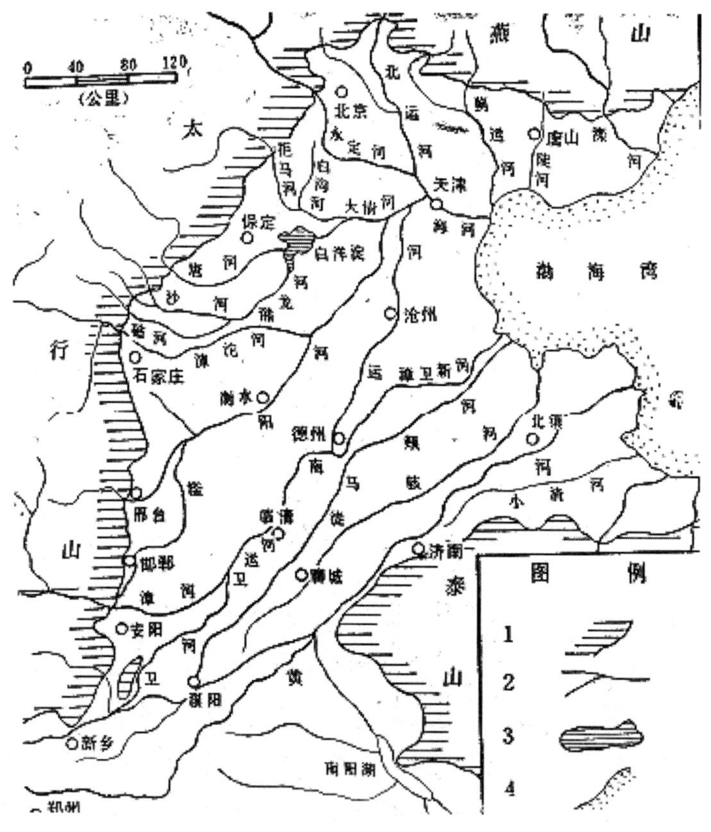

图 1　海河流域平原地区主要河流图

注：图例 1 为山地平原界线，图例 2 为河流，图例 3 为湖泊，图例 4 为海岸线。

为什么选择海河流域作为研究对象呢？第一，因为海河流域是一个特别重要的地域。在这块约 26.5 万平方公里的土地上，养育着 1 亿多人口。

这里有我们伟大祖国的首都北京、直辖市天津及河北省省会石家庄市，特大型城市密集，人口密度大，水资源匮乏，水涝、干旱等自然灾害频繁，由于人类过度开发、盲目发展、生产无序，水质、土壤、空气污染严重，生态环境日益恶化，植被遭破坏，域内原始森林萎缩，几乎殆尽，许多物种灭绝，种种问题困扰着这一地区的城市和经济的发展。研究海河流域历史上的生态环境、灾害预防与城镇发展，总结并借鉴历史经验，探讨今天的发展道路，是一件既有学术意义又有科学价值的事情，同时又是一位史学工作者应当担负的责任和义务。第二，自 20 世纪 80 年代以来，中央和京、津、冀地方政府曾先后开展“黄淮海综合治理”、“华北水资源研究”和“河北平原粮食基地建设”等重大经济建设项目的研究，均取得重大成就。这些项目论证的重点多在现当代，对于古代历史状况的探讨较为薄弱，历史认识不充分，对现实的论述则难以周详。对海河流域的历史考察，既可弥补这些重大研究项目某些方面的不足，又可直接为国家的经济建设服务，为中央和省、市领导决策提供历史依据，避免经济建设中的盲目性。中共十八大以来，党中央、国务院做出重大决策与部署：京津冀协同发展，制定规划，在交通、通信、人员往来、环境保护等方面统一协调。重新调整区域经济结构与布局，优化资源配置，激发活力。2017 年 4 月初，中共中央、国务院又决定建设雄安新区，疏解北京非首都功能。雄安新区正处在海河流域核心地带，考察海河流域历史上的环境变迁与城镇兴衰，可为当代区域城市发展规划、布局、资源最佳配置提供参考。第三，从地貌特征和水系结构看，海河流域疆界明确，扇状水系自成一格，具有明显的独立性、整体性。又由于地势和气候特点，水量、水势等水文现象季节性变化特别大，成灾的概率非常高，这就要求人们必须对之进行全流域综合治理，方能达到兴利除弊之目的。而现实的行政区划与自然的山川形势并不一致，水资源纠纷，以邻为壑，乱排乱放，上下游统一管理不力等问题十分突出，这些问题大多是人为造成的，违背了海河流域自然地理环境的协调性和整体性。研究历史上海河流域州郡城镇的变迁，探寻古人遵循自然地理划置州、郡、县的经验，可为今天行政区划建置提供参考，并为海河全流域整治建立历史依据。第四，海河流域地理位置十分重要，处于华北地区的南部，毗连东北、西北、华东和中南地区。古代学者曾将中国地理比喻为人之身：北京为首，河北为胸，东北、西北如两臂，东南为腹，海河流域正处在首与胸的部位。海河流域在世界经济格局中亦占有较为显眼的位置，地处亚太地区北部，太平洋西岸，为环太平洋经济区一部分，它的重要地位要求我们必须对之进行全面、深入的研究，也包括历史研究。第五，海河流域的历史研究在国内外尚属薄弱，重要的专门研究成果为数不多。20 世纪 60 年代，著名历史地理学家谭其骧先生配合国家"根治海河"，对海河水系的形成做了精湛考证，撰有《海河水系的形成与发展》一文（《历史地理》第四辑，1986 年）。20 世纪 70 年代，日本学者前田正名著成《平城的历史地理》一书。1961 年，著名地理学家罗来兴先生提出华北平原地理研究的建议。河北省地理研究所吴忱等积 30 年之功，潜心研究华北平原古河道，撰成《华北平原古河道研究》（中国科学技术出版社 1991 年版）、《华北平原古河道研究论文集》（中国科学技术出版社 1991 年版）和《华北平原四万年来自然环境演变》（中国科学技术出版社 1992 年版），并精心绘制有巨幅《华北平原古河道地图》，所绘华北平原包括了整个海河水系中、下游地区，这项研究也是 20 世纪海河流域历史研究的一项具有重大科学价值的成果。20 世纪 80 年代，海河水利委员会组织编撰《海河志》四卷五册（中国水利水电出版社 1995—1998 年），其中历史部分约占五分之一的篇幅。此外还有《海河史简编》（《海河史简编》编写组，水利电力出版社 1977 年版）、徐正编著《海河今昔纪要》（河北省水利志编辑办公室 1985 年铅印本）、河北省旱涝预报课题组编《海河流域历代自然灾害史料》（气象出版社 1985 年版）、尹钧科等著《北京历史自然灾害研究》（中国环境科学出版社 1997 年版）等等，这些也都是值得重视的成果。相关成果还有岑仲勉著《黄河变迁史》（人民出版社 1957 年版）、钱宁等著《黄河下游河床演变》（科学出版社 1965 年版）、《黄淮海平原水域动态演变遥感分析》（论文集，科学出版社 1988 年版）、《黄河水利史述要》（《黄河水利史述要》编写组，水利电力出版社 1984 年版）、邢嘉明等著《京津区域生态地理环境研究》（气象出版社 1987 年版）、邹逸麟主编《黄淮海平原历史地理》（安徽教育出版社 1993 年版）等。已有的研究成果大多偏重于海河水系、古河道、水文、地貌、水利工程等方面，而论及人文、社会方面的内容则稍有不足。本项研究正可拾遗补阙，专就历史上海河流域的自然环境、灾害战乱与城镇废置做断代研究，与其他论著相得益彰。

考察历史上海河流域自然环境的变化与城镇沿革、变迁，仍然是一个较大的问题，为便于把握，笔者拟做断代研究。根据谭其骧先生的研究，海河水系形成于东汉末，具体时间为建安十一年（公元 206 年）。大业四年（公元 608 年），隋炀帝开凿永济渠，南北运河通航，不仅使海河水系发生了变化，也使海河流域的城镇布局发生了变化。从东汉建安十一年到隋大业四年（公元 206 年—公元 608 年），又是中国历史上的魏晋南北朝时期，亦即公元三至六世纪。遂以此为考察时限，确定题目为“三至六世纪海河流域自然环境、灾乱与城镇兴衰”。笔者自 1982 年涉足河北地方史和方志研究，遍检各类文献，深感河北地区在魏晋南北朝时期的历史地位与作用非常特别，然地方史往往受现行行政区划的局限较大，反不如地域史或区域史更能完整地表述历史事实。这里讲的地域或区域是自然地理的范围，而非行政区划，所以笔者决计突破行政区划，以海河流域为范围进行历史考察。通过城镇考察，又发现古代城镇的建置沿革、兴衰变迁也与其行政管理职能的变化有关。城镇作为州、郡、县的治所，其吸收与辐射的功能在一定程度上取决于其行政权限，考察城镇建置情况又不能完全抛开行政区划，须将自然地理与行政区划结合起来，逐朝逐代考察海河流域的城镇，一朝接一朝，观察各朝代之变化，线索将更清楚些。

海河流域的城镇建置与变迁受水系变化的影响较大。吴忱等著《华北平原古河道研究》云：“以谭其骧的《海河水系的形成与发展》、《中国自然地理·历史自然地理》中的海河历史变迁为代表，比较一致的看法是：公元前 602 年以前，海河水系中的南运河、大清河、子牙河系统曾经是《山经》禹贡河（今黄河）的支流；公元前 602 年至公元 11 年间的 600 多年中，海河水系分四个系统（虖池河系统、泒水系统、治水系统、沽水系统）单独入海；公元 11 年至公元 608 年，南北大运河逐步沟通，海河水系逐步形成，五大支流汇至天津，通过海河干流统一入海；公元 608 年至公元 1963 年，海河水系各支流在平原地区频繁变迁改道，旱、涝、碱灾害严重；公元 1963 年以后，由于根治海河工程的实施，海河各支流都有了独流入海的减河，海河统一入海系统与分流入海系统并存”①。这样，可以把海河流域水系的古今变化划分为五个阶段，每个阶段的城镇布局也发生了相应的变化。公元前 602 年以前，海河流域水系尚属《禹贡》河下游流域水系，文献虽曰九河分流入海，但实际上并没有固定的河道，基本上是泛流区。因此，这一阶段的古城遗址及居民点主要分布在太行山麓台地、洪积平原及其与冲积平原边缘地带。公元前 602 年至公元 11 年海河流域水系为《汉志》河下游水系，由于河沙淤积，九河泛流区向南滚动，形成《汉志》河流，这一时期，冲积平原上的城邑及居民点增多。邹逸麟主编的《黄淮海平原历史地理》，根据公元前 602 年以前及其以后《禹贡》河到《汉志》河的变化，绘有《海河水系雏形阶段海河流域水系图》（见图 2）。

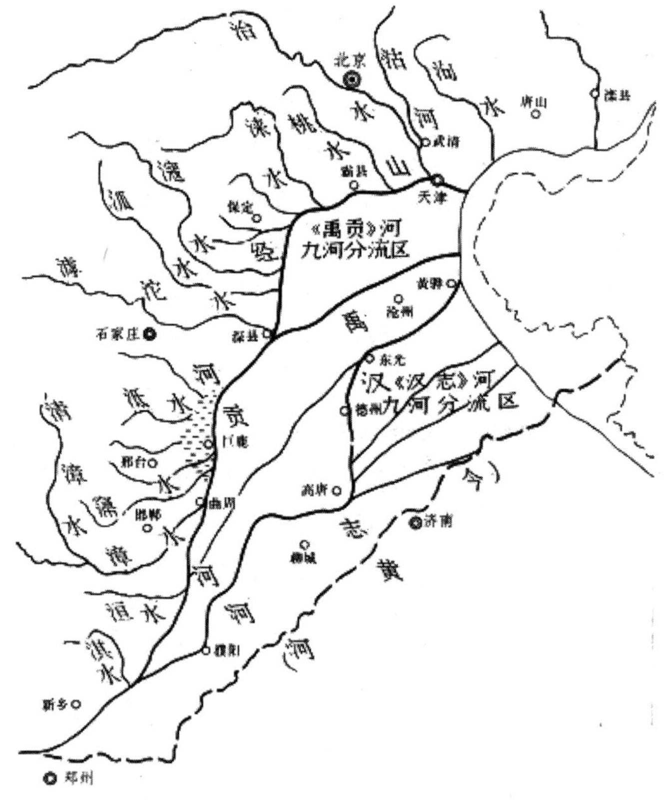

图 2　海河水系雏形阶段图

① 吴忱，等. 华北平原古河道研究. 北京：中国科学技术出版社，1991：12.

公元 11 年至公元 608 年，是海河水系形成与发展的阶段。海河水系形成的关键，是黄河改道与清河发育并成为海河水系主流。这一时期，过境水量减少，河道相对稳定，沿清河及《禹贡》河、《汉志》河泛流区，城邑及居民点星罗棋布，在冲积平原、沿海淤积平原形成水退人进的态势。海河水系形成阶段见《黄淮海平原历史地理》海河流域水系图（见图 3）。

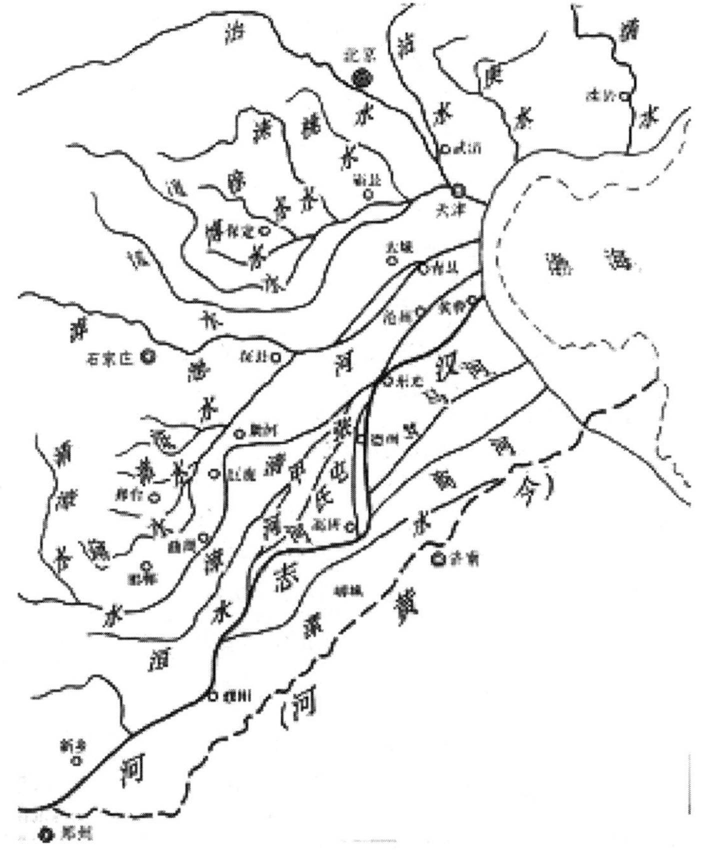

图 3　海河水系形成阶段图

公元 11 年河决魏郡，公元 69 年王景治河，河水东流。东汉建安年间，曹操遏淇水入白沟，白沟河接通清河，形成海河水系主流。海河水系进入发展阶段。其水系状况又如《黄淮海平原历史地理》海河水系发展阶段海河流域水系图（见图 4）。

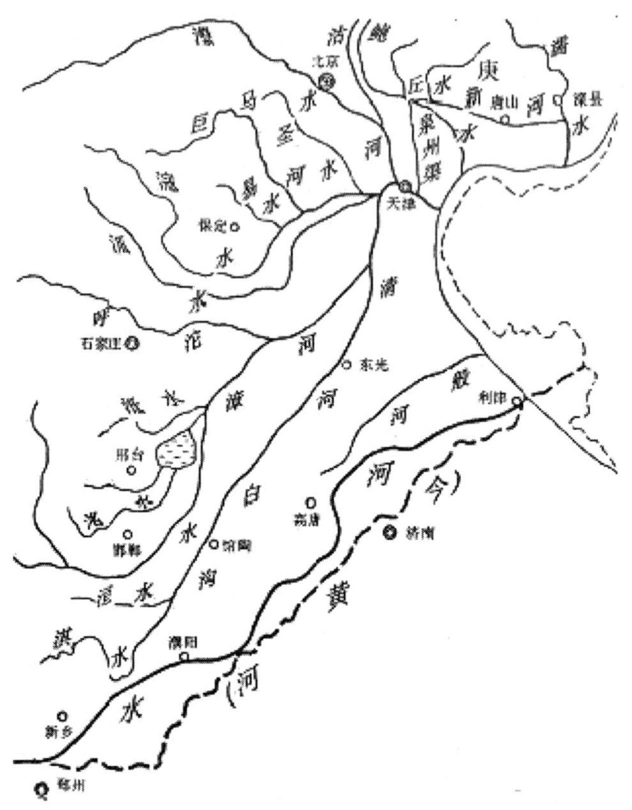

图 4　海河水系发展阶段图

海河水系几次大的变化，应该说以隋大业四年（公元 608 年）南北大运河的开通最为重要，其对流域内城镇建置、布局及社会经济与文化等方面都产生了十分重大的影响。在此之前，海河流域的重要城镇多分布在太行山东麓南北通道上及其附近。南北大运河开通后，沿运河又形成了许多重要城镇，地域中心城市向东转移，这在唐宋以后十分明显。特别是宋代北京大名府的崛起，其作为地域中心城市，取代了魏晋南北朝时期邺城的地位，在城镇兴衰变迁方面甚具典型意义。而且，自南北大运河开通后，海河水系进入一个稳定时期，见《黄淮海平原历史地理》稳定阶段海河流域水系图（见图 5）。

明清时期海河流域虽洪涝灾害不断，但水系没有大的变化（见图 6、图 7）。

图5　海河水系稳定阶段图

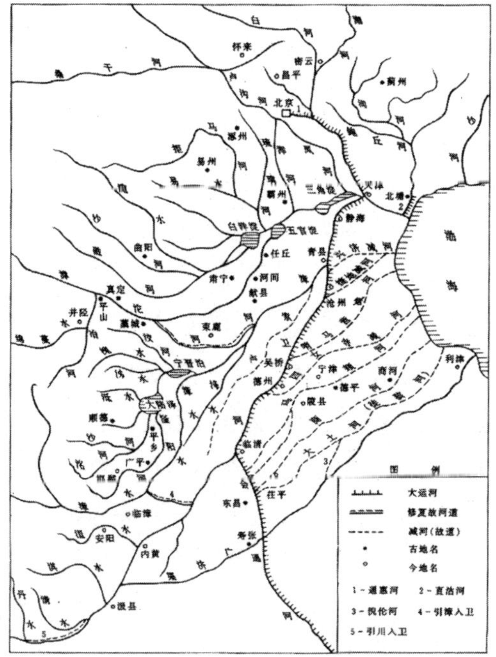

图6　明代海河水系图（见《海河志》）

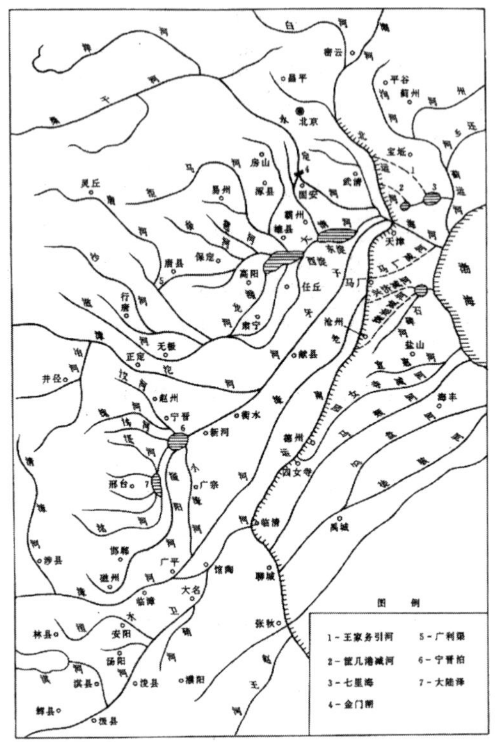

图 7　清代海河水系图（见《海河志》）

明清时期海河水系河道变迁主要表现在平原地区。虽然水道变迁比较频繁，但幅度并不大，没能影响到整个海河水系的格局。此以漳河水道的变化较为典型（见图 8）。

1963 年海河流域特大洪水后，毛泽东主席于当年 12 月发出并题写“一定要根治海河”的指示，冀津人民开辟漳卫新河、子牙新河，扩大独流减河，开辟永定新河，疏通天津段海河干流，各大支干河流导洪能力大大增强，而且分流入海，改变了海河流域洪水汇集下游、泛流入海、流泻广大平原的历史，海河流域水系进入一个相对安流的时期，这是海河水系发展的第五阶段。

海河流域城镇布局的历史演变可以隋大业四年为界，分为前后两大段。其前段的变化以汉魏北朝时期最为重要，当代主要城市格局基本上是在这个时期显现出雏形的。隋大业四年以后，东部沿运河城镇兴起，甚至

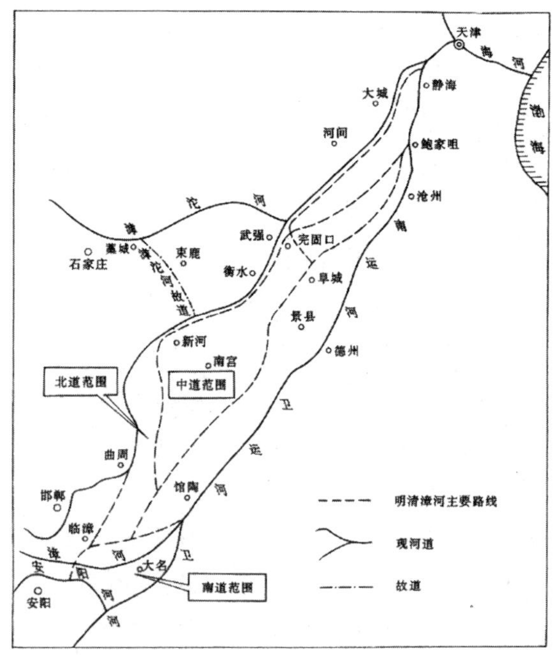

图 8　明清漳河水道图（见《海河志》）

在明清时期发展成为重要城镇，此不但没有改变汉魏以来的城镇格局，甚至更进一步完善了原有的格局。所以本项研究以三至六世纪海河流域的自然环境与城镇变迁为考察重点。但首先，由于自然环境的变化是一个缓慢、连续的长期过程，仅靠有限的史料考察海河流域三四百年间较短时限内的变化，从而推究带有规律的认识，颇为困难；其次，城镇的沿袭性很强，许多城镇自建置后，名称至今未变，如邯郸、邺、邢、高邑、元氏、井陉、涿、安平等，这些城镇又多置于先秦、秦汉，如果研究仅限于三至六世纪时间段，其建置沿革的前因则被刈除；再次，由于城镇布局受水系影响，海河水系形成之后的城镇建置布局不同于形成之前，如果不明确水系形成之前情况，不足以了解水系形成之后的变化。所以本项研究立足于三至六世纪，同时根据内容需要在时限方面适当向前延伸，以便于前后比较，正确把握自然环境变化与城镇变迁的实际情况。

又由于海河流域高原、山地、平原不同的地貌特征，其自然环境也呈现出地区差别。北部、西北部坝上高原气候干旱、寒冷，风沙严重；西部山区穷山恶水，生态脆弱，水土流失严重；东部平原因横斜漏斗状地形与扇状水系，加上暖温带半湿润季风气候，使境内旱、涝等自然灾害频繁，河流迁徙无常，给居民的生产、生活带来不便。这样，在海河流域形成三种类型的自然环境，即北部坝上高原环境、西部山区环境和东部平原环境。还有学者将东部平原自然环境分为四个类型和三个小区。“四个自然环境是：山前洪积扇类型；洪积扇前缘洼地类型；冲积扇——冲积平原类型；潟湖——三角洲平原类型。”三个自然环境小区：“山前洪积扇形平原区（即洪积扇类型）；中部冲积扇——冲积平原区（包括洪积扇前缘洼地类型和冲积扇——冲积平原类型）；滨海三角洲平原区（即潟湖、三角洲类型）”①。这是现代地理学上的分法，其对海河流域东部平原地理环境的历史考察十分有用。限于史料，平原环境的“四个类型三个小区”对区域社会历史影响的地区差虽然不十分明显，但从古代城邑分布由西向东展拓态势看，河流变迁与地势、地貌变化会影响到城镇建置。所以考察三至六世纪海河流域自然环境可以参照现代地理学的划分，由洪积、冲积、滨海等三个小区观察海河流域平原区的自然环境与社会历史的变化（见图 9）。

海河流域的地理位置、地形地貌和自然环境对域内人类社会历史的发展产生了深刻影响。史前考古与早期人类文化遗址发现、发掘均表明：海河流域人类文明的开发与发展呈由北向南、由西向东的态势。一百万年前，冀北桑干河流域的阳原、怀来盆地曾留下古人类即泥河湾人活动遗迹，考古学家称这里为“最早人类的脚踏地”。五六十万年前，北京猿人又把他们的居所搬进了房山周口店龙骨山的洞穴内，留下了丰富的文化遗存。一万多年前，这里又留下了山顶洞人的活动遗迹。八千年前，冀南洺河流域磁山文化形成，并影响了以后的仰韶文化和龙山文化。从新石器时代早、中、晚三期遗址的地理分布看，早、中期大多分布在太行山山间盆地、河流两岸的台地及山麓平原，晚期扩展至滨海平原。这个时期产生的细石器文化还通过辽西走廊，远播到东北亚和西北美，向南播及中原及长江流域。古籍文献记述的远古传说在地理方位上与考古发现基本吻合，桑

① 吴忱. 华北平原四万年来自然环境演变. 北京：中国科学技术出版社，1991：7.

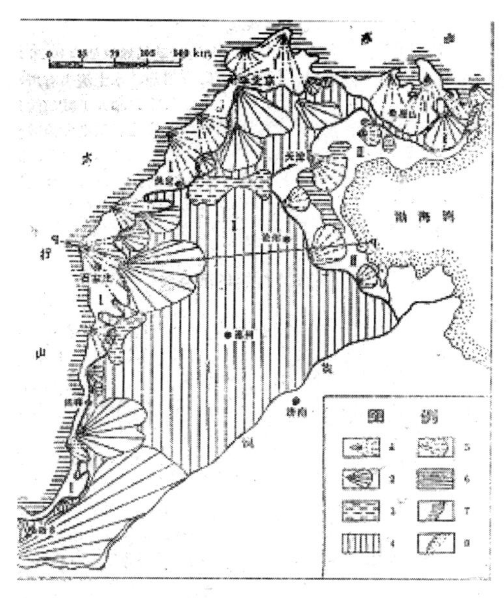

1. 洪积扇；2. 冲积扇；3. 扇缘洼地；4. 冲积平原；5. 三角洲；
6. 河漫；7. 山区平原界线；8. 海岸线；9. 图3-2位置
I. 山前洪积扇形平原区；II. 中部冲积
扇－冲积平原区；III. 滨海湖—三角洲平原区

图9　华北平原自然环境类型与分区图

干河流域及冀西山地也是传说中的人物——黄帝、炎帝、蚩尤、唐尧等争战、居住、活动的地区。《史记·五帝本纪》云黄帝与炎帝战于阪泉之野，二者联合与蚩尤战于涿鹿之野，遂杀蚩尤。又“北逐獯鬻，合符釜山，而邑于涿鹿之阿”。据历代地理志书，阪泉、涿鹿、釜山均在桑干河流域，即今河北省涿鹿、涞水县境。《史记·五帝本纪》又云唐尧“流共工于幽陵，以变北狄”。后人传说幽陵即幽州。据汉唐地理志书，尧初封于唐，故称唐尧，唐即今河北省唐县。尧之母曰庆都，战国时赵国置有庆都邑，西汉改名望都（今河北望都西北故县村）。《汉书·地理志》颜注引张晏语曰：“尧山在北，尧母庆都山在南，登尧山见都山，故以为名。”唐尧曾将二女嫁于虞舜，舜纳二女于妫汭，妫即流经今河北涿鹿、怀来和北京延庆的一条河流。相传舜还曾建都于潘，其故城在今涿鹿西南。

夏商周三代，人类活动的主要地区移至燕赵地区。商的先人发迹于漳河流域的上游，其年代相当于传说中的夏。《世本》云商之始祖契居于蕃，封于商。丁山、邹衡等学者认为蕃即战国之番吾（河北灵寿县西南）、汉之蒲吾，城址已被今黄壁庄水库淹没。商在漳水流域，漳水即滴水，称水名，则为滴水，称族名则为商族，商地就在滴水流域，商人的族称即来源于此[①]。从《世本》《竹书纪年》《山海经》《易经》《荀子》等文献反映的情况看，商之先人活动的主要区域包括河北省的中南部和河南省的北部，考古工作者在这一带也发现了规模相当可观的先商和殷商文化遗址。西周、春秋时期，海河流域置有许多方国，其地理分布已从山麓平原扩展至冲积平原和滨海平原。到了战国时，燕、赵、中山、齐等国各在海河流域建置城邑，城邑已遍布全流域，但密度稀疏不均。

公元前228年，秦攻灭赵国，公元前226年又灭燕国。秦军用兵赵、燕，师出上党，沿漳河东下，先攻取河南城邑，再分兵出井陉、河间，分割赵国，合围并一举克陷邯郸，又回师北上，攻破燕都蓟城，其由西向东、由南向北的军事战略也是正确地利用了海河流域的地理条件，特别是漳河流域的优越的地理位置。自秦汉至魏晋南北朝，这里一直是影响中国历史发展的重要地区。

公元前209年，秦末农民大起义爆发，起义军注意到河北地区的重要，派张耳、陈馀率领一支军队深入燕赵。张耳、陈馀原为魏国大梁名士，为避秦始皇重赏缉捕，二人埋名隐居。陈涉起义，二人往投，劝陈涉分兵取河北。陈涉采纳了他们的建议，派遣武臣及张、陈二人往河北。他们游说河北豪杰"因天下之力而攻无道之君，报父兄之怨而成割地有土之业"。豪杰群起响应。张耳攻占邯郸后，推武臣为赵王，张耳、陈馀说服武臣道："王王赵，非楚意，特以计贺王。楚已灭秦，必加兵于赵。愿王毋西兵，北徇燕、代，南收河内以自广。赵南据大河，北有燕、代，楚虽胜秦，必不敢制赵"[②]。后武臣被杀，燕赵又陷入混乱。陈胜、吴广起义失败后，章邯率秦军主力进攻河北。同时，刘邦、项羽又纷纷举兵。项羽率军直指河北，在邺西三十里的三户津渡过漳水，破釜沉舟，誓与章邯决一死战。后于巨鹿打败章邯，消灭了秦军主力。张耳、章邯、项羽都十分重

---

① 丁山．商周史料考证．北京：中华书局，1988：9-14.

② 《史记》卷八十九《张耳陈馀列传》.

视河北，因为河北是制衡和威胁关中政权的重要地域。

公元前206年至公元前202年四年楚汉战争，刘邦屡战屡败，数次全军覆没，仅一人走脱，直到韩信破赵之后，势力复振。他能与项羽抗衡，正是凭借韩信所率河北军的力量，最终击败项羽，做了皇帝，建立西汉政权。西汉初，刘邦政权并不稳固。陈豨在代国叛乱，刘邦率大军平叛，至邯郸，刘邦喜曰："豨不南据邯郸而阻漳水，吾知其无能为也。"① 西汉末年，刘秀南阳起兵，于困境中得巡河北，并得谋士邓禹等人的帮助。邓禹的建议成为刘秀在河北构建王业的关键战略决策。宋王应麟《通鉴地理通释》卷七《名臣论议考·邓禹说光武》曰："邓禹闻光武安集河北，即杖策北渡，追及于邺。禹进说曰：'更始虽都关西，今山东未安，赤眉、青犊之属，动以万数，三辅假号，往往群聚。更始既未有所挫，而不自听断，诸将皆庸人崛起，志在财币，争用威力，朝夕自快而已。非有忠良明知，深虑远图，欲尊主安民者也。四方分崩离析，形势可见。明公虽建藩辅之功，犹恐无所成立。于今之计，莫若延揽英雄，务悦民心，立高祖之业，救万民之命。以公而虑，天下不足定也。'光武大悦，因令左右号禹曰'邓将军'。常宿止于中，与定计议。及王郎起兵，光武自蓟至信都，使禹发奔命，得数千人，令自将之，别攻拔乐阳。从至广阿，光武舍城楼上，披舆地图，指示禹曰：'天下郡国如是，今始乃得其一。子前言以吾虑天下不足定，何也?'禹曰：'方今海内淆乱，人思明君，犹赤子之慕慈母。古之兴者，在德薄厚，不以大小。'光武悦。"刘秀初入河北时，他身边仅有数名侍从，经过数年奔走，历尽艰辛，惨淡经营，聚拢起邯郸、信都、巨鹿、真定、常山、河间等地官僚地主武装，创建了河北根据地，为其以后建立东汉政权奠定了初步的根基。特别是上谷、渔阳两郡突骑的支持和河北铜马军的投归，使刘秀组建了一支颇具实力的政治军事集团。民间流行童谣云："谐不谐，在赤眉。得不得，在河北。"② 刘秀起兵在南阳，发迹在河北，从而建立了东汉政权。

东汉末年，豪强割据，相互争战，董卓暴乱东都，一把火将洛阳化为

① 《史记》卷八《高祖本纪》.

② 《后汉书·五行一》.

废墟。董卓死后，李傕、郭汜内乱，焚屠长安，汉代两京的繁荣景象消失，关、洛荒芜，生灵版荡，“关中无复人迹”①。中原地区“名都空而不居，百里绝而无民者，不可胜数”②，“百姓死亡，暴骨如莽”③，“旧京空虚，数百里中无烟火”④。王粲《七哀诗》曾描述了他由长安到霸陵路上所见及感受，曰：“西京乱无象，豺虎方构患。复弃中国去，委身适荆蛮。亲戚对我悲，朋友相追攀。出门无所见，白骨蔽平原。路有饥妇人，抱子弃草间。顾闻号泣声，挥涕独不还。未知身死处，何能两相完？驱马弃之去，不忍听此言。南登霸陵岸，回首望长安。悟彼下泉人，喟然伤心肝。”⑤ 曹操《蒿里行》也云：“白骨露于野，千里无鸡鸣。生民百余一，念之断人肠。”与关中、中原的丧乱状况相比，海河流域的河北地区虽亦曾蒙受战乱之苦，但遭受的破坏相对较小，加之传统农业经济又较发达，人口殷实。东汉崔寔说：“今青、徐、兖、冀，人稠地狭，不足相供。而三辅左右及凉、幽州，内附近郡，皆土旷人稀，厥田宜稼。”⑥ 蔡邕云：“幽、冀旧壤，铠马所出”⑦。逢纪曰“冀部强实”，荀谌称“夫冀州，天下之重资也”⑧。“于时冀州民人殷盛，兵粮犹足”⑨。沮授等亦云冀州“带甲百万，谷支十年”⑩。建安九年（公元204年），曹操领冀州牧，清点户籍，对崔琰说：“昨案户籍，可得三十万众，故为大州也。”⑪ 到了魏明帝时，杜恕说：“冀州户口最多，田多垦辟，又有桑枣之饶，国家征求之府。”⑫ 因此，海河流域的河北地区便成了豪强争夺的重点。

董卓早在专擅洛阳朝廷时，曾派颍川大族韩馥牧守冀州，以便控制河

---

① 《三国志·董卓传》.

② 仲长统：《昌言·理乱篇》.

③ 《三国志·文帝纪》.

④ 《三国志·孙坚传》.

⑤ 逯钦立．先秦汉魏南北朝诗：上册．北京：中华书局，1985：365.

⑥ 《通典·食货·田制》.

⑦ 《后汉书·蔡邕传》.

⑧ 《三国志·袁绍传》.

⑨ 《三国志·武帝纪》.

⑩ 《后汉书·袁绍传》.

⑪ 《三国志·崔琰传》.

⑫ 《三国志·杜恕传》.

北地区。中平六年（公元189年）八月，司隶校尉袁绍因董卓窃议废立帝事，怒而奔冀州。董卓为了笼络袁绍，任袁绍为勃海太守，袁绍到了郡治南皮（今河北南皮东北），欲起兵讨伐董卓。冀州牧韩馥派了数人到勃海做袁绍的郡国从事，监督他，劝他不要起兵。后来东郡太守桥瑁诈称京师三公，移书于州郡，陈述董卓罪恶，声称朝廷受到董卓的逼迫，无以自救，企望义兵解救国难。韩馥得书，与诸从事商议，听袁绍举兵。初平元年（公元190年）正月，关东州郡起兵讨董卓，推袁绍为盟主。袁绍与河内太守王匡屯河内，韩馥留邺，供应粮草。董卓震恐，纵火焚毁洛都，西迁长安。山东豪强借讨伐董卓的名义，暂成乌合之众，董卓一溜，其结盟的基础瓦解，于是无不借机扩充势力，冀州治所邺城便成了其争夺的主要目标。初平二年（公元191年），曲义率冀州兵一部叛变，袁绍与曲义结盟谋冀州，又采纳逢纪的建议，密约公孙瓒自幽州南下，并派荀谌等赴邺劝韩馥让出冀州。公孙瓒在安平（今河北安平县）败韩馥军，引兵向冀州。韩馥懦弱，不懂军事，十分恐惧。荀谌乘韩馥之危，恐吓诱逼其将冀州让给了袁绍。“袁氏得冀州，则瓒不能与之争”①，使得“军无斗粮”，“旬日之间，必土崩瓦解”的袁绍绝路逢生②。袁绍于初平二年（公元191年）自领冀州牧，镇邺。从事沮授劝袁绍：“振一郡之卒，撮冀州之众，威震河朔，名重天下。虽黄巾猾乱，黑山跋扈，举军东向，则青州可定；还讨黑山，则张燕可灭；回众北首，则公孙必丧，震胁戎狄，则匈奴必从，横大河之北，合四州之地，收英雄之才，拥百万之众，迎大驾于西京，复宗庙于洛邑，号令天下，以讨未复，以此争锋，谁能敌之?”袁绍喜曰：“此吾心也。”③ 至建安三年（公元198年），袁绍大败公孙瓒，兼并燕代，领幽、冀、青、并四州地。但他没有完全采纳沮授的建议，虽居冀州有利地势，而不知笼络士众，诚如曹操在官渡战前分析的那样：“吾知绍之为人，志大而智小，色厉而胆薄，忌刻而少威，兵多而分画不明，将骄而政令不一，土地虽广，粮食虽丰，适足以为吾奉也。”④ 这正是袁绍于建安五年（公元200年）在官渡

---

① 《三国志·袁绍传》.

② 同①.

③ 同①.

④ 《三国志·武帝纪》.

惨败于曹操的原因。建安七年（公元202年）七月，袁绍死，其子袁谭、袁尚为争夺冀州牧官职，发生内讧。曹操乘机攻邺，于建安九年（公元204年）八月克陷邺城，冀州归属于曹操，为其统一北方奠定了基础。

实际上，董卓、韩馥、公孙瓒、袁绍、曹操都认识到海河流域河北地区的重要。董卓不知用人，韩馥庸弱，公孙瓒一介悍夫，袁绍有地利而无人和，故丢掉了举足轻重的冀州而归于失败。袁绍曾与曹操讨论过冀州的重要性。《三国志·武帝纪》曰："绍与公共起兵，绍问公曰：'若事不辑，则方面何所可据?'公曰：'足下意以为何如?'绍曰：'吾南据河，北阻燕、代，兼戎狄之众，南向以争天下，庶可以济乎?'公曰：'吾任天下之智力，以道御之，无所不可。'"其实，曹操也看重河北，为了避免袁绍疑虑，故意转移了话锋，袁绍所论与秦末张耳、陈馀如出一辙，然只有曹操能把握住历史的机遇，取得了冀州，建立了他的王业本基。袁绍虽然赞同郭图、沮授迎献帝安都邺宫，挟天子以令诸侯的建议，但并未施行，故未能成功。曹操吸取了袁绍的教训，并在其基础上成就了自己的功业。他迎汉献帝都许，"挟天子以令诸侯"，官渡一战，击败袁绍主力，然后挥师北上，占据冀州，遂定鼎邺城，统一北方，以北兼南。这样的战略思想原本是袁绍制定的，结果绍败而操胜。曹操之所以能在群雄混战中取得胜利，原因在于他有雄才大略，深谋胜算，且又善用人，充分发挥冀州在地理上的优势，英雄得用武之地，且对战略、时机、策略均有较好的把握。

魏晋南北朝是中国历史上一个分裂的时期，豪强争霸无不借山川险阻，位居要冲、经济发达、人口殷盛的地域自然是地方豪强势力滋生、存在和发展的重要基础，海河流域的幽、冀二州依山临河，居关傍海，襟带东北、西北，虎视中原，因而也就成为豪强割据的主要地区。东汉末，袁绍震慑河朔，得以"收英雄之谋，用士民之力，东苞巨海之富，西举全晋之地，南阻白渠黄河，北有强弓胡马，地方二千里，众数十万，可谓威矣"①。但袁氏有地利而不能顺天应人，使河朔之险为曹操所踞。曹操"任天下之智力，以道御之"②，雄长中原，得成霸王之业，三分天下有其

① 《全三国文》卷八魏文帝《监诫作奸谗》.

② 《三国志·武帝纪》.

二。魏晋时期，海河流域的幽、冀二州形势稳定，司马氏父子无后患之忧，才能南灭吴、蜀，成西晋一统。永嘉之乱，司马颖恃河北逞强诸王，专制朝政，设相府于邺城（今河北临漳县三台村），以邺制洛，致使晋惠帝以“颖悬执朝政，事无巨细，皆就邺谘之”①。帝、相不共都，而且都于洛阳的皇帝每事悉就相府所在的邺城请命，这样的历史现象，也说明邺及河北在地理上对洛阳和中原具有抗衡和掣肘的关系。内乱又引起外患，游牧于幽州北部的北方诸部族挥戈河北，南下中原。王浚勾结鲜卑、乌桓，屠焚邺城；羯人石勒起兵赵魏，纵横驰骋于司、豫二州。五胡乱华，始于河北，乱在河北、中原，中原乱则晋室南迁，司马睿建东晋于建康（今江苏南京市）。北方石勒依凭赵魏，奠定后赵霸业。前燕沿袭后赵，鼎足邺城，但慕容儁都邺较之后赵意义更为深远，幽冀与辽东形势相接，进可图中原，退可守龙城（今辽宁朝阳市），又可防关中前秦腰截分割，都邺是其图霸最佳战略。但其子孙不肖，居地利而不能有人和，终为苻坚所灭。前秦在幽、冀地区立足未稳的情况下，南伐东晋，所征发的大量幽冀兵丁并不想为苻氏卖命，终使其军队成乌合之众而不堪一击，前线的失败自然造成后方幽冀地区不稳，前秦的势力在失败和不稳中衰落，后燕乘其衰落而复兴。但慕容垂居河朔不能守其地利，终为拓跋珪所败。

石勒、慕容儁、慕容垂据河北制河南，苻坚以关中兼并关东，从而与江左东晋抗衡。就北方诸国讲，无论据河北制河南，还是以关中兼关东，海河流域的幽冀诸州都是重要的地区，幽冀之争就成了由谁来王霸中原与东晋抗争的关键。汉赵、后赵、前秦、后燕先后占据幽冀诸州，南向争天下，其替代兴衰构成了十六国时期北方历史发展的主线，把中国历史的发展逐渐引向南北对峙的阶段。

北魏拓跋珪控制海河流域，建都平城，冀、定、相诸州的农业经济为北魏提供了可借资储的粮仓，同时还使拓跋氏获得大量士人和百万计的兵丁和劳动力，加速了拓跋氏的汉化和其政权的封建化，为统一北方奠定了政治基础。北魏以幽、冀、并、代为根基，在不断打败北地柔然、匈奴、库莫奚诸部族的同时，又东北灭北燕，东南定青、齐，西向克统万，统一

① 《晋书·成都王颖传》。

北方。北魏先东后西、以北兼南的军事战略重心在河朔，河朔定则北方定。故《魏书·地形志》说："魏定燕赵，遂荒九服，夷翦逋伪，一国一家，遗之度外，吴蜀而已。"北魏统一北方，与南朝宋齐抗衡，从而形成了中国历史上南北对峙的局面。

北魏末年，河北流民起义，河朔不保，北魏名存实亡，但尔朱氏在镇压农民起义后，并没有认识到河朔的重要，除相、殷、定三州被其控制外，其他州郡大都为河朔世族集团及北魏牧守所掌握，尤其冀、殷二州，为赵魏大族势力最强的地方。这种地理与政治态势对高欢极为有利，很容易使北镇鲜卑集团与河朔大族集团在共同对敌的前提下联合起来，故李元忠劝高欢向冀州，合殷州，"冀、殷即合，沧、瀛、幽、定自然弭服"①，相州便难能自保。在地利、人和的优势下，高欢以弱胜强，消灭了尔朱氏集团，又置陪都于晋阳，设重镇于齐郡，以河北为根本，西连并肆，东接青齐，成掎角之势，南与萧梁对峙，西与宇文氏抗争，对内又注意恢复幽冀诸州及青、齐地区的经济。"欢命诸州滨河及津、梁皆置仓积谷以相转漕，供军旅，备饥馑，又于幽、瀛、沧、青四州傍海煮盐，军国之费，粗得周赡。"② 从高欢"大号燕赵"，经高澄"外挺武功，辟土服远"，到高洋"纂戎先业"，东魏、北齐国力强盛，致使西魏、北周冬日锥河以防来攻。这样，在南北对峙局面下，北方又形成了东西抗衡的形势。

高洋晚年，专横残暴。继之高演、高湛、高纬，更是淫奢无度，滥杀贤良、汉官，海河流域又连年灾饥，民族矛盾和阶级矛盾尖锐。而与此同时的北周，经过武帝一番改革，国运方兴，一举灭掉北齐，廓清幽冀诸州，结束了这种东西分裂的时代。北周大象二年（公元580年）五月天元皇帝宇文赟卒，静帝宇文阐年幼，杨坚假黄钺，任左大丞相，百官总己以听，专擅朝政。相州总管尉迟迥以杨坚图谋不轨，在邺举兵问难，关中震动。杨坚发重兵，平定尉迟迥，稳定河北，消除了腹背忧患，这才重新踏上天下统一的轨程。从北周到隋，其以北兼南整个战略的第一步仍踏在海河流域的幽、冀诸州。

---

① 《资治通鉴·梁武帝中大通三年》.

② 《资治通鉴·梁武帝大同七年》.

海河流域是魏晋南北朝时期地域政治势力竞争的重要砝码，谁控制了这一地域，谁就在政治角力中占据了地理上的优势，但除北魏外，居海河流域而兴者并不长久，后赵、冉魏、前燕、后燕、东魏、北齐等，国祚最长者也只有二三十年。尽管它们立国时间很短，但对中国历史发展的影响却很深远。从外部讲，南北对峙，建康（今江苏南京市）与洛阳（今河南洛阳市东）、邺城之间的广袤空间，消磨了南北双方的军事力量，并成为江南与中原、河北两大地域政治力量的缓冲地带。淝水战后，东晋军队乘胜渡过黄河，最远只能到达临漳县北五桥泽。北魏、北齐全盛时，也只是南临瓜步与长江。而且，两大势力的强弱消长也几乎是同步进行：东晋内乱频繁，北方诸国相互混战；刘宋强盛，北魏勃兴；南朝衰弱，北方东西分裂。因而，南北对峙各以地利制胜。东西抗衡，长安（今陕西西安市）与邺，距离较近，但山河阻隔，地利相当，前秦、北周以长安制邺，北魏以幽、冀、并、代取关中，胜负在于人和。从内部讲，自东汉末年以来，海河流域地理环境与区域政治、军事、经济的发展，民族分布和迁徙，使这里成了矛盾、战争、融合、发展、分裂与统一，各种力量交织一起，相互冲突，彼此汇集的地区，成为北部中国治乱的关键地带。五胡乱华，主要乱在海河流域，北方各部族在乱中融合，地域社会在乱中变更，由此出现历史上南北对峙、东西抗争的形势，并在对峙与抗争中酝酿新的统一。从地域上讲，东汉末、西晋末、北魏末，乱无不从海河流域的河北始。魏晋、北魏、周隋，其统一事业，又皆以定幽冀为先。河北乱则天下乱，河北治则天下治，天下治而后河北治，这些历史现象反复出现，说明海河流域是影响公元三至六世纪中国历史发展的重要地区。这并不是对海河流域地域历史作用的片面夸大，反过来讲，如果说海河流域对魏晋南北朝历史发展的影响不大，或者说没有什么影响，或者说如果干脆抹掉这一地域，魏晋何以统一，五胡乱华无地或改徙他地，晋室或许不必南迁，北魏难借资储，东魏、北齐也难能“气慑西邻，威加南服”了，魏晋南北朝的历史发展轨迹必将另有他途。

从中国历史发展大势看，总趋势是统一，但统一不是简单的重复，而是新旧交替，往往当一种旧的统一形式破裂向新的统一形式过渡时，由于各方面政治力量的抗衡，总是要经过一段相当长的分裂时期，而且因社会背景和地理环境的制约，伴随着每一次过渡而出现的分裂在时间和地理方面又都不一。魏晋南北朝相较春秋战国，虽实际的分裂时间不相上下，但在地理范围上要比春秋战国广大得多，无论中原还是边陲四夷，到处是残酷的混战。春秋战国时期，诸强以关中制中原；魏晋南北朝时期，各族豪强以河北制河南，尤其羯、氐、羌、匈奴、鲜卑等少数民族统治者，跻身中原，建立政权，与汉族统治者逐鹿，欲据河北图河南以取天下。“河南古所称四战之地也，当取天下之日，河南在所必争，及天下既定，而守在河南则岌岌焉有必亡之势矣……肩背之虑，实在河北……守关中守河北乃所以守河南也，自古及今，河南之祸中于关中者什之七，中于河北者什之九……夫河北之足以制河南也，自昔为然矣。”① 据中原图天下，就必须建都于其地，“以河南之全势较之，则宛不如洛，洛不如邺也……夫邺倚太行，阻漳滏，夏商时固有都其地者，战国之世，赵用此以拒秦，秦亦由此以并赵。汉之末，袁绍不能有其险也，入于曹操，遂能雄长中原。晋之衰，刘琨不能固其险也，殁于石勒，因以蹂躏司、豫。石赵之亡，冉闵不能保其险也，并于慕容儁，从而兼有山东。元魏之季，尔朱兆不能用其险也，归于高欢，因而盗窃魏柄，迨其后，尉迟迥据之以问罪杨坚，则远近震动……夫自古用兵，以邺而制洛也常易，以洛而制邺也常难”②。关中、河南、河北地域相接，长安、洛、邺作为地域中心城市，其政治波动不仅关联本地域，也关联周边地域。关中又连接西北，河南连接江、淮，河北连接东北，其地理地势如一大“Y”形，中原动则关中、河北动，关中、河北动则西北、东北动，治乱形成“多米诺骨牌效应”，基本呈大“Y”形。

三至六世纪海河流域社会历史发展所受地理环境的影响，其形势也呈“Y”形。人类活动的地区主要集中在流域的西北部、东北部和中南部。西北由灅水上游直通蒙古高原及漠北，东北出辽东可达朝鲜半岛，西北、东北分别由中山、幽蓟南至邺城，这个小“Y”形又是整个中国历史大“Y”形的一个重要部分，流域内社会历史变动在地理上沿“Y”形往复，并呈现出诸多的地域特点：

---

① 《读史方舆纪要》卷四十六《河南序》.

② 同①.

第一，战乱纷繁与战争的王霸性。据史书不完全统计，三至六世纪海河流域大小战争百余次，规模较大、影响较深的战争16次，战争的发生地基本上都在流域的中部和南部，主要战争的性质多为争霸性的兼并战争，袁绍、曹操、石勒、慕容儁、苻坚、慕容垂、拓跋珪、高欢等都是自视很高、胸怀大志的战争组织者和指挥者，他们都想通过暴力手段攫取河北，建立自己的王霸基业。而且，河北境内地方豪强武装遍布，或据一州一郡一城，或结壁自保，这些较小的割据政权多发生在朝代更替的过渡时期，如：西晋末年，王浚割据幽州；后赵末年，冉魏之乱，诸王征镇大将各据一州一郡；前秦末年，苻丕固守邺城；后燕北魏之际，河北众多坞壁，聚保一地，自固争雄。相互争战的各种政治力量盘根错节，形成犬牙交错的政治形势，这也与海河流域的地理环境有关。

第二，民族性。两汉时期，海河流域的居民主要是汉族，魏晋南北朝时期，居民结构发生重大变动，海河流域成为胡汉杂居的地区，少数部族除匈奴、鲜卑、羯、氐、羌外，还有丁零、徒河与高丽杂夷、柔然等。居民结构的变化又引起了海河流域人文地理变更，使这里成为民族矛盾、冲突、融合频发的地区。北方部族进入海河流域与汉王朝或已封建化的诸部族政权的争战，多与民族矛盾交织在一起，多表现为民族仇恨、惨杀。如西晋司马腾掠卖胡人为奴，后赵石虎对汉人的残暴役戮，冉闵屠诛胡羯，北魏末年北镇流民起义，流民对汉人的任意屠掠，等等。随着战争的不断发生，各民族频繁迁徙，北方诸族大量涌入，逐渐接受汉文化，使种族融合的程度不断加深。这也可从胡族政权统治的变化得到说明，后赵石勒统治赵魏，实行胡汉分治，到慕容垂都中山时，这种胡汉分治的迹象就不明显了。至北魏，诸帝多次巡行幽冀诸州，观风问俗，继之冯太后及孝文帝推行汉化改革。东魏时，高欢也曾用缓和民族矛盾的办法，笼络六镇鲜卑集团和河北世族集团，使幽冀诸州的种族融合在北魏末年的战乱之后，又逐渐发展起来，直到北齐、北周，幽冀诸州大规模的民族残杀不复多见。战争—融合—战争—再融合，融合伴随着战争，战争又调节着融合的进度。

第三，王朝更替频繁与割据政权林立。从东汉建安九年（公元204年）到北周静帝宇文阐大定元年（公元581年），在370多年的时间内，先后经历了曹魏、西晋、汉赵、后赵、冉魏、前燕、前秦、西燕、后燕、北魏、东魏、北齐、北周等 13 个王朝，除曹魏、西晋外，其他均为少数部族和胡化汉人建立的政权，少数部族统治者进入海河流域后逐渐完成封建化，部酋称王称帝，组建封建官制，这也是三至六世纪海河流域一个明显的政治地理特征。此外还有一些割据政权，如东汉末年的韩馥、袁绍、公孙瓒等；西晋末年的王浚、刘琨、段匹磾等；十六国时期的石琨、石祗、刘显、张沈、张贺度、杨群、刘国、姚弋仲、苻丕、丁零翟氏、苻定、苻绍、慕容德、慕容评等；北魏末年，拓跋氏的统治在流民起义的打击下土崩瓦解，河北地方豪强大者据州，小者占郡，还有为数众多的坞壁组织。这都是颇具地域特点的历史现象。

第四，人口的流移。汉魏之际、十六国时期、北朝时期海河流域爆发三次大规模人口流移的浪潮，流移人口数量约数万、数十万、二三百万不等，总趋势一浪胜过一浪，地理范围和人数规模越来越大。人口流移的类型有两种，即流民和移民。流民因逃荒、避乱而流移域内外；移民是由官府组织的迁徙。从地域上讲，或由外徙内，或由内徙外，或流域内幽冀诸州之间的流移，但以前两者次数较多。还有的移民是途经河北而散居诸州郡者，如北魏徙青、齐民于代地，许多人流落于幽州广宁等郡，北魏迁都洛阳，许多拓跋旧人不愿南迁，散居幽州诸郡，等等。流移民众颠沛流离，大量资财丧失于途甚至饥毙路旁，引发民心不稳和起义造反。移民又为海河流域带来新的社会矛盾，流民与土著居民的冲突也生出许多事端。邢杲率河北流民入青州，被土民骂为“食榆贼”，激成北海起义；高丽徙河散居幽、冀、青诸州，颇为民害；东魏高欢迁都邺城，将邺原居民西迁百里，以居新迁民，因移新民而贻祸旧民；等等。胡汉民族流移的路线与军事用兵路线基本相符：一路由东北的辽东经辽西、幽蓟、中山至邺，又到洛阳，鲜卑慕容氏、段氏就是沿此路线进入河北、中原；一路由西北穿过太行山脉经中山、常山至邺到洛阳，北魏拓跋氏南下则循此路。人口流移，出入海河流域多沿此“Y”形路线，其“Y”形线路上的平城、幽蓟、中山、常山、邺、洛阳等主要城市，随着社会治乱形势成为人口聚散的中心。

第五，地域经济的破坏、恢复与山、海、坝地区的开发。海河流域跨越北方游牧经济区与中原农耕经济区。燕南赵北，尤其是幽蓟、督亢和邺下地区，传统水利工程效益较好，农业经济较为发达，每有战乱，这一带经济遭受的破坏最为严重，又由于其水利条件较好，恢复得也快，因此，经济发展状况经常出现大起大落。沿海、太行、燕山及代地通称山、海、坝地区，在这一时期得到大规模开发。由于燕赵地区战乱纷繁，灾疫不断，居民纷纷徙往沿海、山区和坝上地区求生定居，他们带去工具、技术，垦殖劳作，开发土地资源，利用当地的土特产，维持生计。以后随着人口的增殖、物质生产的发展，形成山区、沿海、坝上农、牧、林、果及手工业等经济部门。战乱迫使农业、手工业等经济部门向人稀土旷而且又比较安定的地区扩展，因此，这一时期既是燕南赵北社会经济的破坏与恢复时期，又是山、海、坝地区的大开发时期。到了北魏时，山、海、坝地区的开发已达到了相当的规模，人口、土地、经济增长的速度有时还超过了传统的平原农业区，拓跋氏为加强对河北地区缘边新开发区的统治，相继设立沧州、安州、燕州等，修筑城邑，此外还在广阿泽地区设殷州，指派官吏管理这些新区。这些新州郡的建置，改变了河北地区两汉以来原有行政建置区划布局，形成新的地方行政布局，而且在地理空间分布方面基本匀称，这种布局一直影响到今天京、津、冀的城镇建置与分布。

第六，宗教与思想文化的地域特征。由于海河流域兼跨游牧与农耕两大经济区，域内各地经济与文化差异也较分明。对此，《史记·货殖列传》曾有记述。曰：

种、代，石北也，地边胡，数被寇。人民矜懻忮，好气，任侠为奸，不事农商。然迫近北夷，师旅亟往，中国委输时有奇羡。其民羯羠不均，自全晋之时固已患其僄悍，而武灵王益厉之，其谣俗犹有赵之风也。故杨、平阳陈掾其间，得所欲。温、轵西贾上党，北贾赵、中山。中山地薄人众，犹有沙丘纣淫地余民，民俗懁急，仰机利而食。丈夫相聚游戏，悲歌慷慨，起则相随椎剽，休则掘冢作巧奸冶，多美物，为倡优。女子则鼓鸣瑟，跕屣，游媚贵富，入后宫，遍诸侯。

然邯郸亦漳、河之间一都会也。北通燕、涿，南有郑、卫。郑、卫俗与赵相类，然近梁、鲁，微重而矜节，濮上之邑徙野王，野王好气任侠，卫之风也。

夫燕亦勃、碣之间一都会也。南通齐、赵，东北边胡。上谷至辽东，地踔远，人民希，数被寇，大与赵、代俗相类，而民雕捍少虑，有鱼盐枣栗之饶。北邻乌桓、夫馀，东绾秽貉、朝鲜、真番之利。

这样的人文地理传统到了魏晋南北朝时期，仍然被保持着。燕、代民风强悍，尚武好斗；燕南赵北，经济发达，人口稠密，多世家大族，文化层次较高。而且，这一带由于自然地理、气候环境的影响，灾害频繁，民风朴直，士人儒雅持重，这样的人文地理条件，也影响了人们的社会心态，即祈求平安，理想温饱，敢于反抗强暴。因此这里的民众很容易接受宗教宣传，许多农民起义领袖正是根据这样的社会心理，利用宗教的形式，发动群众，反抗封建统治阶级，如东汉末年的张角、北魏幽州沙门刘僧绍、冀州沙门法庆等均如此。宗教主要有佛、道二教，其组织一般说来比较简单，信仰也比较讲究实际，如从巨鹿喊出的“苍天已死，黄天当立，岁在甲子，天下大吉”这一口号，鼓舞了数百万太平道徒，但他们不具备皇权意识，即使“黄天”能立，也只是图个吉利，免除灾饥，过太平日子。经学在海河流域也有传统，西汉董仲舒、东汉卢植等，都是经学大家，至魏晋北朝时，更是人才辈出，其学业之盛可由《北齐书·儒林传》窥见一斑。曰：

凡是经学诸生，多出自魏末大儒徐遵明门下。河北讲郑康成所注《周易》。遵明以传卢景裕及清河崔瑾，景裕传权会，权会传郭茂。权会早入京都（邺），郭茂恒在门下教授。其后能言《易》者多出郭茂之门……齐时儒士，罕传《尚书》之业，徐遵明兼通之。遵明受业于屯留王总，传授浮阳李周仁及勃海张文敬及李铉、权会，并郑康成所注，非古文也。下里诸生，略不见孔氏注解。武平末，河间刘光伯、信都刘士元始得费彪《义疏》，乃留意焉。其《诗》《礼》《春秋》尤为当时所尚，诸生多兼通之。《三礼》并出遵明之门。徐传业于李铉、沮儁、田元凤、冯伟、纪显敬、吕黄龙、夏怀敬。李铉又传授刁柔、张买奴、鲍季详、邢峙、刘昼、熊安生。安生又传孙灵晖、郭仲坚、丁恃德。其后生能通《礼经》者多是安生门人。诸生尽通《小戴礼》，于《周》《仪礼》兼通者十二三焉。通《毛诗》者多出于魏朝博陵刘献之。献之传李周仁，周仁传董令度、程归则，归则传刘敬和、张思伯、刘轨思。其后能言《诗》者多出二刘之门。河北诸儒能通《春秋》者，并服子慎所注，亦出徐生之门。张买奴、马敬德、邢峙、张思伯、张雕、刘昼、鲍长暄、王元则并得服氏之精微。又有卫觊、陈达、潘叔度虽不传徐氏之门，亦为通解。又有姚文安、秦道静初亦学服氏，后更兼讲杜元凯所注。其河外儒生具伏膺杜氏。其《公羊》《穀梁》二传，儒者多不措怀。《论语》《孝经》，诸学徒莫不通讲，诸儒如权会、李铉、刁柔、熊安生、刘轨思、马敬德之徒多自出义疏。虽曰专门，亦皆粗习也。

文学方面比较突出的是东汉末年的建安文学，曹操、曹丕、曹植、甄皇后、陈琳、王粲、徐干、阮瑀、应玚、刘祯、繁钦、应璩、杨修、吴质、路粹、丁仪、丁廙、邯郸淳、荀纬、刘劭、苏林等聚集邺下，形成邺下建安文学作家群，诗吟高会，慷慨任气，铸就“建安风骨”。此外还有史学、地理学、艺术、科学技术等方面的成就，如魏收《魏书》、郦道元《水经注》等等，无不表现了其地域风格和特征。

自然环境深刻影响了海河流域的社会历史，研究历史不能不考虑自然环境的因素，特别是人类聚集的城镇，地理环境在许多时候直接影响和制约其置废兴衰，甚至起到一定的决定作用。因此，本项研究以三至六世纪海河流域的自然环境、灾害战乱和城镇建置、沿革与变迁为重点，并上溯先秦，从繁杂零散的历史现象中，寻绎其变化的轨迹和特点，总结自然环境的变迁和水文、水资源的变化，域内自然灾害发生的规律，厘清环境、灾害、战乱对城镇的影响。域内主要城镇如邺、襄国、信都、中山、蓟等的骤兴骤衰，除了人为原因外，还有哪些自然方面的因素，特别是邺城，曹魏、后赵、冉魏、前燕、东魏、北齐等六朝建都于此，为北部中国一大都会，其全盛时人口约在百万以上，为什么在北周末隋初一蹶不振了。还要总结古人在选址建城时，如何利用地理地势地貌和资源，如何保护城市的生态环境，如何防灾、抗灾、减灾，如何正确处理人和自然的关系等方面的经验。如邺城建筑就是一个很典型的范例，城市建设统一规划，先筑宫殿及城内供排水工程，再修城垣，建筑用土取自池渠的开挖，弃土废料用之筑台，边建设边绿化，科学计算施工，并利用城外四郊园林、陂塘调节城市用水，城市发展与环境保护并行不悖。还有襄国，兴修水利，引泉水供应城市。古代人很注意科学地利用地理条件，保护生态环境，避免灾害的侵袭，这些都是我们今天城市建设追求人与自然完美和谐的科学参考。总结古人的经验，引出城镇发展与环境保护的一般规律，如此也可进一步丰富现代城市可持续发展的理论。而就整个海河流域讲，没有史料表明古人曾就全流域的社会发展做过什么规划，但种种历史迹象表明古人在开发这一流域时似乎是在有序地进行，这说明人类活动是在自发地遵循着某些自然的规律，古人善待自然环境的做法和经验，对于当代海河流域环境治理、社会经济发展规划、行政建置等，均有重要参考价值。通过本项研究，寻求出历史与现实的结合点，用历史研究回答现实中提出的重大问题，努力尝试探索出一条历史研究为社会发展和经济建设服务的有效道路，正是著者所愿。

是书凡六章，目次为：汉魏北朝海河流域的自然环境；汉魏北朝海河流域的自然灾害；汉魏北朝海河流域的战乱；海河水系形成之前的城邑聚落；海河水系形成之后的城镇建置；汉魏北朝海河流域城镇布局与区域中心城市。

第一章　汉魏北朝海河流域的自然环境

一、气候之推证

汉魏北朝海河流域的气候状况如何？古代史籍并无这方面的直接记录。然气候状况不明，则很难弄清楚海河流域的自然环境。因此，不得不借助于旁证资料、间接记录进行推证，以求其大概。借助旁证做推证须有参照物，气候的形成与变动都是在一定的条件下发生的，基本条件具备且无大的变化，气候的变化也不会太大，可由此推论三至六世纪海河流域气候基本情况。海河流域地处温带半干旱、半湿润季风气候区。据《中华人民共和国气候图集》，潮白河、永定河山区的北部属中温带半干旱气候区，永定河山区的西南部、滹沱河山区、漳河山区属南温带半干旱气候区，流域其他地区属南温带亚湿润气候区，流域南部常年气温平均值在14℃左右，北部为0℃，同纬度西部山区比东部平原低2～5℃，平均年降水量547.8毫米，合水量1 743亿立方米。气候特征：四季分明，冬季因偏北气流而干冷，夏季因偏南海洋暖湿气流而湿热，冬夏长，春秋短而且气温升降快，春温高于秋温。全年气温以1月最低，7月最高。降水量集中在夏季，7、8月的降水总量占全年一半以上，相对湿度大，秋季降水量次于夏，冬春降水量少，多干旱，年际降水变化较大。因地形复杂而气候多样，五台山顶海拔3 058米，地形最高，气温低，风速大，经常出现流域气象要素的极值。张北高原（坝上地区）地势高且处流域北部，低温多风，无霜期短。山区气候随地形不同而呈现差异，平原地区气候因地势平坦而复杂性较小。据《中华人民共和国气候图集》年辐射分布图，海河流域年总辐射量为544×10^3～586×10^3焦耳每平方厘米。年平均气温由南部平原到西北部山地高原降低，最暖区在漳卫平原南部。五台山区是流域范围内最冷的地方，其次是张北高原。极端最高气温多出现在6、7月，以1934年7月14日山东省高唐县45.8℃为最；极端最低气温常在1、2月，以1958年1月15日山西省五台山－44.8℃为最。相对湿度也由南向北递减，且随地面温度、水资源分布差异而变化。年平均日照时数大致由南向北递增。大风常见于沿海地区、张北高原及五台山区。沙暴天气以平原西部、桑干河以北地区为多。冰雹多集中在6月，以张北高原、五台山区降雹最多。降雪多在11月初至3月下旬。降水量地区分布不均，多年平均年降水量在400至800毫米之间，受气候与地形影响，雨量分布呈明显地带性差异。来自东南的海洋暖湿气流受到地形抬升的影响，在燕山、太行山迎风坡形成一条与山脉走向大体一致的多雨带，多年平均雨量600～700毫米，降雨又多集中在7、8月，暴雨成灾概率较高。背风内陆地区，因暖湿气流受山脉阻挡，以及气流下沉的作用，雨量比迎风坡明显减少。河北平原中部因受泰山、沂蒙山背风气流下沉的影响，在晋州、新乐、深州、衡水、赵州、南宫一带，形成一个多年平均雨量不足500毫米的低值中心。海河流域雨量分布见《海河志》海河流域多年平均年降水量等值线图（见图10）。

由于降水量地区分布不均，季节分布亦不均，多雨季节与多雨地带高度重合。太行山、燕山山麓台地地势较高，从山麓台地经冲积平原到淤积平原，海拔落差较大，淤积平原地势平缓，排水不畅，由于这样的地形，每遇暴雨，便形成山洪，直泻平原，在平原洼地与淤积平原形成大面积积水，酿成洪涝灾害。特殊的流域气流气候和地形，形成了海河流域诸多季节性河流，然其水量也随季节有丰有枯，只有常年泉水涌出的河道溪流不断。

参照20世纪海河流域气候基本状况，诸如气候属性、特征、气象要素，包括气温、无霜期、相对湿度、日照、风、天气现象等，以及降水、蒸发、径流、暴雨、洪水、泥沙等，考察三至六世纪海河流域的气候，其基本框架、态势、属性、特征、条件与要素构成等，大体一致，只是在某些构件上有量的变化，如水资源减少、湿地萎缩，空气趋于干燥，但基本面没有大的变化。至于自20世纪90年代以来，人类片面追求GDP，造成水质、土壤、空气严重污染，特别是进入21世纪，每遇秋冬，连日雾

图 10　海河流域多年平均降水量等值线图

霾现象增多，这是历史上罕见的现象，在古籍文献上从未出现过对这种现象的记录。这种灾害性天气在于现代人所为，然其客观上的地理环境不容许人类为所欲为，这也是值得重视的。本项研究由海河流域气候及自然环境现状，追溯其历史演变，并不仅仅是将其历史概貌做一大致说明，为历史而历史，而是古今打通，通过历史考察，论证人与自然的关系。人类生存环境的变化，其原因有自然的，也有人为的。为了优化人类宜居环境，既要规避自然灾害，又要约束人类自身的行为，力求人与自然的和谐。

汉魏北朝海河流域的气候考察，还应注意参考并总结、吸收学术界相关研究成果。已有的研究成果，并无专就汉魏北朝海河流域的气候进行探讨，多是在一个较大地域范围或一个相当长的时段内，考察古气候的变化，对海河流域有所涉及。兹可借相关的研究成果做参照，估量三至六世纪海河流域气候及自然环境状况。

古气候研究者依据文献所记气象活动、物象资料及挪威冰川雪线的变化，粗线条描述古代气候的变动，认为近五千年全球气候呈冷暖交替波动，总趋势是暖湿期趋短，干冷期持续时间呈加剧态势。竺可桢①将这种冷暖交替状况做了这样的归纳：公元前3000年至公元前1100年即从仰韶文化到商后期，为温暖期，持续约1 900年。公元前1100年至公元前771年，即从商后期到西周时期，为寒冷期，持续约300年。公元前770年至公元初年，即从春秋战国到西汉末，为第二个温暖期，持续约700年。从公元初年到南北朝末，为寒冷期，持续约600年。从公元600年至公元1000年为第三个温暖期，即唐至北宋前期，持续400年。从公元1000年至公元1200年，大体相当于两宋时期，是寒冷期。从公元1200年到元朝中期，为第四个温暖期，历时约200年。明清500多年为寒冷期，其中，明清之际为气温最低点，此后逐渐有所回升。

邹逸麟依据竺可桢的思路，引证古代史书、农书“物候”记录及考古资料，对历史上的气候变化做了大体的论述②。其基本看法仍然是冷暖交替，或于交替之际加入一个降温期，而且在冷暖期的分界与划定方面，亦与竺可桢的分法有所不同。《黄淮海平原历史地理》第一章论述了仰韶时期至清末之历史气候变化，其变化轨迹大致为：仰韶温暖期—西周至两汉降温期—魏晋至五代寒冷期—北宋至元中叶温暖期—元后期至清末寒冷期。仰韶温暖期，“黄淮海平原植被类型要比现代具有更多的南方成份……当时气候要比现代更温暖和湿润”。“仰韶温暖期亚热带北界最北迁移至京津地区附近，但大部分时期，北界仅停留在山东丘陵这一带。”“距今5 000年左右，黄淮海平原有气候波动，形成一个低温事件。”“在公元前14世纪至前11世纪时，黄淮海平原中部的气候区比今天更温暖。如以犀牛和象的成群活动作为亚热带北界的标志，则当时亚热带北界至少在安阳一线。”根据是“殷墟出土的动物群中，属于亚热带成份的动物是安阳及附近地区的原产”。“在仰韶温暖期整个黄淮海平原降水量要比现在为

① 中国近五千年来气候变迁的初步研究．考古学报，1972（1）．

② 邹逸麟．黄淮海平原历史地理．合肥：安徽教育出版社，1997．

多，整个平原显示出比较湿润的景象，湖泊扩大，生活在浅水环境中的水蕨等水生物可分布到平原的北部地区。但黄淮海平原在淮河以北地区仍维持着春旱夏雨的降水年分配格局，每年雨水变化颇大，降水主要集中在夏季，而春季缺水，易形成农业上的干旱。”西周至两汉降温期，西周寒冷气候是全新世温暖气候结束后的第一个寒冷时段，气候变化最主要的特点是动物界的南迁，犀牛和野象成群退出黄河流域。“西周的寒冷气候对黄淮海平原一万年以来气候变化来说是一个非常重要的标志，标志着全新世中期温暖气候的终结。以后气候回暖再也没有达到仰韶温暖期的水平。目前气候要素的基本特征，以及与此相关的动植物分布特征都是在这次寒冷变化以后逐渐形成的。”气候由暖变冷，距今 3 000 年是一个明显的分界线。“西周至两汉期间，黄淮海平原气候的基本特征是温度不断地下降，当然这种降温的特征是随着气候本身的波动而体现的。”“从大的尺度来看，这个时期有二次寒冷与二次温暖的交替。”西周寒冷气候到了春秋时逐渐变暖，形成春秋时期的温暖气候，而且比现代温暖。战国时，气候向寒冷方向波动，又出现战国至西汉初期的寒冷气候。西汉中叶，气候再次回暖，直到东汉末，又构成一个温暖期。“东汉后期的气候与现代相差很少，亦是处在相对温暖的时期。”魏晋至五代时期黄淮海平原气候的基本特征是寒冷，第一个寒冷低值时期出现在三世纪七十年代至四世纪的第一个 10 年，时间长约 40 年。第二个寒冷时期至少在北魏初年已有迹象，寒冷过程大致延续到六世纪二十年代。此后黄淮海平原气候略为偏暖，直到唐中叶。唐天宝以后，黄淮海平原转入新的寒冷阶段。五代至北宋之际黄淮海平原气候又向温暖方向转变，形成北宋至元中叶温暖期，元后期至清末又进入寒冷期。

当然，冷暖交替并不仅仅是气温的变化，也是气候的交替循环变化。温暖期降水较多，气候湿润，利于植物生长；寒冷期降水较少，往往形成干旱，蝗、旱等自然灾害频发，危及农业。气候变动影响人类生活与生存，特别是连续的极端天气与自然灾害的发生，对于生态环境脆弱的地区来说，危害极大。居民生存与生命受到威胁，尤其是高纬度北方严寒地区，寒冷干旱，赤地千里，人们为了求生存，不得不南下抢掠、争战，获取生产、生活资料。“第一个寒冷期，北方的犬戎联合申侯南下，攻杀周幽王，迫使周平王东迁洛邑，开启了春秋战国‘百家争鸣’的动荡时代……第二个寒冷期，出现了‘五胡乱华’、‘晋室南迁’和南北朝分裂的民族大迁徙、大融合的动乱局面……第三个寒冷期的特点是，虽然持续时间较短，但降温幅度较大，不像前两次那样平缓，而是徒然下降，所以野象才急转直下，从北纬30°退到了北纬23°以南的地带。气温的急剧下降，使北方少数民族的生存条件迅速恶化，生存压力骤然加大，南迁运动也以前所未有的一波压一波的激烈方式进行。先是党项羌的东进建立西夏和契丹南下并占领华北建立辽朝，接下来是女真灭辽和北宋，建立金朝并迁都北京（金中都）统一北方，最后是蒙古南下灭西夏、金和南宋，建立起疆域空前辽阔的元朝。第四个寒冷期，也是历史上全球气温最低的时期，特别是明清交替时期，挪威雪线创下了一万年来的最低点。崇祯元年至崇祯十六年（公元1628年—公元1643年）黄河流域及其以北地区发生了延续十六年的大旱，因此加剧了明朝的阶级矛盾和民族矛盾。东北地区的女真——满洲正是在这种情况下，为了摆脱气候的压力和反抗明朝的统治，而乘机南下推翻明朝，建立起中国历史上最后一个封建王朝——清朝。”① 气象是影响历史变化的一个基本条件，由气象变动解释历史变化，虽也能成为一家之说，然毕竟缺乏直接观察与记录，其准确性、客观性仍留有较大空缺。再者，气象变动与历史变化之间的必然性程度究竟有多大，也须有一个准确的把握。对难度较大的学术问题，须一代又一代学人不断努力，不断总结，不断前行、开掘。已有的研究成果对于考察三至六世纪海河流域的气候变化很有启发，不仅在思路和方法上为推证历史气候开启了门径，而且也为认识三至六世纪海河流域气候的变化在宏观把握方面提供了方便。重新检核汉魏晋南北朝史料，从史料引出的结论尽管在某些方面与现有的成果不完全吻合，然已有成果的参考价值仍是不容低估的。

首先，任何动植物都是在一定的自然环境中存活和生长，人类的生存

---

① 张德二. 中国三千年气象记录总集：第2册. 南京：凤凰出版社，江苏教育出版社，2004：1507-1639；高凯军. 论中华民族//古都北京：历史文化讲座：第二辑. 北京：北京燕山出版社，2015：315-316.

与活动也是如此。气候的变化所造成的水、旱、霜、冻等灾害现象，不仅危害动、植物，造成物种变异，而且还危及人类社会，农业荒歉、饥馑、贫穷、掳掠、战争、人口流徙等大多由自然灾害引起。古人由对自然灾害的恐惧引发对天的敬畏，由于自然科学知识的缺乏，对于“天灾”形成的原因，往往借“天命”，把自然与人事联系起来解释灾害发生的原因。西汉以来，五德终始下的封建政治十分重视“天人之际”，将天象与气候的变化原因归结为人君治政的优劣，致使历史学家甚为注重天象变化与自然灾害的记录，这些记录不仅反映在正史的本纪、列传中，还大量地被保留在志书内，尤其是《五行志》《灵征志》等，虽为自然现象的罗列，但不自觉地留下了较有序列的记录。其次，自然经济下的农业耕种几乎完全依赖于天，庄稼的丰歉主要取决于是否风调雨顺、寒暑均衡。《尚书·尧典》曰：“乃命羲、和，钦若昊天，历象日月星辰，敬授人时。”又曰：“咨！汝羲暨和，期三百有六旬有六日，以闰月定四时成岁。允厘百工，庶绩咸熙。”人们不违农时，根据寒暑季节的变化安排农事，播种、耕作与收获，积累了丰富的农事经验，西汉氾胜之据此撰《氾胜之书》，东汉崔寔写《四民月令》，北朝贾思勰著《齐民要术》，等等，这些农书也是推证海河流域气候的重要材料。再次，汉魏北朝大量诗赋流传至今，这些诗赋触景生情，咏槐吟柳，悲寒赋暑，等等，也反映了当时季节气候的变化情况，对于古代气候的研究同样具有重要价值。又次，古代地理书不仅记及地域地理、山川、水系等，也有关于海河流域气候气象材料的间接记录，诸如北魏郦道元《水经注》、唐李吉甫《元和郡县图志》等，还有大量原书散佚但有残篇断句被其他类书、杂著摘引而被后人所知的“地记”“图经”，如东汉卢植《冀州风土记》、李恂《幽州山川屯田聚落》，三国魏卢毓《冀州论》、何晏《冀州论》，西晋裴秀《冀州记》、荀绰《冀州记》、张曜《中山记》，北齐李公绪《赵记》等。隋唐两代，规定州县三年一造图经，如《冀州图经》《幽州图经》《上谷郡图经》《固安图经》等，还有李吉甫《河北险要图》、佚氏《魏博相卫贝澶六州图》等，也都有一些值得重视的信息。此外，碑刻文物与考古资料，如北齐《西门豹祠堂碑》《高叡定国寺碑》等，由碑刻所叙史事，亦能推证其周围自然环境及气候之状况；文集、杂著中也有一些相关的材料，但泛漫零落，隐约不彰，求之犹如大海捞针。正史、农书、诗赋、地理书、碑刻文物、文集杂著等文献所保存的相关材料，虽非气候之专门记录，但能从侧面反映出汉魏北朝海河流域气候的点滴情况。欲究明整个流域气候波动变化的大体情状，须按时代先后，逐条排比相关资料，分析、开掘，以揭明史实。

气候并不能脱离一定的地理环境。海河流域主要地区是平原区，也是人类活动的主要地区。汉魏北朝时期，对平原地区环境影响较大的是水系的变化。由水系变化观察地理环境变化，由地理环境变化推证气温气候的状况。兹拟沿循这条思路探寻三至六世纪海河流域气候之大概。自先秦至西汉，黄河流经河北，地表水量充沛，气候温润，气温相对来说应较温暖，常年平均温度当不会高出现代太多，估计当在1～3℃之间。影响气温变化者主要是水环境与植被，水环境的主要因素是黄河变迁（见图11）。

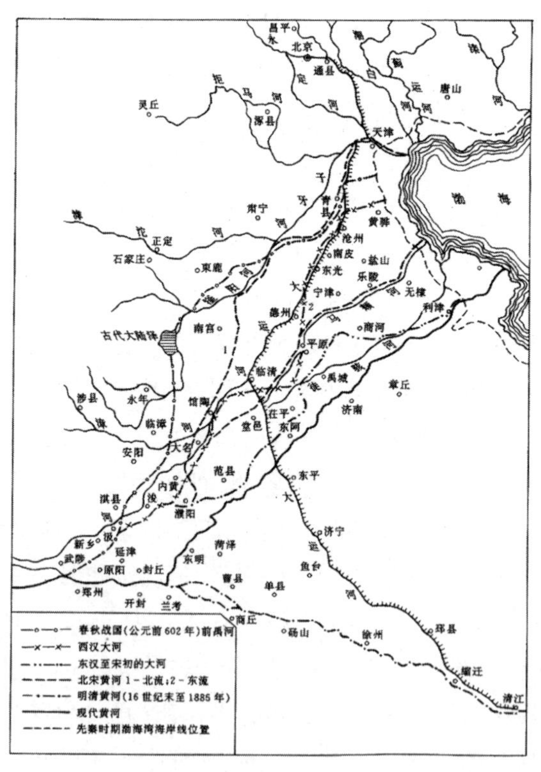

图11　海河流域故黄河变迁图（见《海河志》）

自新莽始建国三年（公元 11 年），“河决魏郡”①，即由“濮阳西北之长寿津决而东去”②，至东汉明帝永平十二年（公元 69 年）王景率数十万士卒修治河堤，于次年工竣，黄河安流，经濮阳、聊城、禹城、临邑等，在今利津附近入海。黄河东决安流，引起了河北平原水系的变化，即海河水系的形成。西汉以来，清河河道不断延伸，由邺东故大河到屯氏别河故渎，再到以后的黄河故道，在河北平原形成一条源远流长的大川。由于黄河改道，外来过境水流量大大减少，海河水系水量不足，特别是冬春枯水期，涓涓细流难以载舟，漕运不通，影响人类社会活动。东汉建安年间即公元三世纪初，曹操发兵将流经朝歌（今河南淇县）的黄河支流淇水截断，将水导入白沟河。即在黄河北岸淇水入黄处筑枋堰，在枋堰之北开挖人工渠，东与白沟河相接，淇水由人工渠入白沟，白沟河与清河相通，既补充了海河水系主干河道水量，又延长了水系主流，增加了水运承载量。由邺乘船，上可达洛阳，下可通南皮。曹操所筑淇水枋堰见图 12。

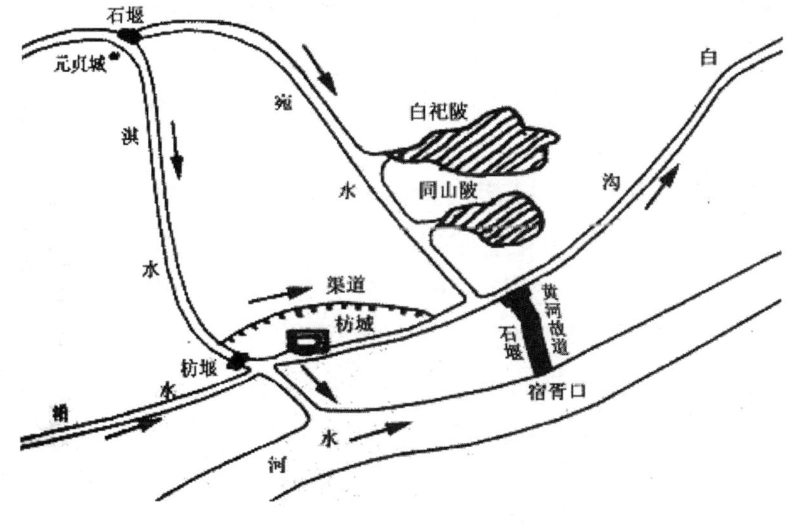

图 12　白沟枋堰图

海河水系形成的主要标志是其主流的形成与稳定。曹操遏淇水入白

---

① 王莽传//班固. 汉书. 北京：中华书局，1962.

② 谭其骧. 海河水系的形成与发展//历史地理：第 4 辑. 上海：上海人民出版社，1986.

沟，不仅是一项水利工程，又对海河水系形成产生了重要影响。谭其骧先生曾对这一水系的发育生成做了大致的概括。他说："曹操经略河北，南遏淇水入白沟，而白沟自菀口上伸至枋头，北凿平虏渠而清河下游自滹沱河下展至泒水。此前泒水已东展至泉州县东南今天津市区与沽水合流，清即入泒，清泒合口以下亦号清河，所以《水经·淇水篇》作清河'东北过漂榆邑入于海'，《沽水篇》作沽河'东南至泉州县与清河合，东入于海。清河者，泒河尾也'。……此前北来的沽河与西来的泒水会合，而灅水即《汉志》治水已在雍奴县境入沽，泒水已在中游汇合了易、滱等水，至是清河又汇合了漳水、滹沱河南来与泒、沽会合，沽、泒、清三河汇合了河北平原上大部分水道，包括近代所谓海河水系北运（沽）、永定（灅）、大清（泒），子牙（滹沱）、南运（清）五大河，毕会于泉州县东南即今天津市区，然后东流入海，海河水系宣告形成，时间是东汉建安十一年即公元206年"①。

曹操遏淇水入白沟，又在海河水系下游开凿利漕渠、白马渠、鲁口渠、平虏渠、泉州渠，通过人工渠将水系主要河流连接起来，而且这些人工渠基本上都处在冲积平原上，地势平缓，水流较为平稳，便于漕运。这为以后南开运河及城镇布局的变化产生了重大影响。曹魏时期的白沟区位见图13。

水系的变化影响了海河流域的地理环境，过境水量减少，湿地面积萎缩，气候逐渐向干燥、炎热方面变化。东汉建安年间，夏季的炎热气候使人无法忍耐，这在曹丕、曹植、王粲、徐干、刘桢、阮瑀、陈琳等人的诗文中有生动的描述。《初学记》卷三《夏》载："魏文帝《典论》曰：'大驾都许，使光禄大夫刘松北镇袁绍军，与绍子弟日共宴饮，常以三伏之际，昼夜酣饮，极醉，至于无知，云以避一时之暑，故河朔有避暑饮。'"河朔地区三伏天气，非常炎热，以至人们通过沉醉的方式避暑。经常沉醉对身体有害，古人当然也明白这样的道理，然酷暑难耐，所以才不得不选择这样的苦肉方法。

后汉繁钦撰《暑赋》曰："景暑方往，时惟六月，林钟纪度，祝融司

---

① 谭其骧. 海河水系的形成与发展//历史地理：第4辑. 上海：上海人民出版社，1986.

图 13　白沟水道示意图

节，大火飏光，炎风酷烈，沉阳腾射，滞暑散越，区寓郁烟，物焦人渴，煌煌野火，喷薄中原，翕翕盛热，蒸我层轩，温风淟涊，动静增烦。”①繁钦（？—218），字休伯，颍川（今河南许昌市东）人，以文才机辨，少得名于汝、颍。善长于书记、诗赋。建安中，入邺，曹操用为丞相主簿，建安二十三年卒于邺，其《暑赋》《槐树诗》等都是其邺下作品，其《暑赋》所描写炎热气候正是邺地夏季六月炎景。“炎风酷烈”，“物焦人渴”，“煌煌野火，喷薄中原”。干热火燥，野火自燃，高温缺水必致如此。

对于邺及河北地区夏暑季节的炽热气候，建安诗赋中多有反映。曹植《大暑赋》曰：“炎帝掌节，祝融司方。维扶桑之高燎，炽九日之重光”。陈琳《大暑赋》曰：“土润溽以歊烝，时淟涊以溷浊。温风郁其彤彤，譬炎火之陶烛。”② 王粲在邺也作有《槐赋》和《大暑赋》，描述了邺地酷暑。

酷暑难耐，曹操建造邺城时，筑冰井台藏冰以备夏暑，历后赵、东魏、北齐沿承不变。陆翙《邺中记》曰：“石季龙于冰井台藏冰，三伏之

① 夏//徐坚，等．初学记：卷三．北京：中华书局，1962.

② 同①.

日，以冰赐大臣。”①

曹丕、曹植与王粲等建安诸子尝在邺宫东阁避暑高会，留下许多诗作。曹丕作《戒盈赋序》曰：“避暑东阁，延宾高会，酒酣作乐，怅然怀盈满之戒，乃作斯赋。”②《夏日诗》曰：“夏日饶温（《诗乘》作清）和，避暑就清凉。比（《御览》作北）坐高阁下，延宾作名倡。弦歌随风厉，吐羽含征商。嘉肴重叠来，珍果在一傍。棋局纵横陈，博奕合双扬。巧拙更胜负，欢美乐人肠。从朝至日夕，安知夏节长。”③ 王粲《公宴会诗》曰：“昊天降丰泽，百卉挺葳蕤。凉风徹蒸暑，青云却炎晖。高会君子堂，并坐阴华榱。嘉肴充圆方，旨酒盈金罍。常闻诗人语，不醉且无归。”④他们还曾在文昌殿前大槐树下消暑纳凉，赋诗颂槐。曹丕《槐赋》曰：“文昌殿中槐树，盛暑之时，余数游某下，美而赋之。王粲直登贤门小阁外，亦有槐树，乃就使赋焉。有大邦之美树，惟令质之可佳。托灵根于丰壤，被日月之光华。周长廊而开趾，夹通门而骈罗。承文昌之邃宇，望迎风之曲阿。修干纷其灌错，绿叶萋而重阴。上幽蔼而云覆，下茎立而擢心。伊暮春之既替，即首夏之初期。鸿雁游而送节，凯风翔而迎时。天清和而温润，气恬淡以安志。违隆暑而适体，谁谓此之不怡。”曹植《槐赋》曰：“凭文昌之华殿，森列峙乎端门，观朱榱以振条，据文陛而结根，扬沉阴以博覆，似明后之垂恩，在季春以初茂，践朱夏而乃繁，覆阳精之炎景，散流耀以增鲜。”⑤ 曹植还作有《娱宾赋》曰：“感夏日之炎景兮，游曲观之清凉”⑥。曹丕《与吴质书》曰：“浮甘瓜于清泉，沉朱李于寒冰。”⑦ 以此消暑降温解渴。

炎热天气多出现在暑夏，持续时间有限，很难说明当时的全年气候比现代温暖。曹魏时，邺城铜爵园种植有橘树，曹植作《橘赋》，曰：“播万里而遥植，列铜爵之园庭。背江洲之暖气，处玄朔之肃清。邦换壤别，爰

① 夏//徐坚，等. 初学记：卷三. 北京：中华书局，1962.

② 《艺文类聚》卷二十三《鉴诫》.

③ 逯钦立. 先秦汉魏晋南北朝诗：上. 北京：中华书局，1984：404.

④ 《艺文类聚》卷三十九《燕会》.

⑤ 《艺文类聚》卷八十八《槐》.

⑥ 王//徐坚，等. 初学记：卷十. 北京：中华书局，1962.

⑦ 同①.

用丧生。处彼不凋，在此先零。朱实不凋，焉得素荣。惜寒暑之不均，嗟华实之永乖。仰凯风以倾叶，冀炎气之可怀。飏鸣条以流响，晞越鸟之来栖。夫灵德之所感，物无微而不和。神盖幽而易激，信天道之不讹。既萌根而弗干，谅结叶而不华。渐玄化而不变，非彰德于邦家。拊微条以叹息，哀草木之难化。"[①] 从铜爵园橘树的生长情况看，海河流域夏季炎热、冬天寒冷、春秋温和的气候，并不适合橘树的栽培与生长，橘树种植仅具观赏价值，无经济价值。

夏侯湛《大暑赋》曰："惟青春之谢兮，接朱明之季月，何太阳之赫曦，乃郁陶以兴热。于是大吕统律，祝融纪节，蒸泽外熙，太阴内闭，若乃三伏相仍，徂暑彤彤，上无纤云，下无微风。"但这样的炎热天气一般不会持续很长时间。傅咸作《感凉赋·序》曰："盛夏月困于炎热，热甚不过旬日，而复自凉。"[②] 此也正是河北地区实际情形。

夏日炎热气候自汉魏至东魏北齐并没有多大变化，北齐李德林《夏日诗》曰："夏景多烦蒸，山水暂追凉。桐枝覆玉槛，荷叶满银塘。轻扇摇明月，珍簟拂流黄。壶盛仙客酒，瓶贮帝台浆。才人下铜雀，侍妓出明光。歌声越齐市，舞曲冠平阳。微风动罗带，薄汗染红妆。共欣陪宴赏，千秋乐未央。"[③] 描写的是邺宫中消夏避暑情景。

另据《晋书·慕容熙载记》：后燕慕容熙据辽西，都龙城，大兴土木，"凿曲光海、清凉池。夏季盛暑，士卒不得休息，暍死太半"。龙城不在海河流城，但这条史料可作旁证，以推测海河流域气候。然此条史料也许反映的是一个特殊年份，或许作者有夸大成分，以显慕容熙之不顾士卒生命。无论如何，均可说明当时的夏季炎热程度不会低于今日。

东汉以来，官吏士人通过"避暑饮"、诗会高阁、食用藏冰、浮甘瓜于清泉、沉朱李于寒冰等各种解暑方式以度盛夏。盛夏三伏天气，气温高，空气湿度大，使人闷热烦躁，难以忍耐，逼使人们才想出各种各样的避暑方式，特别是"避暑饮"，通过麻醉身体，使无知觉，以躲过难耐的

---

① 橘//徐坚，等．初学记：卷二十八．北京：中华书局，1962．

② 夏//徐坚，等．初学记：卷三．北京：中华书局，1962．

③ 同②．

暑热，人除非到了无法忍受的地步，否则何至如此。而且人对于这种酷暑的忍受是有限的，气温超过人的体温，人就会感觉难受，如果到了特别难受以致无法忍受时，气温起码在 39 摄氏度以上，而且地表水、湿地较之今日为多为大，潮湿闷热亦必甚于今日。三伏酷暑是一年之中最为炎热的时节，推证古代气候宜求其气温最高时段做观察，然后再与今日做比较，寻其古今变化差异。

三伏之后，进入秋天，天气渐渐变凉。曹丕《感离赋》曰："秋风动兮天气凉，居常不快兮中心伤。"① 曹植《秋思赋》曰："四时更王兮秋气悲，高云静兮露凝衣。"② 赋中所反映的秋天气候属于正常情况。

海河流域的秋天时间较短，冷暖变化较大，气候不稳定，这在史书中多有反映。《晋书·五行志》："咸宁三年（公元 277 年）八月，平原、安平、上党、泰山四郡霜，害三豆。是月，河间等地，大风拔树，暴寒且冰，郡国五陨霜伤谷。"河间位于海河流域中东部，农历八月水结冰，这一现象十分罕见。寒冰当由大风侵袭、气温骤降而形成，属异常现象，此很难说明当时气候比今天冷，但可说明当时的气候变化很大。由于气温变化大，海河流域亦时有早霜现象发生。据《魏书·五行志》："太祖天赐五年（公元 408 年）七月，冀州陨霜。""世祖太延元年（公元 435 年）七月庚辰，大陨霜，杀草木。"这次陨霜的地理范围当在京师平城一带。"肃宗熙平元年（公元 516 年）七月，河南、北十一州霜。"农历七、八月霜、冰，属于异常现象，不能证明魏晋地北朝时期海河流域的气温较今日偏低。根据现今海河流域气象记录，平原地区初霜在阳历 10 月，农历七、八月为阳历 8、9 月，比现今早了一个多月。史书记录早霜非连年出现，可视为极端天气，属偶然现象。

汉魏北朝海河流域既有早秋霜冻现象，也有"秋伏"和暖冬现象。刘向、班固以冬无冰及霜为不杀草之应。京房《易传》曰："夏暑杀人，冬则物华实。"《魏书·灵征志》载秋冬"桃李花"现象，曰：

> 世祖真君五年（公元 444 年）八月，华林园诸果尽花。

---

① 《艺文类聚》卷三十《别下》.

② 秋//徐坚，等. 初学记：卷三. 北京：中华书局，1962.

高祖延兴五年（公元 475 年）八月，中山桃李花。

承明元年（公元 476 年）九月，幽州民齐渊家杜树结实既成，一朝尽落，花叶复生，七日之中，蔚如春状。

世宗景明四年（公元 503 年）十一月，齐州东清河郡桃李花。

农历八月以后，果实采摘，枝叶枯黄，这是正常的自然现象。只有气温升高，温暖湿润，才会出现“桃李花”现象，尤其是冬天出现“桃李花”，就更不正常了。至于幽州民齐渊家杜树二次开花，有可能是病虫害所致。

暖冬时节，气温变化大，一旦出现寒冷与暖湿气流交侵，温度骤降，先雨后冰，附着于树木枝干的雨水冻结成凌，形成木冰现象。史书也多有关于“木冰”的记载，如《隋书·五行志》，曰：

东魏武定四年（公元 546 年）冬，天雨木冰。

北齐天保二年（公元 551 年），雨木冰三日。

武平元年（公元 570 年）冬，雨木冰；明年二月，又木冰。

六年、七年（公元 575 年—公元 576 年），频岁春冬木冰。

按照《洪范·五行传》的解释：“阴之盛而凝滞也。木者少阳，贵臣象也。将有害，则阴气胁木，木先寒，故得雨而冰袭也。木冰一名介，介者，兵之象也。”用阴阳寒暑解释木冰的成因，还有几分道理，如果将木视为贵臣之象，木冰为大臣披戴介胄之兆，则毫无根据。这种“木冰”的自然现象在 20 世纪的一些年份也有出现，并非灾异。

气候温暖潮湿则适合各种菌类生长。《隋书·五行志》“白眚白祥”条曰：“齐河清元年（公元 562 年）九月，沧州及长城之下，地多生毛，或白或黑，长四五寸，近白祥也。”这些黑、白毛当是菌一类的生物。另据《隋书·五行志》，太行山区的上党还有野生人参的发现。曰：“（隋）高祖时，上党有人宅后，每夜有人呼声，求之不得。去宅一里所，但见人参一本，枝叶峻茂，因掘去之，其根五尺余，具体人状，呼声遂绝。”人参根长五尺余，当有数十年以至上百年的生长过程。漳水上游的太行山地有野生人参生长，当属事实，而关于这株巨大野生参的发现，其故事情节当是附会编造的。人参生长宜潮湿、肥沃之地，上党山区发现人参，说明当时的气候环境较今日湿润。今山西长治地区东汉古墓考古，发现有上党人参随葬品，说明上党人参自东汉至隋唐皆被视为名贵珍品。上党人参又称“党参”，今日党参品质已远不如古代。

北齐邢劭《冬日伤志诗》曰：“折花赠淇水，抚瑟望丛台。”淇水在邺南，冬日折花，抛入淇水，似为暖冬。

邢劭还撰有《酬魏收冬夜直史馆诗》，曰：“况乃冬之夜，霜气有余酸。风音响北牖，月影度南端。”魏收撰《腊节诗》，云：“凝寒迫清祀，有酒宴嘉平。”腊节即农历十二月初八，正处“大寒”节气，气候寒冷。邢劭、魏收诗所描写的冬夜及腊节气候当是冬日的正常情况。腊月是一年中最为寒冷的月份，与今天相比，并无二致。

春节之后，天气转暖。《三国志·武帝纪》曰：“建安十年（公元205年）春正月，攻谭，破之。”又曰：“初讨谭时，民亡椎冰。”裴注曰：“臣松之以为讨谭时，川渠水冻，使民椎冰以通船，民惮役而亡。”是时，袁谭守南皮（今河北南皮东北）地处清河东岸。春正月，天气转暖，利于出征，河水开始融解，椎之不会再很快结冰，方利漕运，昼夜气温当在零下5摄氏度至5摄氏度左右，属于正常情况偏暖。

关于春天的气候，曹丕、曹植等人于建安年间在邺城所作登台、登城之赋，也能反映大概情况。曹丕《登城赋》作于建安十七年春，言称：“草木郁其相连”。《登城赋》曰：“孟春之月，惟岁权舆。和风初畅，有穆其舒……平原博敞，中田辟除。嘉麦被垄，缘路带衢。流茎散叶，列倚相扶。水幡幡以长流，鱼裔裔以东驰。风飘飖而既臻，日晻暖以西移。”曹植《登台赋》曰：“临漳水之长流兮，望果园之滋荣。仰春风之和穆兮，听百鸟之悲鸣。”北齐邢劭撰《三月三日华林园公宴诗》，曰：“芳春时欲遽，览物惜将移。新萍已冒沼，余花尚满枝。草滋径芜没，林长山蔽亏。”这些描述均属正常情况，与今天气候大致相同。另据《初学记》卷二十八《李》引陆翙《邺中记》曰：“华林园有春李，冬华（花）春熟。”春李于今已绝迹。春李冬花，于次年春果熟。其生长期对于温度的要求当不会低于零摄氏度。即使考虑到人为的防护措施，自然环境下的气温也不会比现在低。

春天的气候波动较大，经常出现异常现象，或冷或热，甚至形成灾害天气。据《晋书·五行志》：太康六年（公元285年）三月戊辰，河间、易城等六县，高阳、北新城等四县陨霜，伤桑麦。《魏书·五行志》载有：

高宗和平六年（公元465年）四月乙丑，陨霜。高祖太和七年（公元483年）三月，肆州风霜，杀菽。永平元年（公元508年）三月己丑，并州陨霜。二年（公元509年）四月辛亥，武州镇陨霜。空气潮湿，气温低，昼夜温差大，才会形成霜。海河流域的春天，气候较为干燥，多风，很少发生霜灾现象。春天陨霜说明魏晋北朝海河流域空气湿润，若遇气温偏低年份，则凝聚为霜。又或许为寒流极端天气而形成的偶然现象。

《隋书·五行志》曰："后齐武平之年，槐花而不结实。"这可能是由于春天天气不正常，出现"倒春寒"情况所致。

春天也时有大寒天气。据《隋书·五行志》。东魏武定四年（公元546年）二月，"大雪，人畜冻死，道路相望"。"后齐河清二年（公元563年）二月，大雪连雨，南北千余里，平地数尺，繁霜昼下。"农历二月即阳历3月。2012年3月21日北京城区也曾下大雪。农历二月大雨雪，古今皆有之。

自农历四月上旬，天气逐渐热起来，五、六、七月是海河流域一年当中天气炎热多雨的季节。但在汉魏北朝时期，霜寒也时有发生在这些月份。据《晋书·五行志》：咸宁五年（公元279年）六月庚戌，汲郡、广平、陈留、荥阳雨雹。丙辰，又雨雹，陨霜，伤秋麦千三百余顷，坏屋百二十余间。《魏书·五行志》：太平真君八年（公元447年）五月，北镇寒雪，人畜冻死。高祖太和九年（公元485年）六月，洛、肆、相三州及司州灵丘、广昌镇陨霜。陨霜范围包括今山西、河北及河南省的西北部，这是十分罕见的自然现象。宣武正始元年（公元504年）五月壬戌，武川镇大雨雪并陨霜。六月辛卯，怀朔镇陨霜。二年（公元505年）五月壬申，恒、汾三州陨霜杀稼。七月戊戌，恒州陨霜。三年（公元506年）六月丙申，安州陨霜。孝明帝正光二年（公元521年）四月，柔玄镇大雪。

农历八、九月，气候转凉，正常年份不至于出现冰、雪，但若遇强冷气流，则会形成雨雪寒冰现象。如西晋咸宁三年（公元277年）八月，河间等地大风，暴寒且冰[①]。北魏太和四年（公元480年）九月甲子朔，平城大风，雨雪三尺。正始四年（公元507年）九月壬申，大雪[②]。农历

① 《晋书·五行志》下.

② 《魏书·灵征志》.

八、九月为阳历 9、10 月，初入秋冬之际，气流易形成大风。1977 年 7 月 2 日河北沧州大风，风速 32.8 米/秒；1963 年 3 月 21 日山西大同大风，风速 33.7 米/秒。古今时间虽不一致，然地域相当，超强对流天气都曾在此形成。2017 年 10 月 9 日北京延庆山区中雪，也属于寒冷气流一时的作用。

此外，春天也偶有炎热气候现象。据《北齐书·文宣纪》：“（天保）八年春三月，大热，人或暍死。”这虽属于不正常的情况，然干热风常在此时间段内出现。

另据《魏书·孝静纪》：“元象元年春正月，有巨象自至砀郡陂中，南兖州获送于邺。”《资治通鉴·梁纪》曰大同四年（公元 538 年）春正月，“东魏砀郡获巨象，送邺。丁卯，大赦，改元元象”。胡三省注曰：“魏收《志》，孝昌二年，置砀郡，治下邑城，属徐州。”正月在砀郡获巨象，而砀郡在淮河流域，巨象应为野生，长于温暖潮湿环境，说明公元六世纪气候、环境较今天温和、湿润，仍然有野生大象栖息生存，但数量当很少，否则不会被当成珍稀动物送至邺都。

正史所记载的夏秋陨霜，或许某条史料与史实不符，但反复出现相关记载，就很难否定它的真实性。这些自然现象都是作为异常情况被记载下来的，虽不能直接反映当时正常情况下的气候气温，但通过这些史料分析，可以得出这样的认识：第一，汉魏北朝海河流域气候波动变化幅度相当大，既有暖冬、春季炎热的现象，又有春、夏、秋霜冻雨雪的寒冷天气。寒流的侵袭与暖湿气流的影响是造成气候变动的主要因素，而地理地貌形成了流域内不同区域的气候差异。霜、寒、雪以西部山区和西北部高原地区发生较早较多，东部平原地区相对较少，特别是夏季出现霜、雪，更是十分罕见。第二，空气的湿度与今天相比，较为湿润，春季陨霜，而且形成灾害，这样的自然现象频繁地出现，并被载入史书，足以说明这一点。再者，当时的湿地面积远大于今日，纵横交错的河流水量丰富，而且常年不断，地下水位浅，太行燕山山区及山麓地区许多地方泉流遍布，由于水资源充沛，孕育了海河流域良好的植被和森林，所有这些，都改善了空气的质量，增加了空气的湿度。从 20 世纪海河流域温差极值看，从 45.8 摄氏度至零下 44 摄氏度，上下相差约 90 摄氏度。汉魏北朝历代皆有极端天气，气温极值很难说超出 20 世纪。已有研究将魏晋南朝划定为寒冷期，史书并无寒冷年份的连续记录，海河流域的情况无法证实这一结论。第三，综括相关史料，推证三至六世纪海河流域气候，诸多迹象表明，这一时期的气候特征仍然属于温带半干旱、半湿润季风气候。气温或许比现代略高，但并不具备江淮地区气候特点。而且史料所记各地寒暑、灾异与现代域内气象观测地理分布大体一致。如海河流域最暖区位于漳卫平原南部，亦即邺城周围地区；高原、山区风口、沿海近海平原风速大，古代风灾也多发生在这些地方，还有霜、冻等灾害。这说明汉魏晋北朝海河流域气候态势、分布格局与今基本相符。

二、地貌与环境

依据现代地理学的研究，古生代早期的吕梁运动，使蒙古地槽与中国台地分开，形成了蒙古高原与海河流域西部、北部山地的差异。中生代末期的喜马拉雅运动，使地台内部又产生了分异；河淮台向斜与山西台背斜、燕山沉降带分开，形成了海河流域西部、北部山地与流域平原地区的差异。吕梁与喜马拉雅两次构造运动造成了海河流域地形上的三大差异，即蒙古高原与西部、北部山地的差异，山地与台地的差异，高原、山地、台地与平原地区的差异。这三大差异是影响古今海河流域及其气候、地貌、水系、土壤、植被分布的重要因素，同时也是考察三至六世纪海河流域地貌与环境状况的重要参照和依据。

海河流域地貌类型多样，依据其成因、物质与形态等因素，大体可划分为高原、山地与平原三个区和九个亚区。高原区属内蒙古高原，包含两个亚区：坝上剥蚀堆积丘陵盆地亚区，即海河流域北部白河、潮河源头及上游地区，丘陵多呈浑圆状，盆地长轴方向多呈东西向。河流切割丘陵形成丘间宽谷、盆地，宽谷为第四纪物质所覆盖，人类文化遗址多分布于此。坝缘剥蚀堆积丘陵台地亚区，即海河流域西北部桑干河发源地及上游地区，为内蒙古高原、黄土高原东南边缘，具有由高原向山间盆地过渡的特征。山地为华北山地区，包括四个亚区：冀北侵蚀剥蚀山地亚区，侵蚀切割强烈，山高谷深；燕山侵蚀构造山地丘陵亚区，地表破碎，多尖山、断崖、河谷、盆地、丘陵等，为海河流域地形自北向南第二个梯级；晋北冀西侵蚀堆积构造山地盆地亚区，以山地、盆地为主，盆地多为台地、山麓洪积扇和谷地，平展舒缓，河谷开阔，构成山高谷平的地貌特征；太行山侵蚀构造山地亚区，主要由太行山、恒山、五台山、系舟山、太岳山等山脉组成，地势由西北向东南级梯下降，山间分布诸多小型盆地，以长治盆地最大。平原区有三个亚区：山前洪积冲积平原亚区，即山前倾斜平原，沿山麓谷地呈串珠状分布；中部湖积冲积泛滥平原亚区，因河流泛滥冲积形成，于扇缘交接洼地与河间洼地有零星湖相沉积，古河道高地与古河间低地相间分布，地面岗、坡、洼地起伏，沙土、壤土、黏土、盐碱土、淡水、咸水、半咸水，易旱地、易涝地等，相间分布；滨海海积冲击三角洲平原亚区，海拔低，地势平，洼地多，土质黏重。

由现代地貌推证三至六世纪海河流域地貌，其基本特征并未改变。特别是高原与山地，仍然沿承着三千多年以来的地形地貌，虽然盆地、河谷地面有所淤高，然人类文化遗址埋藏甚浅，战国以来许多城址台基断垣裸露地表以上。由古代人类活动遗址，考古发掘当时地面，古今地面层上下之差较小。而平原地区，由于一千多年河水冲淤，地面抬高，从山前洪积平原到冲积、淤积平原，地面淤积一米到十多米不等。其地形岗、台、丘、坡、洼地起伏，土壤与水资源分布仍与三至六世纪的形势大体一致，然经过长期的开发、耕作，起伏幅度变小；土壤经过改良，局部有所变化；根治海河，水资源分布有所优化与调整。总的来说，能够影响海河流域地貌与环境发生变化的重要因素主要是河流。

由于北方季风气候，夏秋多雨，冬春干旱，加上太行、燕山山区地质构造与特殊的地理地势，每逢雨季到来，经常有山洪暴发，河水夹杂着大量泥沙，聚积成巨大的能量，将山麓丘陵切成一道道鸿沟深涧，并顺沟、涧冲泻平原。平原土壤松软，主要是黄土、沙地，河水长期冲刷、切割、淤积、改道，形成河汊纵横、凹凸不平的地貌，再经风吹雨蚀之交互作用，使平原地区由西向东，顺河流水势出现沙丘、土岗、堤梁、台地、湖泊、陂池、洼淀、沼泽、坑塘、沟壑等等。两汉时期，河北平原地表水、过境水比较充沛，河水冲淤量大，地貌变化相对较快，海河水系形成后，水量减少，河道迁徙频率下降，地貌变化放缓。所以，三至六世纪海河流域自然环境的面貌正是在这样的地理环境下出现的。

海河水系的发育经历了一个长期的过程，其扇状水系形成的原因，大致有如下几个方面：第一是海河流域的地质构造，即内蒙古台背斜、燕山沉降带、山西台背斜、河淮台向斜四个大地单元，决定了海河流域水系的孕育；第二是地貌的作用；第三是海浸的影响；第四是气候与自然环境的变化；第五是黄河的改道；第六是人为的因素，如南北大运河的开凿等。

海河水系的支流大都发源于由南到北的太行山脉和由西南到东北的燕山山脉，分别由西南、西、西北、东北，流经河北平原，汇于天津注入渤海。这种扇状漏斗形状的水系是经过长期的各种自然力量相互碰撞而形成，这些自然力量包括地壳的运动、地貌的发育与形成、气候和生态环境的变化、河道的迁徙、人为的改造等等。而导致其形成之最后直接的原因是海浸和黄河北移。海浸使汹涌澎湃的潮水淹没了天津—黄骅—任丘一带的大片陆地，使这一带的地貌由原来裸露地面沉降于海底，避免了河水冲刷淤积。相对来说，海浸使这一带地势更加低下。尽管海浸在逐渐退落过程中形成了一道道贝壳堤，而对其地势较低的影响并不大，然其对地貌的变化有影响。河流冲淤与海潮涨落相互作用，不断造就并改变海河流域地貌，尤其滨海平原表现得较为充分。汉魏北朝，海河水系汇聚渤海，于浮阳郡分合交综，城邑聚落常随水势、地势迁徙。《水经注》引应劭《风俗记》，曰："浮县浮水所出，入海潮汐，往来日舟。"浮水是由河水与海潮对冲形成的，到了北魏时，郦道元作《水经注》考察清河入海处，由于海潮后退，浮渎故道已"无复有水也"①。

再者，黄河北移，长期的泥沙淤积，自西南向东北形成了一道堤墙，把海河上游各支流拦阻起来，而导致各支流集中在昔日海浸地带泄入大海，形成了扇状漏斗状水系。海浸形成的贝壳堤与黄河北移流沙淤积所形成的堤墙，对后来的海河流域城镇布局起了十分重要的影响，天津、黄骅等城镇大多兴建于贝壳堤地带。山麓平原、冲积平原与滨海平原由西向东叠相排列的地貌单元，其发育、形成，原因也在于河流冲淤与海浸退落。

魏晋北朝海河流域的地貌构成主要是山地、丘陵、平原。太行山、燕山地质构造坚固，河床稳定，地貌变化甚小。东部平原土质松散，经河水

---

① 荡水//郦道元，陈桥驿．水经注校证：卷九．北京：中华书局，2013：231．

冲淤，丘壑、湖泊等参错星布，又由于自然力量的造化与人力的拓殖，沧海桑田，丘湖陵夷，地貌变化较大。兹依据史料，将主要丘、湖、陂、泽等地貌现象与变化列述如下：

黄泽　又称内黄泽，在内黄县西南。《水经》记荡水，“出河内荡阴县西山东，又东北至内黄县，入于黄泽”。《水经注》曰：“羑水出荡阴西北韩大牛泉……东径韩附壁北，又东流径羑城北……羑城北，水积成渊，方十余步，深一丈余，东至内黄与防水会。（防）水出西山马头涧，东径防城北……东南流注于羑水，又东历黄泽入荡水。《地理志》曰：‘羑水至内黄入荡者也。’荡水又东与长沙沟水合，其水导源黑山北谷，东流径晋鄙故垒北……其水又东，谓之宜师沟，又东径荡阴县南，又东径枉人山，东北至内黄县，右入荡水，亦谓之黄雀沟。是水，秋夏则泛，春冬则耗。荡水又径内黄城南……东注白沟。”内黄泽由荡水、羑水、防水、长沙沟水、淇水汇聚而成，方圆百余里，下游与白沟接通。诸水蓄泄，皆由黄泽调节。

沙丘　在今河北广宗县西北，俗称大平台。沙丘的形成主要是河水冲淤与风力作用，根据《竹书纪年》和《史记·殷本纪》的记载，其形成年代不会晚于先商。殷纣王曾于此筑台苑，战国赵武灵王建行宫，秦沿承赵。秦始皇三十七年（公元前210年），东巡，病死于沙丘行宫。两汉以后，平台宫苑荒废。魏晋北朝时期，河水改道，农田垦殖，沙丘有所萎缩。至20世纪80年代，沙丘长150米，宽70米，高出地面2米。在这里曾出土陶、铜饰件残片及大量绳纹砖瓦片。

大陆泽　又称巨鹿泽、广阿泽，在今河北隆尧、巨鹿、任县三县之间。《禹贡》云：“恒、卫既从，大陆既作。”《吕氏春秋·有始览》列大陆泽为“九薮”之一。其形成实为太行山诸水与南来大河之水相互作用所致，湖泽轮廓南北长，东西狭，略向东北倾斜。20世纪八九十年代，地理工作者在这一带进行钻探，发现“大陆泽——宁晋泊洼淀群的地层岩性，没有典型的湖相沉积，而多是深灰色或黑色的淤泥质亚砂土、亚黏土沉积，中间夹有多个砂层透镜体，埋藏在地下5～15米（个别达20米）深度内，可能为全新世早期和中期的洼地沉积。灰黑色淤泥质越往上部，范围越大，单层厚度也越厚，说明中全新世比早全新世的洼淀范围大。中全新世的洼淀范围大致西自任县，东到广宗，北迄束鹿，南止曲周，南北长约 120 公里，东西宽约 50 公里，面积约 6 000 平方公里”①。秦汉时期，漳水流行禹河故道，使曲周、平乡、巨鹿、新河段故道淤积抬高，来自西部太行山诸水行泄不畅，在故道西侧储聚大陆泽水，水面宽阔，南北长约 60 公里，东西宽约 20 公里，面积约 1 200 平方公里。魏晋南北朝时，不断萎缩。大陆泽泉流遍布，既有地表水流入泽内，也有地下水涌出。其水面南北四十里，东西二十里，这是北魏时期的情况。《初学记》卷二十五引《大魏诸州记》：“巨鹿广阿泽多苇，出细御席，多云母。”按《元和郡县图志》卷十五《河东道·邢州·巨鹿县》：“泽东西二十里，南北三十里，葭芦茭莲鱼蟹之类，充牣其中。泽畔又有咸泉，煮而成盐，百姓资之。”到了唐中期，大陆泽湿地南北萎缩了十里，即四分之一。北魏皇兴年间，拓跋氏以广阿泽在定、冀、相三州之界，土广民稀，为义民聚保出没之地，于是置广阿镇，以韩均为广阿镇大将，加都督三州诸军事。韩均精心谋略，广设耳目。赵郡屠各、西山丁零等诸支义民军相继被镇压。不久，冀、定、相诸州民复相聚，大起义。自十六国后赵以后，滹沱河大水时有向南泛滥，水漫宁晋、新河，漳水、滹沱水等河流冲刷漫淤，形成大陆泽——宁晋泊洼淀群。

玄武陂　又称玄武池。在邺西北，东汉建安十三年（公元 208 年）开凿，为一人工湖。据邺城西北一带地理推测，玄武陂东西四五里，南北二三里，东沿靠近邺城西北隅之三台，西岸在紫陌东，陂南岸即邺城西门外大道，北边邻近漳水。后赵时，陂池面积缩小，到了东魏、北齐时，成为低洼地，唐宋以后逐渐消失。其遗址早已变为农田（见图 14）。

鸬鹚陂　《水经注·洹水》：“东北径高陵城南，东合坰沟，又东径鸬鹚陂，北与台陂水合。”《元和郡县图志》“临漳县”条曰：“鸬鹚陂在县东南三十里，与洹水县同利。”又“洹水县”条曰：“鸬鹚陂在县西南五里，周回八十里，州境所资。”明嘉靖《彰德府志·地理志》载，高洋杀元善见于邺东，弃尸万金渠，渠通鸬鹚陂，市鱼者于鱼腹中得爪甲碎骨，不忍食，号曰元郎鱼。故事似为附会，元郎鱼当是鸬鹚陂所产一鱼类品种。鸬鹚陂故址在今河北魏县西南和临漳县东南边界地区②。

---

① 海河志编纂委员会. 海河志：第一卷. 北京：中国水利水电出版社，1997：117.

② 许作民. 邺都佚志辑校注. 郑州：中州古籍出版社，1996：155-156.

图 14　玄武陂遗址图

林台泽　约在邺之东北。《水经注·洹水》曰洹水“东径鸬鷀陂，北与台陂水合”。台陂水即林台泽，“陂东西三十里，南北注白沟河，沟上承洹水，北绝新河，北径高陵城东，又北径斥丘县故城西，县南角有斥丘，盖因丘以氏县，故乾侯矣”①。今河北成安县东南，柏寺营以东，到郭坊、吴家疃一带，地表土壤为黏土，表层 10 米以下有大面积污黑淤泥及贝壳等沉积物，乡民打井，常常能挖掘出这些湖底沉积物，这一带地下古河道分布较少，地表土壤层是在低洼湿地基础上长期淤积而成，而且与文献所记鸬鷀陂、林台泽方位大体相符，应为林台泽故址遗迹。

五桥泽　在今河北临漳县西北。后燕二年（公元 385 年）四月，慕容垂率军反击刘牢之，大破晋兵于五桥泽。五桥泽在邺城东北，面积较小，当是慕容垂由邺城退往新兴城（今河北邯郸市肥乡区境）所经之地。

清渊　在今河北馆陶县东北。渊连接清河，旁有清渊城。西晋永嘉元年（公元 307 年）八月，荀晞大破汲桑于东武阳，桑退保清渊，因河、渊地势，故结保于此。

薄洛津　在河北鸡泽县北，河岔高地，漳河上一渡口。东汉初平四年

① 洹水//郦道元，陈桥驿. 水经注校证：卷九. 北京：中华书局，2013：234.

（公元193年）三月，袁绍为防御公孙瓒进攻，驻屯于此。

唐湖　又名唐池，在中山城北。《水经注》卷十一《滱水》："（唐县）城西又有一水，导源县西北平地，泉涌而出，俗亦谓之唐水也。东流至唐城西北隅，堨而为湖，俗谓之唐池。莲荷被水，嬉游多萃其上。"北魏太和五年（公元481年），孝文帝讲武于唐水之阳，即在唐湖。太和十八年（公元494年）十月，孝文帝自平城至中山，驻唐湖。唐湖建有北魏行宫。唐水堨而为湖，唐湖似一人工湖。

金台陂　《水经注》卷十一《易水》："濡水枝流……其水之故渎南出，屈而东转，又分为二渎，一水注金台陂，一水径故安城西侧城南注易水……其一水东出注金台陂，陂东西六七里，南北五里。侧陂西北有钓台高丈余，方可四十步，陂北十余步有金台，台上东西八十许步，南北如减。"

阳城淀　在望都东南。《水经注》卷十一《滱水》："博水又东南，径谷梁亭南。又东径阳城县，散为泽渚。渚水潴涨，方广数里。匪直蒲笋是丰，实亦偏饶菱藕。至若娈婉丱童卯角，及弱年崽子，或单舟采菱，或叠舸折芰。长歌阳春，爱深绿水。掇拾者不言疲，谣咏者自流响。于时，行旅过瞩，亦有慰于羁望矣。世谓之为阳城淀也。"《元和郡县图志》卷十八《河北道·望都县》："阳城淀，县东南七里。周回三十里，莞蒲菱芡，靡所不生。"

遒县城东大陂　《水经注·易水》："濡水旧枝分南入城东大陂，陂方四里，今无水。陂内有泉，渊而不流，际池北侧，俗谓圣女泉。"

石泉固　《水经注·易水》："（石泉）水出石泉固东南隅，水广二十许步，深三丈，固在众山之内，平川之中，四周绝涧，阻水八丈有余，石高五丈，石上赤土又高一丈（匹），四壁直立，上广四十五步，水之不周者，路不容轨，仅通人马，谓之石泉固。固上宿有白杨寺，是白杨山神也。寺侧林木交荫，丛柯隐景，沙门释法澄建刹于其上，更为思乡（幺）之胜处也。"

鸡泽　《元和郡县图志》卷十五《河东道·永年县》："在县西南十里。《左传》'诸侯会盟于鸡泽'，今其泽鱼鳖菱芡，州境所资。"

衡漳故渎　《元和郡县图志》卷十五《河东道·洺水县》："俗名阿难渠，在县西二百步。盖魏将李阿难所导，故名。"

黄塘陂　即黄塘泉，又名董塘渊。《水经注·洺水》："洺水东北流，经广平县故城东，水积于大泽之中，为登泉……亦谓黄塘泉。"据《十六国春秋》，东晋太元十年（公元385年）四月，刘牢之援救前秦苻丕，率兵追慕容垂于董塘渊。董塘渊即黄塘陂。《元和郡县图志》卷十五《河东道·洺水县》："在县西北十五里，晋龙骧将军刘牢之救苻丕，追慕容垂大军于黄塘泉，即此陂也。"

绛水枯渎　《元和郡县图志》卷十七《河北道·南宫县》："绛水枯渎，在县东南六里。"

康台泽　《元和郡县图志》卷十五《河东道·平恩县》："在县东五里。"

沙麓　《元和郡县图志》卷十六《河北道·元城县》："在县东十二里"。

陶丘　《元和郡县图志》卷十六《河北道·馆陶县》："在县西北七里。"

萨摩陂　《元和郡县图志》卷十八《河北道·长芦县》："萨摩陂，在县北十五里。周回五十里，有蒲鱼之利。"

武强湖　《元和郡县图志》卷十七《河北道·南宫县》："在县北三十二里。"

百陵冈　《元和郡县图志》卷十七《河北道·赞皇县》："在县东十里，即赵郡李氏之别业于此冈下也。冈上亦有李氏茔冢甚多。"

天井泽　《元和郡县图志》卷十八《河北道·安喜县》："天井泽，在县东南四十七里。周回六十二里。"

仪台　《元和郡县图志》卷十八《河北道·新乐县》："仪台，县西南十三里。《后燕录》曰：'慕容麟与道武战于仪台，燕师败绩。'"

黄丘　在今河北省辛集市境。冉魏永兴二年（公元351年）三月，姚襄及石琨分别自滠头、信都各引兵救襄国。冉闵遣车骑将军胡睦拒襄于长芦（今沧州西），将军孙威拒琨于黄丘，皆败还。

此外，三至六世纪海河流域一些地名也能反映出当时的地貌情况，如滏口、井陉、滠头、长芦、清梁、鲁口、合口、临渠、历口、观津、斥丘、中丘、鄚、壶关、天井关、沙亭、五鹿、台壁、广川、海渚、深泽、河间、勃海、平原、上谷、白涧、中山、阜城、交津、阳平、漳北曲、紫陌、土门关、贝丘、金台、清渊、赤桥、草桥、界桥等等。这些地名或见于两汉之前，或见于魏晋北朝，被史书记载下来流传至今，有些地名至今仍在沿用。它们的产生大多缘于当时地理地貌特征，上游山区及山麓台地沿水系多有“关”“山”之地名，冲积、洪积平原多“台”“泽”“湖”“丘”之地名，冲积平原东缘至滨海平原多“津”“桥”“梁”之地名。虽然一些地方的地貌变化甚大（主要是平原地区），但从沿承不变的地名上仍能推测出当时地貌的大致情形。如果将海河流域所有古地名按水系逐一排列，通过地名所标地理方位，观察整个海河流域的地理形势，可以发现今日海河流域地理形势与三至六世纪的情况大体一致，西高东低，南部地块由西南向东北倾斜，北部地块由西北向东南倾斜，正是由于这样的地理形势，才造就了海河流域扇状水系。东部平原由于长期冲淤、开垦，治沙治水，河道逐渐稳定，地貌发生较大变化，但从总体上讲，其高下地理形势并未改变。

地形地貌是影响海河流域自然环境变化重要因素，特别是山间盆地，河流两岸的平缓峡谷地带，山麓近水台地、河岔、河曲、两河之间，河池沼泽之傍丘岗，近海贝壳堤地带等，其环境适宜人类生聚、活动，于是在这些地方形成居民点，并发展成城邑，甚至成为繁华都市。古书上并没有关于三至六世纪海河流域自然环境的明确记载，但古人在诗赋文字中所描述的自然景色能为我们认识当时的环境提供证据，他们所描写的景物都是亲眼所见，其真实性是不容置疑的，然他们所写的都是局部具体的景物，又是瞬间一时的景物，并不能反映整个海河流域数百年间的变化。考察三至六世纪海河流城自然环境及变化情况，只能靠这些零星的材料，以一斑观全豹，寻绎其演变历程。

关于漳水上游及邺城周围的自然环境，在曹丕、曹植、王粲、刘桢、枣据、庾信等人赋文中，多有表现。曹丕《登台赋序》曰：“建安十七年春，游西园，登铜雀台，命余兄弟并作。其词曰：登高台以骋望，好灵雀之丽娴。飞阁崛其特起，层楼俨以承天。步逍遥以容与，聊游目于西山。溪谷纡以交错，草木郁其相连。风飘飘而吹衣，鸟飞鸣而过前。申踌躇以周览，临城隅之通川。”文中所描述的自然环境优美，风光秀丽。今之邺西虽仍有绵延西山，而附近之溪谷交错、草木郁连，城隅通川长流，早已不复存在。

其《登城赋》又曰：“孟春之月，惟岁权舆。和风初畅，有穆其舒。驾言东迈，陟彼城隅。逍遥远望，乃欣以娱。平原博敞，中田辟除。嘉麦被垄，缘路带衢。流茎散叶，列倚相扶。水幡幡以长流，鱼裔裔以东驰。风飘飖而既臻，日晻暖以西移。望旧馆而言旋，永优游而无为。”这是曹丕登邺城东垣所看到的情景，此情景早已消失。

《三国志·陈思王植传》：“时邺铜爵台新成，太祖悉将诸子登台，使各为赋。植援笔立成，可观，太祖甚异之。”裴松之注引阴澹《魏纪》载植赋曰：“从明后而嬉游兮，登层台以娱情。见太府之广开兮，观圣德之所营。建高门之嵯峨兮，浮双阙乎太清。立中天之华观兮，连飞阁乎西城。临漳水之长流兮，望果园之滋荣。仰春风之和穆兮，听百鸟之悲鸣。天云垣其既立兮，家愿得而获逞。扬仁化于宇内兮，尽肃恭于上京。惟桓文之为盛兮，岂足方乎圣明！休矣美矣！惠泽远扬。翼佐我皇家兮，宁彼四方。同天地之规量兮，齐日月之晖光。永尊贵而无极兮，等年寿于东王。”其中“望果园之滋荣”，“仰春风之和穆”，“听百鸟之悲鸣”，描写的是春天的景色。这与曹丕《登台赋序》“鸟飞鸣而过前”，是同时描述的同一情景。

曹植《节游赋》所描写的邺宫丽景及周围自然环境。曰：“览宫宇之显丽，实大人之攸居。建三台于前处，飘飞陛以凌虚。连云阁以远径，营观榭于城隅。亢高轩以回眺，缘云霓而结疏。仰西岳之崧岑，临漳滏之清渠……于是仲春之月，百卉丛生，萋萋蔼蔼，翠叶朱茎，竹林青葱，珍果含荣。凯风发而时鸟欢，微波动而水虫鸣。感气运之和润，乐时泽之有成。”

邺城西园芙蓉池夏秋情景。曹丕《芙蓉池诗》曰：“双渠相灌溉，嘉木绕通川。卑枝拂羽盖，修条摩苍天。丹霞夹明月，华星出云间。”曹植《诗》云：“逍遥芙蓉池，翩翩戏轻舟。南杨栖双鹄，北柳有鸣鸠。”

王粲《杂诗》：“日暮游西园，冀写忧思情。曲池扬素波，列树敷丹荣。上有特栖鸟，怀春向我鸣。”“吉日简清时，从君出西园。方轨策良马，并驰厉中原。北临清漳水，西看柏杨山。回翔游广囿，逍遥波渚间。”“列车息众驾，相伴绿水湄。幽兰吐芳烈，芙蓉发红晖。百鸟何缤翻，振翼群相追。投网引潜鲤，强弩下高飞。白日已西迈，欢乐忽忘归。”

曹植《公宴诗》："清夜游西园，飞盖相追随。明月澄清景，列宿正参差。秋兰被长坂，朱华冒绿池。潜鱼跃清波，好鸟鸣高枝。"

刘桢《公宴诗》："月出照园中，珍木郁苍苍。清川过石渠，流波为鱼防。芙蓉散其花，菡萏溢金塘。灵鸟宿水裔，仁兽游飞梁。"

曹丕于玄武陂作诗，写邺城西一带初秋的景色与环境，曰："野田广开辟，川渠互相经。黍稷何郁郁，流波激悲声。菱芡覆绿水，芙蓉发丹荣。柳垂重荫绿，向我池边生。乘渚望长洲，群鸟欢哗鸣。萍藻泛滥浮，澹澹随风倾。"完全是一派水乡风景画面。

北周庾信《西门豹庙诗》也描叙了邺西的秋日景色，曰："菊花随酒馥，槐影向窗临。鹤飞疑逐舞，鱼惊似听琴。漳流鸣磴石，铜爵影秋林。"

曹魏王粲《登楼赋》所述邺城地理环境，曰："览斯宇之所处，实显敞而寡仇。接清漳之通浦，倚曲阻之长洲。北弥陶牧，西接昭丘。"

西晋枣据《登楼赋》所描写邺城自然环境，曰："感斯州之厥域，实帝王之旧疆。挹呼沱之浊河，怀通川之清漳。原隰开辟，荡臻夷薮。桑麻被野，黍稷盈亩。礼仪既度，民繁财阜。"①

东魏祖鸿勋的与阳休之书，记述了涿郡范阳西山自然环境。《北齐书》卷四十五《文苑·祖鸿勋传》曰："祖鸿勋，涿郡范阳人也。"其曾任元魏司徒法曹参军事、廷尉正等官职。"后去官归乡里，与阳休之书曰：'阳生大弟：吾比以家贫亲老，时还故郡。在本县之西界有雕山焉。其处闲远，水石清丽，高岩四匝，良田数顷，家先有野舍于斯，而遭乱荒废，今复经始。即石成基，凭林起栋。萝生映宇，泉流绕阶。月松风草，绿庭绮合。日华云实，傍沼星罗。檐下流烟，共霄气而舒卷；园中桃李，杂椿柏而葱蒨。时一褰裳涉涧，负杖登峰，心悠悠以孤上，身飘飘而将逝，杳然不复自知在天地间矣。若此者久之，乃还所住。孤坐危石，抚琴对水，独咏山阿，举酒望月，听风声以兴思，闻鹤唳以动怀。企庄生之逍遥，慕尚子之清旷。首戴萌蒲，身衣缦褐，出艺粱稻，归奉慈亲，缓步当车，无事为贵，斯已适矣，岂必抚尘哉。'"

地貌与环境都与水有关系，俗言云："人往高处走，水往低处流。"人

① 《艺文类聚》卷六十三《观》.

类生活、生产离不开水，总是根据水的情况选择适宜地区筑城建宅。还沿河谷、河流开凿交通道路，又利用陂、池、沼、泽、井、泉来灌溉、耕种、采集、渔猎。三至六世纪海河流域地貌与环境的变化大都因缘于水。东汉建安年间，曹操在邺城周围开挖了一系列水利工程，邺地水量丰泽，自然环境优美。西晋末，由于战乱，水利工程失修，环境质量下降。后赵迁都邺城后，修复传统水利工程，又筑苑造陂，使环境有了很大改善。这样的局面维持到前秦，又陷入衰落，直到高欢迁都邺城，开凿水渠，引漳引洹，又斩池修苑，使自然环境又发生了重大变化。史书屡屡记载黄龙见，涸井涌水，平地冒泉。地表水利工程修复，地下水位提升，水资源丰富，改善了邺都周围环境。环境的改善既有自然的因素，也有人工水利工程的因素。公元四世纪末，平城一带水量较充沛，牧草丰美，故拓跋氏建都于此。到了五世纪中期，这里经常连年干旱，风沙严重。神瑞二年（公元415年），北魏朝廷因平城干旱，秋谷不登，民饥，曾议迁都邺城①。出于政治与军事的考量，迁都之议未果，然干旱缺粮时常困扰平城。之后，孝文帝迁都洛阳，虽有民族与政治的动因，然平城自然环境的恶化也是事实上的原因。从东汉末到北齐，海河流域水量总趋势是减少，环境与气候的变化趋于干燥，这是海河水系形成后引起的变化。

三、植被与物种

两汉时期海河流域大部分地区仍处于原始的状态，森林与植被很少受到人为的破坏，西汉在海河流域设置了许多郡、国、县，户口数虽有较大增长，但人口数量仍然有限，就一县户数讲，多者二三万，少者仅数百，户数过三万者也只有曲逆一县而已。人口数量少，其生活、生产活动不足以对森林植被及自然生态构成破坏。除了人为因素外，植被与生态的破坏主要来自自然灾害，如干旱、洪涝、风沙、地震、山崩、海浸等。东汉以前，黄河由今河北黄骅至天津一带入海，海河独立水系还未形成，渤海大面积海浸还未完全退落，海河流域地表水、地下水均较充足，湿地面积与未垦土地面积远大于开垦的面积，这样的自然条件利于植被保护与物种多

---

① 《魏书·崔浩传》.

样性。再者，史书关于两汉海河流域自然灾害的记载，相对于魏晋北朝来说要少得多，这有几种可能：一是海河流域的自然灾害特别是较大灾害确实不多；二是古代史书漏载、缺载；三是因年代久远，有关记载散佚。无论哪一种可能，都不能否定这样一个史实，即两汉海河流域的植被与物种资源优于魏晋北朝时期。即使有较大自然灾害发生，对森林植被造成一定程度的破坏，然由于水土条件较好，若干年后植被又会重新恢复，其再生的机制与能力很强。

东汉明帝以后，黄河改由今山东省境入海，海河流域地表水量减少，大河故道干涸，河床裸露于地表，荒沙漫漫，土丘绵延，土壤逐渐沙化，植被受到破坏，湿地呈现萎缩趋势，物种也有所变化，尤其是水生动植物，数量逐渐下降。直到魏晋北朝，海河流域植被与物种的变化并没有脱离这样的总体态势。

植被与物种的变化与许多自然因素有关，诸如气候、气温、水、土壤、物种种群等。气候气温前已推证，物种种群史料有限，很难究明，暂且搁置，兹仅就水与土壤，推证大概。三至六世纪海河流域地表水量不断减少。东汉建安九年（公元204年），曹操“遏淇水入白沟以通粮道”。建安十一年（公元206年），将北征乌桓，“凿渠自呼沲入泒水，名平虏渠”。“又从沟河口凿入潞河，名泉州渠”①。建安十八年（公元213年），又凿渠引漳水入白沟以通漕，曰利漕渠。“引漳处在斥章县（治今曲周县东南）南，注白沟处在馆陶县西南。”② “约在魏明帝太和年间，白马王彪又凿渠上承滹沱河于饶阳县（治今饶阳县东北）西南，东流经县南，至下博县（治今深州市东南）界入漳水，史称白马渠。”③ 明帝景初二年（公元238年），司马懿征公孙渊，“凿滹沱入泒水以运粮”④。据谭其骧先生考证，司马懿所凿之漕渠即滹沱新河，即由饶阳县西南导滹沱水东北流，经县北与泒水合。这一系列水利工程都是围绕漕运实施的，“有了利漕渠，则漕

---

① 《三国志·武帝纪》.

② 谭其骧. 海河水系的形成与发展//历史地理：第4辑，上海：上海人民出版社，1986.

③ 同②.

④ 《元和郡县图志》卷十七《河北道·深州饶阳县》.

运从白沟上游来，可经由此渠折入漳水，或溯流西入邺都，或顺流而下指向东北。有了白马渠在饶阳西南沟通滹沱与漳水，这就为废弃滹沱河旧经饶阳南会漳一段，使改道经饶阳北入泒准备了条件。所以到景初二年司马懿在饶阳凿滹沱入泒水时，这一工程的意义已不仅是利用滹沱泒水运粮而已，实际是在清河运道之西，另辟一条纵贯冀中平原的南北运道。这条运道取道漳水自西南而东北，到下博折而西北，由白马渠至饶阳西南，折而东北经由滹沱新河经县北入泒水，循泒水东北直达今天津"①。人工运河的开凿使海河水系汇流至今天津入海，其开凿年代均在曹魏，一些工程沿用故河道补充水量，滹沱河亦因人工渠改道，说明当时的水量并不大。曹魏水利工程及海河流域水系状况见图15。

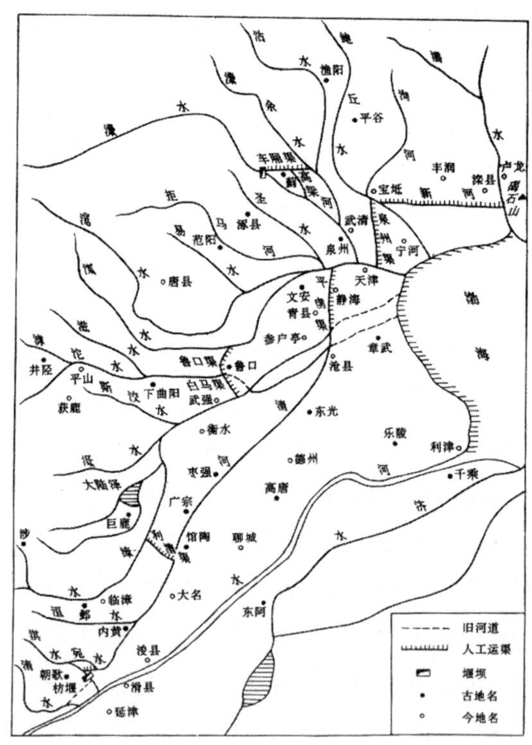

图15　曹魏海河流域水系图（见《海河志》）

① 谭其骧．海河水系的形成与发展//历史地理：第4辑，上海：上海人民出版社，1986.

西晋以后，这些水利工程逐渐失去效益，河道经常不通航，只有后赵石虎时，造船万艘，由河道通过海道，运谷一千一百万斛于乐安城（今河北乐亭县），准备攻击前燕，时在建武六年，即公元340年。以后前燕攻后赵，进军路线主要是沿太行山东麓南下，河道运输见于史书记载者很少。北魏孝文帝时，备战南朝，于冀、定、相三州造船，并未记及漕运。从史书反映的情况看，曹魏之后，海河水系水量不足，漕渠时通时断，工程效益不能持久。

水量不断减少的趋势，自然会引起植被的退化，特别是在河道两侧，土地的沙化主要是从这里引发的，如果遇上连年干旱，空气干燥，风沙严重，沙尘随着风力四处弥漫、堆积，沙化土地向河床两旁台地扩展，形成沿河道沙化地带。魏晋北朝海河流域沙化土地主要分布在河北平原中部淤积带上，面积最大，地带最长者应属西汉长达300多公里的大河故渎，自西南向东北延伸由顿丘、阴安、昌乐、元城、清渊、绎幕、鬲、安陵、南皮到浮阳、章武直至渤海，沙带最宽处达百余里；其次为沿漳河、清河、滹沱河、派水、滱水、瀔水等沙化地带，最宽处有数十里，狭窄处仅有数里。根据各水主干河道的长度与沙带大致平均宽度粗略计算，沙化土地约有1.2万平方公里。此外，在瀔水上游的平城盆地，干旱与土壤沙化的速度于北魏后期明显加快，如果加上这些山间盆地、高原的沙化土地面积，海河流域至少有2万平方公里的土地已经沙漠化。占全流域总面积近十分之一①。土地沙漠化地带主要分布在古河道及两侧，再者是代地的开垦，使原本脆弱的自然植被受到破坏，连年干旱风沙，无力修复，逐渐沙化。海河流域平原沙漠化态势可参见图16。

由于海河流域位于北半球季风气候带上，冬春干旱，夏秋多雨，河流季节性很强。在雨季行洪、泄洪过程中，沿水系低洼处形成大小不等的湖泽、陂、池，对河流水量起着天然的调控作用，有益于河床稳定、安流，

---

① 根据吴忱主编《华北平原四万年来自然环境演变》（中国科学技术出版社1992年版）和《华北平原古河道研究》（中国科学技术出版社1991年版），华北平原地面古河道面积4.77万平方公里。平原浅埋古河道中心带面积5.6万平方公里，浅埋河道边缘带面积4.07万平方公里。海河水系大多是沙河，水退河涸即变成沙漠带。由此推证、估算，海河流域沙漠化土地面积当不少于2万平方公里。

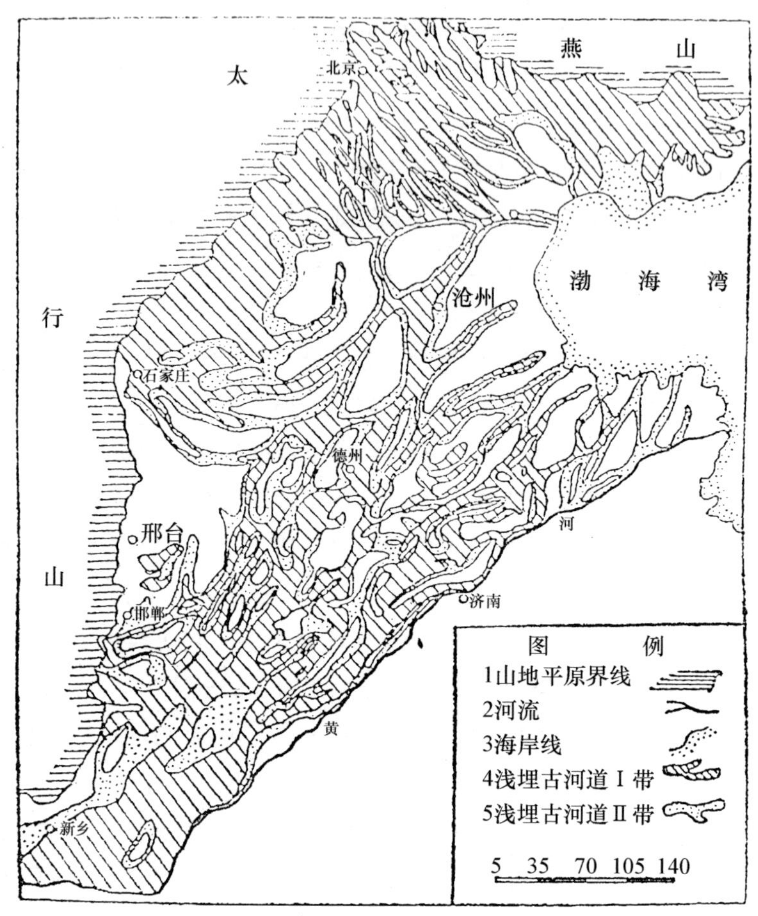

图 16 海河流域平原地区浅埋古河道带分布图

资料来源：吴忱，等. 华北平原古河道研究论文集. 北京：中国科学技术出版社，1991：66.

如果遇上较大自然灾害或人为改造，引起河道变迁，这些湖泽湿地就会因水源断绝而逐渐干涸，形成斥卤盐碱。三至六世纪海河流域的鄚城、斥丘、肥乡、列人、斥章、曲梁、南和、任、广宗、南宫、堂阳、广川、河间、束州、灌津、东光、高城、盐山、章武、泉州等地，分布有面积不等的盐碱地。此外，大陆泽等地还有咸泉涌出，泉水携带盐碱等矿物质注入淀泊，增加了水的咸度，并影响了周围土壤成分。盐碱土地基本呈一片一片的状态，大多随咸水洇湿不断扩展，无论洼地还是高丘，都会出现盐碱的现象，严重的地方盐渍白茫茫一片，往往是寸草不生，土壤的改良与治理难度相当大，这样的盐碱土地面积也是随着海河流域水量减少，湿地面积萎缩而不断扩展的。据《魏书·食货志》，东魏“自迁邺后，于沧、瀛、幽、青四州之境，傍海煮盐。沧州置灶一千四百八十四，瀛州置灶四百五十二，幽州置灶一百八十，青州置灶五百四十六，又于邯郸置灶四，计终岁合收盐二十万九千七百二斛四升。军国所资，得以周赡矣”。沧、瀛、幽、青四州邻接渤海，置灶煮海水为盐；邯郸深居陆地，距海甚远，亦置灶煮盐，所取用的原料当为本地的盐土。《魏书》所记载灶均为官府所置，但民间当也有灶。用水将盐土中的盐溶解，然后再煮水为盐，这在内陆地区是较为普遍的制盐方法。从史书有关置灶煮盐的记载看，海河流域大面积分布的盐碱地尤其是环渤海滩土，基本上都是这种盐碱土壤，总面积有数千平方公里。综合文献记载与明清以来的实际状况，数千平方公里的估算面积当不会过分。这些地方不但不适宜农作物生长，甚至连杂草也无法存活，植被状况较差。

除了荒沙与盐碱土壤外，在太行山、燕山山麓丘陵地带及西北部高原地区，地表多沙石、沙砺，每遇大风，飞沙走石，平时干旱缺水，水土流失严重，土壤水分涵养能力差，植被稀疏，地表多生长杂草，还有一些灌木丛和零落不成林的低矮树木，生态脆弱，这种干旱半荒漠化的土地面积在海河流域也占有相当的比重。魏晋北朝时期，由于人口数量较少，这些地方大多荒无人烟，除自然灾害因素外，人为破坏的程度很小。

三至六世纪海河流域森林、植被与物种资源保持较好的地方是山间盆地、河道两岸、山凹、河谷、沟涧、水土蓄养较好的山坡（大多在背阴）等处，平原地区以黄土地与褐色黏土地为最佳，还有湖、泽、陂、池、泉、渊周围及沟渠两旁，植物茂盛，林木郁郁葱葱，水生物与飞禽走兽大多聚集生长在这些地方。

太行、燕山深处分布有面积不等的原始森林。森林资源较丰富的地方有漳水上游的上党地区，滹沱河上游地区，中山西北滱水、泒水上游，范阳西部易水、拒马河上游、灅水上游沿岸，燕山鲍丘水、沽水河谷地带包括渔阳、密云、安乐、白檀等地。上党自秦汉以来即为富庶之地，东汉建安年间，袁绍领冀州牧，据守邺城，邺之军民粮储多仰给上党，并在邺与上党之间，置兵守护粮道，使之畅通无阻。建安九年（公元204年），曹操攻邺，亲率兵切断邺与上党之间的交通。攻克邺城后，曹魏于此置王都，大规模兴建邺宫，宫殿木材用料全部取用上党山林，为保证木材运输，还沿途置兵屯田，常年驻守，将建筑用材一站一站递运至邺。从邺城建筑规模和当时的运输情况看，上党山林大材采伐量很大，至少不下于数百万立方米，邺宫文昌殿、听政殿巨大木柱都是由独根树干制成，这样的大树，其树龄至少也应在百余年至数百年间。如此巨大的树木与木材量，均说明上党森林面积不在小数。这样的森林，经过历代砍伐，只有漳水沿岸一小片原始森林被保留下来，这是海河流域保留至今的唯一的一块原始森林，由这块原始森林也能推想到汉魏时上党山林之茂盛。另据《隋书·五行志》，开皇年间，上党还发现有巨株野生人参。人参、森林、巨木都能从一些方面表明这一带的林木、植被和物种情况之优良。人参生长于森林，植根于败叶沃土之中，生长于温湿遮光之环境。森林没有了，野生人参也就绝种了。

滹沱河上游的林木主要分布在各水系两侧，以蒲吾、井陉面积较大。蒲吾城以西，山高林密，每遇雨季，山洪暴发，常有巨木被冲拔而起，随洪水沿河流漂浮至下游。据《晋书·石勒载记》，“大雨霖，中山、常山尤甚。滹沱泛溢，冲陷山谷。巨松僵拔，浮于滹沱，东至勃海，原隰之间，皆如山积”。《晋书》记载这次洪水在大兴三年，即后赵二年（公元320年）。这次洪水发生在海河流域的中部，雨量主要集中在中山、常山，滹沱上游河道窄，行洪能力有限，所以洪水冲陷山谷，携带巨木奔泻平原。洪水过后，自平原至渤海，到处是堆积如山的树木。这次洪水至少向我们昭示了两点情况：一是滹沱上游森林资源丰富，植被良好，而且绝大部分地区仍然保持着原始的状态，特别是巨大松木的生长。二是这次洪水对滹沱河上游局部的植被、物种和生态的破坏，是毁灭性的，整个山谷被冲陷。“皮之不存，毛将焉附”，若要恢复到其原来的状态，恐需数十年以至上百年的时间。正是由于这样的自然灾害，加上后来的人为破坏，滹沱河上游的森林资源逐渐消失，今天已难见到巨松。而且，这次洪水为石勒建造襄国宫殿送来了木料，《晋书·石勒载记》云：“勒下令曰：‘去年水出巨材，所在山积，将皇天欲孤缮修宫宇也，其拟洛阳之太极起建德殿。’遣从事中郎任汪帅工匠五千采木以供之。”滹沱河大水，多在冲积平原上南决，侵夺滏阳河，泄滞宁晋泊。三至六世纪滹沱河洪水态势也是如此。此可参见图 17。

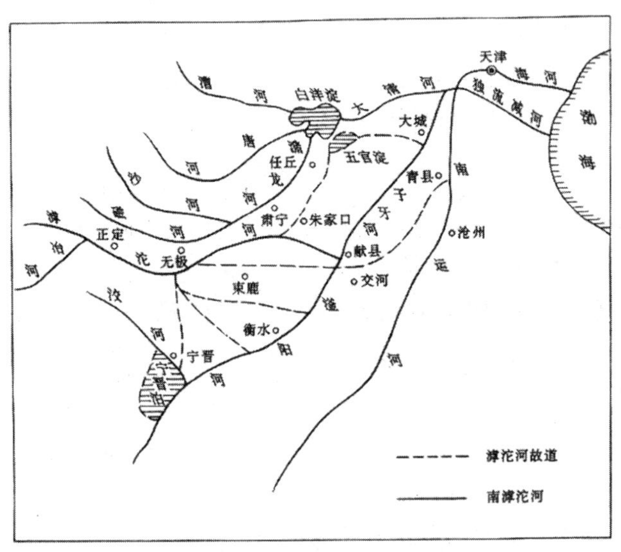

图 17　滹沱河水道变迁图（见《海河志》）

中山（今河北定州市）西北山区也生长有大面积的森林。《晋书·石勒载记》曰："大雨霖，中山西北暴水，漂流巨木百余万根，集于堂阳。勒大悦，谓公卿曰：'诸卿知不？此非为灾也，天意欲吾营邺都耳。'"据《十六国春秋·后赵录》，这次洪水发生在建平二年（公元 331 年）夏。滱水、恒水、泒水均发源于中山西北，诸水沿岸林木茂密，暴水所冲漂巨木悉来自这里的原始森林。巨木一直被冲至堂阳，堂阳在今河北新河县西北，位于漳水之南。这一洪水当由泒水泄入滹沱河，在滹沱河南岸决口，洪水漫过漳水，涌入堂阳县城以东一带低洼处，巨木也被漂集至此。这又为石勒营建邺宫提供了木材，都水使者张渐率众将这些巨木由漳水运至邺城。到了前秦时，唐河（即滱水）也曾因洪水泛涨，漂流巨木至安熹，直到后燕初，这些木材仍被弃置在这里。以后逐渐被风沙淹埋，形成高阜，北魏筑安熹县城，其城角即被筑于高阜上。《水经注》卷十一《滱水》曰："秦氏建元中，唐水泛涨，高岸崩颓，（安熹）城角之下有积木交横，如梁柱焉。后燕之初，此木尚在，未知所从。余考记稽疑，盖城地当初山水奔荡，漂沦巨筏，阜积于斯。沙息壤加，渐以成地。板筑既兴，物固能久矣。”据郎蔚之《隋州郡图经》《水经注·滱水》所云建元中唐河洪水，实即前秦建元元年（公元368年）。北魏以后，太行山区森林资源逐渐受到人类的破坏。据《魏书·杨椿传》，杨椿任定州刺史时，“在州，因治黑山道，余功伐木，私造佛寺，役使兵力，为御史所劾，除名，为庶人”。黑山，《后汉书·袁绍传》章怀太子注曰：“常山、赵郡、中山、上党、河内诸山谷相通，号曰黑山”。杨椿在州，治黑山道。黑山道为定州境内太行山区一条道路，他利用修道机会，役使州兵砍伐巨木，私建佛寺，被御史弹劾而丢官。其所砍伐的巨木都是在太行山区生长上百年甚至数百年的大树，这种人为的破坏自北魏以后愈益加剧，森林面积不断减少，并趋于消失。

在㶟水上游各支系河谷地带也有茂盛的树林，植被生长良好，自战国以后，虽然受到人为的破坏，但程度并不严重，直到北魏初，大部分地区仍然保持着原始的自然生态。拓跋氏建平城京，其木材部分采自外地，还有部分取自雁北山林。《水经注》也有关于这一带的山水林木的记载，该书卷十三《㶟水》云：“（武周川）水又东南流，水侧有石祇洹舍并诸窟室，比丘尼所居也。其水又东转，径灵岩南。凿石开山，因岩结构。真容巨壮，世法所希。山堂水殿，烟寺相望。林渊锦镜，缀目新眺。”又云：“羊水又东注如浑水，又南至灵泉池，枝津东南注池。池东西一百步，南北二百步，池渚旧名白杨泉，泉上出白杨树，因以名焉，其犹长杨、五柞之流称矣。”“（如浑水）又南，远出郊郭，弱柳荫街，丝杨被浦，公私引裂，用周园溉。长塘曲池，所在布濩。”到了北魏中后期，平城京畿及周边的植被和生态受到严重破坏。特别是郦道元所见云冈石窟寺“山堂水殿”“林渊锦镜”之景色，今已不复存在。

北魏建都平城，划定京畿范围，“东至代郡，西及善无，南极阴馆，北尽参合，为畿内之田”①。为了开发畿内田亩，道武帝拓跋珪多次大规模移民雁北，迁入人口约有156万②。其中大部分人“计口授田”，垦辟荒野，从事农耕；少数人为百工伎巧，从事手工业生产。同时，北魏又离散部落，将游牧部落安置在较为肥沃的良田上，定居垦殖。这么多的人口

① 《魏书·食货志》.

② 李凭. 北魏平城时代. 北京：社会科学文献出版社，2000：353.

进入雁北代地，广事农垦，农业生产粗放原始，虽然粮食数量有所增加，但大面积植被遭到毁坏。北方游牧部落离散后，在经营农业的同时，仍然保持着游牧的习俗，尔朱氏部落放牧北秀容川方圆三百里，世代为业，至孝文帝时，“牛羊驼马，色别为群，谷量而已”①。这么多的牲畜被放牧，其对植被的破坏程度也能想见。正因为人类这种原始、粗放的开发，使得代地日益干旱、沙漠化，人类的生存、居住条件与环境越来越恶劣，青、齐徙民纷纷离去。平城的都城优势越来越弱，加上民族与政治环境的变化，故时有迁都之议，最终迫使孝文帝下决心迁都洛阳。

灅水中下游即今永定河，由于燕山迎风面雨量集中，往往形成洪水，下游河道迁徙不定，故称无定河。洪水泛滥，对中下游平原地区的植被也会造成不同程度的破坏。然其修复也有赖于自然。破坏往往是短期内形成，修复则需相当长的时间。此可由河道迁徙推想其植被、物种与土壤的变迁（见图 18）。

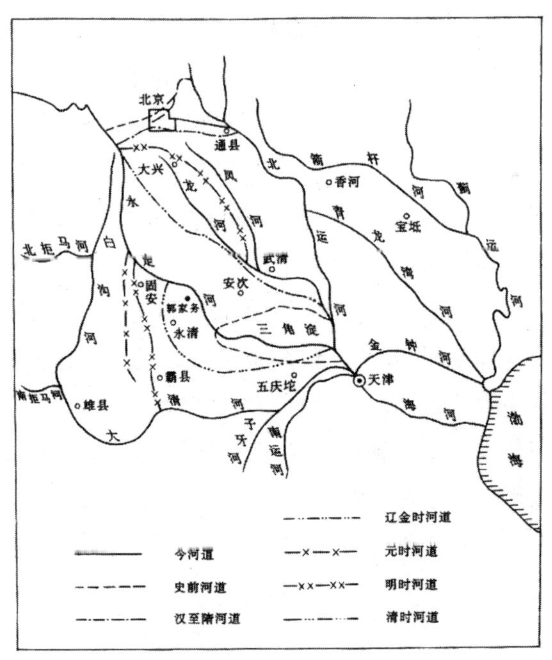

图 18　灅水（永定河段）水道变迁图（见《海河志》）

① 《魏书·尔朱荣传》。

魏晋北朝海河流域常见的物种，农作物品种有黍、稷、稻、麦、谷、豆等。水稻品种有梗、稌，还有“三更稻”等。由于史料缺载，“三更稻”种植情况如何，其品性特征、产量如何，现在很难弄清楚。经济作物有桑、柘、麻、纻等。蔬菜有姜、芋等。林木品种主要有榆、柳、槐、杨、橡等落叶阔叶树种，及以松为主的针叶树种。果木业树种有桃、杏、梨、李、胡桃、柿、栗、枣等，魏郡的杏、常山的梨、安平的枣等，都是有名的果品。水生植物有蒲、苇、莲、菱、芡实、萍等，动物有鱼、虾、蟹、鳖、龟、蛤、蚌、蛙等。山林野生动物有虎、豹、熊、鹿、狼、狐、兔、狍、獐等，畜养动物有马、牛、羊、猪、狗、猫、鸡、鸭、鹅等。飞禽有鹰、雁、鹤、雉、秃鹫等。

史书也有关于海河流域土特稀有物种的记载，如真定梨。何晏《九州论》：“安平好枣，真定好梨。”

《广志》曰：“有常山真定、山阳巨野梨……巨鹿豪梨……又真定御梨，大若拳，甘若密，脆若凌，可以解烦释餶。”

魏文帝《诏》曰：“真定梨，大如拳，甘如密。”

春李　陆翙《邺中记》曰：“华林园有春李，冬华春熟。”①

勾鼻桃　《邺中记》曰：“石虎苑中有勾鼻桃，重二斤半。”②

羊角枣　《邺中记》曰：“石季龙园有羊角枣，三子一尺。”③

迷迭　曹丕《迷迭赋》：“坐中堂以游观兮，览芳草之树庭。”迷迭为西域一种药香草。《广志》曰：“迷迭出西域。”④

蜀葵　虞繁《蜀葵赋》：“绕铜雀而疏植”。至西晋，铜雀园仍有蜀葵栽培。晋陆机有《园葵诗》，曰：“种葵北园中”⑤。

芙蓉　邺宫西园有芙蓉池，曹植等人作有《芙蓉赋》。

灵芝　曹魏邺城郊有灵芝池。《魏略》曰：“魏文帝，神龟出于灵芝池。”

菱芡　曹丕《于玄武陂作诗》：“菱芡覆绿水，芙蓉发丹荣。”湖、陂、

---

① 李//徐坚，等．初学记：卷二十八．北京：中华书局，1962.

② 桃//徐坚，等．初学记：卷二十八．北京：中华书局，1962.

③ 枣//徐坚，等．初学记：卷二十八．北京：中华书局，1962.

④ 《艺文类聚》卷八十一《迷迭》.

⑤ 《艺文类聚》卷八十二《葵》.

池、沼水中还生长着大量萍藻等水生植物。

蕙草　《广志》云："蕙草，绿叶紫花，魏武帝以为香焚之。"似为一种香草，曹操用这种野生草熏洁宫房。

人参　《隋书·五行志》："(隋) 高祖时，上党有人，宅后每夜有人呼声，求之不得。去宅一里所，但见人参一本，枝叶峻茂，因掘去之，其根五尺余，具体人状，呼声遂绝。"从史书反映的情况看，太行山地有野生人参生长，而关于这株巨大人参被发现的故事，则是人们编造的。据《唐六典》户部，唐代潞州贡品有人参。山西长治地区考古发掘东汉墓葬，随葬品中也有上党人参。上党人参是太行山地著名特产。

安石榴　《邺中记》曰："石虎苑中有安石榴，子大如碗盏，其味不酸。"① (按：应为果大如碗盏。) 安石榴出西域。《博物志》曰："张骞使西域还，得安石榴、胡桃、蒲桃。"

古柏　《周官》："冀州，其利松柏。"邺墟有一古柏，故老相传是曹操拴马的地方，树冠至今仍郁郁葱葱 (见图 19)。邺地多柏，北齐魏收有《庭柏诗》，曰："古松图偃盖，新柏写庐峰。凌寒翠不夺，迎暄绿更浓。茹叶轻泥体，咀实化衰容。将使中台麝，违山能见从。"

槐　曹魏邺宫庭植槐，曹丕、曹植、王粲等作《槐赋》，赞美槐树。《春秋说题辞》云："槐木者，虚星之精也。元命苞曰：树槐而听讼其下者，槐之言归也，情见归实。"② 繁钦《槐树赋》："嘉树吐翠叶，列在双阙涯。旖旎随风动，柔色纷陆离。"

白鹤　曹植有《白鹤赋》，写邺宫苑之白鹤。

井陉鹰　《初学记》卷三十《鹰》载孙楚《鹰赋》，曰："有金刚之俊鸟，生井陉之岩阻，擒狡兔于平原，截鹄鸾于河渚。"今日河北井陉山区已见不到这种坐窝于岩壁的井陉鹰了。

鲛鱼　《山海经》曰："燕山，漳水出焉，其中多鲛鱼。"

蚕　《广志》曰："蚕者出渤海东光以供官。"

雁　曹植《离缴雁赋序》："余游玄武陂中，有雁离缴。"

---

① 石榴//徐坚，等．初学记：卷二十八．北京：中华书局，1962.

② 槐//徐坚，等．初学记：卷二十八．北京：中华书局，1962.

图 19　北齐邺城遗址古柏

麇　曹丕校猎邺城东郊，赋诗曰："弯弓忽高驰，一发连双麇。"麇，即獐子。

秃鹫　《宋书·五行志》："汉献帝建安二十三年，秃鹫鸟集邺宫文昌殿后池。"

黄龙　《三国志·武文世王公传》：黄初三年，"黄龙见于邺西漳水"。所言"黄龙"，当是一种形状似娃娃鱼的水生物。

恒山以北火山雏乌　《水经注》卷十三《漯水》："火山西溪水。水导源火山，西北流，山上有火井，南北六七十步，广减尺许，源深不见底，炎势上升，常若微雷发响，以草爨之，则烟腾火发……其山出雏乌，形类雅乌，纯黑而姣好，音与之同，缋采绀发，嘴若丹砂。性驯良而易附，儿童幼子，捕而执之。曰赤嘴乌，亦曰阿雏乌。按《小尔雅》，纯黑反哺，谓之慈乌；小而腹下白，不反哺者，谓之雅乌；白脰而群飞者，谓之燕乌；大而白脰者，谓之苍乌。《尔雅》曰：鷽斯，卑居也。孙炎曰：卑居，楚乌。犍为舍人以为壁居。《说文》谓之雅。雅，楚乌。《庄子》曰：雅，贾也。马融亦曰：贾，乌也。又按《瑞应图》，有三足乌、赤乌、白乌之名，而无记于此乌，故书其异耳。自恒山已北，并有此矣。”今北岳恒山以北，未见有关此乌的记录。2018 年 8 月 20 日笔者考察大同县（平城区）火山群，未见此乌踪迹。询之当地人，曰此乌俗称“红嘴雅”，早已十分罕见了。

白雁　后赵建武十年（公元 344 年）正月，白雁百余集于邺都太武殿前马道之南。

另据《晋书·五行志》《魏书·灵征志》《隋书·五行志》等，海河流域还生存有麟、白龟、大龟、毛龟、白狐、九尾狐、白鹿、白麑、独角鹿、白獐、三足乌、四足乌、白乌、白乌雏、赤乌、苍乌、白鹊、白兔、白燕、白雀、白鸠、白雉、黄龙、青龙等。史书关于这些生物的记载或许不尽符合史实，或许指鹿为麟，这些不常见的生物又或许是物种变异。无论是哪种情况，都不能否认这样一个事实，即三至六世纪海河流域的物种多样性优于现代，史书记载的动植物有许多品种今天已不存在了。

物种不仅具有多样性，而且种群数量也相当可观。《魏书》曰：“太祖（曹操）于南皮一日射雉，获三十六头也。”① 曹丕狩猎邺东郊，一箭射中双麋。《晋书·石勒载记》上曰：“（勒）尝傭于武安临水，为游军所囚。会有群鹿旁过，军人竞逐之，勒乃获免。”武安临水即今河北磁县磁州镇，滏水河流经其城南。西晋末，这里人烟稀少，鹿群游食栖息，石勒因旁过鹿群，趁晋兵逐鹿之机逃脱。

由于野生动物种群数量较多，它们也时常光顾人类生活区。东汉建安二十三年（公元 218 年），秃鹫集邺宫文昌殿后池。后赵建武十年（公元 344 年）正月，白雁集邺宫太武殿前马道南。东魏“孝静天平二年（公元 535 年）三月，雄雉飞入尚书省，殿中获之”。“元象元年（公元 538 年）正月，有狼入（邺）城。”“武定五年（公元 547 年）十二月，北城铜爵台上获豹一。”② “武定三年（公元 545 年）九月，豹入邺南城，格杀之。五年八

① 总叙//徐坚，等. 初学记：卷九. 北京：中华书局，1962.

② 《魏书·灵征志》.

月，豹又见铜爵台。”“后齐孝昭帝，即位之后，有雉飞上御座。”“武平七年（公元576年），有鹳巢太极殿。”① 河南安阳安丰乡西高穴大墓出土有“魏武王常所用格虎大戟”“魏武王常所用格虎大刀”等石牌，也可推证汉魏邺城一带曾有虎兽生存、活动。之后，随着物种种群数量的减少，这些现象早已不复存在。

自两汉至魏晋南北朝，由于地理环境的变迁，一些物种种群数量逐渐减少，特别是水生物和野生动物，又由于人类过度渔猎，自然繁殖程度降低，物种生态不平衡愈益严重。到了北齐时，这样的问题就相当突出了，所以政府不得不制定一些保护措施。天保八年（公元557年）“夏四月庚午，（高洋）诏诸取虾蟹蚬蛤之类，悉令停断，唯听捕鱼。乙酉，诏公私鹰鹞亦禁绝。”九年（公元558年）二月，“己丑，诏限仲冬一月燎野，不得他时行火，损昆虫草木”②。北齐后主高纬天统五年（公元569年）二月，“诏禁网捕鹰鹞及畜养笼放之物”③。这些措施对于保持物种种群是有益的，但施行效果如何，无史料可稽。北齐以前，这样的禁令不多见。北齐时，屡次颁布这样的禁令，说明物种种群数量下降，才不得不采取保护物种的措施。从这些措施看，古人已经从现实生活中体悟到人与自然环境、生态、资源的关系，这与现代可持续发展理论相较，在道理上是相通的。

---

① 《隋书·五行志》上.

② 《北齐书·文宣纪》.

③ 《北齐书·后主纪》.

第二章　汉魏北朝海河流域的自然灾害

一、文献所见之灾害

关于汉魏晋南北朝自然灾害资料编辑的书籍并不算少，然多不注出处，不敢直接引用。本书欲通过灾害资料，归纳灾害类型、特点，也不敢在资料方面贪大求全。兹以正史所载相关资料为主，考察三至六世纪海河流域自然灾害情况。因为这部分资料相对可靠，基本能反映海河流域自然灾害的实际状况。

《三国志·武帝纪》记水灾 1 条：

建安十二年（公元 207 年），北征乌桓。夏五月，至无终。秋七月大水，傍海道不通，田畴请为乡导，公从之。

《后汉书·献帝纪》记灾疫 1 条：

建安二十二年（公元 217 年），是岁大疫。

《三国志·文帝纪》记蝗灾、饥馑各 1 条：

黄初三年（公元 222 年）秋七月，冀州大蝗，民饥，使尚书杜畿持节开仓以赈之。

《晋书·五行志》也记及此事。

五年（公元 224 年）十一月庚寅，以冀州饥，遣使者开仓廪赈之。

同书《明帝纪》记水灾1条：

景初元年（公元237年）九月，冀、兖、徐、豫四州民遇水，遣侍御史循行没溺死亡及失财产者，在所开仓赈救之。

《晋书·五行志》也记有这次水灾。曰：九月，淫雨，冀、兖、徐、豫四州水出，没溺杀人，漂没财产。

同书《三少帝纪》记地震1条：

齐王芳正始三年（公元242年）冬十二月，魏郡地震。

《晋书·武帝纪》记水灾1条、雨雹3条：

咸宁二年（公元276年）七月，河南、魏郡暴水，杀百余人。

同书《五行志》也记有此事。

太康元年（公元280年）四月，三河（河南、河东、河内）、魏郡、弘农雨雹，伤宿麦。

二年（公元281年）秋七月，上党暴风雨雹，伤秋稼。

五年（公元284年）七月，任城、梁国、中山雨雹，伤秋稼。

同书《惠帝纪》记地质灾害1条、风灾1条、水灾2条：

元康四年（公元294年）八月，上谷居庸、上庸并地陷裂，水泉涌出，人有死者。

五年（公元295年）九月，雁门、新兴、太原、上党大风，伤禾稼。

八年（公元298年）秋九月，荆、豫、扬、徐、冀等五州大水。

太安元年（公元302年）秋七月，兖、豫、徐、冀等四州大水。

同书《怀帝纪》记蝗灾1条：

永嘉四年（公元310年）五月，幽、并、司、冀、秦、雍等六州大蝗，食草木，牛马毛皆尽。

《晋书·五行志》下记此事。曰：五月，大蝗，自幽、并、司、冀至于秦雍，草木、牛马毛鬣皆尽。

同书《愍帝纪》记螽蝗灾1条：

建兴五年（公元317年）秋七月，大旱，司、冀、青、雍等四州螽蝗。

同书卷六《元帝纪》记蝗灾1条：

太兴元年（公元318年）八月，冀、徐、青三州蝗。

《晋书·五行志》下记此事。曰：八月，冀、青、徐三州蝗，食生草尽，至于二年。

同书《明帝纪》记火灾1条：

太宁元年（公元323年）三月，饶安、东光、安陵三县灾，烧七千余家，死者万五千人。

同书《石勒载记》上，记饥馑1条、蝗灾2条：

晋建兴二年（公元314年）四月，襄国大饥，谷二升值银二斤，肉一斤值银一两。

四年（公元316年）六月，大蝗，中山、常山尤甚。

五年（公元317年）七月，河朔大蝗，初穿地而生，二旬化状若蚕，七八日而卧，四日蜕而飞，弥亘百草，唯不食豆及麻，并、冀尤甚。

同书《石勒载记》下，记水灾2条、风雹灾1条、陨石2条、蝗灾1条：

后赵二年（公元320年）夏，大雨霖，中山、常山尤甚，滹沱泛溢，冲陷山谷，巨松僵拔，浮于滹沱，东至渤海，原隰之间，皆如山积。

后赵建平二年（公元331年）夏，大雨霖，中山西北暴水，流漂巨木百余万根，集于堂阳。

三年（公元332年），暴风大雨，震电建德殿端门、襄国市西门，杀五人。雹起西河介山，大如鸡子，平地三尺，洿下丈余，行人禽兽死者万数，历太原、乐平、武乡、赵郡、广平、巨鹿千余里，树木摧折，禾稼荡然。勒正服于东堂，以问徐光曰：“历代以来有斯灾几也?”光对曰：“周、汉、魏、晋皆有之。”

四年（公元 333 年），有流星大如象，尾足蛇形，自北极西南流五十余丈，光明烛地，坠于河，声闻九百余里。（《资治通鉴》曰星“陨于肥乡”。）

星陨于邺东北六十里，初赤黑黄云如幕，长数十匹，交错，声如雷震，坠地气热如火，尘起连天。时有耕者往视之，土犹燃沸，见有一石方尺余，青色而轻，击之音如磬。

按：此两条史料所记当为一回事，肥乡在邺之东北。

是年，广阿蝗。季龙遣其子邃率骑三千游于蝗所。

同书《石季龙载记》上，记雹灾 1 条、旱灾 3 条、雪寒 1 条、暴风雨灾 1 条：

后赵建武元年（公元 335 年）冀州八郡雨雹，大伤秋稼。（石虎）遣御史所在发水次仓麦，以给秋种，尤甚之处差复一年。

二年（公元 336 年），邺地久旱谷贵，金一斤直米二斗，百姓嗷然，无生赖矣。

四年（公元 338 年），冀州八郡大蝗。

六年（公元 340 年），后赵境内大旱。

九年（公元 343 年），邺地隆冬雪寒。

十三年（公元 347 年），筑华林园，暴风大雨，死者数万人。

《晋书·五行志》上，记水灾 3 条：

晋咸宁二年（公元 276 年）七月癸亥，河南、魏郡暴水，杀百余人。

四年（公元 278 年）七月，司、冀、兖、豫、扬郡国二十大水，伤秋稼，坏屋室，有死者。

太安元年（公元 302 年）七月，兖、豫、徐、冀四州大水。

同书《五行志》中，记旱灾 3 条：

太康六年（公元285年）三月，青、梁、幽、冀郡国旱。

八年（公元287年）四月，冀州旱。

永宁元年（公元301年），自夏及秋，青、徐、幽、并四州旱。

同书卷《五行志》下，记霜灾2条、雹灾5条、雪灾2条、虫灾2条、风灾4条、地质灾害2条：

咸宁三年（公元277年）八月，平原、安平、上党、泰山四郡霜，害三豆。是月，河间暴风寒冰，郡国五陨霜伤谷。

五年（公元279年）五月丁亥，巨鹿、魏郡雨雹，伤禾麦。辛卯，雁门雨雹，伤秋稼。六月庚戌，汲郡、广平、陈留、荥阳雨雹。丙辰，又雨雹，陨霜，伤秋麦千三百余顷，坏屋百二十余间。癸亥，安定雨雹。七月丙申，魏郡又雨雹。

太康元年（公元280年）四月，河南、河内、河东、魏郡、弘农雨雹，伤麦豆。是月庚午，畿内县二及东平、范阳雨雹。五月，东平、平阳、上党、雁门、济南雨雹，伤禾麦三豆。

二年（公元281年）五月丙戌，城阳、章武、琅邪伤麦。庚寅，河东、乐安、东平、济阴、弘农、濮阳、齐国、顿丘、魏郡、河内、汲郡、上党雨雹，伤禾稼。七月，上党雨雹。

五年（公元284年）七月乙卯，中山、东平雨雹，伤秋稼。甲辰，中山雨雹。

六年（公元285年）三月戊辰，河间、易城等六县，高阳、北新城等四县陨霜，伤桑麦。六月，雁门雨雹。

明帝太宁元年（公元323年）十二月，幽、冀、并三州大雪。

穆帝永和二年（公元346年）八月，冀方大雪，人马多冻死。

五年（公元349年）六月，临漳暴风震电，雨雹，大如升。

愍帝建兴五年（公元317年），司、冀、青、雍螽。

武帝泰始五年（公元269年）五月辛卯朔，广平大风，折木。

咸宁三年（公元277年）八月，河间大风，折木。

太康二年（公元281年）七月，上党又大风，伤秋稼。

惠帝元康四年（公元294年）九月，雁门、新兴、太原、上党灾风伤稼。

咸宁四年（公元278年），司、冀、兖、豫、荆、扬郡国二十螟。

元康四年（公元294年）二月，上谷、上庸、辽东地震。八月，上谷地震，水出，杀百余人。

光熙元年（公元306年）五月，范阳国地燃，可以爨。

《魏书·太宗纪》记水灾2条：

神瑞二年（公元415年），范阳水灾。

三年（公元416年）八月，雁门，河内大雨水。

同书本纪第四上《世祖纪》记饥馑1条：

神䴥四年（公元431年）二月，定州民饥，诏启仓以赈之。

同书本纪第四下《世祖纪》记饥馑1条：

太平真君九年（公元448年）二月，山东民饥，启仓赈之。

同书《高宗纪》记蝗灾1条、霜灾1条：

兴安元年（公元452年）十二月，诏以营州蝗，开仓赈恤。

蝗灾发生在是年秋，至冬，民饥。

和平四年（公元463年）冬十月，以定、相二州陨霜杀稼，免民田租。

同书《高祖纪》记水旱蝗灾、民饥10条：

延兴三年（公元473年），州镇十一水旱，丐民田租，开仓赈恤。相州民饿死者二千八百四十五人。

四年（公元474年），州镇十三大饥。

太和元年（公元477年），州郡八水旱蝗，民饥。

二年（公元478年），州镇二十余水旱，民饥。

四年（公元480年），州镇十八水旱，民饥。

五年（公元481年），州镇十二民饥。

七年（公元483年）三月甲戌，以冀、定二州民饥，诏郡县为粥于路以食之，又弛关津之禁，任其去来。六月，定州上言，为粥给饥人，所活九十四万七千余口。九月，冀州上言，为粥给饥民，所活七十五万一千七百余口。

是岁，州镇十三民饥。

八年（公元 484 年）六月，戊辰，武州水泛滥，坏民居舍。是岁，州镇十五水旱，民饥。

九年（公元 485 年），京师及州镇十三水旱伤稼。

八月庚申，孝文帝下诏："今自太和六年已来，买定、冀、幽、相四州饥民良口者，尽还所亲，虽聘为妻妾，遇之非理，情不乐者，亦离之。"

同书《高祖孝文帝纪》记旱灾、民饥 3 条：

太和十一年（公元 487 年）春，雁门、代郡民饥。

九月庚戌诏曰："去夏以岁旱民饥，须遣就食……。"

按："去夏"即太和十年夏，此年旱灾严重，民饥，"犹有饿死衢路，无人收尸"（庚戌诏）。

是岁大饥。《魏书·韩麒麟传》："太和十一年，京都大饥，麒麟表陈时务曰：'古先哲王经国立治，积储九稔，谓之太平……今京师民庶，不田者多，游食之口，三分居二……故顷年山东遭水，而民有馁终，今秋京都遇旱，谷价踊贵，实由农人不劝，素无储积故也。'"

十五年（公元 491 年）春旱。

同书《宣武帝纪》记水旱灾、地震、饥馑等灾害 10 条：

太和二十三年（公元 499 年），州镇十八水，民饥。

宣武帝景明、永平年间，连年干旱。永平二年（公元 509 年）春，武川镇饥。三年（公元 510 年）春，冀、定二州旱。五月丁亥，诏以冀、定二州旱俭，开仓赈恤。

延昌元年（公元 512 年）春正月乙巳，以频水旱，百姓饥弊，分遣使者开仓赈恤。

夏四月，诏以旱故，食粟之畜皆断之。

戊辰，以旱，诏尚书与群司鞫理狱讼，诏河北民就谷燕、恒二州。辛未，诏饥民就谷六镇。丁丑，帝以旱故，减膳撤悬。癸未，诏曰："肆州地震陷裂，死伤甚多，言念毁多，有酸怀抱。"遣太医赴灾区疗伤，乙酉，大赦，改年。五月，丙午，诏天下有粟之家，供年之外，悉贷饥民。自二月不雨至于是晦。六月己卯，诏曰："去岁水灾，今年炎旱，百姓饥馁，救命靡寄，虽经蚕月，不能养绩。今秋输将及，郡县期于责办，尚书可严勒诸州，量民资产，明加检校，以救艰弊。"庚辰，诏出太仓粟五十万石，以赈京师及州郡饥民。

延昌二年（公元 513 年）二月，甲戌，以六镇大饥，开仓赈赡。

是春，民饥，饿死者数万口。是夏，州郡十三大水。

秋八月辛卯，诏曰："顷水旱互侵，频年饥俭，百姓窘弊，多陷罪辜，烦刑之愧，朕用惧矣。"

冬十月，诏以恒、肆地震，民多死伤，蠲两河一年租赋。乙巳，诏以恒、肆地震，民多离灾，其有课丁没尽、老幼单辛、家无受复者，各赐廪以接来稔。

三年（公元 514 年）春二月乙未，诏曰："肆州秀容郡敷城县、雁门郡原平县，并自去年四月以来，山鸣地震，于今不已，告谴彰咎，朕甚惧焉。"

同书《肃宗孝明帝纪》记水旱灾、民饥 6 条：

熙平元年（公元 516 年）夏四月戊戌，以瀛州民饥，开仓赈恤。

五月丁卯朔，诏曰："炎旱积辰，苗稼萎悴……"

二年（公元 517 年）冬十月庚寅，以幽、冀、沧、瀛四州大饥，遣尚书长孙稚、兼尚书邓羡、元纂等巡抚百姓，开仓赈恤。

《魏书·邓渊传附邓羡传》："（熙平时）幽、瀛、沧、冀大水，频经寇难，民饥。诏羡兼尚书、假散骑常侍，持节诣州，随方赈恤，多有所济。"先旱后水，故饥。

神龟二年（公元 519 年）二月壬寅，诏曰："农要之月，时泽弗应，嘉谷未纳，三麦枯悴……冀瀛之境，往经寇暴，死者既多，白骨横道，可遣专令收葬。"

正光元年（公元 520 年）五月辛巳，诏曰："炎旱为灾，在予之愧。”二年（公元 521 年）秋七月癸丑，诏曰：“时泽弗降，禾稼形损，在予之责，夙宵震惧。”

同书《孝静帝纪》记水旱灾 3 条：

天平二年（公元 535 年）五月，大旱。

元象元年（公元 538 年）夏，山东大水，虾蟆鸣于树上。

武定五年（公元 547 年）冬至六年春，亢旱。三月辛亥，以冬春亢旱，赦罪人各有差。

《魏书·灵征志》，记地震山崩 31 条，风灾、沙尘暴、暴风雨 26 条，水灾 12 条，海浸 1 条，雹灾 3 条，雪灾 7 条，霜灾 13 条，雷暴 7 条，火灾 5 条，蝗虫灾 5 条：

太宗泰常四年（公元 419 年）二月甲子，司州地震，屋室尽动摇。

世祖太延二年（公元 436 年）十一月丁卯，并州地震。

四年（公元 438 年）三月乙未，京师地震。

十一月丁亥，幽、兖二州地震。

高祖延兴四年（公元 474 年）五月，雁门崎城有声如雷，自上西引十余声，声止，地震。

十月己亥，京师地震。

太和元年（公元 477 年）四月辛酉，京师地震。

五月，统万镇地震，有声如雷。

二年（公元 478 年）七月丁卯，并州地震有声。

三年（公元 479 年）七月丁卯，京师地震。

四年（公元 480 年）五月己酉，并州地震。

七年（公元 483 年）四月丁卯，肆州地震有声。

八年（公元 484 年）十一月丙申，并州地震。

十年（公元 486 年）正月辛未，并州地震，殷殷有声。

二月甲子，京师地震。丙寅又震。

三月壬子，京师及营州地震。

二十年（公元 496 年）正月辛未，并州地震。

四月乙未，营州地震。

九月辛卯，并州地震。

世宗景明四年（公元503年）正月壬申，并州地震。

正始二年（公元505年）九月己丑，恒州地震。

永平四年（公元511年）五月庚戌，恒、定二州地震，殷殷有声。

十月己巳，恒州地震，有声如雷。

延昌元年（公元512年）四月庚辰，京师及并、朔、相、冀、定、瀛六州地震，恒州之繁畤、桑干、灵丘、肆州之秀容、雁门地震陷裂，山崩泉涌，杀五千三百一十人，伤者二千七百二十二人，牛马杂畜死伤者三千余。

十一月己酉，定、肆二州地震。

三年（公元514年）正月辛亥，有司奏："肆州上言秀容郡敷城县自延昌二年四月地震，于今不止"。

东魏孝静帝武定三年（公元545年）冬，并州地震。

七年（公元549年）夏，并州乡郡地震。

太祖天赐六年（公元409年）春三月，恒山崩。

世宗景明四年（公元503年）十一月丁巳，恒山崩。

正始元年（公元504年）十一月癸亥，恒山崩。

太宗永兴三年（公元411年）二月甲午，京师大风。

十一月丙午，又大风。

四年（公元412年）正月癸卯，元会而大风晦暝，乃罢。

五年（公元413年）十一月庚寅，京师大风，起自西方。

神瑞元年（公元414年）四月，京师大风。

二年（公元415年）正月，京师大风。

世祖太延二年（公元436年）四月甲申，京师暴风，宫墙倒，杀数十人。

三年（公元437年）十二月，京师大风，扬沙折树。

太平真君元年（公元440年）二月，京师有黑风竟天，广五十丈余。

高宗和平二年（公元461年）三月壬午，京师大风晦暝。

高祖延兴五年（公元475年）五月，京师赤风。

太和二年（公元478年）七月庚申，武川镇大风，吹失六家，羊角而上，不知所在。

三年（公元479年）六月壬辰，相州大风，从酉上来，发屋折树。

七年（公元483年）四月，相、豫二州大风。

八年（公元484年）三月，冀、定、相三州暴风。

四月，济、光、幽、肆、雍、齐六州暴风。

九年（公元485年）六月庚戌，济、洛、肆、相四州及灵丘、广昌镇暴风折木。

十二年（公元488年）五月壬寅，京师连日大风，甲辰尤甚，发屋拔树。

六月壬申，京师大风。

十四年（公元490年）七月丁酉朔，京师大风，拔树发屋。

世宗景明元年（公元500年）二月癸巳，幽州暴风，杀一百六十一人。

三年（公元502年）九月丙辰，幽、岐、梁、东秦州暴飞昏雾，拔树发屋。

四年（公元503年）三月己未，司州之河北、河东、正平、平阳大风拔树。

正始二年（公元505年）二月癸卯，有黑风羊角而上，起于柔玄镇，盖地一顷，所过拔树。甲辰，至于营州，东入于海。

肃宗熙平二年（公元517年）九月，瀛州暴风大雨，自辛酉至于乙丑。

高祖太和十二年（公元488年）十一月丙戌，土雾竟天，六日不开，到甲夜仍复浓密，勃勃如火烟，辛惨人鼻。

按：北魏沙尘暴天气十分严重。“黄雾，雨土覆地”，“浊气四塞”，“雨土覆地，亦如雾”，“阴雾四塞，初墨后赤”，“土雾四塞”，“黑雾四塞”，“黄雾蔽塞”等等，史书屡见记载。

太祖天赐三年（公元406年）八月，霖雨，大震，山谷水溢。

世宗延和元年（公元432年）六月甲戌，京师水溢，坏民庐舍数百家。

太平真君八年（公元447年）七月，平州大水。

高祖太和六年（公元482年）八月，徐、东徐、兖、济、平、豫、光七州，平原、枋头、广阿、临济四镇大水。

按：水灾面积包括黄河下游及海河流域南部。

九年（公元483年）九月，南豫、朔二州各大水，杀千余人。

世宗景明元年（公元500年）七月，青，齐，南青，光，徐，兖，豫，东豫，司州之颍川、汲郡大水，平隰一丈五尺，民居全者十四五。

按：黄河流域大水，波及海河流域南部。

正始二年（公元505年）三月，青、徐州大雨霖，海水溢出于青州乐陵之隰沃县，流漂一百五十二人。

按：大雨引起海浸。

永平三年（公元510年）七月，州郡二十大水。

肃宗熙平二年（公元517年）九月，冀、瀛、沧三州大水。

正光二年（公元521年）夏，定、冀、瀛、相四州大水。

东魏孝静元象元年（公元538年），定、冀、瀛、沧四州大水。

兴和四年（公元542年），沧州大水。

北魏孝文帝承明元年（公元476年）八月庚申，并州乡郡大雹，平地尺，草木禾稼皆尽。

八月癸未，定州大雹杀人，大者方圆二尺。

景明四年（公元503年）七月甲戌，暴风，大雨雹，起自汾州，经并、相、司、兖至徐州而止，广十里，所过草木无遗。

世祖始光二年（公元425年）十月，大雪数尺。

太平真君八年（公元447年）五月，北镇寒雪，人畜冻死。

高祖太和四年（公元 480 年）九月甲子朔，京师大风，雨雪三尺。

世宗正始元年（公元 504 年）五月壬戌，武州镇大雨雪。

四年（公元 507 年）二月乙卯，司、相二州暴风，大雨雪。

九月壬申，大雪。

肃宗正光二年（公元 521 年）四月，柔玄镇大雪。

太祖天赐五年（公元 408 年）七月，冀州陨霜。

世祖太延元年（公元 435 年）七月，大陨霜，杀草木。

高宗和平六年（公元 465 年）四月乙丑，陨霜。

高祖太和七年（公元 483 年）三月，肆州风霜，杀菽。

九年（公元 485 年）六月，洛、肆、相三州及司州灵丘、广昌镇陨霜。

正始元年（公元 504 年）五月壬戌，武川镇陨霜。

六月辛卯，怀朔镇陨霜。

二年（公元 505 年）五月壬申，恒、汾二州陨霜杀稼。

七月戊戌，恒州陨霜。

三年（公元 506 年）六月丙申，安州陨霜。

永平元年（公元 508 年）三月乙丑，并州陨霜。

二年（公元 509 年）四月辛亥，武川镇陨霜。

肃宗熙平元年（公元 516 年）七月，河南、北十一州霜。

世祖神䴥元年（公元 428 年）十月己酉，雨、雷电。

太延三年（公元 437 年）十月癸丑，雷。

四年（公元 438 年）十一月丁亥，雷。

太和七年（公元 483 年）十一月辛巳，幽州雷电，城内尽赤。

太祖天赐六年（公元 409 年）四月，震天安殿东序。

显祖皇兴二年（公元 468 年）十一月夜，震电。

高祖太和三年（公元 479 年）五月戊午，震东庙东中门屋南鸱尾。

高宗太安五年（公元 459 年）春三月，肥如城内大火，官私庐舍焚烧略尽，唯有东西二寺佛图像舍，火独不及。

世宗景明元年（公元 500 年）三月乙巳，恒岳祠灾。

孝昌二年（公元 526 年）夏，幽州遒县地燃。

三年（公元 527 年）春，瀛州城内大火，烧三千余家。

东魏孝静天平四年（公元 537 年）秋，邺阊阖门东阙火。

北魏太和六年（公元 482 年）八月，徐、东徐、兖、济、平、豫、光七州，平原、枋头、广阿、临济四镇，蝗害稼。

按：是年八月大水，水后又生蝗。

七年（公元 483 年）四月，相、豫二州蝗害稼。

八年（公元 484 年）三月，冀、相二州虸蚄害稼。

四月，济、光、幽、肆、雍、齐、平七州蝗。

六月乙巳，相、齐、光、青四州虸蚄害稼。

《北齐书·神武纪》下，记霜、旱、雪灾 3 条：

东魏天平四年（公元 437 年）二月乙酉，神武以并、肆、汾、建、晋、东雍、南汾、秦、陕九州霜旱，人饥流散，请所在开仓赈给。

按：二月乙酉奏请，时为仲春，霜旱成灾则自天平三年秋始。

兴和四年（公元 542 年）九月，神武西征，十月，围玉壁城，十一月癸未，神武以大雪，士卒多死，乃班师。

武定二年（公元 544 年）三月癸巳，神武巡行冀、定二州，因朝京师，以冬春亢旱，请蠲悬责，赈穷乏，宥死罪已下。

同书《文宣纪》，记干热、旱、蝗、涝灾 4 条：

北齐天保八年（公元 557 年）春三月，大热，人或暍死。

此灾又见《隋书·五行志》下。

自夏至九月，河北六州，河南十州，畿内八郡大蝗。是月，飞至京师，蔽日，声如风雷。甲辰，诏今年遭蝗之处免租。

九年（公元 558 年）是夏，大旱。帝以祈雨不应，毁西门豹祠，掘其冢。山东大蝗，差夫役捕而坑之。

七月戊申，诏赵、燕、瀛、定、南营五州及司州广平、清河二郡，去年冬涝损田，兼春夏少雨，苗稼薄者，免今年租。

同书《废帝纪》记螽水灾1条：

乾明元年（公元560年）夏四月癸亥，诏河南、定、冀、赵、瀛、沧、南胶、光、青九州，往因螽水，颇伤时稼，遣使分途赡恤。

同书《武成纪》记虫、旱、雪、霜、水灾、饥馑6条：

河清二年（公元563年）夏四月，并、汾、晋、东雍、南汾五州虫旱伤稼。

冬十二月，是时，大雨雪连月，南北千余里平地数尺，霜昼下，雨血于太原。

三年（公元564年）六月庚子，大雨昼夜不息，至甲辰乃止。

闰（九）月乙未，诏遣十二使巡行水潦州，免其租调。

是岁，山东大水，饿死者不可胜计，诏发赈给，事竟不行。

四年（公元565年）二月壬申，以年谷不登，禁酤酒。乙卯，诏减百官食廪各有差。

三月戊子，诏给西兖、梁、沧、赵州、司州之东郡、阳平、清河、武都、冀州之长乐、渤海遭水潦之处贫下户粟，各有差。家别斗升而已，又多不付。

同书《后主纪》记旱、雪、饥馑、风、水灾10条：

天统二年（公元566年）三月，以旱故，降禁囚。十一月，大雨雪。

三年（公元567年）正月乙未，大雪，平地三尺。

五月乙未，大风昼晦，发屋拔树。

是秋，山东大水，人饥，僵尸满道。

四年（公元568年）五月，自正月不雨至于是月。六月甲子朔，大雨。甲申，大风，拔木折树。

五年（公元569年）秋七月戊申，诏使巡省河北诸州无雨处，境内偏旱者优免租调。

武平六年（公元575年）八月丁酉，冀、定、赵、幽、沧、瀛六州大水。

七年（公元576年）春正月壬辰，诏去秋以来，水潦人饥不自立者，所在付大寺及诸富户，济其性命。

二月丙寅，风从西北起，发屋拔树，五日乃止。

秋七月，大雨霖。是月，以水涝遣使巡抚流亡人户。

同书《循吏·苏琼传》，记水灾1条：

天保中，（南清河）郡界大水，人灾，绝食者千余家。

《隋书·五行志》上，记火灾3条、水灾7条、饥馑3条、雪霜冻灾4条、旱灾7条：

东魏天平二年（公元535年）十一月，阊阖门灾。

武定五年（公元547年）八月，广宗郡火，烧数千家。

后齐后主天统三年（公元567年），邺宫九龙殿灾，延烧西廊。四年，昭阳、宣光、瑶华三殿灾，延烧龙舟。

后齐河清二年（公元563年）十二月，兖、赵、魏三州大水。

武平六年（公元575年）八月，山东诸州大水。

隋仁寿二年（公元602年），河南、河北诸州大水。

齐后主武平四年（公元573年），山东饥。

隋炀帝大业五年（公元609年），燕、代、齐、鲁诸郡饥。

东魏武定五年（公元547年）秋，大雨七十余日。

后齐河清三年（公元564年）六月庚子，大雨，昼夜不息，至甲辰。山东大水，人多饥死。

天统三年（公元567年）十月，积阴大雨。

武平七年（公元576年）七月，大霖雨，水涝，人户流亡。

东魏兴和二年（公元540年）五月，大雪。

武定四年（公元546年）二月，大雪，人畜冻死，道路相望。

后齐河清二年（公元563年）二月，大雪连雨，南北千余里，平地数尺，繁霜昼下。

天统二年（公元566年）十一月，大雪；三年正月，又大雪，平地二尺；武平三年正月，又大雪。

东魏武定二年（公元544年）冬、春旱。

后齐天保九年（公元558年）夏，大旱。

乾明元年（公元560年）春，旱。

后主天统二年（公元566年）春，旱。

隋大业四年（公元608年），燕、代缘边诸郡旱。

八年（公元612年），天下旱，百姓流亡。时发四海兵，帝亲征高丽，六军冻馁，死者十八九。

十三年（公元617年），天下大旱。

同书《五行志》下，记寒冻灾2条、蝗灾3条、风灾3条、雾霾灾1条：

东魏武定四年（公元546年）二月，大寒，人畜冻死者，相望于道。

北齐河清元年（公元562年），岁大寒。

后齐天保八年（公元557年），河北六州、河南十二州蝗，畿人皆祭之。九年，山东又蝗。十年，幽州大蝗。

后齐河清二年（公元563年），大风，三旬乃止。天统三年（公元567年）五月，大风昼晦，发屋拔树。七年三月，大风起西北，发屋拔树，五日乃止。

东魏武定四年（公元546年）冬，大雾六日，昼夜不解。

《常山贞石志》著录《程荣造像记》，载东魏天平二年（公元535年）秋霜灾：

维大魏兴和二年，岁次庚申，佛弟子程荣以去天平二年中遭大苦霜，五谷不熟，天下人民饥死者众，荣见此苦，即发洪愿：死者生（升）天，生者饱满，奴婢者解脱。后愿龙王欢欣，雨泽以时，五谷丰熟，万民安乐，常行善福。施石主程昌犁，邑子程子高同邑子程荣同造。

按：《魏书·孝静纪》载天平二年春旱，不及秋霜。《程荣造像记》可补史之缺。原像在长垣县蘧子祠中，霜灾发生在豫北、冀南一带。

史籍文献所记海河流域自然灾害，随时间流移，愈到后来，载述愈详。这有几种可能：一是自汉魏至北朝，海河流域灾害发生频率越来越高，故史书有如此记载；二是两汉以前，史籍有关记载缺漏较多，北朝以后，史书内容编纂有了新的改善；三是汉魏以后海河流域地缘政治突出，故史书对这一地域的记述较详。不管是哪一种可能，都说明了一个史实，即三至六世纪海河流域是一个自然灾害频繁发生的地域。时间愈后，文献所记录的灾害愈繁而且愈详，灾害的种类愈多，这种现象又发生在海河水系形成之后。海河流域水资源减少，人口数量增加，人类的活动越来越多，人与水、土地等资源的矛盾逐渐显现出来，生存环境变差，所以自然灾害的发生概率会越来越大，灾害的数量与种类自然增多。文献有关灾害的记录，符合历史发展变化的实际。

二、主要灾害之编年与考证

东汉末至隋海河流域自然灾害见诸正史文献记载者 263 起，其中对于人类构成灾害者有 238 起。这 238 起自然灾害均造成了程度不等的破坏，甚至严重伤及人类。其中属于特大灾害者有 34 起，兹依照年月将这些特大自然灾害一一列述，并就其破坏程度做些初步的推证。

东汉建安二十二年（公元 217 年），大疫。刘昭注引魏文帝《与吴质书》曰：“昔年疾疫，亲故多离其灾。”曹植《说疫气》云：“家家有僵尸之痛，室室有号泣之哀，或阖门而殪，或举族而丧者。”这场疾疫以中原为重点灾区，波及海河流域的河北地区，王粲、陈琳、刘桢、徐干、应场等邺下建安诸子均卒于这场灾疫。东汉末年战乱，尸骨蔽野，气温升高，蚊蝇细菌滋生，且随空气流播，形成历史上不多见的瘟疾灾难。

曹魏黄初三年（公元 222 年）秋七月，冀州大蝗，民饥，文帝曹丕遣尚书杜畿持节开仓赈济灾民。这次蝗灾发生在七月，正是秋稼生长茂盛期，其对农业的破坏将十分严重，造成大面积绝产，随之又发生饥馑。

景初元年（公元 237 年）九月，冀、兖、徐、豫四州大水，漂没民居，人多死亡及失财产者，水灾面积包括黄河下游及海河流域南部。

西晋永嘉四年（公元 310 年）五月，幽、并、司、冀、秦、雍等六州大蝗，庄稼草木被食殆尽。史书称“牛马毛皆尽”，牛马毛脱落当与天气干旱、空气干燥，病毒细菌滋生、病虫害成灾有关。这次蝗灾之严重，灾区面积之广大，是历史上较为罕见的。

汉刘聪麟嘉二年（公元 317 年）七月，河朔大蝗。史书记载这次蝗灾情况曰：“（蝗虫）初穿地而生，二旬化状若蚕，七八日而卧，四日蜕而飞，弥亘百草，唯不食豆及麻，并、冀尤甚。”蝗虫由卵变蛹，再变成幼虫，成虫所用时间仅月余，而且“穿地而生”，其繁殖力极强，速度也极快，对农作物、草木植被造成的灾害程度极大。这次蝗灾，以冀州、并州最为严重，其受灾面积覆盖整个海河流域。蝗灾之后，“又大疾疫，兼以饥馑，百姓又为寇贼所杀，流尸满河，白骨蔽野”①。天灾人祸叠加，灾害次生、丛生，对人类生命危害极大。

后赵二年（公元 320 年）夏，海河流域中部发生特大暴雨，雨量较为集中的地区在常山、中山二郡，暴雨引起山洪暴发，山体滑坡，滹沱河泛滥。大雨将太行山谷巨松连根拔起，随河水漂流四处，直至渤海，低洼之处，堆如山积。这次特大洪水与 1939 年、1963 年、1996 年特大洪灾有诸多相似之处。暴雨发生的时间都在夏季汛期，雨区均在今河北省的中南部，即太行山东麓迎风坡面。其特点也相同，即暴雨集中，时间短，强度大，洪水来势猛，致灾性强。1963 年大雨降水总量为 317.4 亿立方米，1996 年为 297 亿立方米②。后赵二年的大洪水，降水总量与强度当不会低于 1939 年、1963 年、1996 年。可由 1939 年、1963 年洪灾图推想后赵二年夏洪水情况。

1939 年 7 至 8 月，海河流域三次连续暴雨，主要雨区在太行山迎风坡及燕山西部，暴雨中心区由南向北移动，并集中于北京西北部，形成特大洪水，漫灌天津市（见图 20）。

1963 年 8 月上旬，海河流域中南部连降暴雨，主要雨区在太行山迎风面，由邯郸、邢台到石家庄一带，强度大、范围广，为有史以来水文记录之最（见图 21）。

---

① 《晋书·食货志》.

② 王幼辉. 河北的水. 石家庄：河北科学技术出版社. 1999：153，168.

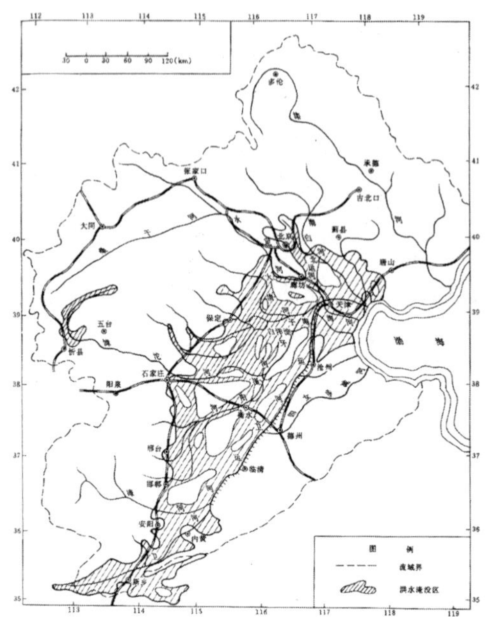

图20　1939年海河流域洪水图（见《海河志》）

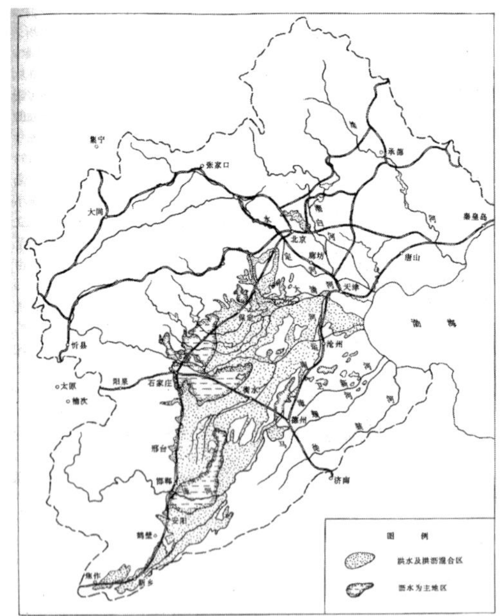

图21　1963年海河流域洪水图（见《海河志》）

后赵石勒五年（公元323年）三月，饶安、东光、安陵三县火灾，烧毁7 000余家，死亡1.5万人。饶安、东光、安陵三县疆界相接，地处海河流域东部平原，灌木杂草丛生，春天气候干燥多风，容易引发野火。火种一旦生发必借旷野烈风而呈燎原之势。这次火灾烧毁三县七千余家，过火面积相当大，形成这样大面积的火区，自然也因缘于当地良好的植被，可燃物丰富。

后赵建平二年（公元331年）夏，海河流域中部暴雨，雨量主要集中在中山郡西北部，引发山洪，山体滑坡，形成泥石流灾害，唐河、滹沱河等水系四溢，百万根巨木被冲集至堂阳。这是继后赵二年（公元320年）之后发生的又一特大水灾，时间相隔仅10年。洪涝灾害的形成时间、地点、成灾机理，古今大体一致。

建平三年（公元332年）夏，海河流域中部发生特大雹灾。暴风、大雨、雷电，夹杂冰雹，突然袭来。雷电击毁后赵襄国建德殿前端门和襄国城内坊市西门，五人丧生。冰雹大如鸡子，平地三尺，低洼之处达丈余，行人禽兽死者万数。据史书记载，这次雹灾起于西河介山，历太原、乐平、武乡、赵郡、广平、巨鹿千余里，树木摧折，禾稼荡然。灾区面积由西北向东南，形成一条带状，宽10～30里。这次雹灾强度大，持续时间长，而且风、雨、雹、雷、电交加，破坏严重，历史罕见。引起后赵石勒君臣极度恐慌。《晋书·石勒载记》下："勒正服于东堂，以问徐光曰：'历代以来有斯灾几也？'光对曰：'周、汉、魏、晋皆有之，虽天地之常事，然明主未始不为变，所以敬天之怒也。去年禁寒食，介推，帝乡之神也，历代所尊，或者以为未宜替也。一人吁嗟，王道尚为之亏，况群神怨憾而不怒动上帝乎！纵不能令天下同尔，介山左右，晋文之所封也，宜任百姓奉之。'勒下书曰：'寒食既并州之旧风，朕生其俗，不能异也。前者外议以子推诸侯之臣，王者不应为忌，故从其议，傥或由之而致斯灾乎！子推虽朕乡之神，非法食者亦不得乱也，尚书其促检旧典定议以闻。'有司奏以子推历代攸尊，请普复寒食，更为植嘉树，立祠堂，给户奉祀。勒黄门郎韦谀驳曰：'案《春秋》，藏冰失道，阴气发泄为雹。自子推已前，雹者复何所致？此自阴阳乖错所为耳。且子推贤者，曷以暴害如此！求之冥趣，必不然矣。今虽为冰室，惧所藏之冰不在固阴冱寒之地，多皆山川之侧，气泄为雹也。以子推忠贤，令绵、介之间奉之为允，于天下则不通矣。’勒从之。于是迁冰室于重阴凝寒之所，并州复寒食如初。”石勒君臣不可能找出这场雹灾的成因，也无法避免这样的自然灾害。朝议如此重视雹灾，也说明这场灾害十分严重。不过这条史料载及黄门郎韦谀一句话“多皆山川之侧，气泄为雹”，比较符合雨雹特点，此当是人们长期观察所得出的经验。

北魏太武帝拓跋焘太延二年（公元436年）四月甲申，雁北暴风，平城宫墙被刮倒，数十人在风灾中丧生。今山西大同仍是多风地区，极端气流偶尔出现。

太安五年（公元459年）春三月：“肥如城内大火，官私庐舍焚烧略尽”。春天空气干燥、多风，容易引发火灾。肥如城大火，尽烧官私庐舍，亦见庐舍鳞次栉比，建筑材料多木什及茅草等可燃物，否则，损失不会如此惨重。

孝文帝承明元年（公元476年）八月庚申，并州乡郡大雹，平地积雹厚达一尺，草木稼禾尽被摧折。这场雹灾虽为局部，面积有限，但破坏程度极其严重。

孝文帝太和二年（公元478年）七月庚申，龙卷风袭击武川镇，史书云：“吹失六家，羊角而上，不知所在。”这无疑是一场破坏力极强的龙卷风。

太和初，海河流域连年灾饥，至六年（公元482年），灾情更加严重。七年春，冀州、定州民饥，郡县地方官府于路旁设粥场赈济，并弛关津之禁，任饥民往来讨饭活命。六月，定州衙署向朝廷上报，饥人因粥所活者94.7万余口。九月，冀州报称所活者75.17万余口。因连年灾饥，人口买卖盛行，引发严重社会问题。九年八月庚申，孝文帝下诏：“今自太和六年已来，买定、冀、幽、相四州饥民良口者，尽还所亲，虽聘为妻妾，遇之非理，情不乐者，亦离之。”① 灾区包括整个海河流域，水、旱、霜、蝗等灾害频繁降临。官府设粥以给饥人，所报活人数字，虽无法证实，然数字如此之大，亦能说明灾情严重程度。

---

① 《魏书·高祖纪》.

太和六年（公元482年）八月，徐、东徐、兖、济、平、豫、光七州，平原、枋头、广阿、临济四镇大水。这次大水主要发生在黄河下游，由南向北，灾及海河流域南部。从水灾发生的时间和地区看，符合现代气象规律，暴雨区由南向北移动，在海河流域中部变弱。这次水灾之后，又发生蝗灾，双灾并致，于生产、生活破坏惨重。

太和八年（公元484年）三月，冀、定、相三州暴风。

太和九年（公元485年）六月，洛、肆、相三州及司州灵丘、广昌镇陨霜。这场霜灾发生在夏六月，受灾地区主要在海河流域西部，西南部太行山区及西北坝上地区，面积较大，历史罕见。

太和十二年（公元488年）十一月丙戌，海河流域遭受沙尘暴袭击，“土雾竟天”，连续六日昏霾晦暝，“到甲夜仍复浓密，勃勃如火烟，辛惨人鼻”。这样的沙尘暴天气，在北魏之前，史书不见有记载。由此数日沙尘天气，可以推见平城周围自然环境已经相当恶化，过度开发当是其主要原因之一。

宣武帝景明元年（公元500年）二月癸巳，幽州暴风，161人丧生于风灾。

景明四年（公元503年）七月甲戌，“暴风，大雨雹，起自汾州，经并、相、司、兖，至徐州而止，广十里，所过草木无遗”①。暴雨、狂风、冰雹交织一起，由西北向东南千余里，广十里，所过禾稼草木荡然。这是一场历史罕见的特大雹灾，其成灾机理与后赵建平三年（公元312年）夏特大雹灾大体相类，不同之处在于受灾面积向南平移约200里。

正始二年（公元505年）二月癸卯，龙卷风在柔玄镇形成，“黑羊角而上……盖地一顷，所过拔树”，风力极强，速度疾猛，于次日，刮至营州，东入渤海而消失。龙卷风由西北到东南千余里，其风向符合现代气象风向观测。

正始二年（公元505年）三月，青、徐二州大雨霖，而且这次暴雨与海潮同时发生，引起海浸，海水溢出，淹没乐陵之隰沃县，“流漂一百五十二人”。

---

①《魏书·灵征志》。

永平五年（公元512年）四月庚辰大地震。这次地震的范围包括司、并、朔、相、冀、定、瀛、恒、肆等州，震中似在秀容、雁门一带。地震烈度相当大，据《魏书·灵征志》，“恒州之繁畤、桑干、灵丘，肆州之秀容、雁门地震陷裂，山崩泉涌，杀五千三百一十人，伤者二千七百二十二人，牛马杂畜死伤者三千余”。地震造成地面陷裂，山崩泉涌，由此导致八千多人死伤，而且亡者多于伤者。损失如此惨重，震惊朝野。宣武帝元恪于四月癸未下诏曰：“肆州地震陷裂，死伤甚多，言念毁没，有酸怀抱”，并遣太医赴灾区疗伤。为乞求平安，又于是月乙酉，大赦，改年号曰延昌。延昌二年“冬十月，诏以恒、肆地震，民多死伤，蠲两河一年租赋。乙巳，诏以恒、肆地震，民多离灾，其有课丁没尽、老幼单辛、家无受复者，各赐廪以接来稔”①。这次地震之后，余震不断，“十一月己酉，定、肆二州地震”②。直至延昌三年春，余震还未停止，是年二月乙未，宣武帝诏书云：“肆州秀容郡敷城县、雁门郡原平县，并自去年四月以来，山鸣地震，于今不已。”③ 诏书中所言“去年四月”，实即延昌元年四月，古书言“去年”并不专指上一年，也包括前年，泛指已过去之年。据《魏书·宣武帝纪》《灵征志》，这次地震的时间应在永平五年四月庚辰，然《灵征志》又云：“（延昌）三年正月辛亥，有司奏：‘肆州上言秀容郡敷城县自延昌二年四月地震，于今不止。’”“延昌二年”应为延昌元年，或许是后人据宣武帝诏书中“去年”一词改。从《魏书·灵征志》有关记载看，北魏自泰常以来，雁北、并、肆等就不断有地震发生，最终导致延昌元年四月庚辰大震，从其破坏程度看，震级当在8级以上。从地震波及范围和烈度上推测，这次地震强度应不低于1976年7月28日唐山大地震。综观文献记载、北魏图与唐山地震等震线图，可推想延昌二年地震情况（见图22、图23）。

北魏孝明帝熙平二年（公元517年），幽、冀、沧、瀛四州灾饥。灾区几乎遍及整个海河流域，由干旱成灾。自熙平元年春，久旱不雨。四

---

① 《魏书·宣武帝纪》.

② 《魏书·灵征志》.

③ 同①.

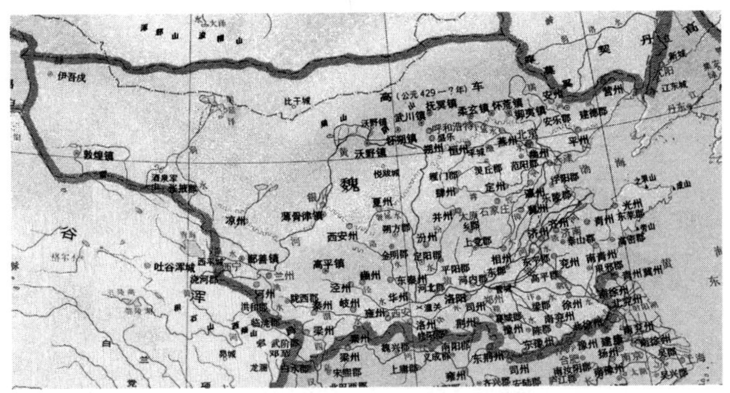

图 22　北魏图（见《中国历史地图集》四）

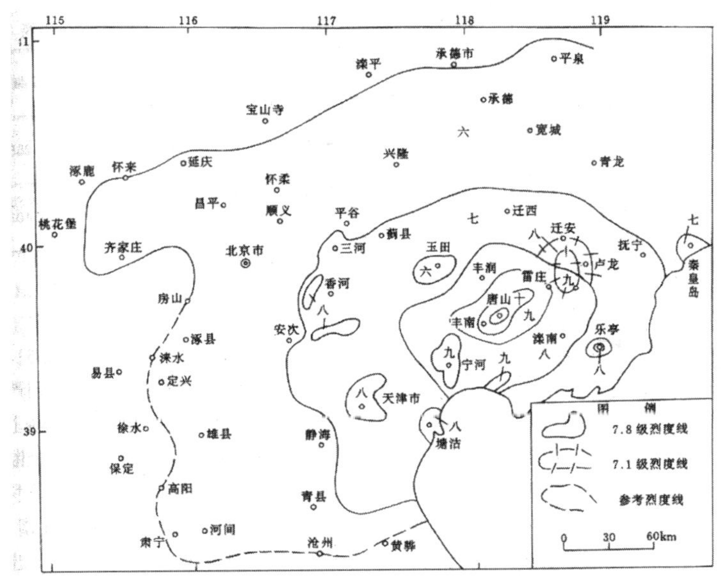

图 23　1976 年唐山大地震等震线图（见《海河志》）

月，“瀛州民饥，开仓赈恤”。五月初一，孝明帝诏，言及旱情，曰：“炎旱积辰，苗稼萎悴。”干旱一直持续到第二年，造成海河流域大饥。冬十月庚寅，孝明帝“遣尚书长孙稚、兼尚书邓羡、元纂等巡抚百姓，开仓赈恤”①。此后，河北地区连年干旱，神龟二年（公元 519 年）二月壬寅，孝明帝诏曰：“农要之月，时泽弗应，嘉谷未纳，三麦枯悴……冀瀛之境，

① 《魏书·肃宗孝明纪》。

往经寇暴，死者既多，白骨横道，可遣专令收葬。”正光元年（公元520年）五月辛巳，诏曰：“炎旱为灾。”二年（公元521年）秋七月癸丑，诏曰：“时泽弗降，禾稼形损。”

熙平二年（公元517年）九月，冀、瀛、沧三州大水灾。这次水灾发生在海河流域中部，仍属太行山东麓迎风面，经常于夏季暴雨成灾。旱灾之后又遭水灾，水灾之后又是旱灾，水旱灾害交替，故造成大面积饥荒。这种水旱灾害交替的现象于海河流域中部、南部、东部屡有出现，颇具海河流域自然灾害的特点。

正光二年（公元521年）夏，定、冀、瀛、相四州大水灾。

孝昌三年（公元527年）春，瀛州城内大火，烧三千余家。春天多火灾，自古然之，瀛州城内三千余家被焚，可以想见州城规模之大，户口、住宅之多，密度之大，因此，城市防火不能不慎。

东魏孝静帝元象元年（公元538年）夏，定、冀、瀛、沧四州大水灾。这次水灾发生在海河流域的中南部，殃及东部。

武定四年（公元546年）二月，“大雪，人畜冻死，道路相望”①。《隋书·五行志》下又曰：“大寒，人畜冻死者，相望于道。”寒流侵袭，大雪加大寒，人无防冻意识，又无防冻之具，饥寒交迫，势必冻死者众，损失惨痛。

北齐天保八年（公元557年）夏秋，海河流域全境大蝗，蝗虫弥天蔽日，直扑京师邺城，声如风雷，蝗灾造成全境民饥。《隋书·五行志》曰：“后齐天保八年，河北六州，河南十二州蝗，畿人祭之。”面对如此大的蝗灾，人们无能为力，企盼借祭祀消除灾害，只能徒无益之劳。

天保八年（公元557年）冬，赵、燕、瀛、定、南营五州及司州广平、清河二郡“冬涝损田”。至次年春夏，这些地区又发生干旱。冬涝当由凌汛造成，涝后又旱，农业歉收，暴发民饥。

河清二年（公元563年）冬十二月，海河流域雪灾。“大雨雪连月，南北千余里平地数尺。”（《北齐书·武成纪》）《隋书·五行志》记此次雪灾在二月，曰：“大雪连雨，南北千余里，平地数尺，繁霜昼下。”“繁霜

① 《隋书·五行志》上.

昼下”，当是一种雾凇现象。

河清三年（公元564年），海河流域大水，饿死者不可胜计。北齐武成帝高湛诏发赈给，但官府却拿不出粮食来。《隋书·五行志》上记这次大水在六月庚子，“大雨，昼夜不息，至甲辰。山东大水，人多饥死”。

后主天统三年（公元567年）秋，海河流域大水，人饥，僵尸满道。

武平六年（公元575年）八月丁酉，冀、定、赵、幽、沧、瀛六州大水。大水由暴雨造成，水灾机理、成因、地域与海河流域气象规律相符。灾后人饥，至明年春正月壬辰，后主高纬“诏去秋以来，水潦人饥不自立者，所在付大寺及诸富户，济其性命”。

三、自然灾害的统计、分类、区域分布与特点

三至六世纪海河流域的自然灾害，《后汉书·献帝纪》记载有1条；《三国志·魏书·帝纪》5条；《晋书·帝纪》12条，《晋书·载记》15条，《晋书·五行志》23条；《魏书·帝纪》38条，《魏书·灵征志》110条；《北齐书》25条；《隋书·五行志》33条；《常山贞石志》1条。这263条灾害记录，仅仅是根据几部正史文献梳理出来的。事实上，三至六世纪海河流域发生的自然灾害次数远远不止这些，还有许多灾害，文献缺载、漏载，也有许多灾害文献有记载而笔者未能发现。根据不完全的统计，也能推出这样的结论：海河流域在三至六世纪依然是一个自然灾害频繁多发的地区，与今天相比，灾害不仅次数多，而且破坏性也很严重。

263条自然灾害记录，包括水灾42条，旱灾24条，雹灾16条，风灾36条，霜灾21条，雪灾14条，火灾6条，雷震灾7条，干热1条，沙尘暴与尘霾灾害天气2条，海浸1条，地震、山崩、地陷裂、地燃等37条，陨石2条，蝗灾18条，其他虫灾3条，瘟疫1条，饥馑13条，综合性灾害23条。饥馑由自然灾害造成，然什么样的灾害，史书记载不明。综合灾害往往是多种灾害复合并生、丛生或次生。这些灾害大体可分为四类：即气象灾害、地质灾害、生物灾害和其他类型灾害。气象灾害包括暴雨、大雪、寒冻、苦霜、冰雹、狂风、雷电、龙卷风、沙尘暴、干旱等；地质灾害有地震、山崩、山体滑坡、泥石流、地裂、地燃、火山活动等；生物

灾害主要是虫灾，包括蝗灾、蚜灾、螽灾等；其他类型的灾害有海浸，由地球与月球的运动引起。另外还有一类属综合型，如瘟疫，其形成既有天气的原因，又有生物的因素。由于海河流域特殊的地理位置、地形地貌与自然环境，往往是多种灾害并发，一种灾害引发出另一种灾害，各种灾害互为因果，形成连续不断的灾害，诸如大雨造成山洪暴发、山体滑坡、泥石流，气象灾害引发地质灾害；洪涝引发虫灾，干旱引起蝗灾；春天空气干燥、多风，经常发生火灾；雷电引发火灾；地震导致山崩、地裂、泉涌，以致造成水灾。还有上游地区暴雨，河水泛溢，造成下游地区水灾；秋冬多雨雪，河水积冰，次年春暖，河冰开裂淤积，形成凌汛，危害下游地区；等等。这样类型的灾害，它们所带给人类社会的损失往往是灾难性的，甚至是毁灭性的。除了这几类灾害外，人类疾疫的传播也是十分可怕的灾难，疾疫大多与自然环境的变化有关，流行病的暴发大多由自然灾害引起，灾害导致人畜饥毙，尸体暴露于野，加之天气干旱干燥或潮湿闷热，病菌病毒繁殖活跃，空气、水质受到严重污染，病毒随空气、水在人类中间传播开来，造成大量人口死亡，这样的灾害、灾难在三至六世纪海河流域也是屡屡发生的。疾疫、水灾、火灾或由气象灾害引发，或由地质灾害造成，虽不能将之归入气象或地质之类，但可将之视为由二者衍生的其他类型灾害。

按照这样的分类，还可将有关文献之灾害记录逐类统计，以便于观察三至六世纪海河流域各类自然灾害之大体情况。文献记录凡 263 条，属于气象灾害者 159 条，地质灾害 37 条，虫、蝗等生物灾害 21 条，疾疫、火灾等其他灾害 46 条。海河流域自然灾害以气象灾害最多，气象灾害以暴雨、干旱类型较多，其次是霜冻、大雪、沙尘暴、冰雹，还有暴风、龙卷风等。地质灾害以地震、山崩较多。生物灾害主要是蝗。尽管所掌握的史料有限，对海河流域自然灾害的分类与逐类统计仍有粗略之嫌，但这已足能揭明这样一个事实：气象灾害是海河流域农业生产的最大杀手，特别是暴雨与干旱。因此，防汛与抗旱是保障农业生产及人类生活的最重要任务。

自然灾害在地理分布上也有明显的差异，海河流域北部燕山山区，西北部坝上高原，西部、西南部太行山区多地质灾害，东部平原多气象灾害。地震发生较多的地区有雁北恒州、肆州、并州，然后是北部燕山山区的上谷郡，与西南部太行山东麓的魏郡；山崩多发生在恒山；山体滑坡、河谷崩陷与泥石流多发生在常山、中山之西的太行山河谷地带。暴雨区域大多集中在太行山东麓迎风面，由南向北大体沿魏郡、邯郸、襄国、常山、中山一线，史书关于这一带暴雨的记载最多。《太平寰宇记》卷六十一“获鹿县飞龙山”条：“《赵记》云：每岁疾风雹雨，东南而行。俗传此山神女为东海神儿妻，故岁一往来。今祠林尽还（坏），而三石人犹存，衣冠全具。其北即张耳故墟。”所引《赵记》似为《后赵记》。来自东南的暖湿气流与来自西北的冷空气在太行山区上空相会，由于绵延山峰的阻挡，在太行山东麓形成坡面雨。两股气流激烈对撞，造成极端天气，形成西北—东南向雷电风雹，使河北省中、南部太行山以东成为暴雨最集中区。古人因缺乏科学知识，故借神话解释自然现象。海河流域下游滨海平原地带也是暴雨多发地区，大体为从章武到渔阳以东地域，由于这里人烟稀疏，临近渤海，地势较低，虽常常发生水涝灾害，但对人类生命财产的危害也有限。中部冲积平原如阳平、清河、长乐、武邑、河间、高阳等郡，虽多有大水的记载，但关于大雨、暴雨的记载不多，大水等洪涝灾害形成的原因，多半是河系上游来水多，下游泄洪不畅，大量河水滞流、漫堤，淹没农田、村庄，漂流人畜，灾害对这一带的困扰与危害最大。若是冬春，这里还常常受到凌汛的威胁，甚至发生冬涝。史书关于雹灾的记载，南部多于北部，多发生在中山以南，灾情由西北山区向东南平原发展，受灾面积呈带状。雹灾与暴雨虽多发生在燕南赵北，但发展变化情况不同，暴雨多由南向北移动，雨区呈片状，而冰雹由西北向东南移动，灾区为条状。风灾的地域差别也较明显，恒州、燕州、幽州多沙尘暴、龙卷风，并州、定州、冀州、相州、瀛州多大风，虽也常有沙尘天气，但不及雁北、燕、代地区严重，也很少有龙卷风发生。再者，雁北、燕、代的霜冻、大寒之灾也多于燕南赵北。此外还有干旱，海河流域南部虽经常发生旱灾，然就其频繁次数和严重程度而言，都不及雁北、燕、代地区。大雪在海河流域各地区都有成灾的记录，然就次数而言，南部多于北部。蝗灾、虫灾也都遍布全境，但受灾程度往往是南部大于北部，东部大于西部。火灾多发生在城内，时间多在春季，因建筑物密集，加上干燥多风的气候，狂风烈火往往在数个时辰吞噬数千家。自然灾害在海河流域呈现的各地区差异，是不同季节不同地区的气象变化造成的，观察与研究三至六世纪海河流域自然灾害之地理分布及地区差异，不仅有助于认识历史上气象与灾害的变化情况，还有助于认识和掌握现代气象变化规律，增强防灾、抗灾和减灾的能力，为地域经济与社会的发展提供安全保障。

与黄河流域、淮河流域相比较，三至六世纪海河流域的自然灾害在类型、性质、表现形式、破坏程度等方面具有许多相同相类的共性，又有其自身的特点，这些特点主要表现在以下几个方面：

第一，海河流域地理位置独特，虽同处北半球半温地带、内陆季风气候，因其纬度高，靠近北方寒冷区，因此，境内南北温差大，气候变化幅度大，夏日霜雪，春天大热，气温或冷或热，这是三至六世纪海河流域时有发生的气候异常现象。反季节异常气候所造成的灾害对人类的农业生产与生活危害更大，常常在一夜之间将长势良好、丰收在望的庄稼全部冻死而导致颗粒无收。春天大热，还能把人热死。由此可以想见这些异常气候所带给人类的伤害有多大。所以海河流域的灾害多数情况下有季节性，少数情况下无季节性。

第二，海河流域地质构造与地形地貌特殊，沿太行山、燕山山脉断裂带是地震多发区，山崩、地裂、山谷塌陷滑坡、泥石流等地质灾害均发生在这些地区。地貌类型齐全，包括高原、台地、坝上、山区、丘陵、盆地、峡谷、平原、湖泊湿地、滨海滩涂等等，地貌单元排列也较为有序，并构成漏斗状的地形地势，发源于山区、高原的各水系，汇集诸流，穿过崇山峻岭、峡谷、盆地、丘陵，于平原地区形成干流，并奔泻入渤海，地形地貌塑造了海河流域的扇状水系。这样的地形地貌对气候影响较大，使之变化无常，而且扇状水系分解洪水的能力较弱，所以造成海河流域灾害特别频繁，灾害的类型亦多，水、旱、风、雪、霜、雹、蝗、虫、疫、火、海浸等灾害年年发生，整个三至六世纪，基本上没有全流域风调雨顺的年份，而全流域灾害的年份倒是屡见不鲜。

第三，气象灾害链与灾害的连续性。冬春干燥少雨、多风，容易造成旱灾，并伴生火灾；春夏之交随着气温升高，旱又生蝗；夏秋多雨、闷热，水灾不断，水灾之后又多虫灾、蝗灾；秋天气温骤降，多霜灾；冬天寒流频繁侵袭，常有雪灾、冻灾。灾后人饥，饥馑则多病，死亡人口急剧增长，灾后大疫，天灾人祸，祸不单行，这些现象都是海河流域气象灾害链与灾害连续性、并发性的表现。三至六世纪的海河流域，人类社会基本上处于自然的生态，抗御自然灾害的能力较弱，一旦某一灾害发生，人类无力切断气象灾害链，所以这种连续性的灾害经常发生，其对人类生命财产所造成的威胁破坏与打击往往是一次比一次严重，只有当这种灾害链断裂之后，人类生活、生产才得以转机、恢复，而灾害链的断裂主要靠天气的变化，旱则盼雨，雨则盼晴，寒则盼暖，蝗则盼灭，等等。连续天灾带给人类的心理恐惧，生发出种种企盼，造成诸多淫祀，祭天、祭地、祭山川、祭龙王，甚至祭蝗，等等，这都是人类面对灾害的连续打击，无能为力、无可奈何所做出的反应。虽然汉魏北朝历代官府都曾采取赈济、减免赋税、弛禁采捕等活动，但这些活动只能缓解人们一时的困难，并不能阻断气象灾害链。气象灾害链的断与续往往取决于天气的变化，当旱灾形成时，若有一场及时雨到来，不仅能解除旱象，还能避免蝗灾生成，雨后天晴，阳光普照，虫灾也不易发生，只有风调雨顺的天气才能抑制气象灾害链的生成，这是三至六世纪海河流域人类社会在自然经济状态下的一种无奈选择。

第四，自然灾害的突发性与强烈性。由于受地理环境与气候的影响，三至六世纪海河流域的自然灾害尤其是那些特大灾害均具明显的突发性、强烈性，如后赵二年（公元 320 年）、建平二年（公元 331 年）两次强降雨，建平三年（公元 332 年）特大雹灾，顷刻间暴发，地区集中，时间短，破坏性极大。蝗灾也是如此，由卵到幼虫，经过一段发育，突然成蝗，弥天蔽日，所过草木皆尽，庄稼颗粒无收。还有暴风、龙卷风的袭击，更是如此。从史书有关记载看，灾害的突发性与强烈性其程度较之今日，有过之而无不及。

第五，自然灾害的扩张性强。因为地理地貌的缘故，三至六世纪海河流域的自然灾害多具扩张性，往往是上游灾害殃及下游，局部灾害殃及全流域；又由于海河流域南部靠近黄河下游，黄河下游灾害又多殃及海河流域，特别是暴雨水涝灾害和虫蝗灾害，在这方面表现得较为充分。总结历史上海河流域自然灾害的现象与特点，可以得出这样一个道理：海河流域防灾、抗灾、减灾，不能局限于某一地区，而应从全局着手对整个流域做统一规划；海河流域的治理，不能仅顾及局部，而且应顾及全流域及整个黄、淮、海流域的综合治理，这样才能达到预期的效果。

第六，三至六世纪海河流域自然灾害不仅频繁，灾害类型也较其他地域多。旱、涝、风、雪、冻、霜、沙尘暴、干热、火、虫、蝗、鼠、瘟疫、海浸、地震等，古代人类所遭遇的自然灾害现象，在这一地区都有表现。除了这些常见的灾害，还有今天已不见的现象，如火山活动。《水经注》卷十三《㶟水》记有武周川火山活动情况。曰："黄水又东注武周川，又东历故亭北，右合火山西溪水，水导源火山，西北流。山上有火井，南北六七十步，广减尺许，源深不见底，炎势上升，常若微雷发响，以草爨之，则烟腾火发……其山以火从地中出，故亦名荧台矣……井东有火井祠，以时祀祭焉。"这应是常态下的活火山，说明北魏时，海河流域还有火山活动的现象，隋唐以后不见有这样的记载。今山西省大同市东 40 公里有火山群，地处大同县（平城区）境，方圆 77.1 平方公里，集中分布有十七个火山渣堆，各有名称，曰金山、狼窝山、昊天山、黑山等。昊天山山顶有昊天寺，建于北魏，似为郦道元《水经注》所记火井祠。寺为三教寺，儒、释、道共祠，与北魏浑源悬空寺三教并祭完全一致。当地人说昊天寺甚是灵验，因此香火旺盛。寺内存有五代时期后晋碑一通。金山因火山喷发时岩浆外流沉积而致，表层覆盖风积黄土层薄，火山石裸露，因太阳照射而发光，故名金山。金山、狼窝山等皆有火井遗迹。火山群火山口最为深邃的是狼窝山，火山口深度平均达 30～50 米，直径 500 多米，火山口中又生火山口，是为"继生火山"。火山群规模最大的是黑山，岩浆喷溢与雨水冲刷，在山体四周形成一道道沟堑，并使周围土地多处断裂，2018 年 8 月 20 日，笔者考察火山群，采集火山石标本，拍摄昊天寺与金山火井遗迹（见图 24、图 25）。史书还记有晋永兴三年（公元 306 年）五月范阳国地燃，可以爨。记载简略，不明其原因、性质。平城西南一百六七十公里河曲县境黄河东岸也有火山活动的记载（见《读史方舆纪要》）。由古代文献记载，可以推证北魏中、后期朔、恒、肆三州地壳运动活跃，最终酿成永平五年（公元 512 年）四月恒、肆州大地震。

海河流域是自然灾害研究最具典型的地域，但国内外有关环境与灾害的研究成果并没有认识到这一地域的典型性与代表性，甚至有个别学者固守于表面上的观察，仅注意到海河流域灾害的多发性，认为这和其他地域没什么两样，并没有注意到海河流域不同于其他地域的地方。环境与灾害史的研究，倘若以海河流域为中心，做典型地域方面的探讨，不仅大有益于现代社会发展，而且还能使相关学科研究提升至一个新的台阶。

图24　始建于北魏之昊天寺

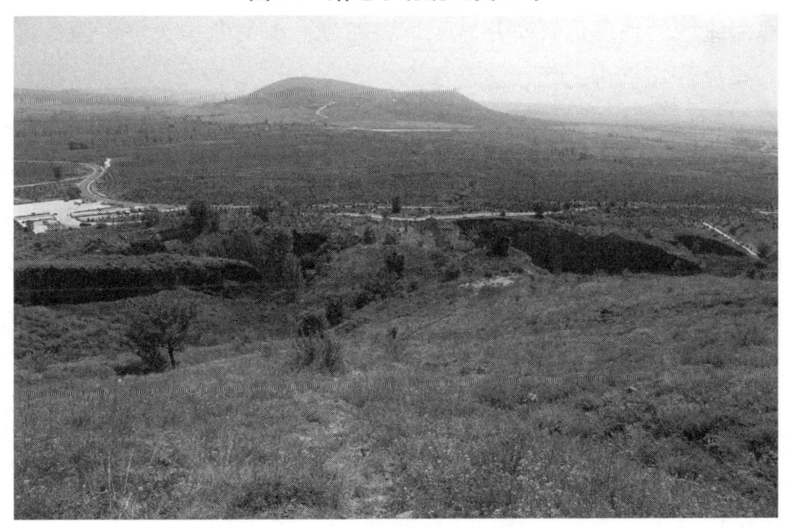

图25　金山火井遗迹

第三章　汉魏北朝海河流域的战乱

一、秦末、汉末的战乱与刘秀鼎基

海河流域地接蒙古高原，连通东北与西北，兼跨游牧与农耕文明，为北方游牧民族南下中原的南北通道。每当蒙古高原大旱，赤地千里，游牧民族为求生存，南犯掳掠。中原丧饥，游牧部族又乘机攻占幽蓟，进而克邺，与汉族政权逐鹿，攻城略地，建立政权。中原王朝为防御北方游牧民族南侵，于平城、上谷、渔阳一带置戍，遣重兵驻守。每遇朝代兴亡之际，海河流域的地理位置举足轻重，各路豪杰据河北争天下。因此，海河流域不仅自然灾害多，历代战乱亦多。

秦王朝行暴政，天下苦秦，陈胜、吴广因不能按期赴渔阳戍守，按秦律，“失期，法皆斩”①。于是在蕲县大泽乡揭竿而起。“天下云集响应，赢粮而景从。”② 大梁人张耳、陈馀来奔。义军西进，陈馀向陈胜进言：“大王举梁、楚而西，务在入关，未及收河北也。臣尝游赵，知其豪桀及地形，愿请奇兵北略赵地。”③ 收河北之地，可策应西进，又可断义军后顾之忧。陈胜纳其议，派武臣率张耳、陈馀等三千余人由白马津（今河南滑县北）渡河，进入赵地。赵地“三千余城”闻风归顺。武臣居邯郸，立足稍稳，张耳、陈馀劝他据河北称王，相与谋曰：“王王赵，非楚意也。

---

① 《史记》卷四十八《陈涉世家》.

② 《过秦论》.

③ 《史记》卷八十九《张耳陈馀列传》.

楚已诛秦，必加兵于赵。计莫如毋西兵，使使北徇燕地以自广也。赵南据大河，北有燕、代，楚虽胜秦，不敢制赵。若楚不胜秦，必重赵。赵乘秦之弊，可以得志于天下。”① 武臣顺从其议，遣将韩广攻幽燕、李良攻常山、张黡攻上党。韩广占据燕地，自立为燕王；李良据常山，受秦将诱降，袭邯郸，杀武臣。张耳、陈馀逃往信都（今河北衡水市冀州区），立赵歇为赵王。李良攻信都大败，归附秦将章邯。张耳、陈馀又收复了邯郸。公元前208年闰九月，章邯引兵下邯郸，夹其城郭，徙其民于河内，战国以来名都被毁。张耳与赵王歇逃往巨鹿（今河北平乡），秦将王离率军十万围巨鹿，章邯率二十万众驻巨鹿南棘原接应，筑甬道于漳河，输粮草于王离。秦军甚盛，急战攻城。张耳等坚守，并派使四出求援。燕将臧荼、齐将田都等救赵，不敢接战。项羽命英布等率军二万驰援巨鹿，又“悉引兵渡河，皆沉船，破釜甑，烧庐舍，持三日粮，以示士卒必死，无一还心”②。“至则围王离，与秦军遇，九战，绝其甬道，大破之，杀苏角，虏王离。涉间不降楚，自烧杀。当是时，楚兵冠诸侯。诸侯军救巨鹿下者十余壁，莫敢纵兵。及楚击秦，诸将皆从壁上观。楚战士无不一以当十。楚兵呼声动天，诸侯军无不人人惴恐。于是已破秦军，项羽召见诸侯将，入辕门，无不膝行而前，莫敢仰视。项羽由是始为诸侯上将军，诸侯皆属焉。”③ 巨鹿之战，秦军主力被消灭，章邯投降了项羽。正当项羽与章邯激战河北时，刘邦乘虚西入咸阳，灭秦。秦亡实亡于河北。

秦亡后，项羽自称西楚霸王，封臧荼为燕王、张耳为常山王、赵歇为代王、陈馀为南皮侯。不久各王侯相互攻战，又被韩信一一平定。刘邦称帝，于河北分封侯国，诸侯分裂，又先后发生燕王臧荼反叛、陈豨叛乱、卢绾谋反，欲割河北，与西汉政权分庭抗礼，刘邦率军平定叛乱，河北治而西汉治。

西汉末，各种矛盾激化，民有“七亡七死”之说。“七亡”：阴阳不和，水旱为灾；县官重责，更赋租税；贪吏并公，受取不已；豪强大姓，

---

① 《史记》卷四十八《陈涉世家》.

② 《史记》卷七《项羽本纪》.

③ 同②.

蚕食无厌；苛吏徭役，失农桑时；部落鼓鸣，男女遮列；盗贼劫掠，取民财物。“七死”：酷吏殴杀；治狱深刻；冤陷亡辜；盗贼横发；怨仇相残；岁恶饥饿；时气疾疫①。按照竺可桢的研究，自西汉初元初年（公元前48年）以后，气候逐渐转冷。阴阳不和，天灾多发，自然经济条件下，人类抵御天灾的能力原本低下，官府又不能有效组织抗灾救灾，面对巨大的生存压力，富者暴敛，贫者义聚求存，天灾叠加人祸，激化了社会各种矛盾。王莽改制，并未触及社会问题的根本，不但没有给社会带来稳定，反而引起了更大的社会混乱。各地农民纷纷起义，海河流域义军大小数十部。如活动于魏郡、清河、巨鹿、信都、中山等地的铜马等部；馆陶等地（今冀鲁交界）的高湖、重连部；东郡、魏郡、广平、清河、巨鹿、真定、信都、赵国等地的五校部；元氏、范阳、容城、安次、平谷、无终、土垠等地的青犊、上江、大彤、尤来、大枪、铁胫、五幡诸部；魏郡、清河等地的檀乡部；魏郡地区的五楼部；河、济之间的城头子路部；中山一带的白奢军，还有绵曼义军、郧西义军、望都故安西山义军等。

新莽政权灭亡后，起义军内部分裂，各种势力竞争，而河北的战略地位凸显，是时有童谣曰：“谐不谐，在赤眉；得不得，在河北。”② 得河北才能得天下。更始元年（公元23年）十月，刘玄入洛阳，以刘秀为破虏将军，行大司马事，持节镇抚河北，这为刘秀建立东汉政权提供了天时。

刘秀渡河，进至邯郸，又历真定，北徇蓟城。时王郎在邯郸称帝，起兵追杀刘秀。故广阳王子刘接在蓟响应王郎，城内大乱。刘秀逃出蓟城，经饶阳，入信都，招募兵众，连下堂阳、贳县、下曲阳、卢奴、新市、真定、元氏、房子，又攻占广阿，据有信都、巨鹿、中山、常山大部分地区。河北豪强邳彤、耿纯、刘植等纷纷归附刘秀，耿弇、吴汉率领上谷、渔阳突骑会师广阿，成为刘秀领导的军事力量的中坚。刘秀率军与王郎军大战于柏人，久攻不下，遂引军东向，收复广阿，又围攻巨鹿，激战南䜌，势力与地盘不断壮大。更始二年（公元24年）五月攻下邯郸，杀王郎。刘秀灭王郎，实力大增，欲以河北为本基，进而争天下。耿弇进言：“公首事

① 《汉书·鲍宣传》.

② 《后汉书·光武帝纪上》.

南阳，破百万之军；今据河北，据天府之地，以义征战，发号响应，天下可传檄而定。”刘秀听从耿弇等人计议，组织军力，发幽州十郡兵，进击铜马、大彤、高湖、重连、铁胫、大枪、尤来、上江、青犊、五校、檀乡、五幡、五楼、富平、获索等部义军，又铲除更始帝遣派的官员，兼并其部伍，完全控制了河北地区，为其东汉政权的建立奠定了基础（见图 26）。

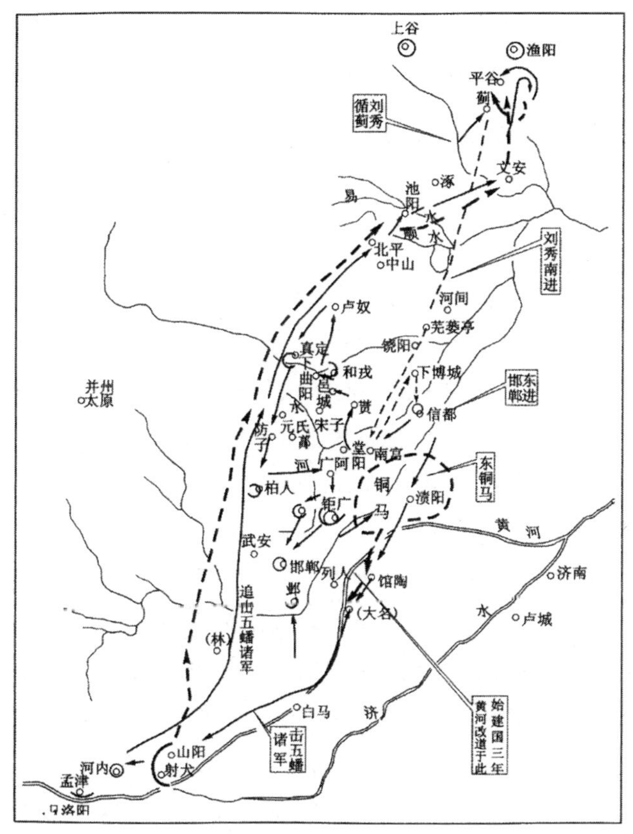

图 26　刘秀鼎基河北

更始三年（公元 25 年）五月，耿纯向刘秀进言：“今功业既定，天人亦应”，劝刘秀称帝。六月，刘秀由真定南行至鄗（今河北柏乡县北固城店），借《赤伏符》：“刘秀发兵诛不道，四夷云集龙斗野，四七之际火为主。”① 声言顺从天命，于鄗城南筑坛祭天，即皇帝位，大赦天下，建元

① 《后汉书・光武帝纪上》.

建武。其登基称帝地处今河北柏乡县北十五里铺村，有东汉千秋亭五成陌及光武庙遗址，遗物有汉石人像，断为两截。有清乾隆四十七年柏乡县知县郑镇所立“汉光武帝千秋亭遗址”丰碑，两文物均存柏乡县文保所（见本书194页第四章二之“高邑县”条）。

建武元年（公元25年）十月，刘秀建都洛阳，开启东汉历史。东汉初，真定王刘杨谋反，涿郡太守张丰借方术叛乱，彭宠割据幽蓟自立为燕王，刘秀遣将一一击破，结束了西汉末年以来的战乱。

二、东汉末的战乱与曹操霸业

东汉后期曾发生几次大的灾害，如质帝本初元年（公元146年）五月海水溢，漂没民居。桓帝永兴元年（公元153年）七月，郡国三十二蝗，河水溢，百姓饥饿，流亡数十万户，冀州尤甚。永寿元年（公元155年）二月，冀州大饥，人相食。永康元年（公元167年）六月，大水，渤海溢。从文献记载情况看，这一时期有天灾但不频繁。比天灾严重的是人祸，如永兴元年，冀部灾害严重，桓帝诏遣侍御史朱穆刺史冀州。冀部令长闻之，解去印绶出逃者四十多人。朱穆到任，惩治贪官，或杀，或入狱。宦官赵忠丧父归葬安平，以玉匣为棺，僭越礼制，有人告官，朱穆将其治罪。桓帝不但不支持朱穆，反而问责朱穆。太学生刘陶等数千人上书，朝廷不得不赦朱穆。延熹二年（公元159年）汝南范滂奉命案察冀州，守令贪赃者闻风，多解去印绶逃亡。贪官集体出逃，亦见官场风气大坏。据《后汉书·陈球传》，阳嘉中（公元132年—公元136年），陈球出任繁阳令，“时魏郡太守讽县求货贿，球不与之，太守怒而挝督邮，欲令逐球。督邮不肯，曰：‘魏郡十五城，独繁阳有异政，令受命逐之，将致议于天下矣。’”魏郡十五城有十四城向太守纳贿。贪赃公行，无官不贪，足见当时官场情景。

灵帝以后，朝政混乱，吏治腐败，官吏贪赃枉法更是十分普遍，地方豪强恶势力泛滥，往往是一方霸主，广大贫苦农民纷纷破产，流亡各地。按照历史地理学者的研究，东汉末，气候转入寒冷。然文献所记述的灾害，在这段时间并不多。永康元年（公元167年）六月，大水，渤海溢。建安十二年（公元207年）夏，曹操北征乌桓时，军次无终（今天津蓟州区），时夏水雨，泞滞不通，遂弃滨海道路，改由卢龙塞，穿徐无山，直捣柳城（今辽宁朝阳南）。八月辽东、辽西天旱，二百里无水，曹军杀马数千匹为粮，凿地三十余丈方得水。这些灾害均发生在人烟稀少之区，损害并不大。东汉末年的战乱多由人祸而致。

东汉政治昏乱，北边少数部族乘机南下掠犯。建宁元年（公元168年）十二月，鲜卑攻略幽州。熹平二年（公元173年）十二月，鲜卑攻略幽州、并州。四年（公元175年）、六年（公元177年），光和二年（公元179年）、四年（公元181年），鲜卑连续攻略幽州，兵力强盛，成为东汉政权的严重威胁。外患又引发内乱。流民生命无所依，惶惶不可终日。时巨鹿人张角等传布太平道，“自称大贤良师，奉事黄老道，畜养子弟，跪拜首过。符水咒说以疗病，病者颇愈，百姓信向之”①。张角弟张梁、张宝也“自称大医事善道，疾病者辄跪拜首过，病者颇愈，转相诳耀，十余年间，弟子数十万人，因遍天下”②。太平道为天下贫苦农民及流民提供精神慰藉，互助共济，“万民乐附”③，“天下襁负归之”④。

张角将太平道信众分为三十六方，大方万余人，小方六七千人，各立渠帅，约定于甲子年（即公元184年）三月五日晨同时起义，口号是：“苍天已死，黄天当立，岁在甲子，天下大吉。”由于弟子唐周叛变，泄露起义计划，张角决定提前行动，“晨夜驰敕诸方，一时俱起”⑤。起义军头裹黄巾，故称“黄巾军”。张角、张宝、张梁三兄弟各称“天公将军”“地公将军”“人公将军”，率义军焚烧官府，“州郡失据，长史多逃亡。旬日之间，天下响应，京师震动”⑥，“遐迩摇动，八州并发，烟炎绛天”⑦。

河北、颍川、南阳是黄巾义军三大主战场。河北地区主要是广宗（今威县东）、下曲阳（今晋州市西）、巨鹿（今鸡泽东北）、广阳（今北京）、安平等郡县。中平元年（公元184年）四月，广阳黄巾军杀幽州刺史郭勋和广阳太守刘卫，冀州义军缚执安平王刘续和甘陵王刘忠。东汉朝廷任命

① 《后汉书·皇甫嵩传》.

② 《后汉纪》卷二十四.

③ 《后汉书·宦者列传·张让传》.

④ 《后汉书·杨震列传附杨赐传》.

⑤ 同①.

⑥ 同①.

⑦ 《后汉书·百官五》.

卢植为北中郎将，领兵镇压河北黄巾军，卢植连破义军，张角兄弟率义军走保广宗。卢植围广宗，攻不能克。朝廷又派董卓为东中郎将，接替卢植。卢植，范阳人，东汉名士，死葬故土。曹操北征乌桓，路过范阳，曾祭卢植墓（见图 27）。黄巾军在下曲阳与董卓血战，败官军。东汉左中郎将皇甫嵩击败东郡黄巾军后，渡河北上进攻河北黄巾军。这时，张角病死，张梁率义军败皇甫嵩于广宗。皇甫嵩关闭营垒，佯装不敢出战。义军懈怠，官军借黎明，乘义军不备，突然袭击，陷广宗，张梁战死，义军三万余人被屠杀，五万人不肯降，赴河死，妇孺皆被虏。此后，皇甫嵩又攻张宝于下曲阳，宝败被杀。河北黄巾主力被镇压。

图 27　东汉卢植墓

黄巾起义失败后，河北地区“复有黑山、黄龙、白波、左校、郭大贤、于氐根、青牛角、张白骑、刘石、左髭丈八、平汉、大计、司隶、掾哉、雷公、浮云、飞燕、白雀、杨凤、于毒、五鹿、李大目、白绕、眭固、苦晒之徒，并起山谷间，不可胜数。其大声者称雷公，骑白马者为张白骑，轻便者言飞燕，多髭者号于氐根，大眼者为大目，如此称号，各有所因。大者二三万，小者六七千”①。是为黄巾军余部，主要活动于中山、

① 《后汉书·朱儁传》。今河北省沙河市有古村名“丈八村”，相传东汉末黄巾起义，左髭丈八率众举兵于此，后人曰此村为“丈八村”。

常山、赵国、上党及河内地区。各部又在张牛角、张燕的率领下，合为“黑山军”。张牛角，中山博陵人，中平二年（公元185年）二月聚众起义，占据襄国西部黑山（在今河北沙河市西部），故军号黑山。张燕，常山真定人，本姓褚，名飞燕，黄巾起义时，纠合少年，转攻山泽间，后与张牛角联合，推牛角为帅，合攻廮陶。牛角中飞矢，创发而亡，临终告众“必以燕为帅”。燕改张姓，名张燕。他招合各部，众达百万，然毕竟实力不够，自忖难与官府抗衡，遂归顺朝廷，朝廷任命他为平难中郎将。建安十年（公元205年）曹操平冀州，张燕率所部十万众归操，拜平北将军。

张燕“黑山军”归顺朝廷后，于毒、白绕、左校等部义军坚持斗争。初平二年（公元191年），义军攻入魏郡，后被曹操击败。四年（公元193年）三月义军复占邺城，杀魏郡太守，不久又被袁绍打败。豪强在镇压黄巾起义的过程中势力坐大，成为地方割据纷争的主要力量。地方势力争权夺利，叛乱、战乱不断。中平四年（公元187年）五月，太尉张温奉命发幽州乌桓突骑平凉州之乱，故中山相渔阳人张纯请求任突骑主帅，张温不允，而令涿郡太守公孙瓒率兵。乌桓骑兵到达蓟城又多叛归，张纯遂联合同乡故泰山守张举与乌桓大人丘力居结盟，劫略蓟中，杀东汉护乌桓校尉、右北平太守，拥众十余万屯肥如（今河北迁安东北）。张举称天子，张纯称弥天将军。中平五年（公元188年）三月，东汉以刘虞为幽州牧，联合南匈奴兵，讨伐张纯。十一月，张纯与丘力居攻略渔阳、河间、勃海等地，多所杀掠，被公孙瓒击败。刘虞治理幽州，甚有政绩。张举、张纯受威逼，遂逃往塞外，余众降散，叛乱平定。

公孙瓒在平定张举、张纯叛乱中，扩充势力。献帝初平二年（公元191年）十月，青、徐黄巾军二十余万众入勃海，欲与黑山军合。公孙瓒邀击黄巾军于东光（今河北东光）南，又渡河追击，尽得其辎重，并收编俘获，实力大增。这时，公孙瓒与刘虞的嫌隙越来越大，为防备刘虞，公孙瓒“筑小城于蓟城东南以居之”①。初平四年（公元193年）冬，公孙

---

① 《资治通鉴·献帝初平四年》.

瓒兼并刘虞，尽得幽州，并在易县筑易京城（今河北雄县西北），“盛修营垒、楼观数十，临易河，通辽海”①，成为割据燕地的豪强。

刘虞被杀，刘虞从事渔阳人鲜于辅与燕国阎柔联合乌桓、鲜卑等胡汉兵众，斩公孙瓒所置渔阳太守邹丹。兴平二年（公元195年），鲜于辅又与袁绍军合击公孙瓒于鲍丘河（今潮白河）。公孙瓒退保易京，鲜于辅围困易京一年余，因粮草不继而撤军。瓒所属郡县多叛，困守易京约二年，于建安四年（公元199年）被袁绍所灭。

袁绍为汝南大族，董卓擅权，出奔冀州，为勃海太守。献帝初平元年（公元190年）正月，关东州郡起兵讨董卓，推袁绍为盟主，绍与河内太守王匡屯河内，冀州牧韩馥留邺，操办军粮。董卓死，关东州郡纷争。袁绍夺韩馥冀州，自领州牧，又在界桥（今河北威县北）、龙凑（今山东平原）打败公孙瓒进攻，最后攻破易京。公孙瓒走投无路，“乃悉缢其姊妹妻子，然后引火自焚”②。袁绍割据幽、冀二州，成为东汉末年最有实力的地方豪强。

与袁绍并起者还有一豪杰，即曹操。其实，曹操也认识到河北地区的重要。“绍与公共起兵，绍问公曰：‘若事不辑，则方面何所可据？’公曰：‘足下意以为何如？’绍曰：‘吾南据河，北阻燕、代，兼戎狄之众，南向以争天下，庶可以济乎！’公曰：‘吾任天下之智力，以道御之，无所不可。’”③ 两人的看法是一致的，不过袁绍表露得更直接，曹操奸猾，他内心亦欲在河北，为了避免袁绍疑忌，故意转移了话题。当袁绍占据冀州时，曹操自知无力与之争锋，于是迎献帝都许，“挟天子以令诸侯”。又收河南之地，颇能与袁绍抗衡。建安五年（公元200年）十月，曹操在官渡（今河南中牟县东北）击败袁绍，消灭了袁军主力，双方实力对比发生了变化。

建安七年（公元202年）五月，袁绍病死，袁谭、袁尚为争冀州牧的官位而失和。八年二月，曹操乘机攻黎阳，与袁谭、袁尚战于城下，谭、尚败走还邺。四月，曹操进兵至邺，收其麦。九年二月，曹操为土山、地道攻邺。袁尚武安长尹楷屯毛城，以通上党粮道。四月，曹操留曹洪攻

① 《后汉书·公孙瓒传》。

② 《后汉书·公孙瓒传》。

③ 《三国志·武帝纪》。

邺，自将兵击尹楷，破之。回师又击袁尚将沮鹄于邯郸（今河北邯郸市），拔邯郸。易阳令韩范、涉（今河北涉县）长梁歧皆举县降。五月，曹操毁土山、地道，凿堑围邺，周回四十里，广深二丈，引漳水灌城。七月，袁尚派兵沿西山救援邺城，曹操在邺西北滏水一带击破袁军，袁尚逃亡中山（今河北定州市）。曹操尽收其辎重、印绶、节钺及衣物，以示城中，城中崩沮。八月，守将审荣开东门纳操兵，邺城陷（见图28）。

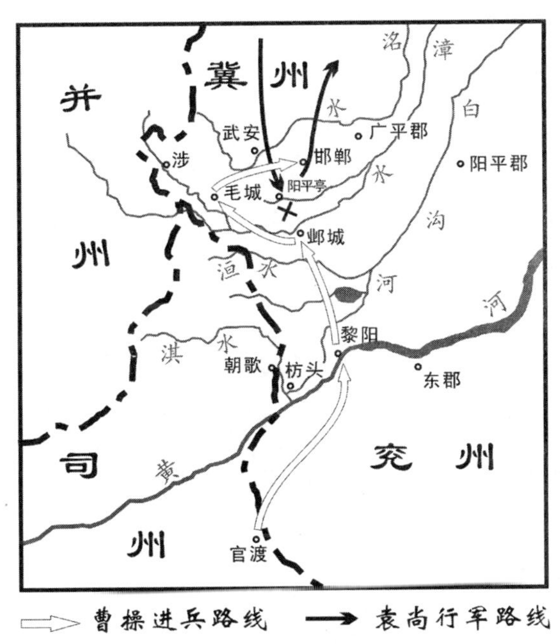

图28　曹操攻邺战争图

曹操攻邺时，袁谭乘机攻取甘陵、安平、勃海、河间，又攻袁尚于中山。袁尚败走故安（今河北易县南）。谭占据幽冀大部，还屯龙凑（山东平原县）。建安九年（公元204年）十二月，曹操进军攻袁谭，拔平原。谭逃往南皮，临清河而屯。十年正月，曹操攻破南皮，杀袁谭。谭所属诸城皆降。四月，黑山军张燕率十万众归操。故安赵犊、霍奴等杀幽州刺史与涿郡太守，辽西、辽东、右北平三郡乌桓攻鲜于辅于犷平。八月，曹操杀赵犊，渡潞水救犷平，乌桓逃出塞。曹操尽得河北之地。

是时，乌桓乘中原战乱，略汉民十余万户，其中辽西乌桓最强。袁绍时，曾封其豪酋为单于。袁熙、袁尚为曹操击败，逃奔辽西乌桓，又欲借乌桓军力收复故地，成为曹操北方一大威胁。建安十一年（公元 206 年）曹操为北征乌桓做准备。八月，开凿平虏渠，将呼沲河与泒水连接起来，又连接泃水与潞河，凿泉州渠，通过人工渠开凿保证军粮运输。十二年夏，曹操北征乌桓，大军进抵无终。秋七月，适遇大雨，滨海道路泞滞不通，军不得进。曹操以无终人田畴为向导，“引军出卢龙塞，塞外道绝不通，堑山堙谷五百余里，经白檀，历平冈，涉鲜卑庭，东指柳城”①。当操军到达离柳城二百里的凡城（今河北平泉市）时，乌桓单于蹋顿等闻讯，与袁尚等组织军队，匆忙迎战。八月，曹操率军登白狼山，“望虏阵不整，乃纵兵击之，使张辽为先锋，虏众大崩，斩蹋顿及各王以下，胡、汉降者二十余万口”②。袁尚、袁熙兄弟逃奔辽东太守公孙康。康诱杀袁熙、袁尚，送首于操。袁氏残余被清剿，又重创北方乌桓，使其无力南挠，消除了曹操北方后患，对于其统一北方稳定统治有积极意义（见图 29）。

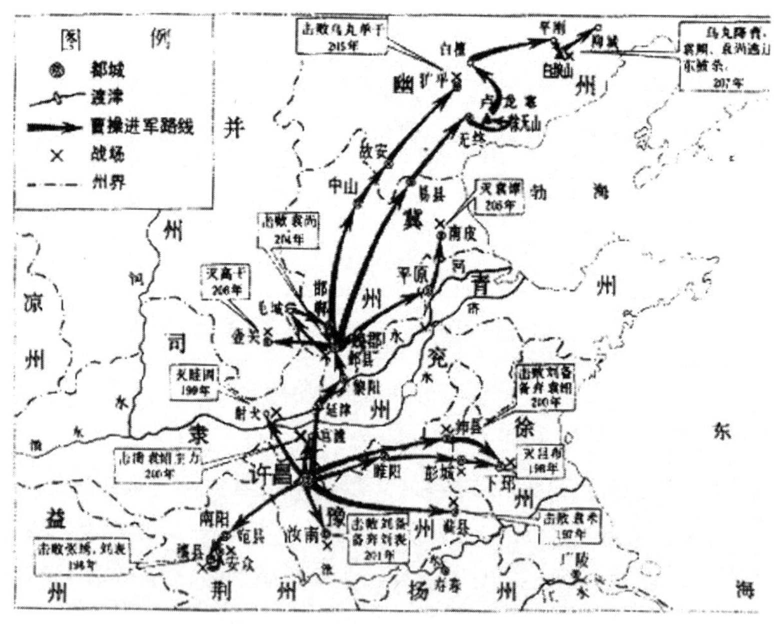

图 29　曹操统一北方图（见何兹全等《魏晋南北朝史》）

① 《三国志·武帝纪》.

② 同①.

九月，曹操自柳城还军，“时天寒且旱，二百里无水，军又乏食，杀马数千匹以为粮，凿地入三十余丈方得水”①。途中，曹操登临碣石，写下了《步出夏门行》，诗分《观沧海》《冬十月》《土不同》《龟虽寿》四章，风格如幽燕老将，气韵沉雄，传诵至今。

建安十五年（公元210年）曹操作《自明本志令》，曰：“设使国家无有孤，不知当几人称帝，几人称王。”表明其统一之志向。十八年五月，献帝以冀州十郡（河东、河内、魏郡、赵国、中山、常山、巨鹿、安平、甘陵、平原）封曹操为魏国公，丞相、冀州牧如故，都邺。二十一年（公元216年）五月又进曹操为魏王。曹操专揽军政，献帝乃一摆设。二十五年（公元220年）正月曹操病逝，十月曹丕禅代汉室，国号魏，都洛阳。自刘秀称帝于鄗，至汉魏禅代，东汉一代，兴在河北，亡亦在河北。

三、西晋八王之乱与五胡乱华

司马懿之父曾劝汉献帝晋封曹操，数十年后，司马炎禅代曹魏，日月轮转，河东河西。西晋立国，封同姓王，皇权与王权竞争，酿成“八王之乱”。公元290年武帝司马炎病逝，惠帝司马衷即位，朝政由惠帝外祖杨骏掌控。元康元年（公元291年），皇后贾氏联合楚王司马玮等杀杨骏，以汝南王司马亮与太保卫瓘辅政。不久，司马玮矫诏杀司马亮与卫瓘，贾后又借司马玮杀戮大臣将其处死，独擅朝政。为防止宗王威胁朝廷，贾后调整宗王镇将，以赵王司马伦为征东将军，都督徐、兖二州诸军事；河间王司马颙为北中郎将，镇邺；徙长沙王司马乂为常山王。元康九年（公元299年）贾后又出成都王司马颖为平北将军，镇邺；以河间王颙为镇西将军，镇关中。

永康元年（公元300年），贾后因太子非其所生，杀之。四月，赵王司马伦声称为太子报仇，起兵杀贾后。八月，淮南王司马允攻赵王司马伦，败死。赵王司马伦至此愈益专擅，并于永康二年正月，以惠帝为太上皇，自称皇帝，改元建始。三月，齐王司马冏谋讨赵王伦，遣使告成都王司马颖、河间王司马颙、常山王司马乂等。使者至邺，颖召邺令卢志谋出

① 《三国志·武帝纪》。

兵，以兖州刺史王彦，冀州刺史李毅，督护赵骧、石超为前锋，率众二十万，进军朝歌（今河南淇县）。常山王乂在其国，杀房子令及常山内史程恢，率众为颖后继。河间王颙也举兵附从。四月，晋左卫将军王舆在洛阳响应冏、颖、颙三王，迎惠帝复辟，囚司马伦于金墉，旋赐死。六月，惠帝大封三王，欲留齐王冏、成都王颖在朝辅政。颖以母疾，求还定省，遂归邺。司马冏在朝尝欲控制惠帝，惠帝改封冏为长沙王，冏有怨气，君臣矛盾激化。惠帝又复封常山王司马乂为长沙王。

太安元年（公元302年）十二月，河间王司马颙、成都王司马颖、范阳王司马虓等起兵讨司马冏。长沙王司马乂杀冏及其党族。惠帝以乂为太尉、都督中外诸军事。乂在朝，事无巨细，皆就邺咨大将军司马颖。

太安二年（公元303年）七月，河间王司马颙密使李含与侍中冯荪、中书令卞粹谋杀长沙王乂。谋泄，司马乂捕杀李含等。河间王颙闻李含死，起兵讨长沙王乂。成都王颖发兵相助，引兵屯朝歌，以陆机为前锋都督，率军十万，南向洛阳。九月，长沙王乂大败陆机于洛阳城下。永兴元年（公元304年）正月，东海王司马越密与殿中诸将夜收司马乂，开城门迎外兵，外兵杀司马乂，乂被杀，公卿皆至邺谢罪。惠帝以颖为丞相，颖遣奋武将军石起率兵五万屯洛阳十二门，又表卢志为中书监，留邺，参署丞相府事。三月，惠帝诏颖为皇太弟，都督中外诸军事，丞相如故，乘舆服御皆迁邺，西晋政治中心移于邺。七月，东海王司马越勒兵讨成都王司马颖，石超奔邺。越为大都督，檄召四方兵，携惠帝北征，比至安阳（今河南安阳），众十余万，邺中震恐。颖遣石超率众五万拒战，大败越于汤阴，虏惠帝入邺，东海王司马越循归国。八月，司马颖杀东安王司马繇。繇兄琅琊王司马觐之子司马睿时从惠帝在邺，恐及祸，暗逃出城，奔洛阳，迎太妃夏侯氏具归国。以后，司马睿南迁建业（今江苏南京），建东晋。

司马颖曾以右司马和演为幽州刺史，谋杀都督幽州诸军事王浚。谋泄，王浚联合司马腾起兵，击败司马颖部将王斌，又败石超于平棘（今河北赵州东南），直逼邺城。邺中大震，百僚奔走，士卒溃散。司马颖率帐下数十骑奉惠帝乘牛车南逃洛阳。王浚入邺，士众暴掠，死者甚众，并使乌桓羯朱追司马颖，至朝歌，不及。浚还蓟，以鲜卑多掠汉人妇女，下令“敢有挟藏者斩！”，于是将八千人驱入易水淹死。

永兴元年十二月，惠帝废成都王司马颖，以东中郎将司马模为宁北将军、都督冀州、镇邺；授司马炽为镇北大将军、都督邺城守诸军事，并立为皇太弟。

永兴二年（公元305年）七月，成都王司马颖故将公师藩自称将军，起兵赵、魏，石勒与汲桑率百骑奔赴。汲桑，魏郡人，流落山东茌平为牧帅。石勒，上党武乡（今山西榆社北）羯人，有胆力，善骑射，曾被司马腾捕卖于山东茌平，以后又投奔牧帅汲桑，桑使勒以石为姓，名勒，及公师藩起，二人响应，从藩攻陷郡县，杀阳平太守李志等，转攻邺。邺城守将司马模甚惧，范阳王司马虓遣其将苟晞救邺，与广平太守丁绍合兵退藩。同时，阳平（今河北馆陶）刘灵也自称将军，转战赵、魏。灵少贫贱，膂力过人，作战勇敢，后因众寡悬殊，为晋将王瓒所败，投汉刘渊，拜平北将军。

八月，太宰司马颙以公师藩为成都王司马颖起兵，表颖为镇军大将军，都督河北诸军事，给兵千人，又以卢志为魏郡太守，随颖镇邺。范阳王司马虓逐冀州刺史李义，欲取代李义。司马越承制，以豫州刺史刘乔为冀州刺史，以司马虓为豫州刺史。刘乔以虓任刺史非天子所命，拒之到任，并乘虚袭破虓镇守之许昌。虓之司马刘琨往救不及，遂与兄舆及范阳王虓俱奔河北。

十二月，刘琨劝冀州刺史温羡，使让位于范阳王司马虓。虓领冀州，遣琨到幽州乞师于王浚，浚以突骑相助，琨因遂与虓引兵渡河，击溃刘乔。

光熙元年（公元306年）八月，范阳王司马虓为司空，镇邺；王浚为骠骑大将军，都督东夷、河北诸军事，领幽州刺史。

九月，晋帝诏南中郎将刘陶收司马颖，颖逃河北。魏郡太守冯嵩缚颖送邺，范阳王司马虓幽拘颖。晋进东嬴公司马腾为东燕王。苟晞击斩公师藩。汲桑逃还苑中，更聚众攻克郡县，自称大将军。

十月，范阳王司马虓卒于邺，虓长史刘舆秘不发丧，伪令人为台使称诏，夜赐颖死，并杀其二子。晋以东燕王司马腾为车骑将军、都督邺城诸军事，镇邺。西晋八王之乱自晋武帝死至光熙元年，前后历时十六年。所乱地域主要在洛阳与邺城，波及河北与中原。

西晋八王之乱又引发永嘉之乱，连同十六国战乱，史称五胡乱华。永嘉之乱与五胡乱华主要乱在河北。当八王之乱时，王浚割据幽州，通过联姻，接援鲜卑诸部，并联合晋将军司马腾起兵，一度攻下邺城。匈奴左贤王刘渊曾在邺为晋冠军将军，监五部军事。及王浚、司马腾起兵，他借口还说匈奴五部之众援救邺城，回到匈奴诸部便背叛晋朝，于左国城（今山西离石东北）称大单于，国号汉，建元元熙。后又称皇帝，到了刘曜时，改国号曰赵，史称前赵。中原丧乱，五胡纷纷南徙，北方进入五胡十六国时期（见图 30）。

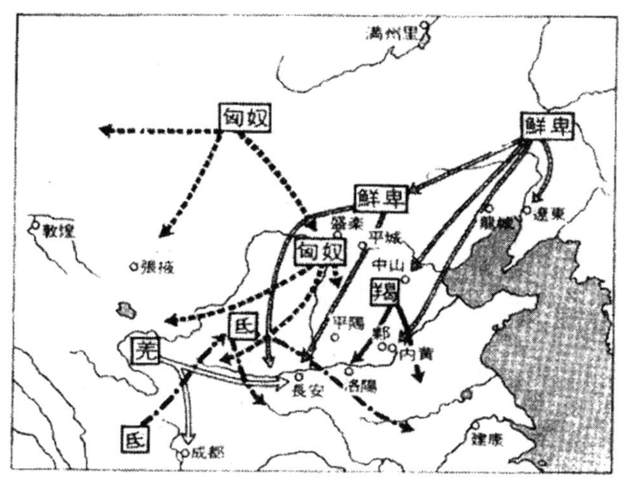

图 30　五胡南徙（见何兹全《魏晋南北朝史》）

永嘉元年（公元 307 年）八月，石勒在东武阳、清渊被晋军击破，于十月投奔了刘渊。二年（公元 308 年），刘渊遣刘聪等十将南据太行，石勒等十将东下赵、魏，攻常山、赵郡，又攻邺。数年之间，往来征战于河北。永嘉六年（公元 312 年）二月，石勒屯葛陂（河南新蔡北），欲攻建业（今南京），遇霖雨，军中饥疫，于是问计于张宾。宾曰："邺有三台之固，西接平阳，山河四塞，宜北徙据之，以经营河北。河北既定，天下无处将军之右者矣。"① 石勒从其计，引军北行至邺。刘演保三台以自固，张宾曰："演虽弱，众犹数千，三台险固，攻之未易猝拔，舍而去之，彼

① 卷八十八晋纪十永嘉六年//资治通鉴. 北京：中华书局，1956.

将自溃……不若择便地而据之，广聚粮储，西禀平阳以图幽、并，此霸王之业也。邯郸、襄国，形胜之地，请择一而都之。”① 勒应从，进据襄国（今河北邢台市），又分命诸将攻冀州，郡县壁垒多归附。

石勒都襄国，对割据幽州的王浚形成威胁。晋永嘉六年（公元 312 年）十二月，王浚遣都护王昌率诸军及辽西公段疾陆眷、段匹磾、文鸯、末波诸部众五万攻勒于襄国。段疾陆眷屯渚阳（今河北邢台东北），攻襄国北城，石勒密凿北门为突门二十余道，命孔苌督锐卒自突门出击，不能克而退。末波追至垒门，被俘。段疾陆眷退屯渚阳。石勒以末波为质，与段氏结盟，王昌不能独留，引兵还蓟。段氏附勒，王浚势力遂衰。

晋建兴元年（公元 313 年），石勒攻信都（今河北衡水市冀州区），克邺，又陷兖州，形成以襄国为中心，北至易水，南至黄河，西至上党，东至兖州的势力范围。乌桓诸部也归附石勒。石勒在襄国立太学，简明经善书者署为文学掾，选将佐子弟三百人入学受教，司、冀诸州渐宁。

建兴二年（公元 314 年），王浚在幽州谋称尊号，石勒遣使至幽州佯奉表劝进，暗中备战，出兵袭击王浚。于三月某日晨至蓟，叱门士开城门，疑有伏兵，先驱牛羊数千头，声言上礼，实欲填诸街巷，使浚兵不得发。勒入城，焚宫殿，缚王浚，送襄国，斩于街市，并杀浚部下精兵万人。

石勒灭王浚后，幽冀形势并不平稳。勒署幽州刺史刘翰叛附段匹磾，刘琨在晋阳发兵攻中山，章武人王慎起兵科斗垒，转战河间、勃海诸郡，中山丁零翟鼠叛勒，攻中山、常山，南和令赵领招合广川、平原、勃海数千户叛勒，河间邢嘏也聚众起义，马严、冯睹率冀、幽流民起义，司、冀诸州流民数万户在辽西也迭相起义。石勒一方面派兵镇压；一方面采纳张宾建议，招怀义兵，分化瓦解起义军。逐渐稳定了幽、冀诸州的形势。

建兴四年（公元 316 年），刘聪俘晋愍帝，西晋亡。次年，司马睿在建康（今南京）称王，建立东晋。海河流域历经前赵、后赵、前燕、前秦、后燕、北燕等国统治，是为十六国时期。

前赵刘曜光初元年（公元 318 年），石勒、石虎克平阳（今山西临汾西南），焚刘渊宫室，将其浑仪、乐器运至襄国。次年秋，石勒于襄国四

① 卷八十八晋纪十永嘉六年//资治通鉴．北京：中华书局，1956．

门置宣文、宣教、崇德、崇训等小学，简将佐豪右子弟入学受教，并亲临大、小学，考诸学生经义。又置挈壶署，铸丰货钱。十一月，石虎、张宾等劝进。勒以河内、魏、汲、顿丘、平原、清河、巨鹿、常山、中山、长乐、乐平十一郡，并前赵国、广平、阳平、章武、勃海、河间、上党、定襄、范阳、渔阳、武邑、燕国、乐陵十三郡，合二十四郡、户二十九万为赵国。勒即赵王位，称元年。至是，后赵立。石勒在《辛亥制度》基础上，改用律令，以理曹参军续咸为律学祭酒，又置经学、史学祭酒。还置有门臣祭酒。以中垒将军支雄、游击将军王阳领任，掌管胡人词讼，重禁胡人，不得凌侮衣冠华族，号胡为国人，实行胡、汉分治。又遣使巡行州郡，劝课农桑，朝会用天子礼乐，定制衣冠、仪物，加张宾大执法，总专朝政；以石虎为单于元辅，都督禁卫诸军事，赐爵中山公。

后赵建立后，开拓疆土，网罗士人。石勒下令“自今克敌，获士人，勿得擅杀，必生致之”。并于襄国设崇仁里，安置朝臣掾属以上士族三百户。至后赵三年（公元321年），幽、冀、并三州皆为后赵之地。

太和二年（公元329年）九月，后赵灭前赵。建平元年（公元330年）二月，石勒称大赵天王，行皇帝事。九月即皇帝位。建平三年（公元332年）正月，石勒在襄国大宴群臣，群臣恭维石勒为汉高祖。勒笑曰：“朕若遇汉高祖，当北面事之，与韩、彭比肩；若遇光武，当并驱中原，未知鹿死谁手。大丈夫行事，宜磊磊落落，如日月皎然，终不效曹孟德、司马仲达欺人孤儿、寡妇，狐媚以取天下也。”① 次年七月，石勒病卒，石虎专擅朝政，并于建武元年（公元335年）九月迁都邺，三年（公元337年）正月在邺宫称大赵天王。

石虎掌控后赵，一度击破段氏与慕容氏，稍有复振之象，但不久又陷入内讧。太宁元年（公元349年）四月，石虎病重，嘱燕王石斌与吏部尚书张豺辅弼年幼太子石世。皇后刘氏与张豺合谋，矫诏杀石斌。石虎卒，石世即位，刘后临朝称制。彭城王石遵等不满刘氏专制，以石闵为先锋，举兵攻入邺城，即位于太武殿，废杀石世及刘后。沛王石冲闻石遵自立，率众五万自蓟南下，传檄燕、赵，会兵讨遵，比至常山，众十余万。石遵

① 《资治通鉴·晋纪十七晋成帝咸和七年》.

遣石闵迎击，战于平棘（今河北赵县南），大败石冲，并俘杀冲于元氏（今河北元氏西北）。石遵忌石闵，欲杀之。石闵遣兵废杀石遵，立义阳王石鉴。石鉴暗使石苞、李松、张才夜袭石闵，事败，遂又杀李松、张才、石苞以开脱自己。石虎子新兴王石祗镇襄国，联合姚弋仲、苻洪，移檄中外，共讨石闵。石闵遣兵击祗，石成、石启、石晖等在邺反闵。闵率众攻入邺城，拘杀石鉴，下令诛胡，一日之中，斩首数万。胡、羯无论贵贱、男女、少长，皆被杀，死者二十余万。

冉魏永兴元年（公元350年）闰正月，石闵在邺称帝，国号大魏。石闵本姓冉，汉人，为石勒养孙，至是复姓冉，故其政权史称冉魏，建元永兴。后赵王公将帅多奔赴襄国，石祗在襄国即帝位，改元永宁，并遣石琨率兵十万伐冉魏。石琨进据邯郸，被冉魏大将王泰击破。冉魏内乱，冉魏杀大臣李农等，遣使请兵于东晋，共图中原。东晋不应，失去了一次统一北方的机会。

后赵、冉魏战乱，鲜卑慕容氏乘机南下，分兵三路伐赵，慕容霸率兵二万东道出徒河（今辽宁锦州），慕容于西道出蠮螉塞（今居庸关），慕容儁自中路出卢龙塞（今河北遵化东北）攻拔蓟城（今北京西南），并迁都于蓟。蓟城以南范阳等郡县纷纷归附慕容氏。慕容儁南巡冀州，取章武（今河北大城）、河间（今献县东南）、勃海（今南皮北），又遣慕容恪攻取中山（今定州）、常山（今石家庄东）、赵郡（今赵县）。慕容氏与冉闵激战于魏昌之廉台（今无极东北），俘闵，押至龙城处死。遂进兵攻围邺城，魏长水校尉马愿开门迎燕兵，冉魏亡。

前燕光寿元年（公元357年）十一月，慕容儁自蓟迁都邺，海河流域归属前燕。建熙元年（公元360年）正月，慕容儁卒，太子慕容暐即位，年十一。慕容恪、慕容评辅政。建熙八年（公元367年），慕容恪卒，慕容评忌慕容垂，慕容垂投奔前秦，前燕因内部政争而衰。

前秦建元六年（公元370年），苻坚遣王猛督杨安等十将率步骑六万伐前燕，又自率精锐十万赴邺，合力攻拔邺城，前燕亡，幽冀诸州牧守及六夷渠帅尽降前秦。前秦仍沿置幽、冀二州，领二十郡。苻坚以王猛都督关东六州诸军事、冀州牧，镇邺；郭庆都督幽州诸军事、幽州刺史，镇蓟。韦钟为魏郡太守，彭豹为阳平太守，其余州县牧守，皆因旧置受。

建元十二年（公元376年），苻坚遣幽州刺苻洛率幽、冀兵十万击代王什翼犍，灭代。十六年（公元380年），苻洛、苻重反，率众十万南出常山，苻融遣冀州兵败洛于中山，平定叛乱。

建元十九年（公元383年）秦晋淝水之战，苻坚大败。慕容垂借口镇抚河北，循行至邺，招纳前燕旧部，起兵反秦，自称燕王，改前秦建元二十年（公元384年）为后燕元年。前秦统治海河流域十四年，至此转属后燕。

后燕立国之初，海河流域前秦及六夷势力仍很强盛，相互争战，城邑破坏。后燕（慕容垂）元年二月，慕容垂引丁零、乌桓之众二十余万为飞梯、地道攻邺，不拔，于是筑长围困守。为长久计，垂将军中士民老弱安置在肥乡（今河北肥乡西南），并筑新兴城以置辎重，又招抚冀州境内不服诸胡。时东胡王晏据馆陶，声援苻丕，鲜卑、乌桓及郡县民据坞壁不从垂者尚众，垂使慕容楷、慕容绍率骑数百往说王晏，王晏降，于是，鲜卑、乌桓及坞民数十万口归附后燕。勃海高泰、吴韶自秦军亡归故里。高泰为高欢四世祖。

三月，库傉官伟率营部数万至邺，慕容垂封伟为安定王。前秦冀州刺史苻定守信都（今河北衡水市冀州区），苻绍在高城（今河北盐山东南），苻亮、苻谟守常山，苻鉴守中山。慕容垂遣乐浪王慕容温督诸军攻信都，不克，又遣大将军慕容麟益兵相助，前秦苻定、苻绍皆降后燕。麟又引兵西攻常山，苻亮、苻谟又降，遂进克中山，俘苻鉴。麟威势大震，留屯中山。至是，冀州、常山、中山诸州郡皆为后燕所有。

四月，慕容垂以邺城坚固，用封衡建议引漳水灌城。垂行围，因饮于邺郊华林园，苻丕密发兵掩击，矢如雨下，垂几不得出，垂将慕容隆率骑冲突，救垂脱险。

七月，前秦幽州刺史王永、平州刺史苻冲率二州之众击后燕。慕容垂遣平朔将军平规击永，永遣昌黎太守宋敞逆战于范阳（今河北涿州），敞败，规进据蓟南，乘胜进据唐城（今河北唐县东北）。丁零翟斌密与苻丕通谋，斌侄翟真，欲与苻丕内外合击燕，被燕太子慕容宝与大将军慕容隆击破，翟真还走邯郸。

八月，翟真自邯郸北走，慕容垂遣慕容楷、慕容农率骑追及下邑。丁零兵设伏击燕军，真北趋中山，屯于承营。

苻丕在邺中，刍粮俱尽，城内守军削松木饲马。慕容垂也因粮草不给，解围退屯肥乡新兴城，又遣慕容农徇清河、平原（今河北与山东交界一带），征督租赋，丰给军资。

十月，翟真在承营与公孙希、宋敞遥相呼应，苻丕遣宦官光祚将兵数百赴中山，与真相结，又遣阳平（今河北馆陶县）太守邵兴率数千骑招集冀州故郡县士众，与祚期会襄国（今河北邢台）。是时，燕军疲敝，秦势复振，冀州郡县皆观望成败，赵郡人赵粟等起兵柏乡（今河北柏乡西南）响应邵兴。慕容垂遣慕容隆、张崇将兵邀击兴，又命慕容农自清河引兵会攻。隆等大败邵兴于襄国，兴败走广阿（今河北隆尧东），遇慕容农，被擒。光祚闻邵兴败，循西山走归邺，隆遂又击破赵粟等，冀州郡县复归后燕。刘库仁闻公孙希破平规，欲大举兵救苻丕，发雁门（今山西代县）、上谷、代郡（今河北蔚县东北）三郡兵，屯繁峙（今山西应县东）。部将慕舆文、慕舆常以三郡兵不愿远征，因举兵变，于夜攻杀库仁，窃其骏马，奔后燕。公孙希之众闻乱自溃，希奔翟真，鲜卑刘头眷收领库仁部众。

十一月，后燕慕容农自信都（今河北衡水市冀州区）北上击破丁零翟辽于鲁口（今河北饶阳），辽退屯无极。农屯藁城（今河北藁城西南）以进逼。

十二月，后燕慕容麟、慕容农合兵袭破翟辽，辽单骑奔翟真。慕容垂以苻丕犹据邺不去，复引兵围邺，留其西走之路。苻丕遣使求救于东晋，晋将谢玄遣刘牢之、滕恬之等率众二万救邺。

后燕二年（公元385年）正月，后燕带方王慕容佐与宁朔将军平规攻蓟，屡败守将王永。二月，使宋敞烧龙城与蓟城宫室，率众三万奔壶关（今山西壶关），慕容佐等入蓟。

二月，慕容农引兵会慕容麟于中山，与共攻翟真。翟真率众迎战，农使骁骑将军慕容国率百骑冲击，真众溃败，死者大半，燕军遂拔承营外部。慕容垂以久攻邺城不下，欲经营冀州，命慕容麟屯信都（今河北衡水市冀州区）、慕容温屯中山，召慕容农还邺。慕容温在中山，营中山宫，欲迎垂都中山。

四月，东晋刘牢之进军至邺，击败慕容垂。垂撤邺围，退屯新兴城（今河北肥乡境），既而又自新兴城北遁。牢之引兵追垂于董唐渊，苻丕发邺中兵继进，东晋大军至临漳县北五桥泽，争抢燕军辎重，垂乘机反击，大破晋军，斩首数千余，牢之单马走，遇苻丕救兵，得免。牢之入邺城，收集亡散，不久以军败，被东晋朝廷召回。时邺中饥甚，苻丕率邺众就谷于东晋枋头，慕容垂也北趋中山。至是，燕、秦相持一年多，幽、冀大饥，人相食，邑落萧条，后燕军士多饿死，慕容垂禁民养蚕，以桑葚为军粮。丁零翟真自承营屯行唐（今河北行唐北），其部将鲜于乞杀真及其宗族，自立为赵王。营人共杀乞，立真从弟翟成为主，其众多降后燕。

闰五月，慕容垂至常山，围翟成于行唐。七月，翟成长史鲜于得斩成出降，慕容垂屠行唐，尽坑其众。

七月，苻丕率众三万自枋头将归邺，东晋檀玄率兵击丕于谷口。苻丕败玄，复入邺城，寻率邺中男女六万余口入晋阳，闻苻坚死，于是，即皇帝位。后燕余岩叛，自武邑北趋幽州，击败后燕蓟城守将平规，入蓟城，掠千余户而去，遂据令支。慕容垂遣慕容农出蠮螉塞，历凡城，趋龙城，会兵讨余岩。又以鲁王慕容和为南中郎将，镇邺。慕容隆、慕容麟自信都巡勃海（今河北南皮北）、清河（今河北清河东南），麟击获前秦勃海太守封懿，屯历口（今河北枣强东）。

十月，前秦苻定、苻绍、苻谟、苻亮闻苻丕即位，皆自河北遣使诣晋阳（今山西太原西南）。十一月，苻丕以苻定为冀州牧，苻绍为冀州都督，苻谟为幽州牧，苻亮为幽、平二州都督。新平氐人、前秦中山太守王兖，为前秦拒后燕，固守博陵（今河北安平），丕以王兖为平州刺史。

十一月，慕容垂以慕容农为使持节，都督幽平二州及北狄诸军事、幽州牧，镇龙城。农创制立法，劝课农桑，四方流民归之者数万口。初，幽、冀流民多入高句丽，农以范阳庞渊招抚归后燕。

十二月，慕容麟攻克博陵，杀王兖、苻鉴。前秦昌黎太守宋敞率乌桓、索头之众自壶关救王兖，不及而还。前秦苻定据信都拒后燕，慕容垂以慕容精为冀州刺史，率兵攻信都。后燕慕容垂始定都中山。

后燕建兴元年、北魏（拓跋珪）登国元年（公元 386 年）正月，拓跋珪即代王位于牛川（今内蒙古锡拉木林河），建元登国。后燕慕容垂在中山称皇帝。

四月，代王拓跋珪改国号曰魏，史称北魏。

六月，后燕慕容楷、慕容麟、慕容绍、慕容宙分别率军攻苻定、苻绍、苻谟、苻亮。苻氏皆降，冀州诸郡县悉归慕容氏。慕容垂在今河北地仍置幽、冀二州，领二十三郡。此外，今张家口、赤城一带属拓跋魏。

八月，后燕慕容垂留太子慕容宝守中山，以赵王慕容麟为尚书右仆射，录留台，自率范阳王慕容德南伐。丁零鲜于部保聚曲阳西山，乘机出营望都（今河北望都西北），骚扰居民。慕容麟出兵讨伐，声称东进鲁口，夜回军击丁零，丁零溃败。

十月，后燕寺人吴深据清河（今河北清河东南）起义，慕容垂遣兵镇压。十二月，慕容垂攻拔吴深垒，深单马走。

后燕建兴二年（公元 387 年）正月，后燕魏郡太守安次（今河北廊坊）人齐涉聚众八千据新栅反。二月，范阳王慕容德率师击齐涉，新栅人冬鸾缚涉送慕容垂，垂诛涉父子。

三月，后燕上谷人王敏杀郡太守封戢；代郡人许谦驱逐郡太守贾闰，各以郡附乌桓刘显。

五月，慕容垂率军南攻翟辽。井陉人贾鲍招引北山丁零翟遥等五千人，乘虚夜袭中山，陷其外郭。后燕章武王慕容宙以奇兵出其外，太子宝鼓噪于内，合击，大破丁零，尽俘其众，唯遥、鲍单马走免。翟辽降，慕容垂自黎阳还中山。吴深杀后燕清河太守丁国；章武（今河北大城）人王祖杀太守白钦；勃海人张申据高城（今河北盐山东南）起义，燕将慕容温镇压。

后燕慕容麟出兵上谷，镇压王敏起义。

七月，慕容垂遣慕容麟、慕容楷击走乌桓刘显，立显弟可泥为乌桓王，抚其众，徙八千余落于中山。

十月，翟辽复叛后燕。章武王祖、勃海张申联兵攻清河、平原。

后燕建兴三年（公元 388 年）三月，后燕废代郡，悉徙代民于龙城。

八月，后燕将平幼、慕容宙破吴深，深走保绎幕（今山东平原西北）。

九月，张申攻广平（今河北曲周东北），王祖攻乐陵（今山东乐陵东南），后燕高阳王慕容隆率兵镇压。十二月，慕容楷、慕容麟与隆合兵击张申，王祖率众往救，夜袭后燕军，被燕军击退。平幼与慕容隆分道追击，大获而还。申惧，出降，祖也附后燕。

后燕建兴四年（公元 389 年）正月，后燕以阳平王慕容柔镇襄国（今河北邢台），召慕容农为侍中、司隶校尉，以高阳王隆为都督幽平二州诸军事、幽州牧，留守龙城。

四月，后燕以长乐公慕容盛镇蓟城，修缮前燕旧宫。

五月，农民起义首领吴深被清河孔金杀害，历时近三年之吴深起义失败。后燕将慕容德、慕容麟击贺讷，讷降，徙其众于上谷，以其弟染干为人质，居中山。

十月，后燕慕容温为冀州刺史，翟辽遣丁零故堤诈降温，刺杀温及长史司马驱，率守兵二百户奔西燕。慕容农击故堤众于襄国，尽俘其兵，唯堤走免。

后燕建兴五年（公元390年）九月，北平人吴柱聚众千余，立和尚法长为天子，破北平郡（今河北遵化东），转攻广都（今辽宁建昌），入白狼城（辽宁喀喇沁左翼蒙古族自治县西南）。后燕幽州牧、高阳王慕容隆遣北平太守、广都令和安昌侯率兵镇压，吴柱被害。

后燕建兴六年（公元391年）正月，后燕置行台于蓟，加长乐公慕容盛录行台尚书事。

二月，贺染干与贺讷弟兄相残，后燕乘机各个击破。四月，燕将兰汗击破贺染干，徙染干于中山。六月，慕容麟破贺讷于赤城（今河北赤城），擒讷，降其部落数万。

十月，翟辽卒，子翟钊代立。钊攻后燕邺城，被慕容农击走。

后燕建兴七年（公元392年）二月，慕容垂自鲁口往河间、勃海、平原。翟钊遣翟都攻馆陶（今河北馆陶），屯苏康垒。三月，慕容垂引兵南击翟钊，进逼苏康垒。四月，翟都南走滑台（今河南濮阳南）。

六月，慕容垂灭翟钊，得河北名士郝晷、崔逞、崔宏、张卓、路纂等，各随才录用。

七月，慕容垂还邺，以慕容楷为冀州牧。

十二月，慕容垂还中山，遣慕容农率兵镇邺。农入邺，以邺城广难固，于凤阳门大道之东筑隔城。20世纪90年代，考古工作者已探明隔城墙垣基址。

后燕建兴八年（公元393年）五月，慕容垂以子慕容熙为河间王，慕容朗为勃海王，慕容鉴为博陵王。

十一月，慕容垂发中山步骑七万，分南、北两路大举攻西燕，遣慕容缵、张崇率兵从北路出井陉，攻晋阳（今山西太原西南）；平规攻沙亭（今河北临漳西南）。十二月，垂亲自率一支军队赴邺，部署南路军事。

后燕建兴九年（公元 394 年）二月，慕容垂留慕容会镇邺，发司、冀、青、兖等四州兵，遣慕容楷出滏口，慕容农出壶关，垂自率军出沙亭，击西燕。西燕分兵拒守，以重兵囤轵关，扼太行道口。垂屯军邺西南，月余不进，忽挥师出滏口，入天井关，攻陷西燕兵力薄弱且又粮草聚集之台壁，又取晋阳。八月，入长子（今山西长子西南），俘西燕主慕容永，永所统新旧八郡户七万六千八百及乘舆、服御、伎乐、珍宝皆归后燕。至是，西燕亡。九月，慕容垂凯旋还邺。

后燕建兴十年、北魏登国十年（公元 395 年）五月至十一月，后燕发兵九万八千，大举攻魏，惨败于参合陂（约在今山西阳高至内蒙古兴和之间），魏拓跋珪坑俘后燕军数万。

十二月，慕容垂以慕容会领幽州刺史，代慕容隆镇龙城，以兰汗为北中郎将，代慕容盛镇蓟，命隆、盛悉引精兵还中山，期以明年击魏。

后燕（慕容宝）永康元年、北魏皇始元年（公元 396 年）二月，慕容垂遣征东将军平规发兵冀州攻魏，规不愿出征，举博陵（今河北安平）、武邑（今河北武邑）、长乐（今河北衡水市冀州区）三郡兵反于鲁口。规弟海阳（今河北滦县西南）令平翰也起兵于辽西响应。垂遣将军余嵩击规，嵩败死。垂亲率兵进击，至鲁口，规弃众，率妻及子平熹等数十人渡黄河逃走，垂引兵还，平翰引兵趋龙城，被燕将慕容根等击破，翰亡走白狼、徐无一带山中。

三月，慕容垂留慕容德守中山，率兵奔袭魏，克平城（今山西大同），时垂疾发，燕军还。

四月，垂卒于上谷之沮阳（今河北怀来境），年七十一。太子慕容宝即位于中山。

五月，后燕以慕容德都督冀、兖、青、徐、荆、豫等六州诸军事，领冀州牧，镇邺；慕容凤为冀州刺史。

六月，魏拓跋珪遣将军王建等击后燕广宁（今河北涿鹿），杀广宁太守刘亢泥，徙其部众于平城，后燕上谷太守慕容详弃城走。

八月，魏拓跋珪率步骑四十余万，大举伐后燕，又别遣将军封真等从东道出军都（今北京昌平北），袭后燕幽州，围蓟城。

九月，拓跋珪次曲阳（今河北曲阳西），据太行山，临观晋阳。后燕并州牧、晋阳守将慕容农败逃中山；北魏陷晋阳，克收并州。慕容宝遣慕容农屯安喜（今河北安国西），又命士众聚积粮草，加固中山城防。

十月，魏拓跋珪率军自井陉取中山，沿途，克常山，俘太守苟延。常山以东诸郡县守宰或走或降，相继归魏，唯中山、邺、信都（今河北衡水市冀州区）三城为后燕据守。

十一月，拓跋珪遣拓跋仪率五万骑攻邺，将军王建、李粟攻信都，珪自将兵攻中山。后燕高阳王慕容隆守中山城南郭，率众力战，杀伤数千人，魏兵退。珪知中山城固，于是，决定先引兵南取邺、信都，然后再图中山，遂移军鲁口城。后燕慕容宙自龙城还入蓟，与守将慕容兰率众固守，魏将石河头攻之不克，退屯渔阳（今北京怀柔东）。拓跋珪军于鲁口，博陵太守申永奔河南，高阳太守崔宏奔海渚。珪素闻宏名，遣骑追获，以为黄门侍郎，与张兖同掌机要，创制立法。博陵令屈遵降魏，珪以为中书令，出纳号令，兼总文诰。后燕慕容德遣将慕容青等于夜击破魏军于邺城之下，魏军退屯新兴城。

十二月，魏将贺赖卢率骑二万会拓跋仪攻邺。

后燕永康二年、北魏皇始二年（公元397年）正月，魏以重兵攻邺，邺城守将慕容德利用魏军主将内部矛盾，遣将军慕容镇、慕容青大破魏军。魏将王建攻信都，六十余日不下，士卒多死。魏王拓跋珪亲率兵强攻，后燕守将慕容凤逾城夜奔中山，北魏据信都。

慕容宝闻拓跋珪攻信都，率军出屯深泽（今河北深泽东南），遣赵王慕容麟攻杨城（今河北宁晋），杀魏所置守宰。

二月，拓跋珪还屯杨城。后燕悉发步卒十二万，骑三万七千屯曲阳之柏肆（今河北晋州西），营于滹沱水北岸，北魏军营于水南。后燕募兵万余人，潜师夜渡袭魏营，慕容宝率军为后援，大败。燕军复渡水北，魏军追击，慕容宝、慕容农等弃大军，率骑二万奔中山。拓跋珪俘河北名士后燕秘书监崔逞，用为尚书，掌管三十六曹，任以政事。魏军攻中山，屯于芳林园。中山城内乱，后燕尚书慕容皓谋杀慕容宝，立赵王慕容麟，谋泄，宝使慕容隆收皓，皓与同谋数十人斩关奔北魏。

三月，后燕慕容会发龙城兵，经卢龙、渔阳，到达蓟城，救中山。

魏军久困中山，后燕内部不稳，赵王慕容麟欲率禁兵杀慕容宝，事败，麟出奔西山丁零，活动于蒲阴（今河北顺平）、望都一带，以后，遭慕容详军掩击，麟亡入太行山中。慕容宝深恐中山不保，率太子慕容策及辽西王慕容农、高阳王慕容隆、长乐王慕容盛及勃海王慕容朗、博陵王慕容鉴等奔蓟城，赴慕容会军。后燕王沈降魏，慕容惠、韩范、段宏、刘起等率工伎三百奔邺。拓跋珪遣部将长孙肥、李粟率三千骑追宝至范阳（今河北涿州），不及，破后燕新城戍（今河北徐水西南）而还。珪自率兵攻中山，中山城中，慕容详自立为主，闭门据守，魏军连日强攻，不克。慕容宝至蓟，慕容会率骑二万迎于蓟南。宝欲削弱会之势力，减会兵分给慕容农、慕容隆，又遣库傉官骥率兵三千助守中山。不久，宝尽徙蓟城府库，北趣龙城。魏将石河头追击，被慕容会、慕容农、慕容隆合兵击破。

四月，慕容会以北迁龙城，权不复在己，谋作乱，杀慕容隆，重伤慕容农，慕容宝使慕舆腾斩会，伤其首，不能杀，会走赴其军，勒兵攻宝。宝率数百骑驰入龙城，慕容会率众攻城。慕容宝夜遣军袭破会营，会将十余骑奔中山，被慕容详擒杀。魏拓跋珪因军粮不给，命拓跋仪罢邺围，徙屯巨鹿，积租杨城，慕容详遣步卒七千，伺机击魏诸屯。珪反击，斩首五千，生擒七百。

五月，后燕库傉官骥入中山，与慕容详相攻。详杀骥，尽杀库傉官氏，又杀中山尹苻谟，夷其族。中山城无定主，民恐北魏兵来攻，男女结盟，人自为战。魏军以给养不足，罢中山之围，就谷河间，督诸郡义租。慕容详自谓能退魏兵，威德已振，于是，即皇帝位，改元建始。邺中官署也劝慕容德上尊号，后闻慕容宝犹存，遂罢。

七月，中山城中饥窘，慕容详不准民出城采食野谷，死者相枕，举城皆谋迎赵王慕容麟。详遣辅国将军张骧率兵五千余人督租于常山，麟自丁零入骧军，潜袭中山，缚斩慕容详，遂称尊号，听人四出采野谷。人既饱，求与魏战，麟不从，稍复穷馁。魏拓跋珪屯于鲁口，遣长孙肥率骑七千袭中山，入其郛。慕容麟率众反击，追战魏军于泒水，败还。

八月，魏拓跋珪移军于常山之九门（今河北藁城西北，九门村有战国至北朝九门城遗址），军中大疫，人畜多死，将士思归，珪不从，遣大将拓跋遵袭中山，入其郛而还。

九月，中山饥甚，慕容麟率二万余人出据新市（今河北新乐南），拓跋珪发兵攻麟。

十月，慕容麟退阻泒水。拓跋珪与麟战于义台（今河北新乐境），斩首九千余级。麟与数十骑驰入中山，取妻子入西山，后奔邺。魏陷中山，后燕公卿、尚书、将吏、士卒降者二万余人。珪入城，尽得后燕玺绶、图书、府库珍宝以万数。北魏占据中山，于中山置安州。既而，珪遣拓跋仪率兵三万攻邺。慕容德在邺，奉表至慕容宝，劝其南还，复取中原，宝以德为冀州牧。

十二月，慕容麟至邺，去帝号，复称赵王，以邺城大难固，劝范阳王慕容德弃邺南徙滑台，以后伺机再图河北，德许从。

后燕（慕容盛）建平元年、北魏皇始三年（公元398年）正月，后燕慕容德自邺率户四万南徙滑台。魏拓跋仪入邺，收其府库，追德至河，不及。赵王慕容麟上尊号于慕容德，德称燕王，以后又称帝于广固，史称南燕。

至是，海河流域，除冀东一隅为后燕所据外，其余大部归属北魏。拓跋珪发卒万人治直道，自望都凿恒岭出倒马关至代五百余里。又徙幽、冀等六州吏民杂夷十余万口实代，博陵（今河北安平）、勃海（今河北南皮北）、章武（今河北大城）诸郡民群起反抗，先后被魏将拓跋遵等各个击破。十二月，魏拓跋珪即皇帝位。北魏徙幽、冀等六州二十二郡守宰豪杰吏人二千家于代郡。

四、北魏末河北流民起义

北魏后期，北地“三州六镇”成为各种矛盾最尖锐、最复杂的地区。三州即恒、燕、朔三州；六镇即沃野、怀朔、武川、抚冥、柔玄、怀荒（见图31）。再加上御夷，构成北魏北疆边地七镇。孝文帝迁都洛阳，六镇失去了拱卫都城的地位，镇民戍卒被称为“北人”而受到歧视。豪强压榨，镇将克扣军粮，兵、民生活困苦。正光四年（公元523年），柔然大饥，阿那环率众入境，请求赈济。

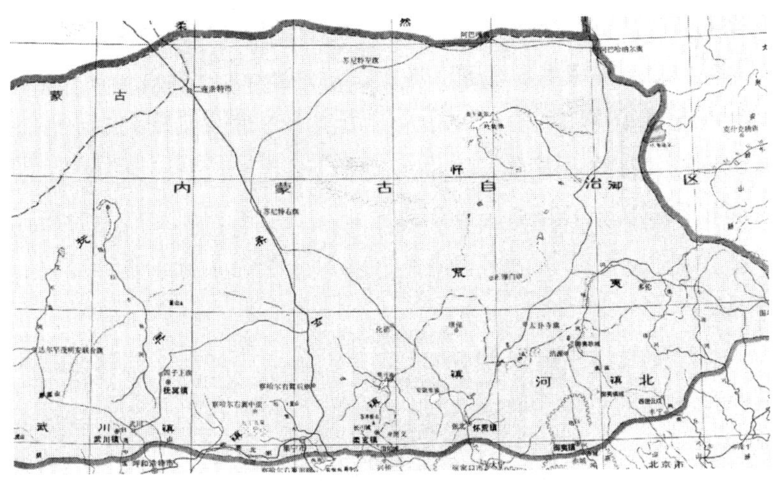

图 31　北魏六镇图

四月，北魏元孚持白虎幡劳阿那环于柔玄、怀荒二镇之间（今河北张家口至怀安一带），阿那环拘元孚，引兵南扰。北魏军与战，阿那环驱魏民二千、公私牛马羊数十万北遁。柔然扰怀荒镇（今河北张北），镇民请粮抵抗，镇将于景不肯给，镇民不胜忿，遂反，缚杀于景。不久，沃野镇民破六韩，拔陵也聚众反魏，杀镇将，诸镇汉、胡士民纷起响应，拔陵引兵南攻，北魏六镇起义爆发（见图 32）。

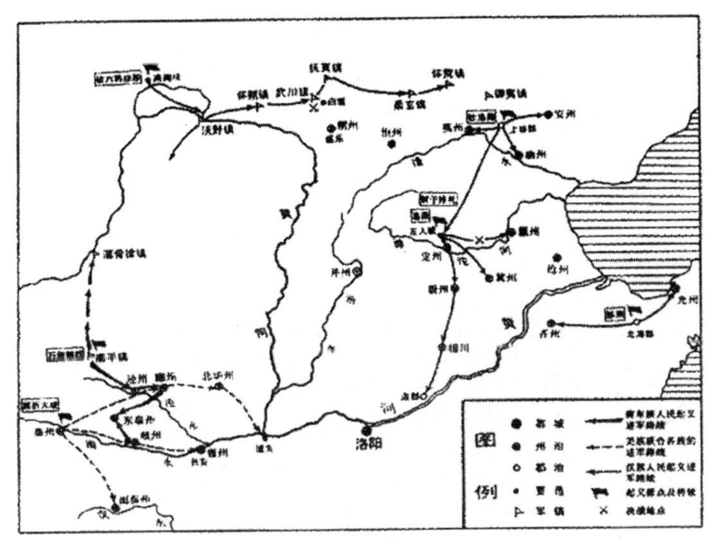

图 32　北魏末六镇河北流民起义图（见《魏晋南北朝史》）

正光六年、孝昌元年（公元525年）北魏广阳王元深沟通柔然阿那环，大败破六韩拔陵。拔陵南走，部下降魏者二十余万人，北魏分徙于定州。

八月，北魏柔玄镇民杜洛周聚众于上谷（今北京延庆）起义，改元真王，攻克郡县，高欢、蔡儁、尉景及段荣等豪杰皆应从。洛周围北魏燕州刺史博陵崔秉，崔秉弃城奔定州。九月，北魏遣幽州刺史常景与幽州都督元谭拒洛周，元谭屯居庸关，并自卢龙塞至军都关，皆置兵守险。

孝昌二年（公元526年）正月，北魏安州石离、穴城、斛盐（今河北滦平南）等三戍兵反，响应杜洛周，众合二万。洛周自松岍策应，北魏常景使部将崔仲哲屯军都关邀击洛周。洛周与战，斩仲哲。同时，鲜于修礼等率北镇流民在定州之左人城（今河北唐县西）起义，改元鲁兴，引兵围攻州城，以营取城内北镇流民。北魏将杨津自灵丘引兵往救，入据定州城，并悉收北镇流民于城内，蓄薪粮，治器械，击退修礼。是时，宇文肱从鲜于修礼攻定州，战死于唐河，其子宇文泰仍从修礼军。北魏孝明帝以杨津为定州刺史兼北道行台，以长孙承业为大都督北讨诸军事，与河间王元琛合兵镇压修礼。唐河之战，起义军死伤严重。北齐时，收葬遗骨，于故址建义慈惠石柱，保存至今（见图33）。

图33　北齐义慈惠石柱

四月，杜洛周率兵南攻蓟城，被北魏统军梁仲礼击破。继而，都督李琚与洛周战于蓟城北，败殁。常景率众拒洛周，洛周引兵还据上谷。鲜于修礼率军击北魏长孙承业于滹沱河北岸的五鹿，元琛不发兵救援，承业军大败，孝明帝诏并免元琛、长孙承业官爵。

五月，北魏复以广阳王元深为大都督，击鲜于修礼。

六月，杜洛周遣都督王曹纥真等引兵蓟南。

七月，北魏于荣等率兵大破曹纥真于粟园（今河北固安县境），斩曹纥真及将卒三千余人，洛周率众南趋范阳（今河北涿州），常景与于荣再破洛周军。

八月，鲜于修礼被部下元洪业杀害，葛荣杀元洪业，统修礼众。是时，宇文泰归葛荣。

九月，葛荣北趋瀛洲，北魏广阳王元深自交津引兵追。葛荣至白牛逻（在今河北博野境），轻骑掩击魏军，杀章武王元融，遂自称天子，建国号齐，年称广安。元深闻元融败死，引军还定州，驻州城南一座佛寺内，定州刺史杨津疑深有异志，遣都督毛谧讨深。深出走，与左右间行至博陵界，遇葛荣游骑，被擒，解往葛荣帐前，葛荣杀元深。北魏行台常景破杜洛周，杀其武川王贺拔文兴等，俘四百人。

十一月，杜洛周围范阳，范阳民相聚为内应，执幽州刺史王延年、行台常景送洛周，开门迎义军入城。

孝昌三年（公元527年）正月，北魏分定、相二州，赵郡、巨鹿、南巨鹿、广宗四郡置殷州，治广阿（今河北隆尧县东），以北道行台崔楷为刺史。崔楷以州治新立，尺刃斗粮，皆无所有，乞资兵粮，北魏竟无所给。葛荣围逼州城，城陷，葛荣缚杀崔楷，遂率军进围冀州。

三月，葛荣围信都，北魏以金紫光禄大夫源子邕为北讨大都督率军往救。

七月，北魏相州刺史元鉴与北道都督裴衍共救信都，元鉴见北魏大势已去，遂据邺降葛荣。

八月，北魏遣都督源子邕、李神轨、裴衍攻元鉴于邺，子邕行至汤阴，元鉴遣弟元斌夜袭子邕营，不克。子邕乘胜进军围拔邺城，斩元鉴，继而率军镇压葛荣起义军。

十一月，葛荣久困信都，自春及冬。冀州刺史元孚率众固守，终无济事，城陷，俘元孚。

十二月，北魏以源子邕为冀州刺史，与裴衍率兵攻葛荣，行至阳平东北漳水曲，葛荣率众十万迎击，子邕、裴衍皆败死。葛荣遂进军相州，邺中北魏官军，昼夜拒守，葛荣尽锐猛攻，猝不能克。

永安元年（公元528年）正月，杜洛周率兵围定州城，北魏不能救，杨津遣其子杨遁突围出，求救于柔然头兵可汗。头兵遣吐豆发率精骑一万南出，前锋至广昌，流民军堵塞隘口，柔然兵不能通行，遂还。定州无援，长史李裔引流民军入城，俘杨津，定州城陷，流民军转攻瀛州，瀛州刺史元宁以城降洛周。

二月，葛荣杀杜洛周，收编其众。是时，北魏尔朱荣兵势强盛，高欢原在杜洛周军中，欲图洛周，不成，逃奔葛荣，又亡归尔朱荣并劝尔朱荣篡北魏称帝。尔朱荣遂召集义勇，北捍马邑（今山西朔县），东塞井陉，并举兵南下。

三月，葛荣攻陷北魏沧州（今河北盐山西南），俘刺史薛庆之。

六月，北魏孝庄帝以尔朱荣为左军、元天穆为前军、杨椿为右军、穆绍为后军，亲御六戎，镇压河北流民军，葛荣退屯相州之北。

九月，葛荣引兵围邺，号众百万。尔朱荣率精骑七千，以侯景为前驱，东出滏口（今河北邯郸市峰峰区）击葛荣。葛荣骄傲轻敌，自邺以北，列阵数十里。尔朱荣潜军山谷，设奇兵，虚造声势惑葛荣，分命壮勇所向冲突，并亲率军击葛荣军后，内外合击，大破起义军，于阵俘葛荣，余众悉降。活动于冀、定、沧、瀛、殷等五州之流民军相继被镇压，葛荣部下宇文泰，归尔朱荣，任为统军。

十月，葛荣被杀于洛阳都市。

冬，葛荣部将韩楼复据幽州反，尔朱荣以贺拔胜为大都督，镇中山，北据韩楼。

永安二年（公元529年）二月，燕州（治今河北涿鹿）民王庆祖聚众上党，自称王，被北魏柱国大将军尔朱荣镇压。

五月，北魏北海王元灏率军攻孝庄帝，入洛阳。孝庄帝出奔河北，为加强河北防御，以尔朱世隆为相州刺史，镇邺城。

九月，尔朱荣使大都督侯渊率军至蓟，镇压韩楼起义军。侯渊亲率数百骑深入蓟境，距蓟城百余里，遇韩楼部帅陈周马步万余，渊设伏袭破陈周军，俘五千余人，寻还其马仗，纵使入城，因乘夜进兵蓟城。韩楼疑降卒为侯渊内应，弃城走，被渊追俘，不久遭北魏将窦炽杀害。北魏以渊为平州刺史，镇范阳。北魏征东将军刘灵助曾招抚幽州流民于濮阳、顿丘，因率流民北还，时与侯渊共击韩楼，北魏以灵助为幽、平、营、安四州行台，仍行幽州事。

永安三年（公元530年）九月，北魏孝庄帝杀尔朱荣。

十二月，尔朱兆杀孝庄帝，因以得势，将葛荣故旧部众二十余万，配诸高欢统辖。高欢借口并、肆二州连年霜旱，请率众到太行山以东冀、定、相、瀛等州就食，欲割据河北，称霸一方。尔朱兆允从，欢自晋阳奔滏口（今河北邯郸市峰峰区）。

普泰元年（公元531年）二月，幽、安、营、平等四州行台刘灵助起兵，自称燕王，幽、瀛、沧、冀之民多附从。灵助引兵南至博陵之安国城，北魏使大都督、定州刺史侯渊与骠骑大将军叱列延庆击刘灵助，至安国城，于夜袭破灵助垒，灵助被杀。尔朱兆遣监军孙白鹞至冀州，夺高乾兄弟之马，高乾与封隆之等合谋，潜率壮士，袭据信都，杀孙白鹞，缚刺史元嶷。封隆之自为冀州刺史，升坛誓众，移檄州郡，共讨尔朱氏。殷州刺史尔朱羽生率五千人袭信都，高敖曹率十余骑驰击羽生，高乾在信都城上绳下五百人为后应，士卒奋战，羽生败走。是时，高欢自壶关大王山引兵东出，扬言攻信都。高乾率十余骑与封隆之子封子绘密会高欢于滏口，劝高欢以信都为根基，起兵反尔朱氏。赵郡豪族、南赵郡太守李元忠也建议高欢向冀州、合殷州，冀、殷既定，沧、瀛、幽、定诸州自然弥服，相州便可指日而下。欢悦从，至冀州，约束士卒，严明军纪，冀州民心益向高欢。欢求粮于相州刺史刘诞，诞不与，欢遣兵掠其军营租米。以后，欢入信都，封隆之、高乾开门奉迎，不久，高敖曹也来归附。

六月，高欢起兵信都，讨尔朱氏。李元忠举兵逼殷州，高欢遣高乾领兵到殷州，诱杀守将尔朱羽生。高欢以元忠为殷州刺史，镇广阿（今河北隆尧东）。时杨愔往见高欢于信都，进讨尔朱氏之策，欢任之为行台郎中。及高欢起兵信都，尔朱兆率步骑二万出井陉，趋殷州，李元忠弃城奔信都。

十月，北魏遣大军击高欢。尔朱仲远、尔朱度律、斛斯椿、贺拔胜、贾显智屯军于阳平，尔朱兆屯军于广阿，众号十万。高欢用反间计，使各部将互相猜疑，徘徊不进，进而又互相摩擦。高欢乘机进兵，大破尔朱兆于广阿，俘其甲卒五千余人。

永熙元年（公元532年）正月，高欢攻邺，于城下挖穴为地道，因土多塌方，未成，又施柱于地道，地道成，复焚烧木柱，城陷入地，拔邺，擒刘诞。元朗以高欢为丞相、柱国大将军、太师。

闰三月，尔朱天光自长安，尔朱兆自晋阳，度律自洛阳，尔朱仲远自东郡皆会兵于邺，众号二十万，夹洹水而军。节闵帝以长孙承业为大行台，总督众军，合击高欢。欢使封隆之守邺，自出屯紫陌（在邺城西北五里），大都督高敖曹率乡里部曲王桃汤等三千人以从。既而，尔朱兆率精骑三千夜袭邺城，叩西门，不克而退。此时，高欢战马不满二千，步卒不满三万，众寡悬殊，尔朱进逼。欢于韩陵山（在邺城南）为圆阵，将大群牛驴联系起来，堵塞归路。欲与尔朱兆决一死战。战起，欢将中军，高敖曹将左军，高岳将右军，尔朱兆击欢中军。欢将高岳、斛律敦率众前后围尔朱兆以救欢，敖曹又以千骑自粟园傍击，尔朱兆大败，贺拔胜、杜德于阵降欢。尔朱氏所属各部皆散去，欢胜，北魏节闵帝又使中书舍人卢辨劳欢于邺。

四月，高欢尽杀尔朱氏之党，废元朗与节闵帝，立平阳王元修为帝，是为孝武皇帝，改元太昌。孝武帝以高欢为大丞相、天柱大将军、太师，世袭定州刺史。

七月，高欢引兵入滏口，大都督厍狄干入井陉，击尔朱兆。尔朱兆大掠晋阳（今山西太原市西南），北走秀容（今山西原平西南）。欢以晋阳四面环山，于是建大丞相府于此。以后，高齐建国，遂以晋阳为陪都。

东魏（元善见）天平元年（公元534年）六月，高欢督师南下司州（洛阳）。七月，北魏孝武帝元修奔宇文泰，到长安。

十月，高欢立清河王世子元善见为帝，改元天平，是为孝静帝。高欢以洛阳，西逼西魏，南近梁境，于是建议迁都邺城，书下三日即行，孝静帝发洛阳士民四十万户就道趋邺。并于本月改司州仍为洛州。

十一月，东魏孝静帝至邺，居北城相州之廨，改相州刺史为司州牧、魏郡太守为魏尹，将邺原居民西迁百里，以居新迁人，分邺并内黄、斥丘

（今河北成安）、肥乡置临漳县，以魏郡、阳平、汲郡、广宗、东郡、北广平、林虑、顿丘、濮阳、黎阳、清河等郡为皇畿。宿卫之士北徙者，并给常廪，春秋赐帛以供衣着，从此开中国历史上养军之先例。还通令境内，于常调租赋之外，随丰稔之处，折绢籴粟以供国需。自此，魏分东、西。

五、齐、周战乱

高齐政治黑暗，相互残杀，内乱又招引外祸。武平六年（公元 575 年）七月，北周大举攻北齐。九月，取北齐 30 余城。七年十月，北周武帝自将兵攻北齐，取平阳，高纬率众自晋阳往救。

十二月，周师大败齐军，高纬弃军还，以安德王高延宗为相国，留守晋阳，自带数十人遁邺。不久，延宗在晋阳称帝，并遣使送书于瀛州刺史高湝，许事后奉其为主，湝执其使送邺。周军旋陷晋阳，俘延宗。北齐朔州行台仆射高励护送太后、太子，自土门关（即井陉故关）道还邺。高纬到邺，命立重赏招募战士，而竟不出物。高孝珩建议使高湝将幽州兵出土门关，声称趋并州；独孤永业自洛州趋潼关，扬言攻长安；请自将京畿兵出滏口击周师，又请出宫人珍宝赏将士。高纬不悦，又不认真备战，周师乘机攻邺。北齐高纬召诸贵臣入朱华门（邺宫内朝南门），问御敌之策，高励建议背水一战，高纬不采纳，临急，禅位皇太子。

北齐幼主（高恒）承光元年、北周建德六年（公元 577 年）正月，北齐皇太子高恒在邺宫即皇帝位，改元承光，尊高纬为太上皇，以广宁王高孝珩为太宰。司徒莫多娄敬显、领军大将军尉相愿设伏兵于千秋门（邺宫西门），谋斩阿那肱，立高孝珩。会阿那肱自他路入朝，不果。阿那肱、韩长鸾恐孝珩生变，出孝珩为沧州刺史。北齐帝高恒使尉世辨率千余骑观察周师动向，出滏口，遥见西方群鸟飞起，误以为周师旗帜，即驰还，比至紫陌桥，不敢回顾。于是，高恒及皇后妃嫔自邺东行济州。周师旋至紫陌桥，进围邺城，烧城西门，大破北齐军于城下。北齐太上皇高纬使武卫大将军慕容三藏守邺宫，率百余骑夺路奔济州。北周军入邺城，齐王公皆降。领军大将军渔阳鲜于世荣在三台前鸣鼓不辍，被周人杀害。北周武帝入邺，礼重儒贤，北齐国子博士长乐熊安生，博通《五经》，武帝亲临家访，又遣小司马唐道和就李德林宅宣旨慰问，并将德林引入宫。还使宇文昂访问齐朝风俗政教，人物善恶。北周居邺，改北齐司州，复为相州，以越王宇文盛为相州总管，并撤邺城之东山、南苑、三台瓦木诸物，可用者悉以赐民，山园之田，各还其主。北齐高恒见大势已去，禅位大丞相高湝，遣斛律孝卿送禅文及玺绶于瀛州，孝卿即往邺归北周。高纬、高恒及后妃南逃青州，至南邓村，被北周将尉迟勤追俘，解送回邺。

二月，高孝珩自沧州，以五千人与高湝合兵于信都，共谋匡复，招募得四万人。宇文邕遣齐王宇文宽、柱国杨坚率师进击，又令高纬为书招降孝珩、湝。湝等不从，与北周军战于信都城南，部将尉相愿临阵降北周，湝等大败，被周军俘虏。北齐定州刺史范阳王高绍义至马邑，欲南取并州，不果，北奔突厥。至是，除营州（今辽宁朝阳）、东雍州（今山西新绛）外，北齐之行台、州、镇尽入于北周。凡州五十、郡一百六十二、县三百八十，户三百三万二千五百。北齐亡，历时二十七年，海河流域司、冀、赵、定、瀛、幽、东燕、北燕、沧、安、南营等州尽归于北周（见图34）。北周于幽、定二州置总管府，改北齐司州为相州，并于相州置宫及六府官。北周武帝宇文邕自邺西还。

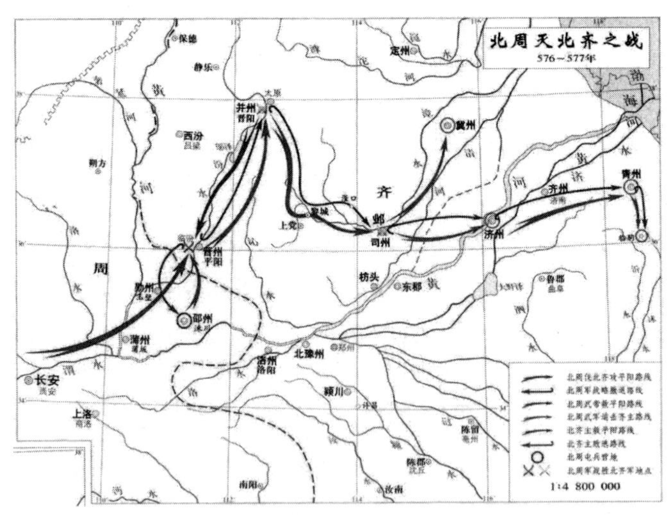

图34　北周灭北齐路线图（见《中国战争史地图集》）

北周建德七年、宣政元年（公元578年）闰六月，幽州人卢昌期，据范阳起兵迎北齐范阳王高绍义，绍义引突厥兵应赴。北周遣宇文神举将兵讨昌期，绍义闻幽州空虚，欲乘机袭蓟，神举遣宇文恩将四千人往救，半为绍义所杀。时神举克范阳，俘昌期，绍义还入突厥。

北周大象二年（公元580年）五月，北周宣帝宇文赟卒，子静帝宇文衍年幼，杨坚为假皇钺、左大丞相，百官总己以听。杨坚以博陵李德林为府属，勃海高颎为相府司隶，召尉迟迥入长安，以韦孝宽代之为相州总管，叱列长义为相州刺史，先令长义赴邺，孝宽继进。

六月，相州总督尉迟迥起兵讨杨坚。杨坚遣韦孝宽、梁士彦、元谐、宇文忻、宇文述、杨素等将兵击迥。

七月，北周青州总管尉迟勤、郧州总管司马消难、益州总管王谦等举兵响应尉迟迥。赵王宇文招等谋杀杨坚，事败，被杀。突厥送北齐范阳王高绍义于北周。

八月，韦孝宽、高颎率军渡沁水，进兵至邺，寻破邺城，尉迟迥自杀，其党与及部卒数万人被坑杀于游豫园。此后，韦孝宽又分兵相继讨平关东诸叛。同时，杨坚也遣兵先后击败司马消难、王谦等。杨坚又徙相州于安阳，焚毁邺城及邑居，以安阳为相州治所，仍为邺县。分相州，置毛州、魏州。毛州在馆陶县，魏州在武阳县。不久，又废相州总管。自此，历史名城邺都，经过这次大破坏，一蹶不振了。今存邺城遗址，北城、南城及二台之迹仍依稀可辨。

六、隋末农民起义及失败

隋仁寿四年（公元604年），杨广害文帝杨坚，谋取帝位，是为隋炀帝。炀帝骄奢，徭役苛重，又穷兵征战，天下困弊。大业七年（公元611年）四月，炀帝至涿郡临朔宫，下诏总征天下兵会涿，征伐高丽。

五月，隋炀帝敕河南、淮南，江南造戎车五万乘送高阳，供载衣甲幔幕，令兵士自挽车。

七月，发江、淮以南民夫及船，运黎阳及洛口诸仓米至涿郡，舳舻相次千余里，载兵甲及攻取之具，往还在道常数十万人，填咽干道，昼夜不绝，死者相枕，天下骚动。

秋，山东，河南大水，漂没三十余郡，民相卖为奴婢。

十二月，清河郡漳南（今河北故城东）人窦建德起义，揭开隋末农民起义的序幕。隋炀帝募人征高丽，建德以勇敢选为二百人长。时同县人孙安祖亦在选中，家为大水所淹，妻子饿死。安祖辞贫不应征，为漳南县令鞭笞。安祖刺杀县令，亡投窦建德。建德招收逃兵及无产业者，得数百人，令孙安祖带领，进入高鸡泊（今河北故城西南）。与此同时，蓨县人高士达亦聚众起义。官府怀疑窦建德与“贼”通，尽收捕其家属，无论少长皆杀死。窦建德遂率麾下二百人投奔高士达。高士达自称东海公，以建德为司兵。后孙安祖为清河人张金称并杀，其兵数人尽归于窦建德，至此渐盛，兵至万余人，犹来往高鸡泊中。

大业八年（公元612年）正月，四方兵皆集涿郡，凡一百十三万三千八百人。八月，征高丽失败，隋炀帝退兵，令民部尚书樊子盖留守涿郡。是年，大旱，瘟疫流行。

大业九年（公元613年）正月，隋炀帝欲第二次征高丽，下诏征天下兵再次集中涿郡。

三月，清河张金称、平原郝孝德，河间格谦、勃海孙宣雅等农民起义军在河北地区积极活动，队伍不断扩大，多者十余万人，少者数万人，郡县官兵望风溃败。

六月，隋礼部尚书杨玄感于黎阳起兵反隋。隋炀帝在辽东闻讯后，慌忙退兵。九月，至上谷。闰九月，至博陵，以博陵地居要冲。十月，改博陵郡为高阳郡。

十一月，隋炀帝派右卫将军冯孝慈前往清河镇压农民起义，张金称率起义军与之激战，冯孝慈败死。十二月，唐县人宋子贤自称弥勒佛出世，聚集民众，欲利用无遮大会之机，起兵袭击隋炀帝。事泄，宋子贤被杀，株连千余家。

大业十年（公元614年）二月，隋炀帝第三次诏征天下兵征伐高丽。三月，隋炀帝自博陵到涿郡，士卒在道，逃亡相继。至临渝宫（北平郡卢龙县有临渝宫），祭黄帝，斩叛军者以其血涂鼓，但逃叛者仍然不止。八月，隋炀帝南还经邯郸，杨公卿率农民起义军八千人袭击驾后第八队，缴获飞黄上厩马四十二匹而去。

大业十一年（公元615年）二月，上谷农民起义军首领王须拔自称漫天王，国号燕；另一首领魏刀儿自称历山飞，各有十余万人马，北连突厥，纵横燕赵。十一月，王须拔带领人马攻破高阳郡。

大业十二年（公元 616 年）正月，隋炀帝分遣使者十二道发兵镇压农民起义。二月，幽州农民起义军杨仲绪率众万余攻北平郡，为隋将李景所败，遭杀害。

三月，清河张金称率众接连攻下平恩（今河北邱县南）、武安、巨鹿、清河等县。八月，赵万海率农民起义军数十万，自恒山郡进攻高阳。

秋，河北诸家农民起义军张金称、郝孝德、孙宣雅、高士达、杨公卿等各自带领人马，攻城略地，官兵纷纷败亡。

十二月，隋涿郡太守郭绚将兵万余人镇压高士达起义军，高士达悉以兵授窦建德。窦建德足智多谋，善于用兵，大获全胜。杀伤、俘虏官兵数千人，郭绚临阵被杀。张金称在馆陶兵败，为隋将杨义臣所擒，遇害，余众尽归窦建德。高士达自领精兵出战隋将杨义臣，兵败，为杨义臣所杀。窦建德突围到饶阳，乘其不备，攻下县城，得兵三千，自称将军。此后，窦建德起义军很快发展到十余万人，军势大振。

河间格谦拥众十余万，自称燕王。不久兵败，被害。格谦部将高开道收其余众，继续斗争，纵横燕地，军势复盛。

隋涿郡留守、虎贲郎将罗艺亦趁机起兵，自称幽州总管。

大业十三年（公元 617 年）正月，窦建德于乐寿（今河北献县）称长乐王，置百官，年号丁丑。

二月，上谷王子英起义军攻陷郡城。魏郡李文相、上谷王君廓归附李密。

五月，太原留守李渊起兵反隋，六月，灵寿起义军郗士陵率众数千投降李渊。李渊以郗士陵为镇东将军、燕郡公，仍置镇东府，补僚属，以招抚山东郡县。

七月，隋炀帝诏令左御卫大将军涿郡留守薛世雄将燕地精兵三万南下讨李密，令王世充等诸将皆受其节度。薛世雄领兵行至河间，扎营于七里井（其地离河间七里，故名），窦建德率起义军袭击，隋兵大败，四下逃散。薛世雄仅与左右数十骑遁归涿郡，恐惧而死。七里井大捷，窦建德消灭了隋王朝在河北的精锐主力，农民起义军进一步发展壮大。

九月，武阳郡丞元宝藏以郡降李密，且遣其客巨鹿魏徵为李密出谋划策。李密以元宝藏为魏州总管，召魏徵为元帅府文学参军，掌记室。

十一月，李渊兵入长安，立隋代王杨侑（隋炀帝之孙）为皇帝，是为隋恭帝，改元义宁，遥称隋炀帝为太上皇。李渊为大丞相，进封唐王。

唐高祖（李渊）武德元年（公元 618 年）三月，隋炀帝在江都为宇文化及等人所杀。宇文化及自称大丞相，总百揆，拥兵北上。五月，李渊在长安即皇帝位，国号唐，改元武德，是为唐高祖。七月，隋河间郡丞王琮投降窦建德，为瀛州刺史。河北郡县闻讯，争相归附。饶阳令宋正本，博学有才，说建德以定河北之策，建德引为谋主。

十月，李密为王世充所败，奔长安降唐。魏徵亦随李密至长安，自请安集山东；唐高祖以魏徵为秘书丞，使其至黎阳招降徐世勣。唐高祖以右翊卫大将军淮安王李神通为山东安抚大使，山东诸军并受节度；以黄门侍郎崔民干为副。崔民干，博陵人，为山东望族，作为副使，以利招抚河北诸郡县。

十一月，窦建德在乐寿立国号曰夏，改元五凤。窦建德败王须拔于幽州，须拔亡于突厥。魏刀儿带领其众，据深泽，活动于冀、定之间，众至十万，自称魏帝。窦建德袭击深泽，杀魏刀儿，尽并其众。易、定等州投降窦建德。冀州刺史据城顽抗，为窦建德攻破。

十二月，隋襄平太守邓皓以柳城、北平二郡降唐，唐以皓为营州总管。隋虎贲郎将罗艺自称幽州总管，独霸一方，此时降唐。上谷、渔阳亦降唐。唐以罗艺为幽州总管。

窦建德既克冀州，兵威益盛，帅众十万北上攻幽州，攻城不克，为罗艺所败，退还乐寿。高开道攻取北平，进取渔阳，有兵万人，马数千匹，自称燕王，改元始兴，建都渔阳。

怀戎（今河北怀来）沙门高昙晟拥斋众反，杀县令及镇将，自称大乘皇帝，立尼静宣为邪输皇后，改元法轮。遣使招高开道，立为齐王。高开道率众五千归从，居数月，袭杀高昙晟，悉并其众。

唐武德二年（公元 619 年）正月，宇文化及攻魏州总管元宝藏，四旬不克。魏徵前往魏州为唐游说，元宝藏遂举州降唐。

唐淮安王李神通出兵击宇文化及于魏县，宇文化及弃城东走聊城。李神通拔魏县，斩获二千余人，引兵追宇文化及至聊城。

闰二月，窦建德攻占邢州，遂领兵攻聊城，城破，生擒宇文化及，以槛车载至邢州斩首。窦建德每战胜克城，所得资财，悉以分将士，身无所取。常食蔬，茹粟饭。妻曹氏，不衣纨绮，婢妾才十余人。及破化及，得隋宫人千数，即时遣散。隋骁果近万人，亦各纵遣，任其所去。所得隋官员，其不愿留者，仍给资粮，以兵送出境。窦建德初建国，裴矩为之定朝仪，制律令。六月，窦建德攻占沧州。八月，窦建德将兵十万趋洺州，唐李神通退保相州。窦建德攻占洺州，唐总管袁子干投降。窦建德领兵趋相州，李神通退至黎阳，投靠李世勣（本姓徐，唐高祖赐姓李）。

九月，窦建德攻占相州，李神通遣慰抚使张道源镇守赵州，窦建德攻占赵州，俘虏唐总管张志昂及张道源。

十月，唐高祖赐幽州总管燕公罗艺姓李氏，封燕郡王。李艺败窦建德北部军队于衡水。

窦建德引兵趋卫州，破黎阳城，俘虏李神通、李盖（李世勣之父）、魏徵及李渊妹同安公主。唯李世勣以数百骑走渡河，数日，以其父故，投降窦建德。卫州闻讯，亦投降窦建德。窦建德以李世勣为左骁卫将军，使守黎阳，常以其父李盖自随为质，以魏徵为起居舍人。窦建德还洺州，筑万春宫，迁都洺州。置李神通于下博（今河北衡水北，深州市东南）待以客礼。唐山东安抚使郎楚之，亦为窦建德俘虏。

十一月，漳南人刘黑闼少时与窦建德为友，隋末从郝孝德参加瓦岗军。武德元年瓦岗军失败，刘黑闼为王世充所俘，在其部下任骑将，此时，投奔窦建德。窦建德以刘黑闼为将军，赐爵汉东公，常使将奇兵东西袭击，屡有克获。

唐武德三年（公元620）年正月，李世勣联结魏郡李文相袭杀窦建德兵三百余人，投奔长安。二月，窦建德发兵攻李文相，李文相战败被杀。

五月，窦建德遣高士兴领兵击李艺于幽州，攻城不克，退军笼火城（今北京南），为李艺所败，损兵五千。

八月，唐高祖遣使与窦建德连和，窦建德释放同安长公主随使者还长安。

十月，窦建德围幽州，李艺告急于高开道。高开道帅二千骑救援，窦建德引兵退走。高开道遣使降唐，唐以为蔚州总管，赐姓李氏，封北平郡王。

窦建德帅兵二十万复攻幽州，攻城兵已攀堞，为幽州兵从地道出背后而失败。李艺乘胜紧迫窦建德大营，窦建德填堑而出，奋勇攻击，大破李艺兵，追至幽州城下，攻城不克而还。

十一月，唐兵逼洛阳，王世充遣使求救于窦建德。

十二月，唐高祖诏刘世让为行军总管，将兵出土门关（今河北获鹿西），趋攻洺州。

唐武德四年（公元621年）三月，洺州严备，刘世让不得进，会突厥侵唐，刘世让被召还。

四月，窦建德援救王世充，受阻于武牢（即虎牢，今河南汜水西北）不得进，留屯累月，战数不利。五月，窦建德不纳部下谋略，攻打武牢关不下，反为李世民所败，战斗中受伤被俘，建德妻曹氏与左仆射齐善行将数百骑奔归洺州。齐善行以洺、相、魏等州降唐。窦建德所署博州刺史冯士羡复推李神通为慰抚山东使，徇下三十余州，窦建德所属地区均归唐所有。夏政权为唐所灭。

七月，窦建德在长安被害。部将范愿、董康买、曹湛、高雅贤等共推刘黑闼为首，聚众反唐，袭击漳南，占据县城。唐朝廷闻讯，为镇压刘黑闼起义，特置山东道行台于洺州，魏、冀、定、沧并置总管府，以李神通为山东道行台右仆射。

八月，刘黑闼攻占贝州属县，唐魏州刺史权威、贝州刺史戴元祥与战，皆败死。刘黑闼悉取其余众及器械，窦建德余部出而归附，至二千人。刘黑闼在漳南筑坛，祭窦建德，自称大将军。唐朝廷急发关中步骑三千，使将军秦武通、定州总管李玄通领兵，又命幽州总管李艺引兵会击刘黑闼。窦建德原署深州刺史崔元逊响应刘黑闼，暗中联络数十人，执杀唐深州刺史裴晞，投奔刘黑闼。

九月，唐淮安王李神通将关内兵至冀州，与李艺兵合。又发邢、洺、相、魏、恒、赵等州兵五万余人，与刘黑闼战于饶阳城南，布阵十余里。刘黑闼以少胜多，大败李神通，唐军士马军资亡失三分之二。李艺先胜高雅贤，闻唐军不利，退保藁城；刘黑闼挥兵击藁城，李艺亦大败，引兵退归幽州。刘黑闼兵势大振，移书赵、魏，原窦建德将卒争杀唐官吏以响应刘黑闼。

十月，刘黑闼乘胜攻占瀛州。观州（唐初置，寻废。州治在今河北沧州东光县）人执其刺史雷德备，以城投降刘黑闼。毛州（魏州馆陶县旧置毛州，隋大业初，州废，窦建德复置，唐因袭，不久即废）民董灯明等不堪官府残暴压迫，杀州刺史赵元恺，响应刘黑闼。

十一月，刘黑闼领兵攻占定州，生擒定州总管李玄通。高开道复称燕王，北连突厥，南结刘黑闼，在怀戎击破李艺兵。此后，高开道与突厥联兵，活动于恒、定、幽、易之间。

十二月，刘黑闼攻占冀州。唐朝廷遣右屯卫大将军义安王李孝常将兵镇压。刘黑闼领兵数万进逼宗城（今河北威县东），唐黎州总管李世勣先屯兵宗城，力不能战，弃城走保洺州。刘黑闼追击李世勣，大破唐兵，杀步卒五千人，李世勣仅以身免，洺州群众翻城响应刘黑闼。刘黑闼于城东南筑坛告天，祭窦建德而后入城。刘黑闼接着又攻占相、黎、卫、邢、赵、魏等州，起义半年多，尽复窦建德旧境，声势大盛。唐高祖命李世民、李元吉将兵镇压刘黑闼。

唐武德五年（公元622年）正月，刘黑闼自称汉东王，改元天造，定都洺州。其设法行政，悉师窦建德，而攻战勇决超过窦建德。唐东盐州（今河北盐山北、海兴西）治中王才艺杀刺史田华，以城响应刘黑闼。

李世民军至获嘉（今河南获嘉），刘黑闼弃相州，退保洺州。李世民取相州，进军肥乡。

唐幽州总管李艺将兵数万配合李世民攻讨刘黑闼。刘黑闼闻讯，留兵万人，使范愿守洺州，自将大军迎战李艺，洺州告急，刘黑闼遽还，遣其弟刘十善与行台张君立将兵一万迎击李艺。大战于徐河（今河北保定北），刘十善、张君立兵败，亡失八千人。洺水县（今河北曲周东南）李去惑据城降唐，李世民派王君廓将一千五百骑入城共守。

二月，刘黑闼引兵还洺水，军至列人县（今河北肥乡北）。李世民派秦叔宝邀击获胜。李世民攻占邢州、井州（今河北井陉西北）。李艺攻取定、栾、廉（今河北藁城）、赵四州，引兵与李世民会于洺州。

刘黑闼攻破洺水县城，杀唐勇将罗士信。李世民旋即复取洺水县。

三月，李世民破刘黑闼军。刘黑闼与范愿等二百骑北奔突厥。高开道率领起义军攻易州，杀唐刺史慕容孝干。

六月，刘黑闼引突厥兵回攻河北，唐高祖命燕郡王李艺迎击。

七月，刘黑闼攻定州，旧将曹湛、董康买等逃亡在鲜虞藏匿，此时复起聚兵响应。唐高祖以淮阳王李道玄为河北道行军总管领兵镇压。

九月，刘黑闼攻占瀛州，杀刺史马匡武，盐州人马君德以城降刘黑闼。高开道攻蠡州（今河北蠡县。唐初置州，寻废）。

十月，唐高祖继派齐王李元吉领兵镇压刘黑闼，以元吉为领军大将军、并州大总管。唐贝州刺史许善护与刘十善战于鄃县，许善护全军覆没。唐右武侯将军桑显和与刘黑闼军战于晏城（即鹿城，今河北辛集），获胜。唐观州刺史刘会以城降刘黑闼。

刘黑闼在下博大败唐军，行军总管李道玄临阵被杀，其副将史万宝轻骑逃奔。下博大捷，河北震骇。唐洺州总管庐江王李瑗弃城西走，州县皆叛唐降附刘黑闼，旬日间，刘黑闼尽复故地，进据洺州。

十一月，刘黑闼兵逼沧州，唐沧州刺史程大买弃城逃走。李元吉畏刘黑闼兵强，不敢进。唐高祖派太子建成将兵讨刘黑闼，河南、河北诸州，并受其处分，得以便宜从事。刘黑闼拥兵而南，自相州以北州县皆归附，唯魏州未下。刘黑闼引兵南拔元城（今河北大名东北），又遣兵攻占恒州，杀刺史王公政。

十二月，刘黑闼围攻魏州未下。唐李建成、李元吉领大兵至昌乐（在魏州南，今山东南乐），两军相持。刘黑闼军粮尽，遂北退馆陶，时永济桥未成，不得渡。唐军追至。刘黑闼兵败，伤亡惨重。刘黑闼领残兵北走。

唐武德六年（公元623年）正月，刘黑闼兵败北走，唐兵紧追不舍。刘黑闼至饶阳，饶州（刘黑闼所置州）刺史诸葛德威背叛，勒兵擒刘黑闼，送往洺州，为李建成所杀。

三月，高开道攻打文安、鲁城（今河北沧县东北），皆为唐兵所败。

五月，高开道引奚骑攻幽州，为唐兵所败。再引突厥兵攻幽州，为靺鞨突地稽所败。刘黑闼起义时，突地稽引兵助唐，徙其部落于幽州西北。

七月，高开道引兵南下，直到定州、恒州，活动于唐县、灵寿、九门、行唐等地，未久留，旋即北走。

八月，高开道又引奚兵攻幽州，为州兵所败。

九月，高开道引突厥二万骑攻幽州。

十二月，突厥骑兵南下侵定州，为州兵击退。

武德七年（公元624年）二月，高开道为心腹部将张金树所逼，自缢死。张金树降唐。高开道，沧州阳信（今山东阳信）人。世煮盐为生。自隋大业十二年从河间格谦起义，经历曲折，前后八年，最后为唐所灭。至此，属今河北境内的隋末农民起义队伍已先后为新起的唐王朝所镇压。

三至六世纪，定天下则先定河北，河北治则天下治。故海河流域战乱特别多。由乱到治，城镇的变化也特别大。战乱驱逐人口流散尤为严重，人口损失消耗尤剧，城邑骤起骤落。乱后重新设治，行政区划调整，城镇重新布置，这在东汉初、曹魏初、后赵时期、北魏前期、东魏北齐时、周隋时期都有充分的表现。城镇兴衰既受自然环境与灾害的影响，更受战乱、社会稳定与否的影响。

第四章　海河水系形成之前的城邑聚落

一、秦以前城镇聚落的形成

海河流域是华夏文明重要的发祥地，限于目前的认知，也可以说，是最早的发祥地。桑干河系水流切割。将泥河湾人类遗迹暴露。王建、贾兰坡曾断言："泥河湾地层才是最早人类的脚踏地。"苏秉琦《中国文明起源新探》曰："河曲地区向东，则与晋北、冀北相连……是北方与中原文化交流的双向通道。"又曰："对燕山南北长城地带进行区系类型分析……从而找到了连结中国和欧亚大陆北部广大草原地区的中间环节，认识到以燕山南北长城地带为重心的北方地区在中国文明缔造史上的特殊地位和作用。中国统一多民族国家形成的一连串问题，似乎最集中地反映在这里。"正是由于海河流域在地理上处于关键与枢纽地位，襟带北方与中原，又连带欧亚，这为人类历史的发展带来深刻影响，包括居民流动与聚落城邑的演变。

据《尚书·禹贡》，禹按山川形势将域内分为九州，九州的划分主要是为便于水道的治理与贡赋的征缴与运输，还不具备行政区划的意义。《史记·河渠书》引《夏书》曰："禹抑洪水十三年，过家不入门。陆行载车，水行载舟，泥行蹈毳，山行即桥。以别九州，随山浚川，任土作贡。"夏、商、周三代，海河流域被分割成不同部落的领地和方国。文献所考见的夏朝部落包括商部落、有易氏部落、有仍氏部落等。

商部落，子姓，领地大致在今河北省南部漳河流域。

有易氏部落，狄姓，居住在今河北省中部易县一带。据《竹书纪年》，商部落酋长王亥赶着牛车，到有易氏部落去经商，被有易氏之君绵臣杀死，夺去了牛车，抢走了货物。后来王亥之弟王恒打败了有易氏，夺回了牛车。以后，王亥之子上甲微，又借河伯之师，“以伐有易，灭之，遂杀其君绵臣”，有易氏部落亡散。

有仍氏部落，活动在今河北任县一带。有仍氏与夏王室有联姻关系，仲康的儿子后相曾娶有仍氏之女后缗为妻。后羿代夏，后缗逃归母家，生子少康。少康长大，纠合同姓，攻灭寒浞，恢复夏朝，这就是历史上所说的“少康中兴”。

海河流域又是商的发源地，商的始祖契，初居蕃（今河北平山），其子昭明曾在砥石（今河北石家庄南、邢台以北）居住、活动过，到上甲微灭有易氏，商部落强盛起来，并由商丘（今河南商丘）迁徙至殷，长期居住，活动在漳河流域，在今豫北冀南留下大量先商文化遗存。《史记·殷本纪》曰：“河亶甲居相。祖乙迁于邢。”相，《史记》集解引孔安国语：“地名，在河北”。《史记》正义引《括地志》云：“故殷城在相州内黄县东南十三里，即河亶甲所筑都之，故名殷城也。”邢，在今河北邢台市西南，商朝曾在这里建都百余年。到盘庚时，又迁殷（今安阳殷墟），直至殷纣灭亡。

《史记·殷本纪》正义引《竹书纪年》云：“自盘庚徙殷至纣之灭二百五十三年，更不徙都，纣时稍大其邑，南距朝歌，北据邯郸及沙丘，皆为离宫别馆。”《史记·殷本纪》曰：纣王“厚赋税以实鹿台之钱，而盈钜桥之粟。益收狗马奇物，充仞宫室。益广沙丘苑台，多取野兽蜚鸟置其中……大冣乐戏于沙丘，以酒为池，县肉为林”。据《括地志》，鹿台在卫州卫县西南三十二里。《史记》集解引服虔语：“巨桥，仓名。许慎曰：巨鹿水之大桥也，有漕粟也。”《汉书·地理志》云：“沙丘在巨鹿东北七十里。”《括地志》又云：“沙丘台在邢州平乡东北二十里。”沙丘台亦即沙丘宫。纣之王畿，地处海河流域南部，这里自然生态环境优良，所以广置宫馆，沙丘苑台、巨桥仓储的建置也影响到后来的居民聚落与城镇的形成。1974年，河北省考古工作者发掘了藁城台西商代遗址，探明当时的居民已经掌握了打井、驯养牲畜、房屋建筑等技术，并用青铜铸造兵器、祭器和食器等各种器物，还出土有铁刃青铜兵器，经鉴定，系陨铁冶铸，还有漆器残片、金石器。出土文物和文化地层都表明这一带曾是一个居民区，很可能是商代在呼沱河中游的一个方国和部落。易水流域也是商人居住、活动的地区，在易县发现有商代的三句兵。涿州、安新、满城、保定、曲阳、正定、新乐、平山、无极等地都发现有商代遗址。另据文献记载，苏（今河北邢台附近）、燕亳（商人旧都之一，在今北京附近）、邶（今河北易县一带）、有易氏（今河北易县一带）、朵氏（在今河北藁城市境，这一部落与商王室关系密切，可能是商的显族）、圉（今河北赵县境）、甲戎（在今河北无极、新乐市境）、赓氏（在今河北正定县境，为商末显赫贵族，其族人虢曾任帝辛之宰）、启氏（在今河北磁县附近）、受氏（在今河北磁县境）等，都是殷商时期在海河流域设置的方国或部落。

公元前1066年（或曰公元前1027年），周武王伐纣，灭殷商，分殷地为三，即邶、鄘、卫三国，邶国疆域大致北抵涞水、南濒漳水。以后西周推行分封制，海河流域的封国有燕、北韩、邢、軝、卫、晋、鬼方、北戎等。燕国都易（今河北易县），后迁都蓟（在今北京市西南，一说在今北京市房山区琉璃河镇）；北韩国邑在今河北固安县；邢国都邢（今河北邢台西南）；軝之国邑在今河北元氏县，盖因泜水（今河北元氏县境沙河）得名，很可能是晋或邢的属国。1977—1978年，考古工作者在元氏县西张村发掘了軝国遗址和墓葬，出土文物十分丰富。在出土的铜器铭文中，记载了戎人大举出兵軝地、邢侯对戎作战、亚旅驻居于軝的史实；卫国领辖邯郸以南地区，都于沬，在今河南淇县；晋国辖今邯郸以北至石家庄以西地区，初都唐，在今山西翼城县西，以后屡有迁徙；今保定地区西部及张家口西北部为北戎活动区，张家口、承德地区为鬼方部落活动区。

春秋时期，晋在河北置有邯郸、任等县，这是海河流域最早的县制建置。《汉书·地理志》“任县”条下，颜师古注曰“本晋邑”，也可能是县治。以后，晋又在边地设郡，郡有郡大夫，官位低于县大夫。除晋国外，海河流域大诸侯国还有燕、齐，小诸侯国有邢、代、黎、鲜虞、肥子、鼓子、中人、甲氏、卫等。燕国先后都易（今河北易县）、临易（今河北雄县西北）、蓟（今北京西南），辖领有虢（今河北沧县境）、唐（又称阳，今河北唐县东）、涿（今河北涿州）、鄚（今河北任丘北）等城邑。晋国先后都唐（今山西翼城西）、鄂（今山西乡宁县）、曲沃（今山西闻喜县东北）、绛（又称翼，今山西翼城东南）、新田（今山西侯马市西），领有阳孤（今河北大名东北）、曲梁（今河北邯郸市永年区广府镇）、邢（今河北邢台西南）、鸡泽（原为赤狄甲氏邑，今河北邯郸市永年区东南）、鲜虞（白狄别种始置邑，在今河北正定县新城铺村）、昔阳（亦名鼓聚，白狄别种所建鼓国邑，在今河北晋州西北）、肥垒（亦名肥，在今河北石家庄市藁城区西南）、中人（原为方国邑，在今河北唐县西南）、乾侯（在今河北成安县东南）、邯郸（今河北邯郸）、五鹿（原为卫国邑，在今河北大名东）、棘蒲（今河北赵县）、临（今河北临城西南）、柏人（今河北隆尧西）、任（今河北任县）、栾（原为鲜虞国城邑，在今河北栾城焦家庄附近）、鄗（今河北柏乡北）、马陵（今河北大名东）、五氏（又名寒氏，在今河北邯郸西，一说即今武安市西南午汲古城遗址）、平中（原为鲜虞国城邑，地处不详）、郓（地处不详）、长子（今山西长子西南）、屯留（今山西屯留南）、壶关（今山西长治北）、潞（今山西潞城东北）、襄垣（今山西襄垣北）、铜鞮（今山西沁县南）、涅（今山西武乡东北）、轑阿（今山西左权）、沾（今山西和顺西北）、乐平（今山西昔阳）、上艾（今山西平定）等。齐国都临淄（今山东淄博市东北），领辖新筑（今河北威县南）、南皮（今河北南皮东北）、鄚（今河北任丘东北）、沙（今河北大名东南）、邺（今河北临漳西南三台村）等。邢国都邢（今河北邢台西南）。代国都代（今河北蔚县东北代王城）。鲜虞国都鲜虞（亦名鲜虞亭，今河北正定县新城铺村），领栾、平中等城邑。肥子国都肥垒（今河北石家庄市藁城区西南）。鼓子国都鼓聚（又名昔阳亭，在今河北晋州市西北）。中人国都中人邑（今河北唐县西南），甲氏为赤狄别种所建方国，国邑地址不详，活动地区大致在今河北鸡泽县一带。

战国时期，海河流域的城邑建置增多，这些城邑分属燕、赵、中山三国。燕、赵、中山在地方行政管理方面，均实行郡县制，但执行情况先后各异，海河流域的城邑，孰为郡城，孰为县城，大多仍不清楚，兹依据文献记载，将有关城邑列置如下：

燕国都蓟（今北京西南），下都武阳（今河北易县易川镇东南燕下都遗址，见图35、图36），统辖代（今河北蔚县东北）、桑丘（今河北徐水安肃镇西南）、木营（地址不详）、涿（今河北涿州）、沮阳（今河北怀来县沙城镇东南大古城）、中人（原晋国邑，在今河北唐县南、北城子村）、权（今河北顺平县蒲阳镇西北)、鄚(今河北任丘北)、易(今河北雄县雄州镇西北古贤)、造阳(今河北怀来县境)、中阳(今河北唐县仁厚镇)、龙邑(今河北曲阳县曲阳镇西南)、龙兑(今河北保定满城区满城镇东北)、龙门(今河北保定徐水区安肃镇西北)、临乐(今河北固安县固安镇西南)、葛邑(又称阿邑、安邑,在今河北安新县新安镇西)、平舒(今河北大城县平舒镇)、武遂(今河北保定徐水区安肃镇西北遂城)、方城(今河北固安县固安镇西南方城村)、狸(又名厘,今河北任丘市东北)、阳城(今河北望都县望都镇东)、曲逆(今河北顺平县蒲阳镇东)、高阳(今河北高阳县高阳镇东旧城)、武垣(今河北肃宁县东南武垣故城遗址)、平舒(今河北大城县平舒镇)、渔阳(渔阳郡治,在今北京市怀柔区东)、无终(右北平郡治,今天津市蓟州区)等。

图 35　燕下都建筑构件

图 36　燕下都城墙遗址

赵国初都晋阳（今山西太原西南），公元前386年，迁都邯郸（今河北邯郸市西南，见图37），最强盛时期，其疆城南到中牟、邺，北至阴山代地，东至高唐，西至长子、离石。统辖海河流域的城邑有：邯郸（今河北邯郸市西南）、柏人（公元前236年，赵建柏人城，在今河北隆尧县尧山西）、棘蒲（今河北赵县赵州镇）、中人（原为燕邑，中山攻取之，赵灭中山，沿置）、宁葭（今河北石家庄市西北）、石邑（今河北获鹿南故邑）、封龙（今河北元氏县封龙山南麓）、东垣（今河北石家庄市郊东古城）、庆都（今河北唐县仁厚镇东北）、房子（今河北高邑县高邑镇西南）、昔阳（今河北晋州市西北）、昌城（今河北衡水市冀州区冀州镇西北）、阏与（今河北武安市西，一说在山西和顺县）、中阳（今河北唐县仁厚镇）、龙兑（原为燕邑）、龙门（原为燕邑）、临乐（原为燕邑）、葛、武阳、平舒、武遂、方城、邺（今河北临漳县西南三台村）、武城（今河北磁县磁州镇西南）、宜安（今河北藁城西南）、赤丽（当在今河北宜安附近）、番吾（今河北平山县东南蒲吾村）、兔台（地址不详）、列人（今河北邯郸肥乡区肥乡镇东北）、肥（今河北晋州市晋州镇西）、葛孽（今河北邯郸肥乡区肥乡镇西南）、阴成（当在葛孽附近）、鄗（今河北柏乡县柏乡镇北）、九门（今河北藁城西北九门村）、野台（又名望台，在今河北新乐市长寿镇东北）、曲阳（今河北曲阳县曲阳镇西）、丹丘（今河北曲阳县曲阳镇西北）、爽阳（今河北曲阳县曲阳镇西北）、扶柳（今河北衡水市冀州区冀州镇西北扶柳城村）、灵寿（今河北灵寿县灵寿镇西北灵寿村）、东安阳（今河北阳原县西城镇东南）、沙丘（赵在沙丘建有行宫，在今河北广宗县广宗镇西北大平台）、南行唐（今河北行唐县行唐镇东北）、昔阳（今河北晋州市晋州镇西北）、观津（今河北武邑县武邑镇东南观津村）、武平（今河北文安县文安镇北）、几（今河北大名县大名镇东南）、房子（今河北高邑县高邑镇西南）、代（今河北蔚县东北代王城）、武安（今河北武安市西南固镇）、元氏（今河北元氏县槐阳镇西北）、东武城（今河北故城县郑口镇西南）、宋子（今河北赵县赵州镇东北）、饶（今河北饶阳县饶阳镇东北）、平阳（今河北磁县磁州镇东南）、徐乐（今河北涞源县涞源镇东南）、井陉（今河北井陉县西北）、河间（今河北献县东南）、黄城（今山东冠县南）、元城（今河北大名东北）、平邑（今河南南乐）、魏（今河北大名西南）、临虑（今河南林州市北）等。

图 37 邯郸赵王城遗址

中山国原名鲜虞，为我国北方少数民族狄人建立的国家。“鲜虞”一名初见于《国语·郑语》，曰：“当成周者，北有卫、燕、狄、鲜虞、潞、洛、泉、徐、蒲”。鲜虞得名盖因于鲜虞水，即源于山西五台山西南而流注于滹沱河的清水河。这一带是鲜虞最早的发祥地。春秋时期，鲜虞改名中山。史书所载中山，最初为公元前 506 年，“中山”一名的来源，据张曜《中山记》载：中人城，“城中有山，故名中山”。中人城在今河北唐县西，为中山国初期的都城。《左传·哀公十二年》记载“齐、卫国危，求援于中山”。中山在春秋时期就已颇有些势力了。自公元前 489 年以后，中山国由于屡遭晋国的攻伐，国势衰微，以后是存是亡，史籍无载。公元前 414 年，武公建立中山国，定都顾（今河北定州市）。公元前 408 年至公元前 406 年，魏灭中山。《太平御览》卷一六一《州郡部七·河北道·镇州》引《十三州志》：“中山武公本周之同姓，其后桓公不恤国政。晋太史徐见周王，王问之：‘诸侯孰先亡？’对曰：‘中山之俗以昼为夜，以臣观之，中山其先亡乎？’其后魏乐羊为文侯将，拔中山，封之灵寿。”公元前 378 年，桓公复国，迁都灵寿（今河北灵寿县西北），冶铁铸兵甲，并筑长城，国力逐渐强盛。公元前 323 年，称王，疆域北界由安新经徐水向西以燕长城为界，南界房子和鄗，西至太行，东界衡水，大致包括今保定、石家庄地区的大部，所领置城邑有 26 个，即：中人、顾、灵寿、房子、鄗、扶柳（今河北衡水市冀州区扶柳城村）、石邑、肥、封龙、元氏、昌城（今河北衡水市冀州区南顾城村）、宋子、下曲阳（今河北晋州市晋州西）、昔阳、九门、东垣、苦陉（今河北定州市南邢邑镇）、宜安、宁葭、井陉塞（今河北井陉县北）、番吾、权（今河北正定县正定镇北）、南行唐（今河北行唐县行唐镇东北）、曲阳、左人（今河北唐县仁厚镇西）、新市（今河北正定县正定镇北）。公元前 296 年，中山国被赵国所灭，其城邑悉入赵国版图。

漳水上游的轑阳，潞水上游的屯留、铜鞮等城邑隶属晋国。饶安（今山东庆云西北）属齐国。

公元前 221 年，秦并山东六国，“海内为郡县”，海河流域置有 9 郡 36 县。邯郸郡治邯郸（今河北邯郸市），领县 5：邯郸、邺、武安、信都（今河北邢台市南百泉村）、鄗（今河北柏乡县柏乡镇北）。巨鹿郡治巨鹿（今河北鸡泽县鸡泽镇东北），领县 6：巨鹿、安平（今河北安平县安平镇）、厝（今河北清河县葛仙庄镇西北）、宋子（今河北赵县赵州镇东北）、武垣（今河北肃宁县东南武垣故城遗址）、南皮（今河北南皮县东北）。恒山郡治东垣（今河北石家庄市郊东古城），领县 6：东垣、石邑、井陉（今河北井陉县微水镇西）、曲阳（《水经注》曰：“城在山曲之阳，是曰曲阳。”在今河北曲阳县曲阳镇西）、曲逆（因南有“曲而西流”的曲逆河，故名，在今河北顺平县东南大王、子城一带）、苦陉（今河北定州市南邢邑镇）。上谷郡治沮阳（今河北怀来县沙城镇东南大古城），领附廓县沮阳。代郡治代（今河北蔚县蔚州镇东北代王城），领附廓县代。广阳郡治蓟（今北京市），领县 4：蓟、涿（今河北涿州市）、范阳（今河北定兴县西南固城镇）、易（今河北雄县雄州镇西北古贤）。右北平郡治无终，领县 1：无终（今天津蓟州区）。渔阳郡治渔阳，领县 1：渔阳（今北京市密云西南）。上党郡治长子，领县 3：长子（今山西长子县西南）、壶关（今山西长治北）、铜鞮（今山西沁县南），另置有阏与县（今山西和顺）。太原郡领县 7，1 县在海河流域，即霍人（今山西繁峙东）。雁门郡领县 4，马邑（今山西朔县）、平城（今山西大同东北）、楼烦（今山西神池、宁武县境）等 3 县属海河流域。河内郡领县 7，安阳（今河南安阳西南）1 县在海河流域。沧州东南属济北郡，置有柳县（今河北黄骅市湾湾头村东）、平原（今山东平原南）、鬲县（今山东德州东南）。

秦统一后，海河流域太行东麓城镇聚落增多。清代学者全祖望说："自蓟至涿三十余城。"但秦之广阳郡，除蓟、涿、易等三县邑及范阳、方城等二聚落外，其他无从考见。除郡、县城邑外，还有一些聚落，如邯郸郡的棘蒲（今河北魏县魏城镇南）、列人、曲梁、柏人，巨鹿郡的沙丘平台、东武城、任、扶柳、昌城、观津、武遂、饶、高阳，恒山郡的棘蒲（今河北赵县赵州镇）、元氏、肥、下曲阳、九门、番吾、灵寿、南行唐，代郡的安阳（今河北阳原县西城镇东南），广阳郡的方城（今河北固安县西南方城村）等，这些聚落大多为后来的汉县。

二、两汉政区与城邑建置

（一）西汉（公元前206年至公元25年）

公元前202年，刘邦击败项羽，称帝，建立西汉。西汉的地方行政建置，一方面沿袭秦郡县制；一方面分封王侯，郡国并置。早在高祖元年（公元前206年），刘邦就立卢绾为燕王，都蓟。次年，以代郡、云中、雁门等52县，立兄刘喜为代王，都代；立刘如意为赵王，都邯郸，并封陈平为曲逆侯。曲逆在今河北顺平县东南，汉初大县。高祖刘邦过曲逆，登其城，曰："壮哉县！吾行天下，独见洛阳与是耳。"顾问御史曰："曲逆户口几何?"对曰："始秦时三万余户，间者兵数起，多亡匿，今见五千户。"① 公元前154年，汉景帝在平定"吴楚七国之乱"以后，用贾谊"众建诸侯而少其力"的主张，把大诸侯国分成若干小诸侯国，赵国被分为赵、河间、广川、中山、常山、清河等6国。武帝元封五年（公元前106年），为加强中央集权，控制地方，置司隶校尉和13州部，实为13个行政监察区，每州部设刺史1人，每年8月巡视所部郡国，考察吏治，"以六条问事"。刺史为监察官，初无正式官属，居无常所。西汉晚期，刺史权力扩大，可任命地方官吏，决断刑狱。到成帝时，改刺史为州牧，后

---

① 《史记》卷五十六《陈丞相世家》.

又一度复改刺史，成为地方最高一级行政长官。西汉州部监察区的划置具有地理的、历史的、社会的、传统的诸多因素，每一监察区包括数个或十数个郡国。海河流域主要属冀州和幽州刺史部，西部和西北部太行、燕山山区分属并州刺史部。置有郡国 18，县 283。

西汉海河流域范围，由上党郡长子鹿谷山向北，经铜鞮、涅、沾、太原郡上艾、阳曲、原平、广武、雁门郡楼烦、马邑、武州、强阴，再向东包括代、上谷、渔阳郡厗奚、滑盐、右北平郡无终，沿今蓟运河至海；其南界，由上党郡长子羊头山向东，经河内郡隆虑、荡阴、内黄、黎阳，至瓠子以下东郡顿丘、观、发干、博平、平原郡高唐、平原、安德、平昌、朸、富平至勃海，即今徒骇河以北。包括冀州、幽州涿郡、勃海郡、上谷郡及渔阳、右北平郡各一部，并州代郡、上党、太原、雁门，司隶部河内郡，兖州东郡、青州平原郡各一部。

冀州刺史部

“两河间曰冀州”，“河内曰冀州”。西汉冀州地域与方位大体上沿承先秦以来的地理区划，然疆界并不十分明晰，前后也应有变化。谭其骧主编《中国历史地图集》（二）据《汉书·地理志》绘制“冀州刺史部”（见图 38）。

魏郡

高祖置，莽曰魏城。治邺，今河北省临漳县西南三台村。领县 18，户 212 849，口 909 655（《汉书·地理志》）。

邺县　魏郡附廓县。秦置，原属邯郸郡，汉改属魏郡，仍置县。治今河北省临漳县西南三台村。《汉书·地理志》注曰：“故大河在东北入海。”

馆陶县　汉置。宋白曰：“城西北七里有陶丘，亦曰陶山，赵置馆于丘侧，汉因以名县。”治今河北省馆陶县馆陶镇东南南馆陶。《汉书·地理志》注：“河水别出为屯氏河，东北至章武入海，过郡四，行千五百里。”河流分出，在县北境。

斥丘县　春秋时期晋国乾侯邑，战国时期赵国城邑，西汉因地多斥卤，故改名斥丘，置县，莽曰利丘。治今河北省成安县东南漳河店镇一带。《汉书·地理志》颜注：“应劭曰：‘斥丘在（斥丘城）西南也。’师古

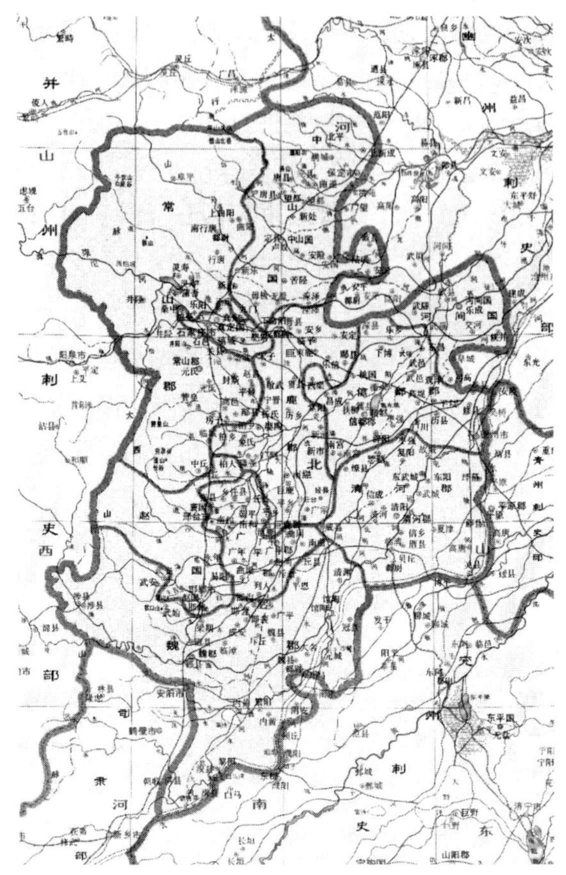

图 38　西汉冀州图

曰：‘阚骃云地多斥卤，故曰斥丘’。”

清渊县　治今河北省馆陶县馆陶镇西北。《汉书·地理志》颜注：“应劭曰：‘清河在西北’。”

魏县　都尉治，莽曰魏城亭，治今河北省大名县大名镇西南。《汉书·地理志》颜注：“应劭曰：‘魏武侯别都’。”

元城县　治今河北省大名县大名镇东北。《汉书·地理志》颜注：“应劭曰：‘魏武侯公子元食邑于此，因而遂氏焉’。”《晋书·地理志》注曰：“汉元后生邑。”

梁期县　治今河北省磁县磁州镇东北。

即裴侯国　莽曰即是，治今河北省邯郸市肥乡区肥乡镇西。

武始县　治今河北省邯郸市西南25公里。《汉书·地理志》注："漳水东至邯郸入漳，又有拘涧水，东北至邯郸入白渠。"漳水东至邯郸入漳，似为滏水。滏水东至邯郸入支漳河。

平恩侯国　莽曰延平，治今河北省邱县南丘城镇西南。

邯沟侯国　师古曰："邯水之沟"。此当为地名来历。治今河北省邯郸市肥乡区肥乡镇西北。

武安县　秦置，西汉沿置，并于此置有铁官。莽曰桓安。治今河北省武安市西南固镇。《汉书·地理志》注："钦口山，白渠水所出，东至列人入漳。又有寖水，东北至东昌入虖池河，过郡五，行六百一里。"《说文》："（寖）水出魏郡武安东。"

涉县　《汉书·地理志》作"沙县"。治今河北省涉县涉城镇西北。《元和郡县图志》："因涉河水为名"。

邯会侯国　治今河南省安阳市西北。《汉书·地理志》颜注："张晏曰：'漳水之别，自城西南与邯山之水会，今城旁犹有沟渠在也'。"

内黄县　治今河南省内黄县西。《汉书·地理志》注："清河水出南。"黄泽在西。

黎阳县　莽曰黎蒸。治今河南省浚县东。《汉书·地理志》颜注："黎山在其南，河水经其东。其山上碑云县取山之名，取水之阳以为名。"

繁阳县　治今河南省内黄县西北。《汉书·地理志》颜注："应劭曰：'在繁水之阳'。张晏曰：'其界为繁渊'。"

阴安县　治今河南省南乐县西南。

赵国

故秦邯郸郡，高祖四年（公元前203年）改置赵国，景帝二年（公元前154年）复为邯郸郡，五年（公元前152年）复称赵国，莽曰桓亭。《说文》："（派）水出赵国，东入湡。"赵国都邯郸，在今河北省邯郸市。领县4，户84 202，口349 952（《汉书·地理志》）。

邯郸县　秦县，汉沿置。张晏曰："邯郸山在东城下。单，尽也。城郭从邑，故加邑云。"治今河北省邯郸市。《汉书·地理志》注："堵山，牛首水所出，东入白渠。赵敬侯自中牟徙此。"

易阳县　治今河北省邯郸市永年区临洺关镇西北西阳城乡易阳故城

遗址。遗址位于洺水亦即南易水北岸，故名易阳。“城基轮廓夯土还清晰可见，西城墙有一段残存达四五米之高。城墙和城内发现有丰富的战国至汉代文物，如细把豆、瓮口沿和面文为‘安阳’‘平阳’等的战国布币。”① 其遗址范围之上，有西阳城、北阳城、南阳城、东阳城等村庄。汉代易阳城似有变迁。今河北武安市北21公里邑城同处洺河北，亦曾为汉易阳县治（见图39）。

图39 汉易阳城遗址

柏人县　春秋时，有柏人邑。《左传·哀公四年》：“会鲜虞，纳荀寅于柏人。”《史记·赵世家》：“晋定公二十一年，简子拔邯郸，中行文子奔柏人。简子又围柏人，中行文子、范昭子遂奔齐。赵竟有邯郸、柏人。”柏人，为春秋时期晋国之城，三家分晋，属赵。位于古大陆泽西岸，北临泜水，东、西、南三面有岗。南有河，可东达大陆泽，西汉置县。莽曰寿仁。治今河北省隆尧县城西偏南12公里双碑乡。柏人城遗址尚存，东北部向北突出。东墙长2 403米，西墙长1 347米，南墙长2 007米，北墙长2 563米。残垣最高处7.15米，地下2米，通高9.15米。俗传有九门，遗址遗迹有六门。传说九门：东垣、西垣各三门，南面二门，北面一门。南

① 孙继民．河北新发现石刻题记与隋唐史研究．石家庄：河北人民出版社，2006：76.

门外有一古石桥。城墙由内外两层合构，外层为夯土，内层为普通泥土筑成，并铺有横木，上一层木头大头朝里，下一层木头大头朝外。横木已朽，留下洞眼。在城东南门口处发现很多绳纹筒瓦，应是城楼遗物。城内外地上地下有大量遗物及古墓葬。

襄国县　故秦信都县，项羽改名襄国，楚汉之际，赵国曾都此，西汉复置县。治今河北省邢台市南百泉村。《汉书·地理志》注："故邢国。西山，渠水所出，东北至任入寖。"汉代有铁冶。"山上有赭者，其下有铁。"

广平国

西汉景帝中元元年（公元前 149 年）分邯郸郡置广平郡，武帝征和二年（公元前 91 年）改为平干国，宣帝五凤二年（公元前 56 年）复称广平国，莽曰富昌。都广平，在今河北省鸡泽县鸡泽镇东南。领县 16，户 27 984，口 198 558（《汉书·地理志》）。

广平县　王都附廓县。治今河北省鸡泽县鸡泽镇东南。

张县　治今河北省任县任城镇西南 13.5 公里。

朝平县　治今河北省南和县和阳镇东北。

南和县　治今河北省南和县和阳镇。《汉书·地理志》注："列葭水东入滤。"

列人县　莽曰列治。治今河北省邯郸市肥乡区肥乡镇东北列人堤。

斥章县　应劭曰："漳水出治北，入河。其国斥卤，故曰斥章。"治今河北省曲周县曲周镇东南的西呈孟村。

任县　春秋时期晋国县邑。西汉复置。治今河北省任县任城镇东南。

曲周县　武帝建元四年（公元前 137 年）改曲周侯国置。莽曰直周。治今河北省曲周县曲周镇东北。

南曲县　治今河北省邱县新马头镇北。

曲梁侯国　莽曰直梁。治今河北省邯郸市永年区临洺关镇东南广府镇。

广乡县　治今河北省任县任城镇西。

平利县　地处无考。

平乡县　治今河北省平乡县乞村镇西南大老营。

阳台侯国　治所不详。

广年县　治今河北省邯郸市永年区临洺关镇东故城村。

城乡县　治所不详。

巨鹿郡

汉沿秦置，治巨鹿，今河北省平乡县乞村镇西南平乡。领县 20，户 155 951，口 827 177（《汉书·地理志》）。《太平御览》卷一六一《州郡部七·河北道上·邢州》引《十三州志》："巨鹿，唐虞时大麓之地。《尚书》：'尧试舜百揆，纳于大麓。麓则林之大者。尧之禅舜，欲使天下皆见之，故合群臣与百姓，纳之大麓之野，然后授舜，以明己禅也。'"

巨鹿县　秦县，汉沿置。《汉书·地理志》应劭注："鹿，林之大者也。"颜师古疏："应劭说是。"大陆泽在巨鹿北，东北七十里又有殷纣沙丘台。由此考见巨鹿地名由来，盖因林木广茂缘故。治今河北省平乡县乞村镇西南平乡。《太平寰宇记》卷五十九《河北道·巨鹿县》："汉巨鹿县，今平乡郭是也。"

南䜌县　莽曰富平。治今河北省巨鹿县巨鹿镇北。

广阿县　县境有广阿泽，盖因泽得名。治今河北省隆尧县隆尧镇东旧城。

象氏侯国　莽曰宁昌。治今河北省隆尧县隆尧镇北户曹村。

廮陶县　治今河北省宁晋县凤凰镇南。

宋子县　秦县，西汉沿置。莽曰宜子。治今河北省赵县赵州镇东北。

杨氏县　莽曰功陆。治今河北省宁晋县凤凰镇。

临平县　治今河北省晋州市晋州镇东南。

下曲阳县　即春秋时期鼓。《汉书·地理志》"下曲阳"条，应劭注曰："晋荀吴灭鼓，今鼓聚昔阳亭是也。"颜师古注曰："常山有上曲阳，故此云下。"西汉于此置都尉治。治今河北省晋州市晋州镇西 2.5 公里。

贳县　治今河北省辛集市西南。

鄡县　莽曰秦聚。治今河北省辛集市东南。

新市侯国　莽曰市乐。治今河北省新河县新河镇西南。

堂阳县　《汉书·地理志》应劭注曰："在堂水之阳。"故谓堂阳。西汉于此置盐官。治今河北省新河县新河镇。《汉书·地理志》曰：堂阳

“尝分为（泾）［经］县”。谭其骧主编的《中国历史地图集》第二册图26“冀州刺史部”标经县在今广宗县东北。《元和郡县图志》：“长芦水亦谓之堂水。”

安定侯国　治今河北省辛集市东北。

敬武县　治今河北省赵县赵州镇东。

历乡侯国　莽曰历聚。治今河北省宁晋县凤凰镇东历城。

乐信侯国　治今河北省辛集市东南。

武陶侯国　治所约在今河北省隆尧县境。

柏乡侯国　治今河北省柏乡县柏乡镇西南

安乡侯国　治今河北省无极县无极镇东南。

附：

禾城侯国　高祖十一年（公元前196年）置，文帝九年（公元前171年）废。治今河北省宁晋县凤凰镇。

常山郡

秦恒山郡。《汉书·地理志》张晏注曰：“恒山在西，避文帝讳，故改曰常山。”时在汉文帝前元元年（公元前179年）。汉沿置郡，徙治元氏。莽曰井关。治所在今河北省元氏县槐阳镇西北。领县18，户141 741，口677 956（《汉书·地理志》）。

元氏县　战国时期赵国城邑，《汉书·地理志》颜注：“师古曰：阚骃云赵公子元之封邑，故曰元氏。”汉置县。为常山郡附廓县。莽曰井关亭。治今河北省元氏县槐阳镇西北。

石邑县　战国时期先后为中山、赵国城邑，秦置石邑县，汉沿置。治今河北省石家庄市鹿泉区东南南故邑村。《汉书·地理志》注：“井陉山在西，洨水所出，东南至廮陶入泜。”

桑中侯国　治今河北省平山县平山镇东南。

灵寿县　《汉书·地理志》注：“中山桓公居此。《禹贡》：‘卫水出东北，东入虖池’。”治今河北省灵寿县灵寿镇西北灵寿村。

蒲吾县　治今河北省平山县平山镇东南蒲吾村。《汉书·地理志》注：“有铁山。大白渠水首受緜曼水，东南至下曲阳入斯洨。”“应劭曰：‘蒲水出中山蒲阴，东入河’。”

上曲阳县　秦置曲阳县，汉于巨鹿郡置下曲阳县，故以常山郡之曲阳为上曲阳。莽曰常山亭。治今河北省曲阳县曲阳镇西。《汉书·地理志》注："恒山北谷在西北。有祠、并州山。《禹贡》：'恒水所出，东入滱'。"

九门县　莽曰久门。战国时期赵国县邑，汉沿置县，治今河北省石家庄市藁城区西北九门村。

井陉县　秦县，汉沿置。治今河北省井陉县微水镇西北。井陉山在南。

房子县　莽曰多子。治今河北省高邑县高邑镇西南仓房村。《汉书·地理志》注："赞皇山，(石）济水所出，东至廮陶入泜。"

中丘县　莽曰直聚。治今河北省内丘县内丘镇西。《汉书·地理志》注："逢山长谷，诸（渚）水所出，东至张邑入浊。""元氏（县)"注："沮水首受中丘西山穷泉谷，东至堂阳入黄河。"

封斯侯国　治今河北省赵县赵州镇西北。

关县　治今河北省石家庄市栾城区栾城镇北十里铺。

平棘侯国　《汉书·功臣表》有"平棘侯林挚"，平棘当为侯国。治今河北省赵县赵州镇南。

鄗县　春秋时，齐桓称霸，欲行封禅。管仲"古之封禅，必有北里之禾，鄗上之黍"。于是伐晋取邢鄗。战国时，为中山、赵国之地。汉初，韩信取鄗。莽改名禾城亭。治今河北省柏乡县柏乡镇北固城店。

乐阳侯国　莽曰畅苗。治今河北省石家庄市鹿泉区获鹿镇东北。

平台侯国　莽曰顺台。治所不详。

都乡侯国　莽曰分乡。汉于此置有铁官。治所不详。

南行唐县　都尉治所。莽曰延亿。在今河北省行唐县行唐镇北。《汉书·地理志》注："牛饮山白陆谷，滋水所出，东至新市入虖池。"

清河郡

高祖置，莽曰平河。治清阳，在今河北省清河县葛仙庄镇东南。领县14，户201 774，口875 422（《汉书·地理志》）。

清阳县　清河郡附廓县，又是西汉清河王都。《水经注·淇水》："清河又东北径清阳县故城西，汉高祖置清河郡治此。"

东武城县　治今河北省清河县葛仙庄镇东北。

信成县　治今河北省清河县葛仙庄镇西北。《汉书·地理志》注："张甲河首受屯氏别河，东北至蓨入漳河。"《水经注·淇水》："清河又北径信成县故城西。应劭曰：'甘陵西北五十里有信成亭，故县也'。"东汉时，县废，置亭。

莎题县　治今河北省南宫市东。

缭县　治今河北省南宫市东南。

枣强县　西汉元朔三年（公元前126年）置。治今河北省枣强县枣强镇东约7.5公里的东、西故县村。《水经注·淇水》："清河又东北流，径枣强县故城西……应劭《地理风俗记》曰：'东武城县西北五十里，有枣强城，故县也'。"

复阳县　莽曰乐岁。治今河北省故城县郑口镇西。《水经注·淇水》："清河又东北径复阳县故城西。汉高祖七年，封右司马陈胥为侯国，王莽更名之曰乐岁。《地理风俗记》曰：'东武城西北三十里有复阳亭，故县也'。"东汉时，县废，置亭。

绎幕县　治今山东省平原县东北。

灵县　莽曰播。治今山东省高唐县南。《汉书·地理志》注："河水别出为鸣犊河，东北至蓨入屯氏河。"

厝县　莽曰厝治。治今山东省临清市东北。

鄃县　莽曰善陆。治今山东省高唐县东北。

贝丘县　都尉治。《左传》："齐襄公田于贝丘。"故齐邑。治今山东省临清市南。

信乡侯国　治今山东省临清市北。《汉书·地理志》孟康注："顺帝更名安平。"《水经注·淇水》："清河又东北径信乡西。《地理风俗记》曰：'甘陵西北十七里有信乡，故县也。'"东汉废。

东阳侯国　莽曰胥陵。治今山东省武城县东北。

附：

武城侯国　汉高祖置，文帝十二年（公元前168年）废。治今河北省清河县葛仙庄镇。

陵乡县　《水经注·淇水》："清河又东北径陵乡西。应劭曰：'东武城西南七十里有陵乡，故县也。'"东汉废，为梁侯城，曾立侯城县，不久又废为侯城。

真定国

武帝元鼎四年（公元前 113 年）分常山郡北部置，都真定，在今河北省石家庄市郊东古城。领县 4，户 37 126，口 178 616（《汉书・地理志》）。

真定县　故东垣。东垣为战国时期中山国城邑。《史记・赵世家》："（赵武灵王）二十一年，攻中山……王军取鄗、石邑、封龙、东垣。"赵灭中山国，又与燕国争，聚集大军于东垣。《汉书・高祖纪》："十一年冬（公元前 196 年）……豨将赵利守东垣，高祖攻之不下。"《汉书・地理志》："真定，故东垣，高帝十一年更名。"刘邦平陈豨，艰难克东垣，故改名真定。《史记》正义："赵之东邑，在恒州真定县南八里，故常山城邑也。"今河北省石家庄市东北部有东垣故城遗址，"西起东古城村东，东至南高营村西，北至石太高速公路以南，南至桃园村北"。"西北距中山国灵寿故城址约 39 千米，北距正定古城 4.3 千米。"城址"平面略呈正方形，面积约 2.6 平方千米"①。1963 年城址内发现战国钱币窖藏，西汉半两钱范、五铢钱范及铸币作坊遗址，出土有动物纹半瓦当等。地表以下存城垣基槽，东垣总长 1 564 米，墙外 15～20 米有城壕。

稾城县　莽曰稾实。治今河北省石家庄市藁城区南。

肥累县　故肥子国。县因古国名，治今河北省石家庄市藁城区西南城子村一带。

绵曼县　莽曰绵延。治今河北省石家庄市鹿泉区获鹿镇北。《汉书・地理志》注："斯洨水首受太白渠，东至鄡入河。"

中山国

中山，战国时故国。汉初，高祖置郡。景帝三年（公元前 154 年）复为国，都卢奴，在今河北省定州市。汉景帝封其子刘胜为中山王，即中山靖王，在位 42 年。自景帝三年至公元 8 年王莽称帝，西汉中山国前后十王。莽改中山曰常山。领县 14，户 160 873，口 668 080（《汉书・地理志》）。

---

① 徐海峰．东垣故城址初探//魏坚，吕学明．东北亚古代聚落与城市考古国际学术研讨会论文集．北京：科学出版社，2014．

卢奴县　战国时中山故都顾，汉改名卢奴。《汉书・地理志》应劭注："卢水出右北平，东入河。"治今河北省定州市。《元和郡县图志》："黑水故池……俗谓水黑为卢，不流曰奴。"县临黑水池，故名。

北平县　汉于此置铁官，莽曰善和。治今河北省保定市满城区满城镇北眺山下。《汉书・地理志》注："徐水东至高阳入博。又有卢水，亦至高阳入河。"1968 年，在今满城西南陵山发现中山靖王刘胜墓，满城汉墓二座，墓向东，两墓南北并列，一号墓在南，二号墓在北。凿山崖为墓穴，结构大致相同。一号墓主人刘胜，二号墓主人为刘胜妻窦绾。各出土文物 5 000 余件、4 000 余件，最著名者金缕玉衣。墓地在卢奴东北，属西汉北平县地（见图 40）。

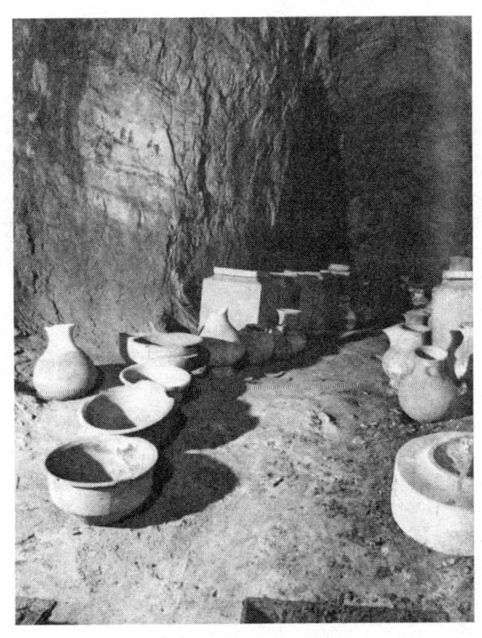

图 40　满城汉墓墓室

北新成县　莽曰朔平。治今河北省保定市徐水区安肃镇西南 10 公里处。《汉书・地理志》注："桑钦言易水出西北，东入滱。"

唐县　因境内唐水得名。《汉书・地理志》应邵注："故尧国也，唐水在西。"莽曰和亲。治今河北省唐县北固城村。

深泽县　莽曰翼和。治今河北省深泽县深泽镇。

苦陉县　秦县，汉沿置。莽曰北陉。《汉书·地理志》应劭注："东汉章帝更名汉昌。"治今河北省定州市南邢邑镇。

安国县　莽曰兴睦。治今河北省安国市祁州镇东南的东安国城。

曲逆县　《汉书·地理志》张晏注曰："濡水于城北曲而西流，故曰曲逆。章帝丑其名，改曰蒲阴，在蒲水之阴。"莽曰顺平。治今河北省顺平县蒲阳镇东南大王、子城一带（见图41）。《汉书·地理志》注："蒲阳山，蒲水所出，东入濡。又有苏水，亦东入濡。"

图41　汉曲逆故城遗址

望都县　战国时赵国庆都邑，西汉改名望都。《汉书·地理志》张晏注曰："尧山在北，尧母庆都山在南，登尧山见都山，故以为名。"莽曰顺调。治今河北省望都县望都镇西北故县村。《汉书·地理志》注："博水东至高阳入河。"

新市县　故鲜虞子国，后为鲜虞亭。治今河北省正定县正定镇东北新城铺。

新处县　治今河北省望都县望都镇西南。

毋极县　治今河北省无极县无极镇西南新城村。

陆成县　治今河北省蠡县蠡吾镇西南。

安险县　莽曰宁险。《汉书·地理志》应劭注："章帝更名安熹。"治今河北省定州市东南。

信都国

信都一名，始于战国时期赵国。《太平御览》卷一六一《川郡部七·河北道上·冀州》引北齐李公绪《赵记》："赵孝成王造坛台之宫，为赵都，朝诸侯，故曰信都。"高祖置信都国，景帝二年（公元前155年）为广川国。刘彭祖、刘越、刘法、刘文、刘汝阳曾封广川王。五年复为信都郡，中元二年（公元前148年）改为广川国。宣帝甘露四年（公元前50年）复为信都国，刘兴、刘景曾封信都王，都信都。在今河北省衡水市冀州区。领县17，户65 556，口304 384（《汉书·地理志》）。

信都县　王都附廓县。莽曰新博亭。治今河北省衡水市冀州区冀州镇。《汉书·地理志》注："故章（漳）河、故虖池皆在北，东入海。《禹贡》：绛水亦入海。"

历县　莽曰历宁。治今河北省故城县郑口镇东北。《水经注·淇水》："清河又东北径历县故城南。《地理志》：'信都之属县也'。应劭曰：'广川县西北三十里有历城亭，故县也。'"东汉时县废，置亭。

扶柳县　《汉书·地理志》颜师古注："阚骃云：'其地有扶泽，泽中多柳，故曰扶柳'。"治今河北省衡水市冀州区西北扶柳城村。高后元年，封吕平为扶柳侯。

辟阳县　莽曰乐信。治今河北省衡水市冀州区周村镇安兴村东北。

南宫县　莽曰序下。治今河北省南宫市西北旧城村。

下博县　因博水得名。莽曰闰博。《汉书·地理志》应劭注："博水出中山望都，入河。"治今河北省深州市深州镇东南下博村。

武邑县　莽曰顺桓。治今河北省武邑县武邑镇。

观津县　莽曰朔定亭。治今河北省武邑县武邑镇东南观津村。

高堤县　治今河北省枣强县枣强镇东北。

广川县　《汉书·地理志》颜师古注："阚骃云：'其县中有长河为流，故曰广川也'。至隋仁寿元年，初立炀帝为皇太子，以避讳故，改为长河县。"治今河北省景县景州镇西南广川村东南。《水经注·淇水》："清河北径广川县故城南。阚骃曰：'县中有长河为流，故曰广川也'。"

乐乡侯国　莽曰乐丘。治今河北省深州市深州镇东南。

平堤侯国　治今河北省武邑县武邑镇东南。

桃县　莽曰桓分。治今河北省衡水市西北深州市前磨头。

西梁侯国　治今河北省辛集市西南车城村。

昌成侯国　治今河北省衡水市冀州区冀州镇西北。

东昌侯国　莽曰田昌。治今河北省武邑县武邑镇东北的东、西李相城一带。

修县　莽曰修治。治今河北省景县景州镇南胡庄一带。县东北有北修城。《水经注·淇水》："清河又东北，左与横漳枝津故渎合。又东北径修国故城东，汉文帝封周亚夫为侯国，故世谓之北修城也。"

附：武强侯国　西汉高祖六年（公元前201年）置。治今河北省武强县小范镇西南旧城村。

河间国

高祖时，为赵国地。文帝二年（公元前178年），别析为国。《汉书·地理志》应劭注："在两河之间。"故名河间。莽曰朔定。都乐成，在今河北省献县东南。领县4，户45 043，口187 662（《汉书·地理志》）。

乐成县　王都附廓县。莽曰陆信。治今河北省献县乐寿镇东南的河城街村南。《汉书·地理志》注："虖池别水首受虖池河，东至东光入虖池河。"

侯井县　治今河北省阜城县阜城镇东北。

武隧县　莽曰桓隧。治今河北省武强县小范镇西北。

弓高县　莽曰乐成。治今河北省阜城县阜城镇南。《汉书·地理志》注："虖池别河首受虖池河，东至平舒入海。"

幽州刺史部

《汉书·地理志》曰："东北曰幽州，其山医无闾……其利渔、盐。"其政区及城邑建置见图42。

涿郡

高祖置，莽曰垣翰。汉于涿郡置铁官。郡治涿。在今河北省涿州市。领县29，户195 607，口782 764（《汉书·地理志》）。

涿县　秦县，汉沿置，为郡城附廓县。治今河北省涿州市。《汉书·地理志》注："桃水首受涞水，分东至安次入河。"

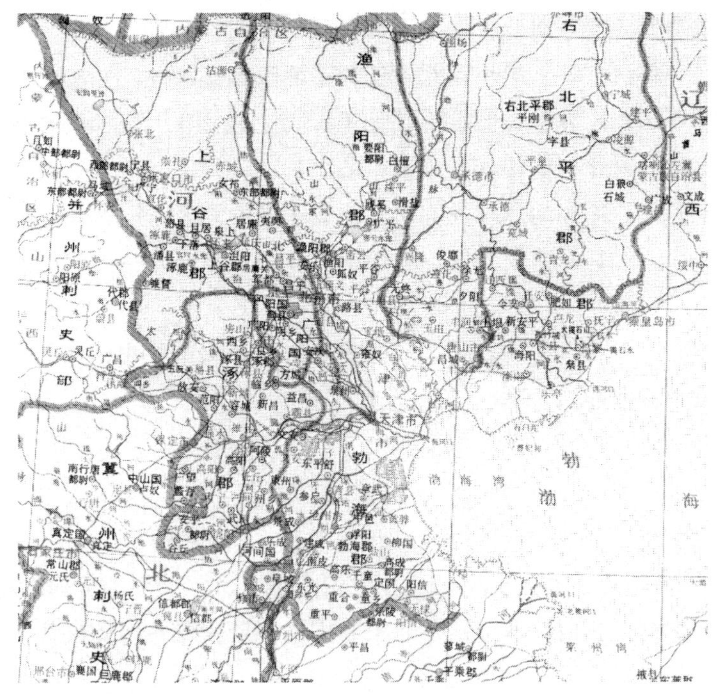

图 42　西汉幽州图（局部）

遒县　莽曰遒屏。治今河北省涞水县涞水镇北拒马河西之北庄。

谷丘县　治今河北省安平县安平镇西南的南王庄。

故安县　治今河北省易县易州镇东南东固安。《汉书·地理志》注："阎乡，易水所出，东至范阳入濡也。并州寖，水亦至范阳入涞。"颜注："师古曰：'言易水又至范阳入涞也'。"阎乡，在故安西，北新城西北。易水出阎乡西北，此即南易水。

南深泽县　治今河北省深泽县深泽镇东南。

范阳县　秦县，汉沿置。莽曰顺阴。《汉书·地理志》应劭注："在范水之阳"，故名范阳。《元和郡县图志·河北道》"易县"条曰："范阳故城，秦范阳县也，在县东南六十二里……蒯通说武信君，使赐范阳令侯印，赵地闻之，不战而下者四十余城。"治今河北省定兴县定兴镇西南故城镇。

蠡吾县　治今河北省博野县博陵镇西北里村。

容城县　莽曰深泽。治今河北省容城县容城镇西北城子村。

易县　秦县，汉沿置。治今河北省雄县雄州镇西北古贤。

广望侯国　治今河北省保定市清苑区御城村。

鄚县　莽曰言符。治今河北省任丘市北鄚州镇。

高阳县　莽曰高亭。《汉书·地理志》应劭注曰："在高河之阳。"高河无考。治今河北省高阳县高阳镇东旧城。

州乡侯国　治今河北省河间市瀛州镇东北石相。

安平县　秦县，西汉沿置。都尉治。莽曰广望亭。治今河北省安平县安平镇。

樊舆侯国　莽曰握符。治今河北省保定市徐水区安肃镇南。

成国侯国　莽曰宜家。治地无考。

利乡侯国　莽曰章符。治地无考。

临乡侯国　治今河北省固安县固安镇西南。

益昌侯国　莽曰有袟。治今河北省霸州市霸州镇东北。

阳乡侯国　莽曰章武。治今河北省涿州市东北与固安县交界处之长安城。

西乡侯国　莽曰移风。治今北京市房山区长沟镇东，即汉代西乡故城遗址。

饶阳县　《汉书·地理志》应劭注："在饶河之阳。"饶河无考。治今河北省饶阳县饶阳镇南故城村。

中水县　《汉书·地理志》应劭注："在易、滱二水之间，故曰中水。"治今河北省献县乐寿镇西权寺村。

武垣县　战国燕邑，秦置县，西汉沿置。莽曰垣翰亭。治今河北省肃宁县肃宁镇武垣故城遗址东南。

阿陵县　莽曰阿陆。治今河北省任丘市东北陵城。

阿武侯国　治今河北省献县乐寿镇西北南皇亲庄附近。

高郭侯国　莽曰高堤。治今河北省任丘市西北。

新昌侯国　治今河北省高碑店市境。

良乡侯国　莽曰广阳。治今北京市房山区窦店镇之西，汉唐良乡县故城遗址。《汉书·地理志》注："垣水东南至阳乡入桃。""武垣"条注："应劭曰：'垣水出良乡，东入桃'。"新中国成立后，考古工作者发现汉唐良乡故城遗址，经勘测有大城、小城两重城垣，大城呈正方形，外城墙东西长约1 100 米，南北宽约 860 米。大城内靠西城墙有一长方形小城，小城西墙与大城西墙重合，城墙东西长约400米，南北宽约300米。大城外还有“郭”，即土围墙。古城遗址保存完整处是西南转角，高达8米，夯土筑成，顶部宽约2.5米，底部宽约17米，夯土层次明显，厚12～17厘米。大城周长3 900米，其规模远超秦汉之制“千丈之城”的大县城，又筑外郭，比较符合西汉侯国建城制度（见图43）①。

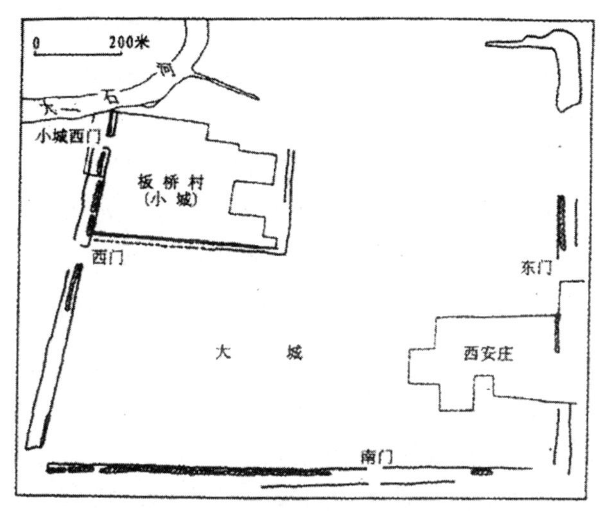

图43　良乡故城遗址（窦店古城）

勃海郡

高祖五年（公元前202年）置。《汉书·地理志》颜师古注：“在渤海之滨，因以为名。”莽曰迎河。治浮阳，在今河北省沧州市东南。领县26，户256 377，口905 119（《汉书·地理志》）。

浮阳县　秦县，西汉沿置。《元和郡县图志·河北道》载：“在浮水之阳。”故名。莽曰浮城。郡城附廓县。治今河北省沧县东关。

东光县　有胡苏亭。治今河北省东光县东找王村北。《水经注·淇水》：“清河又东，至东光县西南，径胡苏亭。《地理志》：‘东光有胡苏亭者也。’……又东北，右会大河故渎，又径东光县故城西。”此故城为汉东光县城，在北魏东光之北。胡苏亭在其西南。

阜城县　莽曰吾城。治今河北省阜城县东古城。

---

① 北京市社会科学界联合会，等．史说北京．北京：中国人民大学出版社，2011：52.

千童县 《元和郡县图志·河北道》载："即秦千童城，始皇遣徐福将童男女千人入海求蓬莱，置此城以居之，故名。"汉置县。《汉书·地理志》应劭注："灵帝改曰饶安。"治今河北省盐山县西南旧县镇。

南皮县 秦县，西汉沿置。莽曰迎河亭。《汉书·地理志》颜师古曰："阚骃云：'章武有北皮亭，故此云南'。"治今河北省南皮县南皮镇东北南皮城遗址。据《史记·惠景侯者年表》，汉文帝后元年间，封彭祖为侯国。

章武县 汉于此置盐官。莽曰桓章。治今河北省黄骅市故县村北章武城遗址。

中邑县 莽曰检阴。治今河北省沧州市东。

高成县 西汉都尉治所。治今河北省盐山县盐山镇东南故城赵家村北。

高乐县 莽曰为乡。治今河北省南皮县南皮镇东南董村。

参户侯国 治今河北省青县青州镇西南木门店。或曰治今河北省大城县南完城村①。

成平县 莽曰泽亭。治今河北省泊头市齐桥镇大付村附近。《汉书·地理志》注："虖池河，民曰徒骇河。"

柳侯国 秦柳县，西汉武帝元朔四年（公元前125年）置侯国。故治今河北省黄骅市湾湾头村东；西汉移治今河北省黄骅市海丰镇村南。《水经注·淇水》："浮渎又东北，径柳县故城南。汉武帝元朔四年，封齐孝王子刘阳为侯国。《地理风俗记》曰：'高城县东北五十里有柳亭，故县也。世谓之辟亭，非也。'"

临乐侯国 莽曰乐亭。治今河北省南皮县南皮镇东南。

东平舒县 《汉书·地理志》应劭注："代郡有平舒，故此加东。"治今河北省大城县平舒镇。

安次县 治今河北省廊坊市西外环的古县村。唐于此建隆福寺。隆福寺遗址曾出土石制长明灯笼。明初，古城仍残存部分基址。

修市侯国 莽曰居宁。治今河北省景县景州镇西大温城村。

文安县 治今河北省文安县文安镇东北柳河镇。

---

① 杨馨远，黄建芳．论汉代参户故城地理位置：兼论东平舒县治位置//历史地理：第19辑．上海：上海人民出版社，2003．

景成侯国　治今河北省沧州市西景城。

束州县　治今河北省河间市瀛州镇东北束城。

建成县　治今河北省泊头市西北齐桥。

蒲领侯国　治今河北省阜城县阜城镇东北。

章乡侯国　治今河北省沧县东南。

阳信县　治今山东省无棣县东北。

定侯国　治今山东省乐陵县东北。

重平县　治今山东省乐陵县西南。

重合县　地处不详。

附：

柳丘侯国　西汉高祖六年（公元前201年）置，治今河北省黄骅市羊二庄村，景帝后元元年（公元前143年）废。

代郡

战国赵国武灵王置，秦、西汉沿置。《汉书·地理志》应劭注："故代国。"因称代郡，莽曰厌狄。治代。秦、西汉代县在今河北省蔚县东北。领县18，户56 771，口278 754（《汉书·地理志》）。

代县　郡城附廓县。莽曰厌狄亭。治今河北省蔚县蔚州镇东北代王城（见图44）。

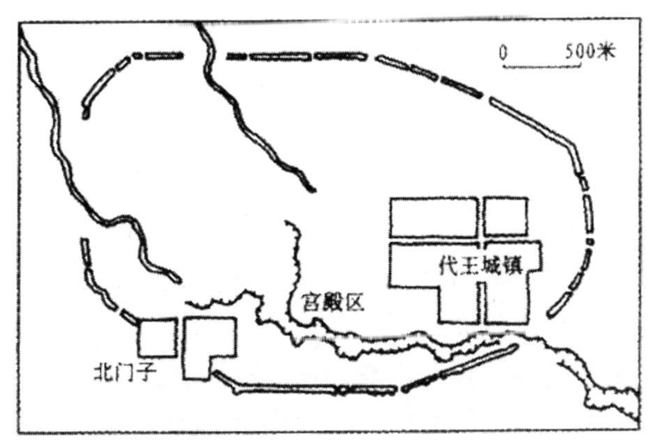

图44　蔚县代王城遗址图（见《文物春秋》1997年第3期）

桑干县　莽曰安德。治今河北省蔚县东北。

当城县　《汉书·地理志》颜师古注曰："阚骃云：'当桓都城，故曰当城。'"治今河北省蔚县蔚州镇东北西合营。

广昌县　莽曰广屏。治今河北省涞源县涞源镇北。《汉书·地理志》注："涞水东南至容城入河，过郡三，行五百里，并州寖。"

阳原县　治今河北省阳原县西城镇西南。

东安阳县　《汉书·地理志》颜师古注："阚骃云：'五原有安阳，故此加东也。'"莽曰竟安。治今河北省阳原县西城镇东南揣骨疃镇。

马城县　西汉东部都尉治所。在今河北省怀安县柴沟堡镇西。

道人县　莽曰道仁。《汉书·地理志》颜师古注："本有仙人游其地，因以为名。"治今河北省阳原县西。

高柳县　西汉西部都尉治所。治今山西省阳高县。

班氏县　《汉书·地理志》注："秦地图书班氏。莽曰班副。"治今山西省大同市南。

延陵县　治今山西省天镇县北。

狋氏县　莽曰狋聚。治今山西省浑源县东北。

且如县　中部都尉治所。治今内蒙古兴和北。《汉书·地理志》注："于延水出塞外，东至宁入沽。"

平邑县　莽曰平胡。治今山西省大同市东南。

参合县　治今山西省阳高县南。

平舒县　莽曰平葆。治今山西省广灵县西。《汉书·地理志》注："祁夷水北至桑干入沽。"

灵丘县　应劭曰："武灵王葬此，因氏焉。"臣瓒曰："灵丘之号在赵武灵王之前也。"师古曰："瓒说是也。"（《汉书·地理志》诸家注）治今山西省灵丘县东。《汉书·地理志》注："滱水东至文安入大河，过郡五，行九百四十里。并州川。"

卤城县　莽曰鲁盾。治今山西省灵丘县西南。《汉书·地理志》注："虖池河东至参户入虖池别，过郡九，行千三百四十里，并州川。从河东至文安入海，过郡六，行千三百七十里。"

上谷郡

汉沿秦置，莽曰朔调。治沮阳，在今河北省怀来县东南。领县15，户 36 008，口 117 762（《汉书·地理志》）。晋王隐《地理志》：“郡在谷之头，故以上谷名焉”（《水经注》引）。《通鉴胡注》卷六引唐《括地志》：“上谷郡故城，在妫州怀戎县东北百一十里”。

沮阳县　郡城附廊县。莽曰沮阴。治今河北省怀来县沙城镇东南大古城村。

泉上县　莽曰塞泉。治今河北省涿鹿县涿鹿镇东南矾山镇。

潘县　莽曰树武。治今河北省涿鹿县涿鹿镇西南保岱一带。

雊瞀县　治今河北省蔚县蔚州镇东北桃花镇北。

宁县　西汉西部都尉治所。莽曰博康。治今河北省张家口市万全区万全镇。

广宁县　莽曰广康。治今河北省张家口市。

涿鹿县　莽曰抪陆。治今河北省涿鹿县涿鹿镇东南古城村。《汉书·地理志》应劭注：“黄帝与蚩尤战于涿鹿之野。”

且居县　莽曰久居。治今河北省怀来县沙城镇西北新保安镇一带。《汉书·地理志》注：“阳乐水出东，南入沽。”

茹县　莽曰谷武。治所在鸡鸣山西 5 公里，即今河北省张家口市下花园区。

女祁县　西汉东部都尉治所。莽曰祁。治今河北省赤城县赤城镇南雕鹗堡。

下落县　莽曰下忠。治今河北省涿鹿县涿鹿镇西。

军都县　治今北京市昌平区西南。《汉书·地理志》注：“温馀水东至路，南入沽。”

居庸县　有关。治今北京市延庆区。

夷舆县　莽曰朔调亭。治今北京延庆区东北旧县村。

昌平县　莽曰长昌。治今北京市昌平区南。

渔阳郡

汉沿秦置，莽曰通路。治渔阳，在今北京市密云区西南。领县 12，其中 11 县地属海河流域。户 63 069，口 242 106。（《汉书·地理志》：“户六万八千八百二，口二十六万四千一百一十六。”）

路县　莽曰通路亭。治今北京市通州区古城村。2016 年 2—9 月，在北京通州副中心建设中，考古工作者在通州区潞城古城村发掘出一座汉代县城遗址，初步断定此即汉代路县城城址遗存，周边发现有大量战国至汉墓葬群。城址约 2 400 米见方，边长 600 米，城址有明清、辽金、汉代三层路面，位置相同，上下重叠。还有汉唐窑址、灰坑、水井等，以及陶器、铁器等。

泉州县　莽曰泉调。汉于此置有盐官。治今河北省廊坊市东南。

厗奚县　莽曰敦德。治今北京市密云水库东北。

要阳县　都尉治所。莽曰要术。在今河北省滦平县滦平镇西北。

滑盐县　莽曰匡德。《汉书・地理志》应劭注：东汉“明帝改名盐”。治今河北省滦平县滦平镇南。

渔阳县　有铁官。莽曰得渔。治今北京市密云区西南。《汉书・地理志》注：“沽水出塞外，东南至泉州入海，行七百五十里。”

狐奴县　莽曰举符。治今北京市顺义区东北。

雍奴县　治今天津市宝坻区西南。《元和郡县图志》：“雍奴，亦薮泽之名，四面有水曰雍，澄而不流曰奴。”

平谷县　治今北京市平谷区东北。

安乐县　治今北京市顺义区西北。

犷平县　莽曰平犷。治今北京市密云区东北水库区。

右北平郡

汉沿秦置，莽曰北顺。故治无终，汉移治平刚，在今辽宁省凌源市西南。领县 16，其中 6 县地属海河流域。户 25 008，口 120 293。(《汉书・地理志》：“户六万六千六百八十九，口三十二万七百八十。”)

俊靡县　莽曰俊麻。治今河北省兴隆县兴隆镇东南。《汉书・地理志》注：“灅水南至无终东入庚。”庚水或写成浭水。

无终县　故无终子国。治今天津市蓟州区。《汉书・地理志》注：“浭(庚) 水西至雍奴入海，过郡二，行六百五十里。”

徐无县　莽曰北顺亭。治今河北省遵化市东。

土垠县　治今河北省唐山市北银城铺。

夕阳县　汉于此置有铁官。莽曰夕阴。治今河北省遵化市东南。

昌城县　莽曰淑武。治今河北省唐山市丰润区西北。

辽西郡

秦置，汉沿置。治阳乐，在今辽宁省义县西。领县 14，其中 1 县地属海河流域。户 5 190，口 25 166。(《汉书·地理志》:“户七万二千六百五十四，口三十五万二千三百二十五。”)

新安平县　治今河北省唐山市东北。《汉书·地理志》注:“夷水东入塞外。”

广阳国

秦广阳郡，汉高祖时称燕国（公元前 206—公元前 80 年），昭帝元凤元年（公元前 80 年）复改广阳郡，宣帝本始元年（公元前 73 年）更为国。莽曰广有。都蓟，在今北京市西南。领县 4，户 20 740，口 70 658(《汉书·地理志》)。1977 年，考古工作者发掘北京大葆台汉墓，墓址地处北京南郊丰台区郭公庄一带。东西并列 2 座墓，坐北朝南“黄肠题凑”结构，墓制结构保存比较完整，墓主人身份，或断定为广阳顷王刘建夫妇。

方城县　治今河北省固安县固安镇南方城村。

蓟县　故燕国，召公所封。莽曰伐戎。治今北京市西南。

广阳县　治今北京市房山区良乡镇东广阳村汉代广阳城遗址（见图 45)。

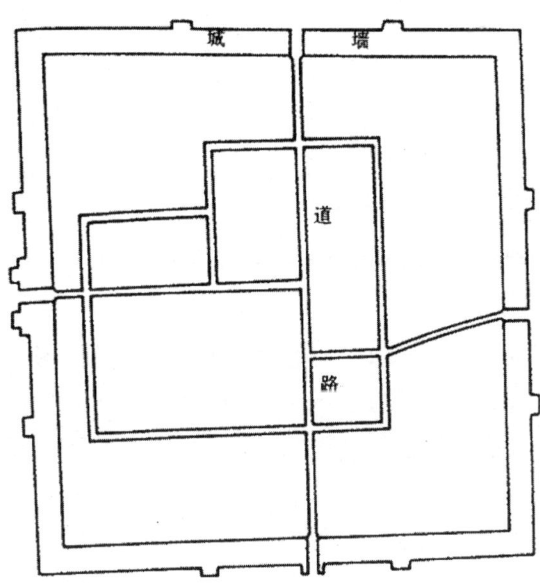

图 45　广阳城址（见《图说北京史》）

阴乡县　莽曰阴顺。治今北京市西南。

并州刺史部

《汉书·地理志》："正北曰并州，其山曰恒山……其利布帛。"其政区及城邑分布见图46。

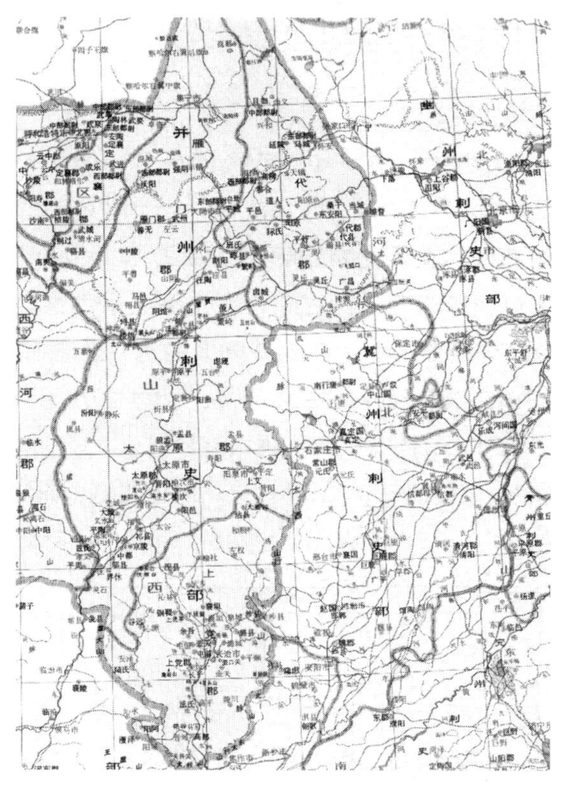

图46　西汉并州图（见《中国历史地图集》二）

上党郡

秦置，西汉沿袭，治长子，今山西省长子县西南，领县14。9县地属海河流域，秦县3，西汉新置县6。户46 739，口217 134（《汉书·地理志》上曰："户七万三千七百九十八，口三十三万七千七百六十六。"）

长子县　西汉沿秦置，郡城附廓县。境内有鹿谷山，鹿谷山亦名发鸠山。《山海经》卷三《北山经》："发鸠之山，漳水出焉，东流注于河。"此漳水即浊漳。《汉书·地理志》上党郡长子县条："鹿谷山，浊漳水所出，东至邺入青（清）漳。"《水经》："浊漳水出上党长子县发鸠山"。《淮南子·地形》："浊漳出发包。"高诱注曰："发包山，一名鹿苦山，亦在上党长子。"发包山即发鸠山。张双棣《淮南子校释》："古字'鸠'或作'勼'，'勼'字与'包'字形近，亦声同，因字因声，故亦通用。"同样，古字"苦"与"谷"通假，鹿苦山亦即鹿谷山。县南有长平城，秦赵长平之战古战场。《水经注》卷九《沁水》引《上党记》曰："长平城在郡之南，秦垒在城西，二军共食流水涧，相去五里。秦坑赵众，收头颅，筑台于垒中，因山为台，崔嵬桀起，今仍号之曰白起台。城之左右，沿山亘隰，南北五十许里，东西二十余里，悉秦、赵故垒，遗壁犹存焉。汉武帝元朔二年，以封将军卫青为侯国。其水东南流注绝水。绝水又东南流，径泫氏县故城北。"泫氏在今山西省高平市。长平城在其西北。

屯留县　西汉置，治今山西省长治市屯留区南。《汉书·地理志》注曰："桑钦言：绛水出西南，东入海。"

余吾县　西汉置，治今山西省长治市屯留区西北。

铜鞮县　汉沿秦置，治今山西省沁县南。《汉书·地理志》注曰："上虒亭，下虒聚。"

沾县　西汉置，治今山西省和顺县北。《汉书·地理志》注曰："大黾谷，清漳水所出，东北至邑成入大河，过郡五，行千六百八十里，冀州川。"

涅氏县　西汉置，治今山西省武乡县西北。《汉书·地理志》颜师古注曰："涅水出焉，故以名县也。"

襄垣县　西汉置，治今山西省襄垣县北。王莽时改名上党亭。

壶关县　汉沿秦置，治今山西省长治市北。宋李昉《太平御览》卷五六〇《礼仪部·冢墓》引《上党郡记》曰："令狐征君隐城东山中，令狐终即云葬焉。诸生遵师法，而陪葬者三百余家。松三千树，大皆数十围，高四五十丈。今俗名其山曰令狐墓，汉史所称壶关三老令狐茂者是也。"

潞县　西汉置，治今山西省长治市潞城区东北。故潞子国。

太原郡

秦置，汉沿承，治晋阳（山西省太原市西南），领县21。6县地属海河流域，户48 532，口194 424（《汉书·地理志》上："户十六万九千八百六十三，口六十八万四百八十八。"）。

葰人县　秦霍人县，汉改名葰人，治今山西省繁峙县东。

广武县　战国赵筑广武城。地名因李左车封号广武君。清光绪《代州志》曰为秦旧县，又曰汉故县。西汉置广武县，又设都尉治所。王莽改名信桓。位于雁门关内滹沱河北畔，今山西代县西南7.5公里处阳明堡镇东北。城址呈西北—东南方向长方形，长2公里，宽1.7公里，墙底宽约20米，高约15米，粘土夯筑，西北、东北有角楼。城址南部遗迹较多，东城墙、南城墙外有护城河，自战国历北魏，历时700余年。城西北有战国至隋唐五代古墓群。

原平县　西汉置，治今山西省原平市东。

虑虒县　西汉置，治今山西省五台县东北。

阳曲县　西汉置，治今山西省定襄县东南。《汉书·地理志》上“阳曲”，师古注曰：“应劭曰：‘河千里一曲，当其阳，故曰阳曲也。’师古曰：‘隋文帝自以姓杨，故恶阳曲之号，乃改其县为阳直，今则复旧名焉’。”

上艾县　西汉置，治今山西省平定县。《汉书·地理志》上“上艾”注曰：“绵曼水，东至蒲吾，入虖池水。”

雁门郡

秦置，汉沿袭，治善无（今山西省右玉县南）。领县14。11县地属海河流域，户57 466，口230 571。（《汉书·地理志》下：“户七万三千一百三十八，口二十九万三千四百五十四。”）

繁峙县　西汉置，莽改名当要，治今山西省浑源县西南。

阴馆县　西汉置，《汉书·地理志》上“阴馆”注曰：“楼烦乡，景帝后三年置。累头山，治水所出，东至泉州入海，过郡六，行千一百里。莽曰富代。”治今山西省朔州市朔城区东南。

楼烦县　秦置，汉沿袭，有盐官，治今山西省神池、宁武县境。应劭曰：“故楼烦胡地。”（《汉书·地理志》）

武州县　西汉置，莽曰桓州，治今山西省左云县。

汪陶县　西汉置，治今山西省应县西南。

剧阳县　西汉置，莽曰善阳，治今山西省应县东北。

崞县　西汉置，莽曰崞张，治今山西省浑源县西。

平城县　战国赵置平城，秦、汉沿袭。西汉筑平城城，并设东部都尉治，莽改曰平顺。治今山西省大同市古城北操场城及附近。

埒县　西汉置，莽曰填狄亭，治今山西省神池县东。

马邑县　汉袭秦置，莽曰章昭，治今山西省朔州市朔城区。《汉书》颜注："师古曰：'《晋太康地记》云秦时建此城辄崩不成，有马周旋驰走反复，父老异之，因依以筑城，遂名为马邑'。"

强阴县　西汉置，诸闻泽在东北。莽改县名曰伏阴，治今内蒙古岱海东南。

司隶部

河内郡

汉沿秦置，治怀县（今河南省武陟县西南），领县18。2县地属海河流域，户26 805，口118 546。(《汉书·地理志》上："户二十四万一千二百四十六，口百六万七千九十七。")

隆虑县　西汉置，治今河南省林州市北古城。《汉书·地理志》上"隆虑"注："国水东北至信成入张甲河，过郡三，行千八百四十里。有铁官。"颜注："应劭曰：'隆虑山在北，避殇帝名改曰林虑也。'"据《大唐故人杨思礼墓志并序》（景龙二年）"殡在林虑县北古城二里之原"。由唐代墓志推知，汉至北魏太平真君年间隆虑（林虑）治所在今河南省林州市北，太平真君时废，孝文帝时复置，移治今林州。

荡阴县　西汉置，治今河南省汤阴县。《汉书·地理志》上"荡阴"注："荡水东至内黄泽。西山，羑水所出，亦至内黄入荡。有羑里城，西伯所拘也。"据《水经》，荡水出荡阴西山东，过荡阴城南，东北至内黄，入黄泽。羑水出县西北，东流至羑城；东北入荡水。羑城在县北，称北故羑里。"夏曰夏台，殷曰羑里，周曰囹圄，皆圜土。"昔殷纣囚西伯于此，文王乃演《易》，用明否泰始终之义（《水经注·荡水》）。

兖州刺史部

东郡

秦置，西汉沿袭，治濮阳（今河南省濮阳县南），领县22。5县地属海河流域，户91 204，口377 051。(《汉书·地理志》上："户四十万一千二百九十七，口百六十五万九千二十八。")

顿丘县　西汉置，莽曰顺丘，治今河南省濮阳县北。《汉书·地理志》颜注："师古曰：'以丘名县也。丘一成为顿丘，谓一成（顿）而成也。或曰，成，重也，一重之丘也。’”

乐昌县　西汉置，治今河南省南乐县西北。

观县　西汉置，莽曰观治，治今河南省清丰县东南。

发干县　西汉置，莽曰戢栖，治今山东省冠县东。

博平县　西汉置，莽曰加睦，治今山东省高唐县西南。

青州刺史部

平原郡

汉高帝置，莽曰河平，治平原（今山东省平原县南），领县19。11县地属海河流域，户89 382，口384 735。(《汉书·地理志》上曰："户十五万四千三百八十七，口六十六万四千五百四十三。")

平原县　秦置，属济北郡，汉沿置，为郡城附廓县。《汉书·地理志》上"平原"注："有笃马河，东北入海，五百六十里。"

高唐县　西汉置，治今山东省高唐县东北。《汉书·地理志》上"高唐"注："桑钦言漯水所出。"

安德县　西汉置，治今山东省德州市陵城区南。

鬲县　西汉沿秦置，莽曰河平亭，境内有鬲津，治今山东省德州市东南。

重丘县　西汉置，治今山东省德州市陵城区东。

平昌侯国　西汉置，治今山东省商河县西北。

般县　西汉置，莽曰分明，治今山东省乐陵县西南。

乐陵县　西汉置，都尉治，莽曰美阳，治今山东省乐陵县南。

朸县　西汉置，莽曰张乡，治今山东省惠民县西。

富平侯国　西汉置，莽曰乐安亭，治今山东省惠民县东北。

安陵侯国　西汉置，治今河北省吴桥县东北。(《汉书·地理志》上曰："安侯国"。)

（二）东汉（公元25年至公元220年）

公元25年，刘秀即帝位于鄗（今河北省邢台市柏乡县北），改年号建武，定都洛阳，史称东汉。东汉初年仍沿用西汉元始间郡国名，至建武十三年（公元37年），方有所并省。此后，地方郡县建置不断调整，正如《后汉书·郡国志》所说："《汉书·地理志》承秦三十六郡，县邑数百，后稍分析，至于孝平，凡郡、国百三，县、邑、道、侯国千五百八十七。世祖中兴，惟官多役烦，乃命并合，省郡、国十，县、邑、道、侯国四百余所。至明帝置郡一，章帝置郡、国二，和帝置三，安帝又命属国别领比郡者六，又所省县渐复分置，至于孝顺，凡郡、国百五，县、邑、道、侯国千一百八十"。东汉废除王莽所改易的地名和地方官制度，恢复西汉原地名，沿袭西汉地方行政区划制度。郡、国、属国（边地少数民族区）同为一级行政机构，郡国所辖县、邑、道、侯国同为第二级行政机构。王国为皇子封地，由相治理，相的地位同郡太守。诸侯王不治民，唯衣食租税而已。郡县乡亭官长的设置职掌一如西汉。但东汉在海河流域设置的郡、国、县、侯国，在西汉基础上有所变化。光武帝建武十三年（公元 37 年），以广平国属巨鹿郡，真定国属常山国，河间国属信都国，广阳国属上谷郡。和帝永元二年（公元 90 年），分乐成（本西汉之信都）、涿郡、勃海复置河间国。永元八年（公元 96 年），复置广阳郡。桓、灵以后，郡国又稍有增置。桓帝延熹元年（公元 158 年），分中山置博陵郡。及至献帝即位，天下大乱，朝政操纵于权臣，州牧、太守自重，擅置郡县，而且旋置旋废。建安年间，曹操置章武郡，于魏郡置东、西部都尉。西汉部都尉例如县，东汉末年部都尉成为和郡并列的地方行政机构。《后汉书·百官志》载："其属国都尉、属国分郡，离远县置之，如郡差小，置本郡名。"

东汉地方行政制度的最大变化是由郡、县两级制向州、郡、县三级制过渡。西汉武帝时，为加强对郡国的控制，将全国划分为 13 个监察区，置 13 刺史部。王莽改西汉 13 刺史部为 12 州，废司隶校尉部。东汉初年，废 12 州，恢复 13 刺史部旧制，建武十一年（公元 35 年）改州牧复为刺史。刺史可以常驻地方，每年只派属员赴京奏事就可以了，并逐步掌握升降地方官的大权，实际成为地方行政长官。东汉末年，统治集团日益腐朽，外戚、宦官轮流专权，社会矛盾丛生，党锢之祸、农民起义迭连而起。为镇压黄巾起义和维持地方的统治秩序，中平五年（公元 188 年），汉灵帝接受太常刘焉的建议，改刺史为州牧，并大大提高州牧的地位和权势。《后汉书·刘焉传》载："时灵帝政化衰缺，四方兵寇，以为刺史威轻，既不能禁，且用非其人，辄增暴乱，乃建议改置牧伯，镇安方夏，请选重臣以居其任……议得用，出焉为监军使者，领益州牧，太仆黄马宛为豫州牧，宗正刘虞为幽州牧，皆以本秩居职，州任之重，自此而始。”州牧职高权重，封官置吏，直接掌握一州的军、政、财大权，成为凌驾于郡之上的地方行政长官。13 部遂完全成为郡之上的一级行政机构，由郡县二级地方行政建置过渡到州、郡、县三级地方行政建置。这种州、郡、县三级建置一直沿用到魏晋南北朝。海河流域主要属于冀州、幽州，兼及并州、司隶部、兖州、青州接壤地区。境内城邑凡 183，其中州城 2，郡国城 18，县城 163。

冀州刺史部

东汉沿西汉置，前期治高邑，在今河北省柏乡县北。灵帝以后治邺，在今河北省临漳县西南三台村。领郡、国 9，县、邑、侯国 100。《水经注·滱水》：“滱水，即沤夷之水也，出灵丘县西北高氏山，其水东南流。山上有石铭，题言‘冀州北界’，故世谓之石铭陉也。”滱水即唐河，高氏山即恒山（见图 47）。灵丘县古属代郡，代郡属幽州。汉灵帝光和元年，

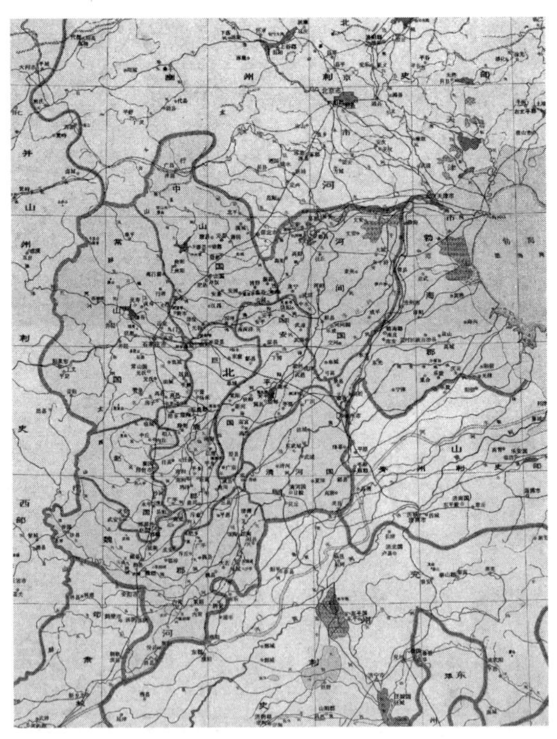

图 47　东汉冀州图（见《中国历史地图集》二）

中山相臧旻上请灵丘改属中山。“冀州北界”铭当在此时摩立。《太平寰宇记》云：“石铭陉岭，在灵丘西北八十里，上有石铭，题言‘冀州北界’，故谓之石铭陉。”由“冀州北界”铭，可知东汉冀州与幽州分界在灵丘西北恒山（见图47）。《水经注·滱水》又曰：“徐水经北平县，县界有汉熹平四年幽冀二州以戊子诏书遣冀州从事王球、幽州从事张昭，郡县分境，立石标界，具揭石文矣。”东汉灵帝时，鲜卑侵扰，州牧节制一方，幽冀二州划界，其界当自恒山向东至北平（今河北省保定市满城区）。

魏郡

西汉高祖置，汉末，刘秀持节河北，邓禹追至邺，建议据河北，中兴汉室。东汉沿置魏郡，治邺，今河北省临漳县西南三台村，领15县，户129 310，口695 606（《后汉书·郡国志》）。

邺县　西汉县，东汉沿置。魏郡附廓县。东汉灵帝以后，成为冀州州牧治所。建安元年（公元196年）置侯国。二十一年（公元216年）为魏王都。治今河北省临漳县临漳镇西南三台村。境内有故大河、滏水、汙水、汙城、平阳城、武城、九侯城。《帝王世记》曰：“县西南有上司马，殷太甲常居焉。”《魏都赋》注曰：“县西北有鼓山，时时自鸣，鸣则兵。”《魏都赋》曰：“北临漳、滏，则冬夏异沼。”注云：“水经邺西北。滏水热，故名滏口。”滏口，在今河北省邯郸市峰峰区。

魏县　西汉县，都尉治。新莽改名魏城亭，东汉复旧名，沿置县，省都尉治。治今河北省大名县大名镇西南。

元城县　西汉县，东汉沿置。治今河北省大名县大名镇东北。境内有五鹿墟，故沙鹿；有沙亭，在县东南。

馆陶县　西汉县，东汉沿置。治今河北省馆陶县馆陶镇东南南馆陶。

清渊县　西汉县，东汉沿置。治今山东省冠县东北清水。

平恩县　西汉侯国，新莽改名延平，东汉复旧名，省侯国为县。治今河北省邱县南邱城镇西南。

涉侯国　《汉书·地理志》《后汉书·郡国志》作“沙”。西汉县，东汉为侯国。治今河北省涉县涉城镇西北。《魏都赋》注曰：“有龙山。”

斥丘县　西汉县，新莽改名利丘，东汉复旧名，沿置县，治今河北省成安县成安镇东南漳河店镇。《后汉书·郡国志》注：“有葛。”刘昭注：

“杜预曰有乾侯。鲁昭公所处。”

武安县　西汉县，并置铁官。新莽更名桓安，东汉复承西汉。治今河北省武安市西南20公里固镇。

曲梁侯国　西汉侯国，新莽改名直梁，东汉复旧名，沿置侯国。故属广平国，东汉属魏郡。治今河北省邯郸市永年区临洺关镇东南广府镇。《后汉书·郡国志》注：“有鸡泽。”刘昭注补：“《左传·襄三年》诸侯会鸡泽，杜预曰在县西南。”

梁期县　西汉县，东汉沿置。治今河北省磁县磁州镇东北。

繁阳县　西汉县，东汉沿置。治今河南省内黄县西北。

内黄县　西汉县，东汉沿置。治今河南省内黄县西。《后汉书·郡国志》注：“清河水出。有羛阳聚。有黄泽。”黄泽在县西。《说文》：“魏郡有羛阳乡，读若锜。今属邺，本内黄北二十里。”《后汉书·光武纪》：“大破五校于羛阳，降之。”唐李贤等注：羛阳，聚名，属魏郡。故城在今相州尧城县东。西晋曰戏阳。《左传》杜注：“内黄县北有戏阳城，戏与羛公通。”

黎阳县　西汉县，新莽改名黎蒸，东汉复旧名，沿置县。治今河南省浚县东。《左传·定七年》杜预集解：“县东北有牵城。”

阴安县　西汉县，东汉沿置。治今河南省南乐县西南。

省西汉邯会、邯沟、即裴、武始等4县。

《三国志·魏志·武帝纪》：“建安十七年，割河内之荡阴、朝歌、林虑，东郡之卫国、顿丘、东武阳、发干，巨鹿之廮陶、曲周、南和、广平、任，赵国之襄国、邯郸、易阳，以益魏郡。十八年，分置东、西都尉。”

巨鹿郡

西汉置，东汉建武十三年（公元37年）省广平国，以其县属。西汉治巨鹿，在今河北省鸡泽县东北。东汉移治廮陶，在今河北省宁晋县南，领县15，户109 517，口602 096（《后汉书·郡国志》）。

廮陶县　郡城附廓县。西汉县，东汉沿置。治今河北省宁晋县凤凰镇南。境内有薄落亭。

巨鹿县　西汉县，东汉沿置。治今河北省平乡县乞村镇西南平乡。《后汉书·郡国志》注：“故大鹿，有大陆泽。”刘昭注补：“有广阿泽。《吕氏春秋》：‘九薮赵之巨鹿’，高诱注云：‘广阿泽也’，《山海经》曰：

‘大陆之水’。巨鹿南有棘原，章邯所军处。”

杨氏县　西汉县，新莽改名功陆，东汉复旧名，仍置县。治今河北省宁晋县凤凰镇。

鄡县　西汉鄡县，新莽改名秦聚，东汉改为鄡县。治今河北省辛集市东南。

下曲阳县　西汉县，都尉治，东汉沿置，省都尉治。治今河北省晋州市晋州镇西。《后汉书·郡国志》注：“有鼓聚，故翟鼓子国。有昔阳亭。”刘昭注补：“杜预曰：‘县西南有肥累城。古肥国，白狄别种。’”“《左传·昭十二年》晋荀吴入昔阳，杜预曰：‘沾县东有昔阳城。肥故都也。’”

任县　西汉县，东汉沿置。治今河北省任县任城镇东南。

南和县　西汉县，东汉沿置。治今河北省南和县和阳镇。

广平县　西汉广平国都。东汉建武十三年（公元37年）撤广平国，置县。治今河北省鸡泽县鸡泽镇东南。

斥章县　西汉县，东汉沿置。治今河北省曲周县曲周镇东南的西呈孟村。

广宗县　西汉元始二年（公元2年）封广宗国，新莽废。东汉永元五年（公元93年）置县。治今河北省威县洺州镇东10公里。

曲周县　西汉县，新莽改名直周，东汉复旧名，仍置县。治今河北省曲周县曲周镇东北。

列人县　西汉县，新莽改名列治，东汉复旧名，仍置县。治今河北省邯郸市肥乡区肥乡镇东北列人堤。

广年县　西汉县，新莽改名富昌，东汉复旧名，仍置县。治今河北省邯郸市永年区临洺关镇故城村。

平乡县　西汉县，东汉沿置。治今河北省平乡县乞村镇西南大老营。

南䜌县　西汉县，新莽改名富平，东汉复旧名，仍置县。治今河北省巨鹿县巨鹿镇北。

省西汉象氏、宋子、临平（降为聚落）、贳、新市、安定、敬武、历乡、乐信、武陶、柏乡、安乡、张、朝平、南曲、广乡、平利、阳台、城乡等19县。曲梁县划归魏郡。

附：广阿郡　西汉巨鹿郡辖有广阿县。西汉末，有广阿郡，刘秀曾舍广阿城楼，披舆图，论定天下。

常山国

秦恒山郡。西汉为常山郡，东汉改郡为国。建武十三年（公元 37 年）省真定国，以其辖县入常山国。都元氏，在今河北省元氏县西北。领县 13，户 97 500，口 631 184（《后汉书·郡国志》）。

元氏县　西汉县，新莽改名井关亭，东汉复旧名，为常山国都附廓县。治今河北省元氏县槐阳镇西北。

高邑县　西汉鄗县，新莽改名禾成亭。更始三年（公元前 25 年）光武帝刘秀即位于此，因又更名高邑。东汉前期为冀州刺史治所。治今河北省柏乡县柏乡镇北固城店。县南七里有千秋亭、五成陌。河北柏乡固城店有东汉高邑城遗址。东汉明帝于高邑南光武告天处建光武庙，即汉千秋亭遗址，此处曾出土汉代石人。清乾隆四十七年，柏乡县知县郑镇于此立“汉光武帝千秋亭遗址”碑（见图 48）。碑原处柏乡十五里铺千秋亭遗址，现移存柏乡县文物保管所（即牡丹园）。

图 48　东汉高邑光武庙石人（左）、清代“汉光武帝千秋亭遗址”碑（右）

都乡县　西汉侯国，并置铁官。新莽改名分乡，东汉复旧名。治所无考。

南行唐县　西汉县，东汉省西汉都尉治，仍置县。治今河北省行唐县行唐镇北。境有石臼谷。

房子县　西汉县，新莽改名多子，东汉复旧名，沿置县。治今河北省高邑县高邑镇西南仓房村。赞皇山在县西南 30 公里。

平棘县　西汉侯国，东汉置县。治今河北省赵县赵州镇南。

栾城县　东汉改西汉关县置。治今河北省石家庄市栾城区栾城镇北十里铺。在平棘县西北 20 公里。

九门县　西汉县，新莽改名久门，东汉复旧名，仍为县。治今河北省石家庄市藁城区西北九门村。

灵寿县　西汉置侯国，东汉省为县。治今河北省灵寿县灵寿镇西北灵寿村。卫水出县北境。

蒲吾县　西汉县，东汉沿置。治今河北省平山县东南蒲吾村。《后汉书·郡国志》刘昭注："《史记》：'番吾君'。杜预曰：'晋之蒲邑也'。《古今注》曰：'永平十年，作常山呼沱河蒲吾渠，通漕船也。'"

井陉县　西汉县，东汉沿置。治今河北省井陉县微水镇西北。

真定县　西汉县，真定国都。新莽改名思治。东汉复旧名，仍置县。治今河北省石家庄市郊东古城。

上艾县　西汉县，故属太原郡，东汉沿置，改属常山国。治今山西省平定县。

省西汉高城、肥累、绵曼、石邑、桑中侯国、封斯侯国、关县、乐阳侯国、平台侯国。

中山国

西汉置，新莽改名常山郡，东汉复改中山国，都卢奴，在今河北省定州市。领县 13，户 97 412，口 658 195（《后汉书·郡国志》）。

卢奴县　战国时名顾，汉改曰卢奴，置县，东汉沿置。治今河北省定州市。耿弇投归刘秀于卢奴。

北平县　西汉县，并置铁官，新莽改名善和，东汉复旧名，仍为县。治今河北省保定市满城区满城镇北眺山下。

毋极县　西汉县，东汉沿置。治今河北省无极县西。

新市县　西汉县，东汉沿置。治今河北省正定县正定镇东北新城铺。境有鲜虞亭，故国，子姓，白狄别种。

望都县　西汉县，新莽改名顺调，东汉复旧名，沿置县。治今河北省望都县西北故县村。《后汉书·郡国志》刘昭注："杜预曰：'县西北有中人城。'《晋地道记》：'有马安关'。"

唐县　西汉县，新莽改名和亲，东汉复旧名，沿置县。治今河北省唐县北固城村。《后汉书·郡国志》注："有中人亭。有左人乡。"刘昭注补："《博物记》曰：'堂关在中人西北百里，中人在县西四十里。'""《帝王世记》曰：'尧封唐。尧山在北，唐水西入河，南有望都山，即尧毋庆都所居，相去五十里。都山一名豆山。'《博物记》曰：'左人，唐西北四十里。'"

安国县　西汉县，新莽改名兴睦，东汉复旧名，仍置县。治今河北省安国市祁州镇东南的东安国城。

安熹县　西汉安险县，新莽改名宁险，东汉复旧名，章帝时改名安熹。治今河北省定州市东南。

汉昌县　西汉苦陉县，新莽改名北陉，东汉复旧名，章帝恶苦陉县名，改名汉昌县。治今河北省定州市南邢邑镇。

蠡吾侯国　西汉县，属涿郡。东汉改为侯国，划属中山国。治今河北省博野县博陵镇西北里村。

上曲阳县　西汉县，属常山郡，东汉改属中山国。治今河北省曲阳县曲阳镇西。恒山在西北。《后汉书·郡国志》刘昭注补："有泉水，于吉得神书。《晋地道记》：'自县北行四百二十五里，恒多山坂，名飞狐口。'"

蒲阴县　西汉曲逆县，新莽改名顺平，东汉复旧名，章帝章和二年（公元88年）改名蒲阴。治今河北省顺平县蒲阳镇东南大王、子城一带。县境有阳城。《后汉书·郡国志》刘昭注补："《晋地道记》曰：'有阳安关、阳城。蒲阳山，蒲水出也'。"

广昌县　西汉县，属代郡，东汉改属中山国。治今河北省涞源县涞源镇北。

省西汉深泽、新处、陆成等3县。

安平国

西汉信都国，新莽改新博郡，东汉复信都国，明帝永平十五年（公元

72 年）改乐成国，延光元年（公元 122 年）改名安平。刘得、刘续曾封安平王，都信都，在今河北省衡水市冀州区新城北。领县 13，户 91 440，口 655 118（《后汉书·郡国志》）。

信都县　西汉县，新莽改名新博亭，东汉复旧名，仍为县。治今河北省衡水市冀州区冀州镇。县境有绛水、滹沱河。

阜城县　西汉昌城侯国，又曰昌城。新莽亡，刘植据昌城归刘秀。东汉永平初改昌城为阜城县。治今河北省衡水市冀州区冀州镇西北南顾城村。南顾城，原称故城，因谐音，演为顾城，又称南顾城。

南宫县　西汉县，新莽改序中，东汉复旧名，仍为县。治今河北省南宫市西北旧城村。刘秀曾逃奔南宫，又由南宫到下博。

扶柳县　西汉县，东汉沿置。治今河北省衡水市冀州区西北扶柳城村。

下博县　西汉县，新莽改名闰博，东汉复旧名，仍为县。治今河北省深州市东南下博村。

武邑县　西汉县，新莽改名顺恒，东汉复旧名，仍为县。治今河北省武邑县武邑镇。

观津县　西汉县，新莽改名朔定亭，东汉复旧名，仍为县。治今河北省武邑县东南观津村。《后汉书·郡国志》刘昭注补："本清河下县。《决录注》曰：'孝文窦皇后父隐身渔钓，坠渊而卒。景帝立，后为太后，遣使者更填父所坠渊而葬，起大坟于县城南，民号曰窦氏青山。'"

经县　西汉县，后废。东汉初复置。治今河北省广宗县广宗镇东 10 公里。《后汉书·郡国志》注："西有漳水，津名薄落津。"

堂阳县　西汉县，属巨鹿郡。东汉沿置，改属安平国。治今河北省新河县新河镇。

武遂县　西汉武隧县，属河间国。新莽改名桓隧。东汉改为武遂县，属安平国。治今河北省武强县小范镇西北。

饶阳县　西汉县，属涿郡。东汉沿置，改属安平国。治今河北省饶阳县饶阳镇南故城村。刘秀被王郎兵追逼，逃避饶阳。

安平县　西汉县，都尉治，属涿郡。新莽改名广望亭。东汉复旧名，省都尉治，仍置县，改属安平国。治今河北省安平县安平镇。

南深泽县　西汉县，属涿郡。东汉沿置，改属安平国。治今河北省深泽县深泽镇东南。

省西汉辟阳、高隄、东乡、平堤（侯国）、桃县、西梁（侯国）、东昌等7县。

河间国

西汉高祖置河间郡，文帝二年（公元前178年）改为国。东汉建武年间省属信都国。和帝永元二年（公元90年）复置。都乐成，在今河北省献县东南。领县11，户93 754，口634 421（《后汉书·郡国志》）。

乐成县　西汉县，东汉沿置。王都附廓县。治今河北省献县东南河城街村南。

弓高县　西汉县，新莽改名乐成亭，东汉复旧名，仍置县。治今河北省阜城县阜城镇南。《太平寰宇记》："汉县，晋废。故城在阜城县西南二十七里。"

易县　西汉县，东汉沿置，故属涿郡，东汉改隶河间国。治今河北省雄县西北古贤。

武垣县　西汉县，新莽改名垣翰亭，东汉复旧名，仍置县。故属涿郡，东汉改属河间国。治今河北省肃宁县肃宁镇东南武垣故城遗址。

中水县　西汉县，东汉沿置。故属涿郡，东汉改属河间国。治今河北省献县乐寿镇西权寺村。

鄚县　西汉县，新莽改名言符，东汉复旧名，仍置县。故属涿郡，东汉划入河间国。治今河北省任丘市北鄚州镇。

高阳县　西汉县，新莽改名高亭，东汉复旧名。桓帝时置高阳郡，治所在高阳县，后废。故属涿郡，东汉划入河间国。治今河北省高阳县东旧城。境内有葛城。

文安县　西汉县，东汉沿置。故属勃海郡，东汉改属河间国。治今河北省文安县文安镇东北柳河镇。

束州县　西汉县，东汉沿置。故属勃海郡，东汉改属河间国。治今河北省河间市瀛州镇东北束城。

成平县　西汉县，新莽改名泽亭，东汉复旧名，仍置县。故属勃海郡，东汉改属河间国。治今河北省泊头市齐桥镇大付村附近。

东平舒　西汉县，属勃海郡。东汉沿置，改属河间国。治今河北省大城县平舒镇。

省西汉侯井 1 县和武强侯国，并入故涿郡 5 县、勃海郡 4 县，析武遂 1 县入安平国。

清河国

西汉高祖置郡，新莽改名平河郡。东汉复置清河国。桓帝建和二年（公元 148 年）改名甘陵国，都甘陵，故厝县，在今山东省临清市东北。领县 7，户 123 964，口 760 418（《后汉书·郡国志》）。《水经注·淇水》：“汉光武建武二年，西河鲜于冀为清河太守……汉桓帝建和二年，改清河为甘陵王国……其年立甘陵郡，治此焉。”

东武城县　西汉县，东汉沿置。治今河北省清河县葛仙庄镇东北。

广川县　西汉县，东汉沿置。故属信都国，东汉改属清河国。治今河北省景县广川镇东南。有棘津城。

甘陵县　西汉县，东汉沿置。故曰厝，《汉书·地理志》应劭注：“安帝以孝德皇后葬于厝，改曰甘陵。”治今山东省临清市东北。

贝丘县　西汉县，东汉沿置。治今山东省临清市东南。

鄃县　西汉县，东汉沿置。治今山东省高唐县东北。

灵县　西汉县，东汉初，废，和帝永元九年（公元 97 年）复置。治今山东省高唐县南。有鸣犊河。

绎幕县　西汉县，东汉沿置。治今山东省平原县西北。

省西汉清阳、信成、芯题、缭、枣强、复阳等 6 县及信乡侯国。并入故信都国广川县。据《后汉书·郡国志》刘昭注补：“永初元年邓太后分置广川王国，后王薨，国除。太后崩，还益清河。”

赵国

秦邯郸郡，西汉高祖改名赵国。新莽改为桓亭郡，东汉复置赵国。都邯郸，在今河北省邯郸市。领县 5，户 32 719，口 188 381（《后汉书·郡国志》）。

邯郸县　西汉县，东汉沿置。治今河北省邯郸市。《后汉书·郡国志》注：“有丛台。”（见图 49）刘昭注补：“张华曰：‘赵奢冢在邯郸西山上，谓之马服山’。”“有洪波台”。

易阳县　西汉县，东汉沿置。治今河北省邯郸市永年区临洺关镇西北

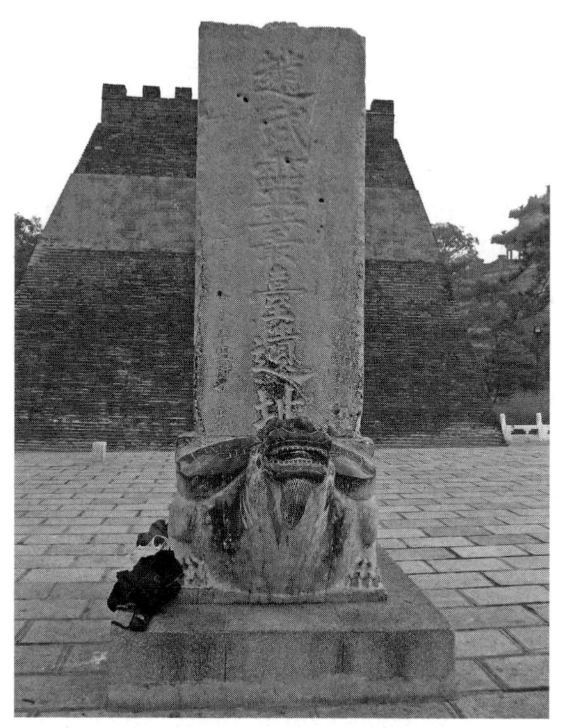

图 49　邯郸赵武灵王丛台遗址

7.2公里西阳城乡易阳城故址。《魏都赋》曰："温泉毖涌而自浪。"注曰："温泉在易阳，世以治疾，洗百病。"今河北省武安市西北35公里处老安庄村东南坡上有一石刻："赵国易阳南界"。孙继民考定石刻年代为西汉后期或东汉前期①。

襄国县　西汉县，东汉沿置。治今河北省邢台市南百泉村。本邢国，秦为信都，项羽更名。有檀台，赵成侯筑。有苏人亭。境内有湡水，《说文》曰："水出赵国襄国之西山。"湡水即今沙河。

柏人县　西汉县，新莽改名寿仁，东汉复旧名，仍置县。治今河北省隆尧县城西偏南12公里处双碑乡。有汉柏人城遗址。

中丘县　西汉县，新莽改名直聚，东汉复旧名。故属常山郡，东汉划入赵国。治今河北省内丘县内丘镇西。《晋地道记》："有石门塞、烧梁关。"

---

① 孙继民. 河北新发现石刻题记与隋唐史研究. 石家庄：河北人民出版社，2006：218-219.

勃海郡

西汉高祖置，治浮阳，在今河北省沧州市东南。新莽改名迎河郡，东汉复为勃海郡。故属幽州刺史部，东汉改属冀州。移治南皮，在今河北省南皮县东北。领县 8，户 132 389，口 1 106 500（《后汉书·郡国志》）。

南皮县　西汉县，东汉沿置。治今河北省南皮县南皮镇东北。建安年间，曹操擒袁谭于南皮城。《水经注·淇水》引应劭《地理风俗记》："南皮城北五十里，有北皮城也。"

高城侯国　西汉高成县，东汉改为高城侯国。省西汉都尉治。治今河北省盐山县盐山镇东南。

浮阳侯国　西汉县，新莽改名浮城，东汉复旧名，置侯国。治今河北省沧州市东南旧沧州。

东光县　西汉县，东汉沿置。治今河北省东光县东光镇东找王村北。有胡苏亭。《水经注·淇水》："后汉封耿纯为侯国。初平二年，黄巾三十万人入勃海，公孙瓒破之于东光界。"

章武县　西汉县，新莽改名桓章，东汉复旧名，仍置县。治今河北省黄骅市故县村北。

修县　西汉县，新莽改名修治，东汉复旧名，仍置县。故属信都国，东汉划归勃海郡。治今河北省景县景州镇南。

重合侯国　西汉重合县，东汉置侯国。治所不详。

阳信县　西汉县，东汉废省，延光元年（公元 122 年）复置。治今山东省无棣县东北。

省西汉千童（东汉降为聚落）、阜城、中邑、高乐、参户（东汉降为参户亭，析入河间国）、柳国、临乐、修市、景成、建成、章乡、蒲领等 12 县（侯国）；析束州、成平、文安、东平舒等 4 县改河间国，析安次县入广阳郡；并入故信都国修县。

幽州刺史部

西汉置，东汉沿置。治蓟，在今北京市西南。辖 6 郡 44 县（见图 50）。

涿郡

西汉高祖置，新莽改为垣翰郡，东汉复称涿郡。治涿，在今河北省涿州市。领 7 县，户 102 218，口 633 754（《后汉书·郡国志》）。

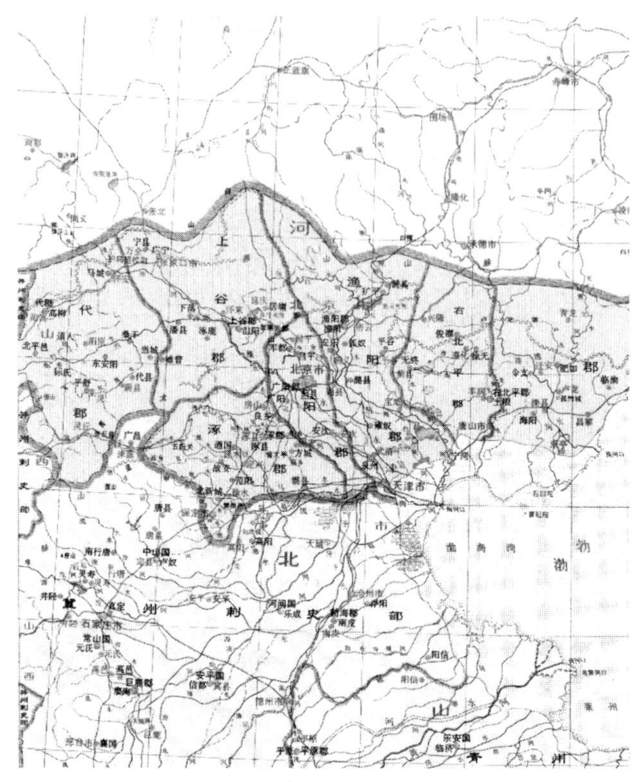

图 50　东汉幽州图（局部）

涿县　西汉县，东汉沿置。治今河北省涿州市。

遒侯国　西汉县，新莽改名遒屏，东汉复旧名，置为侯国。治今河北省涞水县北庄。《后汉书·郡国志》刘昭注补：“《史记》：‘汉武帝至鸣泽’，服虔曰：‘在县北界’。”

故安县　西汉县，东汉沿置。永元十五年（公元 103 年）复置县铁官。治今河北省易县东南东固安。《后汉书·郡国志》注：“易水出，雹水出。”

范阳侯国　西汉县，新莽改名顺阴，东汉复旧名，置侯国。治今河北省定兴县西南固城镇。

北新城县　西汉北新成县，新莽改名朔平，东汉复更为北新城。故属中山国，东汉划归涿郡。治今河北省保定市徐水区安肃镇西南。有汾水门，又曰汾门。

方城县　西汉县，东汉沿置。故属广阳国，东汉改隶涿郡。今河北省固安县西南方城。有临乡，故县，亦曰临乐。有督亢亭。刘向《别录》曰："督亢，膏腴之地。"荆轲奉督亢图入秦。

良乡县　西汉侯国，东汉置县。治今北京市房山区窦店镇之西，汉唐良乡县故城遗址。

省西汉谷丘、广望、容城、州乡（侯国）、樊舆（西汉侯国，东汉降为亭）、成国、利乡、临乡（东汉降为聚落）、益昌、阳乡（东汉降为聚落）、西乡、阿陵、阿武（侯国）、高郭（侯国）、新昌等15县（国）；南深泽、安平、饶阳等3县改属安平国；易县、鄚县、高阳、武垣、中水等5县改属河间国；蠡吾县入属中山国，并入故中山国北新成县和故广阳国方城县。

广阳郡

秦始置，西汉高祖改置燕国，昭帝元凤五年（公元前76年）复称广阳郡，宣帝改郡为国。新莽曰广有郡。东汉建武年间，并省上谷郡。永元八年（公元96年）复为广阳郡。治蓟，在今北京市西南。领县5，户44 550，口280 600（《后汉书·郡国志》）。

安次县　西汉县，属勃海郡，东汉沿置，改属广阳郡。治今河北省廊坊市西北古县村。

蓟县　西汉县，东汉沿置。治今北京市西南。

广阳县　西汉县，东汉沿置。治今北京市房山区良乡镇东广阳村汉代广阳城遗址。

昌平县　西汉县，属上谷郡。东汉沿置，划归广阳郡。治今北京市昌平区南。

军都县　东汉沿西汉置，故属上谷郡，东汉划归广阳郡。治今北京市昌平区西南。

代郡

秦始置，西汉沿置。新莽改名厌狄郡，属并州。东汉复袭西汉，仍属幽州。故治代县，在今河北省蔚县东北，东汉移治高柳，在今山西省阳高县，后复还故治。领11县，户20 123，口126 188（《后汉书·郡国志》）。

桑干县　西汉县，新莽改名安德，东汉复旧名，沿置县。治今河北省蔚县蔚州镇东北。

当城县　西汉县，东汉沿置。治今河北省蔚县东北西合营。

马城县　西汉县，东汉沿置。治今河北省怀安县柴沟堡镇西。

东安阳县　西汉县。新莽改曰竟安，东汉复故，仍置县。治今河北省阳原县东南揣骨疃镇。

代县　秦县，西汉沿置，新莽改名厌狄亭，东汉袭西汉置县。治故代王城，今河北省蔚县东北代王城。干宝《搜神记》曰："代城始筑，立板干，一旦亡西南板，四五十里于泽中自立，结苇为外门，因就营筑焉，故其城周圆三十五丈，为九门，故城处呼之以为东城。"

高柳县　东汉沿西汉置，撤都尉治。治今山西省阳高县。

道人县　东汉沿西汉置。莽改名道仁，东汉复故。治今河北省阳原县西。

班氏县　西汉县，莽改名班副，东汉复故。治今山西省大同市南。

狋氏县　西汉县，莽改曰狋聚，东汉复故。治今山西省浑源县东北。《说文》："代郡有狋氏县。"

北平邑县　西汉平邑县，莽曰平胡，东汉省废，和帝永元八年（公元96年）复置，曰北平邑。治今山西省大同市东南。

平舒县　西汉县，新莽改平葆，东汉复故。治今山西省广灵县西。

省西汉且如、延陵、参合、卤城、灵丘、阳原等县，析广昌县入中山国。

上谷郡

秦置，西汉沿置，新莽改名朔调郡，东汉复名上谷郡。治沮阳，在今河北省怀来县沙城镇东南。领县8，户10 352，口51 204（《后汉书·郡国志》）。西汉末，耿况曾任上谷郡守。

沮阳县　西汉县，新莽改名沮阴，东汉复旧名，仍置县，治今河北省怀来县沙城镇东南大古城村。

潘县　西汉县，新莽改名树武。东汉初曾一度罢废，和帝永元十一年（公元99年）复置。治今河北省涿鹿县西南保岱一带。

宁县　西汉县，新莽改名博康，东汉复名宁县，并置护乌桓校尉治。治今河北省张家口市万全区万全镇。

广宁县　西汉县，新莽改名广康，东汉复旧名，仍置县。治今河北省张家口市。

雊瞀县　西汉县，东汉沿置。治今河北省蔚县东北桃花镇北。

涿鹿县　西汉县，新莽改名播陆，东汉复旧名。治今河北省涿鹿县东南古城村。《帝王世纪》曰："黄帝所都，有蚩尤城、阪泉地、黄帝祠。"

下落县　西汉县，新莽改名下忠，东汉复旧名。治今河北省涿鹿县涿鹿镇西。

居庸县　东汉沿西汉置，治今北京市延庆区。

省西汉泉上、且居、茹县、女祁（西汉东部都尉治所）、夷舆等5县，昌平、军都2县划归广阳国。

渔阳郡

秦置，西汉沿置，新莽改曰通路郡，东汉复称渔阳郡。治渔阳，在今北京市密云区西南。领县9，户68 456，口435 740（《后汉书·郡国志》）。

泉州县　西汉县，新莽改名泉调，东汉复袭西汉。治今天津市武清区西南。

渔阳县　西汉县，新莽改名得渔，东汉复故，仍置铁官。治今北京市密云区西南。

狐奴县　西汉县，莽改举符，东汉复旧名，沿置。治今北京市顺义区东北。

雍奴县　东汉沿西汉置，治今河北省香河县南。

平谷县　东汉沿西汉置，治今北京市平谷区东北。

安乐县　东汉沿西汉置，治今北京市顺义区西北。

犷平县　西汉县，莽改平犷，东汉复旧名，沿置。治今北京市密云区东北水库区。

潞县　西汉路县，新莽改名通路亭，东汉改名潞。治今北京市通州区古城村。

虒奚县　西汉厗奚县，新莽改名敦德，东汉更名虒奚。治今北京市密云水库东北。

省西汉要阳、白檀（东汉降为聚落）、滑盐（明帝改名盐，降为聚落）等3县。

右北平郡

秦置，治无终。西汉沿置，移治平刚。新莽改名北顺郡，东汉复旧名。徙治土垠，在今河北省唐山市银城铺。领县4，户9 170，口53 475（《后汉书·郡国志》）。

土垠县　西汉县，东汉沿置。治今河北省唐山市银城铺。

徐无县　西汉县，新莽改名北顺亭，东汉复故。治今河北省遵化市遵化镇东。

俊靡县　西汉县，新莽改名俊麻，东汉复故。治今河北省兴隆县兴隆镇东南。

无终县　东汉沿西汉置，治今天津市蓟州区。

省西汉字县、夕阳、昌城、骊成等 4 县。此外，西汉无考县聚阳、平明、廷陵、资县（都尉治）等 4 县也省废。

并州刺史部

《后汉书·郡国志》："并州刺史部，郡九，县、邑、侯国九十八。" 3 郡 39 县属海河流域（见图 51）。

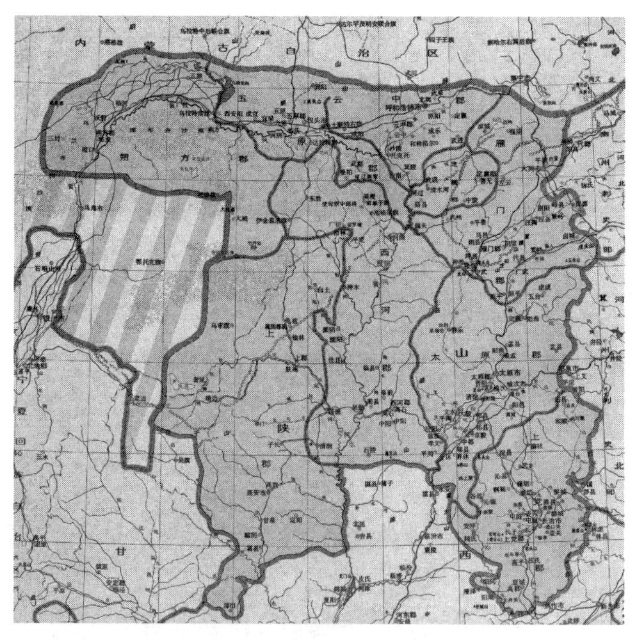

图 51　东汉并州图（见《中国历史地图集》二）

上党郡

东汉沿西汉置，治长子（今山西省长子县西南），领县 13。8 县地属海河流域，户 16 136，口约 8 万。（《后汉书·郡国志》曰："十三城，户二万六千二百二十二，口十二万七千四百三。" 由此推算出 8 县户口大概）。

长子县 沿西汉置，郡城附廓县。县西境发鸠山，漳水出。《后汉书·郡国志·上党郡》注引《上党记》："有羊头山，沁水所出。"

屯留县 沿西汉置，治今山西省屯留县南。绛水出，过县南，东流入漳。

铜鞮县 沿西汉置，治今山西省沁县南。县境东南有余吾。

沾县 沿西汉置，治今山西省和顺县西北。境内有沾山，县因山得名，邑东南有阏与聚。桑钦《水经》曰："清漳水出上党沾县西北少山大要谷，南过县西，又从县南屈。"郦道元注曰："清漳出沾县故城东北，俗谓之沾山。"《说文》曰："清漳，出沾山大要谷，北入河。"《续汉书·郡国志》上党郡沾县条，刘昭注："《山海经》曰：'有少山，其上有金玉，其下有铜。'郭璞云在沾。"少山即沾山，沾县因山得名。大黾谷即大要谷，清漳水所出。今人王铭等编《山西河山志》记清漳之源。说："清漳河上游有两条大支流：一名清漳东源，发源于昔阳县西寨乡沾岭山；一名清漳西源，发源于和顺县西边八赋岭。《汉志》、《水经注》均以清漳东源为源头。"

涅县 沿西汉置，治今山西省武乡县西北。《续汉书·郡国志》上党郡涅县条刘昭注："《山海经》：'谒戾之山，沁水出焉，南流注入河。'郭璞曰在涅。"沁水出涅县。据黄河水利委员会勘测规划设计院编《黄河勘测志》第2编《地质勘探》："沁河发源于山西太岳山脉霍山南麓平遥县黑城村。"

襄垣县 沿西汉置，治今山西省襄垣县北。《后汉书·郡县志·上党郡》注引《上党记》曰襄垣"邑带山林，茂竹生焉"。

壶关县 沿西汉置，治今山西省长治市北。县境南有黎亭，故黎国。东南有壶口关。东山，在县城东南，又名无皋。《元和郡县图志》卷十九《河东道》引《上党记》："曹公之围壶关，起土山于城西北角，穿地道于城西，内筑界城以遮之。"

潞县 沿西汉置，治今山西省长治市潞城区东北。

太原郡

治晋阳（今山西省太原市西南），领县16。2县地属海河流域，户3 862，口25 014。（《后汉书·郡国志》："十六城，户三万九百二，口二十万一百二十四。"）

阳曲县　沿西汉置，治今山西省定襄县东。

虑虒县　沿西汉置，治今山西省五台县东北。

雁门郡

东汉沿西汉置，治阴馆（今山西省朔州市东南），领县 14。13 县地属海河流域，户 29 587，口 231 215。（《后汉书·郡国志》："十四城，户三万一千八百六十二，口二十四万九千。"）

阴馆县　沿西汉置，郡城附廓县。境内有句注山，即雁门山。《山海经》曰："雁门山者，飞雁出于其间。"

繁峙县　沿西汉置，治今山西省应县东。

崞县　沿西汉县，治今山西省浑源县西。

剧阳县　沿西汉置，治今山西省应县东北。

汪陶县　沿西汉置，治今山西省应县西。

卤城县　沿西汉置，治今山西省繁峙县东北。境内有武夫山，又曰戊夫山。《后汉书·郡国志》刘昭注："《山海经》曰：'秦（泰）戏之山，无草木，多金玉，呼沱之水出焉。'郭璞曰：'今呼沱河（出）县武夫山。'《周礼》：'并州，其川呼沱'。"

广武县　沿西汉置，治今山西省代县西南。

原平县　沿西汉置，治今山西省原平市东。

埒县　沿西汉置，治今山西省神池县东。

楼烦县　沿西汉置，治今山西省神池、宁武一带。

马邑县　沿西汉置，治今山西省朔州市。

平城县　沿西汉置，治今山西省大同市东北。

强阴县　沿西汉置，治今内蒙古岱海南。

司隶校尉部

河内郡

沿西汉置，治怀县（今河南省武陟县西南），领县 18。2 县属海河流域，户 17 752，口 89 062。（《后汉书·郡国志》："十八城，户十五万九千七百七十，口八十万一千五百五十八。"）

荡阴县　沿西汉置，有羑里城，治今河南省汤阴县。

林虑县　沿西汉置，故隆虑，殇帝改。有铁。治今河南省林州市北古城。

兖州刺史部

东郡

沿西汉置，治濮阳（今河南省濮阳市南），领县15。7县地属海河流域，户63 508，口281 583。(《后汉书·郡国志》：“十五城，户十三万六千八十八，口六十万三千三百九十三。”)

顿丘县　沿西汉置，治今河南省清丰县西。城南有帝喾冢。

卫国　公国，西汉观国，姚姓，光武更名，治今河南省清丰县南。境内有河牧城、竿城。

发干县　沿西汉置，治今山东省冠县东。

博平县　沿西汉置，治今山东省高唐县西南。

乐平县　沿西汉置，治今山东省聊城市西。

阳平县　沿西汉置，治今山东省莘县。

东武阳县　沿西汉置，治今山东省莘县南。

青州刺史部

平原郡

沿西汉置，治平原（今山东省平原县南），领县9。7县属海河流域，户121 013，口779 845。(《后汉书·郡国志》：“九城，户十五万五千五百八十八，口百万二千六百五十八。”)

平原县　沿西汉置，治今山东省平原县南。境内有笃马河。

安德侯国　沿西汉置，治今山东省陵县南。

鬲侯国　沿西汉置，治今山东省德州市东南。

西平昌侯国　沿西汉置，治今山东省商河县西北①。《后汉书·郡国志》无此县，而列有“祝”。

般县　沿西汉置，治今山东省乐陵县西南。

乐陵县　沿西汉置，治今山东省乐陵县南。

厌次县　沿西汉置，原曰富平，明帝更名，治今山东省德州市陵城区东北。

---

① 谭其骧. 中国历史地图册：第三册. 北京：中国地图出版社，1982：64-65.

第五章　海河水系形成之后的城镇建置

一、魏晋

（一）曹魏（公元220年至公元265年）

东汉中平五年（公元188年），灵帝改州刺史为州牧，州、郡、县地方三级行政建置由此确立。是时东汉疆域共分13州。献帝兴平元年（公元194年），又析置雍州，州数增至14。建安九年（公元204年），曹操攻陷邺城（今河北省临漳县西南三台村），自领冀州牧。为扩充势力，拓广冀州地盘，曹操欲依古制，行九州。据《三国志·魏书·武帝纪》，建安十八年（公元213年），献帝“诏书并十四州复为九州”。割河东、河内、冯翊、扶风及幽、并二州皆入冀州。胡三省《资治通鉴》卷六十六东汉献帝建安十八年注：“此曹操自领冀州牧，欲广其所统以制天下耳。”公元220年，曹丕禅代汉室，国号魏，建元黄初。黄初二年（公元221年），曹丕恢复汉代13部，析置幽州，分疆划界为13州。以州统郡，以郡领县，沿袭东汉州、郡、县三级行政管理。

三国魏地方行政管理组织较诸两汉，也有变化。两汉州刺史为监察官，东汉州牧演变为亲民官。魏时，疆域大大小于东汉，而仍设13州，州的行政区缩小，于州刺史之上又设都督诸州。公元220年，曹丕称帝于洛阳，废州牧，设都督以为地方最高军政长官，都督往往兼任所驻州的刺史。魏明帝时，镇北将军吕昭兼领冀州刺史。大臣杜恕建议都督、刺史军政相分，刺史专务民事。这一建议在冀州实行了，而幽州由于处于边地，并没有实行，州刺史仍由都督兼任。都督和刺史手下都有数十人的从事僚佐，专掌兵、粮、钱、财、民户、刑狱、手工业、赋税等等。郡一级的地方行政长官仍称太守。太守有文职太守和曲兵太守，曲兵太守又称郡将军。县仍以令（长）为首，又有县守令、县守长，是临时设置的一县长官。魏国的县令、县长，既可由皇帝任免，也可由州、郡最高长官任免。其僚属官吏一如州郡，唯人数较少而已。

海河流域仍主要为冀、幽2州地，兼及并州、司州、兖州、青州接壤地区。境内城邑174，其中州城2，郡国城24，县城147，邑城1。

冀州

中平五年（公元188年）后，成为最高地方行政建置。灵帝以后，州刺史常理邺。三国魏文帝以邺为五都之一，于黄初中，移冀州治于信都，在今河北省衡水市冀州区新城北。统14郡、国，119县（见图52）。

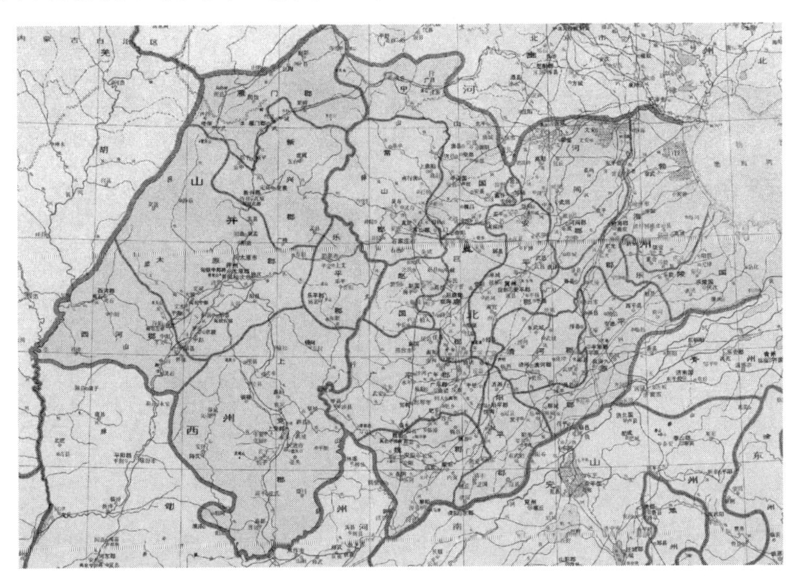

图52　曹魏冀、并州图

魏郡

东汉郡，魏沿置。治邺，在今河北省临漳县西南三台村。领县10。《八琼室金石补正》卷八有“魏郡赵柱”墓砖刻文。

邺县　东汉县，魏沿置，州、郡城附廓县。治今河北省临漳县西南三台村。公元221年，曹丕以邺为王业本基，与长安、洛阳、谯、许昌并列为五都。邺是魏在河北的军事重镇，黄初二年（公元221年）于邺置都督河北治所，兼管冀、幽、并3州军事，明帝以后，移治蓟，曹魏末年又置督邺城守治所。县东有阳平亭。

魏县　东汉县，清吴增仅撰、杨守敬补正《三国郡县表附考证》引《东昌府志》："曹魏初省，寻复置，属魏郡。"治今河北省大名县大名镇西南。

斥丘县　东汉县，魏沿置。治今河北省成安县成安镇东南。

安阳县　曹魏置，治今河南省安阳市南。《郡县释名》曰："县因安阳河名。"

长乐县　曹魏置，治今河南省安阳市东。

内黄县　魏沿东汉置，治今河南省内黄县西。

繁阳县　魏沿东汉置，治今河南省内黄县西北。

阴安县　魏沿东汉置，治今河南省南乐县西南。

荡阴县　东汉县，魏沿置，故属河内郡，曹魏划归魏郡。治今河南省汤阴县。

黎阳县　魏沿东汉置，治今河南省浚县东北。

阳平郡

东汉建安十八年（公元213年），曹操于魏郡置东部都尉，治馆陶，在今河北省馆陶县东南。魏黄初三年（公元222年），因东部都尉，分魏郡置阳平郡，仍治馆陶，领9县。《八琼室金石补正》卷八有"阳平尹尚"墓砖刻文。

馆陶县　东汉县，曹魏阳平王国附廓县。治今山东省冠县南馆陶。

元城县　东汉县，曹魏元城王国附廓县。治今河北省大名县大名镇东北。《元和郡县志》："魏于县置阳平郡。"据《三国志》，郡治当在馆陶。

清渊县　东汉县，魏沿置。治今山东省冠县东北清水。

发干县　魏沿东汉置，故属兖州东郡，曹魏划归阳平郡。治今山东省冠县东。

乐平县　魏沿东汉置，故属东郡，魏划归阳平郡。治今山东省聊城市西。

阳平县　魏沿东汉置，故属东郡，魏划归阳平郡。治今山东省莘县。

东武阳县　魏沿东汉置，故属东郡，魏划归阳平郡。治今山东省莘县南。

卫国县　魏沿东汉置，故属东郡，魏划归阳平郡。治今河南省清丰县东南。

顿丘县　魏沿东汉置，故属东郡，魏划归阳平郡。治今河南省清丰县西。河南清丰曾出土“顿丘人墓砖”，其文：“顿丘汾阳人信郊（下阙)”①。

平原郡

魏沿东汉置，故属青州刺史部，魏改属冀州。治平原，今山东省平原县南。领县 9，其中 6 县属海河流域：

平原县　魏沿东汉置，郡城附廓县。

博平县　魏沿东汉置，治今山东省高唐县西南。

安德县　魏沿东汉置，治今山东省陵县南。

西平昌县　魏沿东汉置，治今山东省陵县东。

般县　魏沿东汉置，治今山东省宁津县东南。

鬲县　魏沿东汉置，治今山东省德州市东南。

广平郡

东汉建安十八年（公元 213 年）曹操于魏郡置西部都尉，治曲梁，在今河北省邯郸市永年区东南广府镇。魏黄初三年（公元 222 年），因西部都尉分魏郡置广平国，封曹俨为广平王。四年（公元 223 年），俨死，国除为郡。仍治曲梁。领 16 县：

曲梁县　东汉侯国。曹魏仍袭置。治今河北省邯郸市永年区临洺关镇东南广府镇。《希古楼金石萃编》卷八有“魏故骑督、平寇将军、关中侯广平曲梁苏君之神道碑”。

广平县　东汉县，曹魏沿置。故属巨鹿郡，献帝年间移属魏郡，魏黄初年间归广平郡。治今河北省鸡泽县东南。

---

①　北京图书馆藏中国历代石刻拓本汇编：第二册．郑州：中州古籍出版社，1989：28.

易阳县　东汉县，建安十七年（公元 212 年）以县益魏郡。魏黄初年间改属广平郡。治今河北省邯郸市永年区临洺关镇西北西阳城乡易阳城故址。

武安县　东汉县，曹魏置侯国。齐王曹芳正始元年（公元 240 年），召陵侯曹爽封此。嘉平元年（公元 249 年），爽被诛，国除。治今河北省武安市西南固镇。

涉县　《汉书·地理志》《后汉书·郡国志》作“沙”。《三国志·魏书·武帝纪》作“涉”。东汉县，魏沿置。治今河北省涉县涉城镇西北。

南和县　东汉县，魏沿置。故属巨鹿郡，东汉献帝时益魏郡，魏黄初年间划属广平。治今河北省南和县和阳镇。

平恩县　东汉改平恩侯国为县，魏沿置。治今河北省邱县南丘城镇西南。

邯郸县　东汉建安十七年（公元 212 年）以县益魏郡，魏改属广平郡。王国，黄初六年（公元 225 年），陈王邕改封此。治今河北省邯郸市。

襄国县　东汉建安十七年以县益魏郡，魏改属广平郡。治今河北省邢台市南百泉村。《说文解字》：“濂水出赵国襄国，东入湡。”

任县　东汉县，魏沿置。故属巨鹿郡，东汉献帝时益魏郡，魏黄初年间划属广平郡。治今河北省任县任城镇东南。

曲周县　汉武帝建元四年（公元前 137 年）置，魏沿置。东汉献帝时以县益魏郡，魏黄初年间划属广平郡。治今河北省曲周县曲周镇东北。

列人县　东汉县。魏置典农都尉治，咸熙元年（公元 264 年）废。故属巨鹿，魏改属广平。治今河北省邯郸市肥乡区肥乡镇东北列人堤。

广年县　东汉县，魏沿置。故属巨鹿，魏改属广平。治今河北省邯郸市永年区临洺关镇东故城。

斥章县　东汉县，魏沿置。故属巨鹿，魏改属广平。治今河北省曲周县东南西呈孟村。

肥乡县　《舆地广记》：“黄初二年（公元 221 年）分邯郸、列人置，属广平。”治今河北省邯郸市肥乡区肥乡镇西 11 公里处。

临水县　《元和郡县图志》：“黄初二年（公元 221 年）于滏阳置县，即临水。属广平。”《太平寰宇记》：“以城临滏水，故曰临水。”治今河北省磁县磁州镇。

巨鹿郡

东汉郡，魏沿置。治廮陶，在今河北省宁晋州市南。领 7 县：

廮陶县 汉县，建安十七年（公元 212 年）以县益魏郡，后又复归巨鹿。治今河北省宁晋县凤凰镇南。

巨鹿县 东汉县，魏沿置。治今河北省平乡县乞村镇西南平乡。《京畿冢墓遗文》卷上有“魏故公丘长巨鹿霍君之神道碑”。

杨氏县 东汉县，魏沿置。治今河北省宁晋县凤凰镇。

南䜌县 东汉县，魏沿置。治今河北省巨鹿县巨鹿镇北。

下曲阳县 东汉县，魏沿置。治今河北省晋县晋州镇西。

平乡县 东汉县，魏沿置。治今河北省平乡县乞村镇西南大老营。

鄡县 西汉鄡县，东汉改鄡，魏沿置。治今河北省辛集市东南。

附：

大陆县 《三国郡县表》列有大陆县，载：“汉晋《志》俱无，《左传·定公元年》杜注：‘巨鹿大陆县，疑魏立。’”当在大陆泽一带。

赵国

《三国郡县表》：“东汉赵国都邯郸，魏黄初中改郡，治所未详。”太和六年（公元 232 年）复故，巨鹿王曹干改封此。正元中增赵王曹干邑，景元中又增邑。《中国历史地图集》（三）图 11－12 标列：魏赵国都房子，在今河北省高邑西南。领 6 县：

房子县 东汉县。故属常山，魏属赵国。治今河北省高邑县高邑镇西南。

元氏县 东汉县，魏沿置，故属常山，魏属赵国。治今河北省元氏县槐阳镇西北。

柏人县 东汉县，魏沿置，故属常山，魏属赵国。治今河北省隆尧县城西偏南 12 公里处双碑乡。

中丘县 东汉县，魏置公国。黄初七年（公元 226 年），乘氏公茂改封于此。治今河北省内丘县内丘镇西。

平棘县 东汉候国，魏置县。故属常山，魏属赵国。治今河北省赵县赵州镇南。

高邑县 西汉鄗县，东汉建武时改名高邑，魏沿置县。故属常山，魏属赵国。治今河北省柏乡县柏乡镇北固城店。

常山郡

秦恒山郡，西汉常山郡，东汉为国，治元氏，在今河北省元氏县西北。建安十一年（公元 206 年）改郡，魏仍置郡，治真定县，在今河北省石家庄市郊东古城。领 7 县：

真定县　东汉县，曹魏沿置，并以县为王国。高贵乡公曹髦正元元年（公元 254 年），改封楚王曹彪世子曹嘉于此。元帝曹奂景元元年增真定王曹嘉邑。治今河北省石家庄市郊东古城。

石邑县　西汉县，东汉建武以后省，献帝建安年间复置。治今河北省石家庄市鹿泉区南故邑村。

九门县　东汉县，魏沿置。治今河北省石家庄市藁城区西北九门村。

井陉县　东汉县，魏沿置。治今河北省井陉县微水镇西北。

灵寿县　东汉侯国，魏置县。治今河北省灵寿县西北灵寿村。

南行唐县　东汉县，魏沿置。治今河北省行唐县行唐镇北。

上曲阳县　东汉县，属中山，魏改隶常山。治今河北省曲阳县曲阳镇西。

省东汉栾城、蒲吾 2 县；都乡县缺载；房子、平棘、元氏、高邑 4 县移赵国；上艾于东汉末移平乐。

中山国

西汉高祖置中山郡，景帝改郡为国。魏黄初年间改郡，明帝太和六年（公元 232 年）复为国。濮阳王曹衮改封于此。青龙三年（公元 235 年），曹衮卒，子曹孚嗣。高贵乡公曹髦正元中（公元 255 年）增中山国王曹孚邑。元帝曹奂景元年间复增邑。国都卢奴，在今河北省定州市。领 11 县：

卢奴县　东汉县，魏沿置。治今河北省定州市。

魏昌县　西汉苦陉县，东汉章帝改名汉昌，魏文帝曹丕改为魏昌。青龙三年（公元 235 年）追封甄逸为魏昌侯。置侯国。治今河北省定州南邢邑镇。

安熹县　西汉安险县，东汉章帝更名安熹，魏沿置。明帝青龙三年（公元 235 年）追封甄逸妻为安熹君。治今河北省定州市东南。

蒲阴县　东汉章和二年（公元 88 年）改曲逆置县，魏沿置。治今河北省顺平县蒲阳镇东南大王、子城一带。

望都县　东汉县，魏沿置。治今河北省望都县望都镇西北故县村。

唐县　东汉县，魏沿置。治今河北省唐县仁厚镇北固城村。

北平县　东汉县，魏沿置。治今河北省保定市满城区满城镇北眺山下。

广昌县　东汉县，魏沿置。治今河北省涞源县涞源镇北。

毋极县　东汉县，魏沿置。治今河北省无极县无极镇西。

安国侯国　东汉县，魏侯国。青龙三年（公元 235 年）、正元元年（公元 254 年）毛嘉、高柔先后封此。景元四年（公元 263 年）柔卒，孙高浑嗣。治今河北省安国市祁州镇安国城。

蠡吾县　西汉县，东汉侯国，魏仍置县。治今河北省博野县博陵镇西北里村。

安平郡

东汉安平国，魏更置郡，治信都，在今河北省衡水市冀州区新城北。领 15 县：

信都县　东汉县，魏沿置。治今河北省衡水市冀州区冀州镇北。

南宫县　东汉县，魏沿置。治今河北省南宫市西北旧城村。

下博县　东汉县，魏沿置。治今河北省深州市东南下博镇。

武邑县　东汉县，魏沿置。治今河北省武邑县武邑镇。

堂阳县　东汉县，魏沿置。青龙三年（公元 235 年）封郭永妻为堂阳君。治今河北省新河县新河镇。

观津县　东汉县，魏置侯国。青龙三年（公元 235 年）郭表封此。治今河北省武邑县东南观津村。

扶柳县　东汉县，魏沿置。治今河北省衡水市冀州区冀州镇西北扶柳城村。

经县　东汉县，魏置公国。治今河北省广宗县广宗镇东 10 公里处。太和五年（公元 231 年），追封曹协为经殇公，子曹寻嗣。正始七年（公元 246 年），曹寻卒，无子，国除。

安平县　东汉县，魏沿置。治今河北省安平县安平镇。

饶阳县　东汉县，魏沿置。治今河北省饶阳县饶阳镇南故城村。

南深泽县　东汉县，魏沿置。治今河北省深泽县东南。

博陆县　东汉本初元年（公元 146 年）置博陵郡，治所在博陵县，建安末废郡存县。魏改博陵置博陆县。治今河北省蠡县蠡吾镇南。

枣强县　西汉县，东汉省，魏复置。治今河北省枣强县枣强镇东之东、西故县村。

广宗县　东汉县，魏沿置。故属巨鹿，魏改属安平。治今河北省威县洺州镇东10公里处。

阜城县　东汉改西汉昌城侯国置县，魏沿置。治今河北省衡水市冀州区冀州镇西北。

乐陵国

东汉建安十八年（公元213年），魏武帝分平原、勃海置，初称郡，夏侯湛《汉太中大夫东方先生画赞》（见《昭明文选》）曰："魏，建安中，分厌次为乐陵郡"。魏齐王曹芳正始五年（公元244年），改郡为国。曲阳王曹茂徙封于此。治厌次，在今山东省陵县东北神头镇。领5县，其中4县地属海河流域：

新乐县　三国魏置县。治今河北省南皮县南皮镇东南。

乐陵县　魏沿东汉置，故属平原郡。治今山东省乐陵县南。

厌次县　魏沿东汉置，故属平原郡。治今山东省陵县东北11公里。《汉书·东方朔传》曰朔为"平原厌次人也"。魏晋时，厌次有东方朔祠。夏侯湛拜谒，作《画赞》。今山东陵县文博苑有颜真卿立《东方先生画赞碑》。颜氏撰《碑阴记》曰："古厌次城，今在平原郡安德县东北二十二里。厌次今移属乐安郡，东去祠庙二百里。"唐之安德即山东陵县。陵县东北11公里神头镇有东方朔墓。镇西有汉代故城遗址，当为厌次故城。北魏时，厌次县治东移马岭城，即今山东省阳信县东南20公里处。

阳信县　魏沿东汉置，故属勃海郡。治今山东省无棣县东北。

章武郡

东汉建安末，魏武分勃海郡、河间国置，治东平舒，今大城县平舒镇。领4县：东平舒、章武、文安、束州。黄初以后沿袭东汉末年建置。至嘉平中（约公元252年），省章武郡，以章武县入勃海郡，东平舒、文安、束州3县还属河间国。

勃海郡

东汉郡，魏沿置。治南皮县，在今河北省南皮县东北。领9县：

南皮县　东汉县，魏为郡城附廓县。伯相城邑，咸熙元年（公元264年），司马伷封此。治今河北省南皮县南皮镇东北。

东光侯国　东汉县。魏置侯国，正元中（公元255年），石苞封于此，治今河北省东光县东光镇东。

浮阳县　西汉县，东汉侯国。魏仍置县。治今河北省沧州市东南旧沧州。

饶安县　东汉灵帝时改西汉千童县置。《元和郡县图志·河北道》："灵帝置饶安县，以其地丰饶，可以安人。"故名。魏为王国，景初二年（公元238年）曹赞封此。治今河北省盐山县西南旧县镇。

高城县　西汉高成县，东汉改名高城，魏沿置。治今河北省盐山县盐山镇东南。

蓨县　东汉修县，三国魏改名蓨县。治今河北省景县景州镇南。

广川侯国　东汉县，故属清河国，魏移勃海郡。咸熙元年（公元264年）置侯国，裴秀封此。治今河北省景县景州镇西南广川镇东南。

章武县　东汉县。魏嘉平中，省章武郡，县还属勃海郡。治今河北省黄骅市故县村北。

重合县　曹魏沿东汉置。治今山东省乐陵市西北。

河间郡

东汉河间国，魏黄初，复改为郡。三年（公元222年）进燕公曹干爵，封河间国王。五年（公元224年）改封乐成县，国除为郡。治乐成，在今河北省献县东南。领10县：

乐成侯国　治乐成县，东汉桓帝更名乐陵，魏复故名。王国。黄初五年（公元224年）河间王曹干封于此，七年（公元226年）徙封巨鹿县。太和元年（公元227年）降为侯国，都阳侯曹洪封此。六年（公元232年）曹洪卒，子曹馥嗣。治今河北省献县乐寿镇东南河城街村南。

武垣县　东汉县，魏沿置。故治今河北省肃宁县肃宁镇东南武垣故城遗址。东汉建安年间移治东武垣城，治今河北省河间市瀛州镇南。

鄚侯国　东汉县，魏置侯国。黄初元年（公元220年），张郃封此。治今河北省任丘市北鄚州镇。

易城县　东汉易县，《晋书·地理志》作"易城"，盖曹魏改名，治今河北省雄县西北古贤。

中水县　东汉县，魏沿置。治今河北省献县乐寿镇西权寺村。

成平县　东汉县，魏沿置。治今河北省泊头市齐桥镇大付村附近。

高阳县　东汉县，魏沿置。治今河北省高阳县东旧城。

东平舒县　东汉县，魏沿置。治今河北省大城县平舒镇。

文安县　东汉县，魏置王国，曹赞封于此。治今河北省文安县文安镇东北柳河镇。

束州县　东汉县，魏沿置。治今河北省河间市瀛州镇东北束城。

清河郡

西汉置，东汉改郡为国，桓帝建和二年（公元148年）改名甘陵。献帝建安十一年（公元206年）国除为郡。魏复为清河郡。黄初三年（公元222年）改国，封曹贡为清河国王，四年（公元223年）贡卒，国除为郡。治清河，原名甘陵，今山东省临清市东北。领6县：

东武城县　东汉县，魏沿置。治今河北省清河县葛仙庄镇东北。

清河县　东汉甘陵，曹魏曰清河，沿置县。治今山东省临清市东北。

贝丘县　魏沿东汉置，治今山东省临清市东南。

灵县　魏沿东汉置，治今山东省高唐县南。

鄃县　魏沿东汉置，治今山东省高唐县东北。

绎幕县　魏沿东汉置，治今山东省平原县西北。

幽州

西汉武帝设刺史部，东汉沿置，灵帝时演变成最高一级地方行政区划。建安十八年（公元213年）省入冀州，魏黄初初，复置。《八琼室金石补正》卷八有“魏景元元年护乌丸校尉幽州刺史张普墓砖文”。三国魏征北将军刘靖在蓟城西北筑戾陵遏，开车箱渠，导高梁水灌田，成为著名传统水利工程。《水经注》卷十四《鲍丘水》曰：“高梁水……首受漯水于戾陵堰，水北有梁山，山有燕剌王旦之陵，故以戾陵名堰。水自堰枝分，东径梁山南，又东北径刘靖碑北。其词云：‘魏使持节、都督河北诸军事、征北将军、建城乡侯、沛国刘靖，字文恭，登梁山以观源流，相漯水以度形势……乃使帐下丁鸿督军士千人，以嘉平二年，立遏于水，导高梁河，造戾陵遏，开车箱渠。其遏表云：高梁河水者，出自并州，潞河之别源也。长岸峻固，直截中流，积石笼以为主遏，高一丈，东西长三十丈，南北广七十余步。依北岸立水门，门广四丈，立水遏，长十丈。山水暴发，则乘遏东下；平流守常，则自门北入，灌田岁二千顷。凡所封地，百余万亩。至景元三年辛酉，诏书以民食转广，陆废不赡，遣谒者樊晨更制水门，限田千顷，刻地四千三百一十六顷，出给郡县，改定田五千九百三十顷，水流乘车箱渠，自蓟西北径昌平，东尽渔阳潞县，凡所润含四五百里，所灌田万有余顷。'" 幽州治蓟，在今北京市西南。统 12 郡、国，其中 6 郡国 32 县属于海河流域（见图 53）。

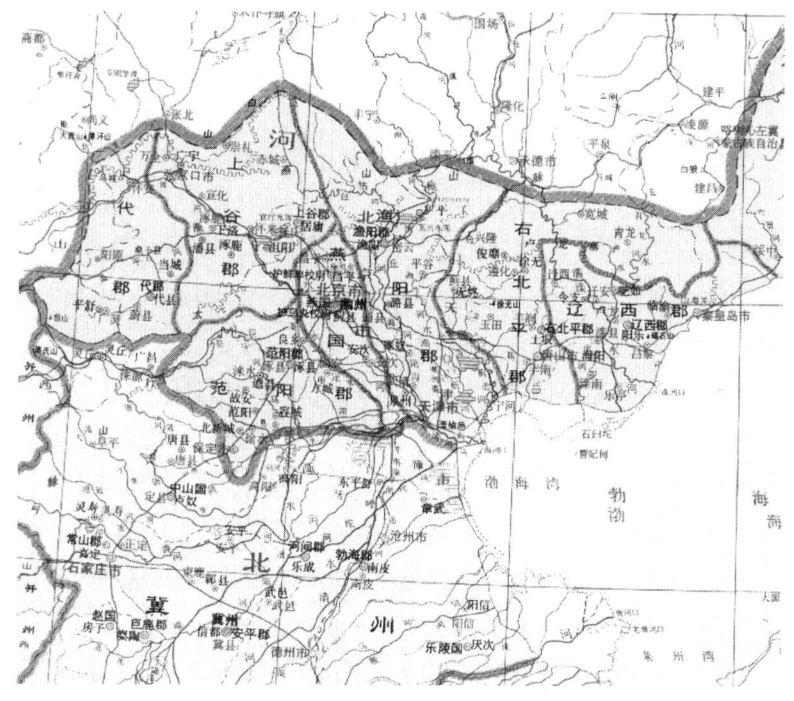

图 53　曹魏幽州图（局部）

范阳郡

东汉涿郡，魏黄初七年（公元 226 年）改名范阳，治涿，在今河北省涿州市，领 8 县：

涿县　东汉县，魏沿置。治今河北省涿州市。

方城侯国　东汉县，魏景初二年（公元 238 年）置侯国，封刘放为方城侯。咸熙元年（公元 264 年）降为子相。治今河北省固安县固安镇西南方城。

遒县　西汉县，东汉侯国，魏置县。治今河北省涞水县北庄。

故安县　东汉县，魏沿置。治今河北省易县东南东固安。

范阳县　西汉县，东汉侯国，魏先后置范阳公国、王国，辖范阳县。治今河北省定兴县西南固城镇。黄初三年（公元 222 年）追封曹矩为范阳公。五年（公元 224 年）封曹矩嗣子曹敏为范阳王，七年（公元 226 年）徙封句阳。

北新城县　东汉县，魏沿置。治今河北省保定市徐水区安肃镇西南。

容城侯国　西汉县，东汉建武以后省，汉魏之际复置。魏正元二年（公元 255 年）为侯国，封卢毓于此。治今河北省容城县容城镇西北城子村。

良乡县　魏沿东汉置，治今北京市房山区窦店镇之西，汉唐良乡故城遗址。

燕国

东汉广阳郡。魏黄初二年（公元 221 年），弘农侯曹干晋爵封燕公，改燕国。三年（公元 222 年）曹干改封河间，明帝太和六年（公元 232 年）下邳王曹宇封此，复改燕国。正元、景元年间增燕国邑。治蓟（今北京市西南），领 5 县：

安次县　东汉县，魏沿置。治今河北省廊坊市西北古县村。

蓟县　东汉县，魏沿置。护乌丸校尉治所，在今北京市西南。

昌平县　东汉县，魏沿置。护鲜卑校尉治所，在今北京市昌平区南。

军都县　东汉县，魏沿置。治今北京市昌平区西南。

广阳县　东汉县，魏沿置。治今北京市房山区良乡镇东广阳村汉代广阳城遗址。

渔阳郡

东汉郡，魏沿置。治渔阳，在今北京市密云区西南。领 6 县：

潞县　东汉县，魏沿置。治今北京市通州区古城村。

渔阳县　东汉县，魏沿置。治今北京市密云区西南。

雍奴县　东汉县，魏沿置。治今天津市武清区后巷乡大宫城村。

泉州县　东汉县，魏沿置。治今天津市武清区西南。

安乐县　东汉县，魏沿置。治今北京市顺义区西北。

犷平县　东汉县，魏沿置。治今北京市密云区东北水库区。

北平郡

东汉右北平郡。《太平寰宇记》载：魏去“右”字，为北平郡。谭其骧主编《中国历史地图集》（第三册）图 13－14 仍标为右北平郡，兹据《三国郡县表》，作北平郡。治土垠县，今唐山市银城铺。领 4 县：

土垠县　东汉县，魏沿置。治今河北省唐山市银城铺。

徐无县　东汉县，魏沿置。治今河北省遵化市遵化镇东。

俊靡县　东汉县，魏沿置。治今河北省兴隆县兴隆镇东南。

无终县　东汉县，魏沿置。治今天津市蓟州区。

上谷郡

东汉郡，魏沿置。故治沮阳，魏徙治居庸，在今北京市延庆区。领 6 县：

沮阳县　东汉县，魏沿置。治今河北省怀来县沙城镇东南。

潘县　东汉县，魏沿置。治今河北省涿鹿县涿鹿镇西南保岱一带。

广宁县　东汉县，魏沿置。治今河北省张家口市。

涿鹿县　东汉县，魏沿置。治今河北省涿鹿县涿鹿镇西。

居庸县　东汉县，魏沿置。治今北京市延庆区。

下洛县　东汉县，魏沿置。改“下落”曰“下洛”。治今河北省涿鹿县西。

代郡

东汉郡，魏沿置。治代，在今蔚县东北代王城。领 3 县：

代县　东汉县，魏沿置。治今河北省蔚县东北代王城。

当城县　东汉县，魏沿置。治今河北省蔚县代王城东北西合营。

平舒县　东汉县，魏沿置。治今山西省广灵县西。

并州

上党郡

东汉郡，魏沿置。治壶关（今山西省长治市北），领 13 县，8 县地属海河流域；

壶关县　东汉县，魏沿置。谭其骧主编《中国历史地图集》（第三册）

标为郡城附廓县。治今山西省长治市北。

长子县　魏沿东汉置，治今山西省长子县西南。县西“有发鸠之山，章（漳）水出焉”（《山海经》）。

屯留县　魏沿东汉置，治今山西省屯留县南。《后汉书·郡国志》曰：“绛水出。”刘昭注补引《上党记》曰：“有鹿谷山，浊漳所出。有余吾城，在县西北三十里。”

铜鞮县　魏沿东汉置，在今山西省沁县南。《后汉书·郡国志》刘昭注引《上党记》曰：“晋别宫墟关犹存，有北城，去晋宫二十里，羊舌所邑。”

涅县　沿东汉置，治今山西省武乡县西北。《后汉书·郡国志》曰：“有阏与聚。”刘昭注：“《史记》曰：‘赵奢破秦兵阏与。’《山海经》云：‘谒戾之山有金玉，沁水出焉，南流注于河。’”

襄垣县　沿东汉置，治今山西省襄垣县北。《后汉书·郡国志》刘昭注引《上党记》曰：“邑带山林，茂松生焉。”

潞县　沿东汉置，治今山西省长治市潞城区。《后汉书·郡国志》刘昭注：“《左传》哀四年，齐伐晋壶口，杜预曰：‘路（潞）县东有壶口关。’《上党记》曰：‘潞，浊漳也。县城临潞。晋荀林父伐曲梁，在城西十里，今名石梁。又东北八十里有黎城，临壶口关，至建安十一年，从泃河口凿入潞河，名泉州渠，以通于海。’”泉州渠不在上党郡，而且此潞河非幽州渔阳之潞水，此条史料有误。

轑阿县　魏置，治今山西省左权县。

乐平郡

东汉献帝建安年间析上党、太原、常山三郡地置，治沾县（今山西省昔阳县巴洲乡巴洲村），领3县：

沾县　东汉县，魏沿置，郡城附廓县。《后汉书·郡国志》“沾”刘昭注：“《山海经》曰：‘有少山，其上有金玉，其下有铜。’郭璞云在沾。”清漳水发源于沾。

乐平县　魏置，治今山西省昔阳县。

上艾县　东汉置，魏沿置。治今山西省平定县。

新兴郡

建安二十年，“始集塞下荒地立新兴郡”（《晋书·地理志》上）。《太平寰宇记》卷一六三《州郡部九·河东道下·忻州》引《十三州志》："汉末大乱，匈奴侵边，自定襄已西尽云中、雁门之间遂空。建安中，丞相曹公集荒郡之户以为县。聚之九原县界，以立新兴郡，领九原等县，属并州。"治九原（今山西省忻州市），领6县：

九原县　魏置，郡城附廓县，匈奴北部帅驻跸。

广牧县　魏置，治今山西省寿阳县西北。

定襄县　魏改东汉阳曲县置，治今山西省定襄县东南。

虑虒县　东汉县，魏沿置。治今山西省五台县东北。

云中县　魏置，治今山西省原平市西。

平城县　魏置，治今山西省代县东北。

雁门郡

东汉郡，魏沿置，治广武（今山西省代县西南），领6县：

广武县　东汉县，魏沿置。郡城附廓县。县境有夏屋山。

原平县　东汉县，魏沿置。治今山西省原平市东。

阴馆县　东汉县，魏沿置。治今山西省代县西北。境内有句注山，漯水出焉。

楼烦县　东汉县，魏沿置。治今山西省神池、宁武县境。

汪陶县　东汉县，魏沿置。治今山西省应县西。

剧阳县　东汉县，魏沿置。治今山西省应县东北。

附：

马邑城　东汉县，魏裁撤，在今山西省朔县。《后汉书·郡国志》刘昭注引干宝《搜神记》曰："昔秦人筑城于武州塞内以备胡，城成而崩者数矣。有马驰走一地，周旋反复，父老异之，因依以筑城，城乃不崩，遂名之为马邑。"

司州

河内郡

魏沿东汉置，治怀县，今河南省武陟县西南。领县16，其中1县地在海河流域。

林虑县　曹魏沿东汉置，治今河南省林州市北古城。

（二）西晋（公元265年至公元316年）

公元265年，司马氏倾危弱主，禅代曹魏，建立西晋。为维系地方，晋武帝分封同姓诸王，以郡为国，郡国并行，邑两万户为大国，邑万户为次国，五千户为小国。晋初分封，诸王并未就国，多数留宫或留居洛阳。咸宁三年（公元277年），武帝恐怕诸王在京干夺朝政，下诏徙诸王公各赴封国，领治户邑。同时，西晋还把出任都督的宗王移封就镇，使他们镇守的区域与其封地统一起来。这样，在州、郡、县三级行政建置之外，又形成了军事上的方镇建置。咸宁五年（公元279年），西晋在全国置有10个都督监军，海河流域设有都督邺城守诸军事和都督幽州诸军事，分别治邺（今河北省临漳县西南三台村）和涿（今河北省涿州市）。六年（公元280年），西晋灭吴，统一天下，分全国为19州，173郡、国。海河流域置有27郡国175县，凡176城。

司州

三国魏通称司隶校尉部为司州，西晋始定为正式名称，治洛阳，在今河南省洛阳市东北。所统“三魏”，属海河流域。

魏郡

汉置，魏晋沿置。治邺，在今河北省临漳县西南三台村。领8县，户40 700（《晋书·地理志》上）。

邺县　三国魏县，晋沿置。河北方镇邺城都督治所。在今河北省临漳县西南三台村。

魏县　三国魏县，晋沿置。治今河北省大名县大名镇西南。

斥丘县　三国魏县，晋沿置。治今河北省成安县成安镇东南。

长乐县　曹魏县，晋沿置。治今河南省安阳市东。

安阳县　曹魏县，晋沿置。治今河南省安阳市南。

荡阴县　曹魏县，晋沿置。治今河南省汤阴县。

内黄县　曹魏县，晋沿置。治今河南省内黄县西。《晋书·地理志》上注：“黄池在西。”

黎阳县　曹魏县，晋沿置。治今河南省浚县东北。《晋书·地理志》上注：“故黎侯国。”

广平郡

魏置郡，晋沿置。故治曲梁，在今河北省邯郸市永年区东南广府镇，晋移治广平，在今鸡泽县东南。领16县（《晋书·地理志》载统县15，户35 200。兹据谭其骧主编《中国历史地图集》第三册图35－36补曲周县）。

广平县　三国魏县，晋沿置。郡城附廓县。治今河北省鸡泽县东南。

邯郸县　三国魏县，晋沿置。治今河北省邯郸市。

易阳县　三国魏县，晋沿置。治今河北省邯郸市永年区临洺关镇西北西阳城乡易阳故城遗址。

武安县　三国魏侯国，晋改置县。治今河北省武安市西南固镇。

涉县　三国魏县，晋沿置。治今河北省涉县涉城镇西北。

襄国县　三国魏县，晋沿置。治今河北省邢台市南百泉村。

南和县　三国魏县，晋沿置。治今河北省南和县和阳镇。

任县　三国魏县，晋沿置。治今河北省任县任城镇东南。

曲梁县　三国魏县，晋置县。治今河北省邯郸市永年区东南广府镇。

列人县　三国魏县，晋沿置。治今河北省邯郸市肥乡区东北列人堤。

肥乡县　三国魏黄初二年（公元221年）置县，晋沿置。治今河北省肥乡区肥乡镇西11公里处。

临水县　三国魏黄初二年（公元221年）置县，晋沿置。治今河北省磁县磁州镇。

广年县　三国魏县，晋为侯相邑。治今河北省邯郸市永年区临洺关镇东故城。

斥章县　三国魏县，晋沿置。治今河北省曲周县东南西呈孟村。

平恩县　三国魏县，晋沿置。治今河北省邱县南邱城镇西南。

曲周县　三国魏县，晋沿置。治今河北省曲周县曲周镇东北。

阳平郡

三国魏置郡，晋沿置。故治馆陶，在今河北省馆陶县东南南馆陶，晋移治元城，在今河北省大名县东北。领7县，户51 000（《晋书·地理志》上）。元康元年《成晃碑》曰："晃为阳平人。"《晋乐生碑铭》："元康三年八月十七日，阳平乐生年七十，物故。”

元城县　三国魏县，晋沿置。治今河北省大名县大名镇东北。县东南有琐阳城。

馆陶县　三国魏县，晋沿置。治今河北省馆陶县东南南馆陶。

清渊县　《晋书·地理志》作“清泉”。钱大昕《廿史考异》：“本‘清渊’，避唐讳改。”三国魏县，晋沿置。治今山东省冠县东北清水。

发干县　三国魏县，晋沿置。治今山东省冠县东。

东武阳县　三国魏县，晋沿置。治今山东省莘县南。

阳平县　三国魏县，晋沿置。治今山东省莘县。县北有莘亭。

乐平县　三国魏县，晋沿置。治今山东省聊城市西。

顿丘郡

西晋泰始二年（公元 266 年）析魏郡阴安、繁阳，阳平郡顿丘、卫置。治顿丘，在今河南省清丰县西南。领 4 县，户 6 300（《晋书·地理志》上）。

顿丘县　三国魏县，晋沿置。治今河南省清丰县西南。

繁阳县　三国魏县，晋沿置。治今河南省内黄县西北。

阴安县　三国魏县，晋沿置。治今河南省南乐县西南。

卫县　曹魏侯国，晋置县。治今河南省清丰县南。

汲郡

西晋泰始二年（公元 266 年）置，治汲，今河南省汲县西。领县 6，户37 000（《晋书·地理志》上）。其中 1 县属海河流域。

林虑县　晋沿曹魏置，治今河南省林州市北古城。

冀州

《晋书·地理志》：“冀州。案《禹贡》《周礼》并为河内之地，舜置十二牧，则其二也。《春秋元命包》云：‘昴毕散为冀州，分为赵国。’其地有险有易，帝王所都，乱则冀安，弱则冀强，荒则冀丰。舜以冀州南北阔大，分卫以西为并州，燕以北为幽州，周人因焉。及汉武置十三州，以其地依旧名为冀州，历后汉至晋不改。州统郡国十三，县八十三，户三十二万六千。”州治信都，今河北省衡水市冀州区新城北。81 城在海河流域（见图 54）。

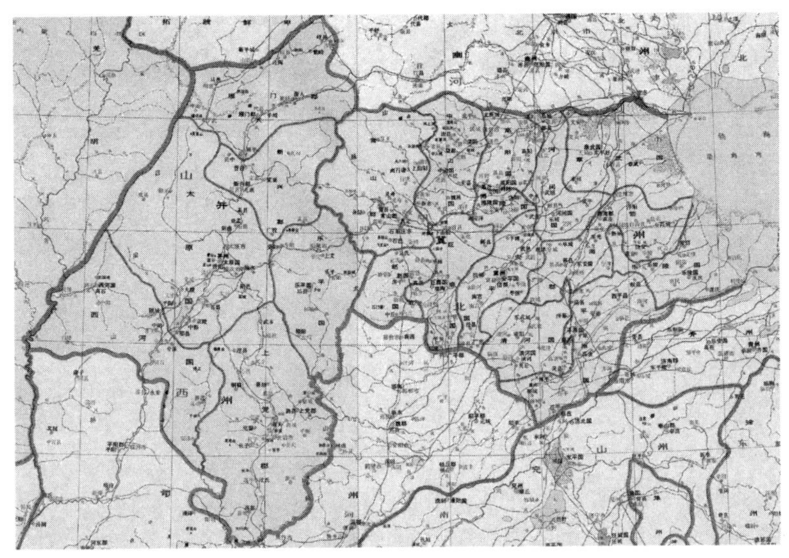

图 54　晋冀、并州图

赵国

晋沿魏置。《晋书·石勒载记》：永嘉二年（公元 308 年）十月，石勒攻赵郡，杀冀州西部都尉冯冲。盖永嘉前，除国为郡，并置冀州西部都尉治。治房子县，在今河北省高邑县西南。领 6 县（《晋书·地理志》：“统县九。户四万二千。”兹据谭其骧主编《中国历史地图集》第三册图 39－40 改）。

房子县　三国魏县，晋沿置。治今河北省高邑县高邑镇西南。

元氏县　三国魏县，晋沿置。治今河北省元氏县槐阳镇西北。

平棘县　三国魏县，晋沿置。治今河北省赵县赵州镇南。

高邑县　三国魏县，晋置公国相。治今河北省柏乡县柏乡镇北固城店。《西晋冯恭墓志》：“晋故太康三年二月三日己酉赵国高邑导官令、太中大夫冯恭字元恪。”

中丘县　三国魏公国，晋置县。治今河北省内丘县内丘镇西。

柏人县　三国魏县，晋沿置。治今河北省隆尧县城西偏南 12 公里处双碑乡。

巨鹿国

魏巨鹿郡，晋改郡为国，治廮陶，在今河北省宁晋县西南。领 5 县

（《晋书·地理志》："统县二，户一万四十。"兹据谭其骧主编《中国历史地图集》第三册图 39－40 改）。

廮陶县　三国魏县，晋沿置。治今河北省宁晋县凤凰镇西南。

巨鹿县　三国魏县，晋沿置。治今河北省平乡县乞村镇西南平乡镇。

平乡县　三国魏县，晋沿置。《晋书·地理志》属赵国，据《中国历史地图集》第三册改。治今河北省平乡县西南大老营。

下曲阳县　三国魏县，晋沿置。《晋书·地理志》属赵国，据《中国历史地图集》第三册改。治今河北省晋州市。

鄡县　三国魏县，晋沿置。《晋书·地理志》属赵国，据《中国历史地图集》第三册改。治今河北省辛集市东南。

废魏杨氏、南䜌 2 县。

安平国

魏安平郡，晋改郡为国。司马孚封安平王，都信都，在今河北省衡水市冀州区新城北。领 9 县（《晋书·地理志》："统县八，户二万一千。"兹据谭其骧主编《中国历史地图集》第三册图 39－40 改）。

信都县　三国魏县，晋沿置。治今河北省衡水市冀州区冀州镇北。

下博县　三国魏县，晋沿置。治今河北省深州市东南下博村。

武邑县　三国魏县，晋沿置。治今河北省武邑县武邑镇。

武遂县　东汉县，魏省废，晋复置。汉属河间，晋隶安平。治今河北省武强县小范镇西北。

观津县　三国魏侯国，晋置侯相。治今河北省武邑县东南观津村。又曰灌津。张载，安平灌津人。

扶柳县　三国魏县，晋沿置。治今河北省衡水市冀州区西北扶柳城村。境内有泽城。《太平寰宇记》："西晋末，刘、石之乱，人相率筑此城于柳泽畔。"

广宗侯国　三国魏县，晋置侯国。治今河北省威县洺州镇东。

经县　三国魏公国，晋置县。治今河北省广宗县广宗镇东 10 公里处。

枣强县　三国魏县，晋沿置。《晋书·地理志》缺，据《中国历史地图集》第三册补。治今河北省枣强县东、西故县村。

废魏南宫、堂阳 2 县；析安平、饶阳、南深泽等 3 县入博陵国；博陆县改属高阳国；阜城县改属勃海郡；复置武遂县。

乐陵国

三国魏齐王曹芳正始五年（公元 244 年）改郡为国，晋沿置，治厌次，在今山东省陵县东北。领 5 县，“户三万三千”（《晋书·地理志》）。其中有 4 县在海河流域。

新乐县　三国魏县，晋沿置。治今河北省南皮县南皮镇东南。

厌次县　晋沿曹魏置，治今山东省陵县东北。《石尠墓志》：“晋故尚书征虏将军幽州刺史城阳简侯乐陵厌次都乡清明里石尠，字处约……自表以疾，权驻乡里。永嘉元年，逆贼汲桑破邺都之后，遂肆其凶暴东北。其年九月五日，奄见攻围。尠亲率邑族，临危守节，义奋不回，众寡不敌。七日，城陷，薨，年六十二。”

阳信县　晋沿曹魏置，治今山东省无棣县东北。

乐陵县　晋沿曹魏置，治今山东省乐陵县南。《魏书·地形志》乐陵：“魏初置义兴郡，晋太和中罢。”东晋废帝司马奕有太和年号，西晋无，此条史料当有误。

勃海郡

三国魏郡，晋沿置，治南皮县，在今河北省南皮县东北。领 10 县，户 4 万（《晋书·地理志》上）。

南皮县　三国魏置伯相治，晋为县。治今河北省南皮县南皮镇东北。

东光县　三国魏置侯国，晋改置县。治今河北省东光县东光镇东。

浮阳县　三国魏县，晋沿置。治今河北省沧州市东南旧沧州。

饶安县　东汉县，三国魏置王国，晋改置县。治今河北省盐山县西南旧县镇。

高城县　三国魏县，晋沿置。治今河北省盐山县盐山镇东南。

东安陵县　西汉安陵县，属青州刺史部。东汉、魏省，晋复置。治今河北省吴桥县桑园镇东北。

蓨县　三国魏县，晋沿置。魏治今河北省景县南，西晋移治今景县东。晋蓨县治邸阁城内。《水经注·淇水》：“清河又东北，径邸阁城东。城临侧清河，晋脩县治。城内有县长鲁国孔明碑。”《太平寰宇记》云：“蓨县东南有邸阁城，内有鲁国孔翊清德碑，存。”

广川县　三国魏县，晋置侯相。治今河北省景县广川镇东南。

阜城县　三国魏县，晋沿置。故属安平郡，晋隶勃海郡。西晋阜城县，复还西汉故治，在今河北省阜城县东古城村。晋废弓高县入阜城县。

重合县　三国魏县，晋沿置。治今山东省乐陵市西北。

章武国

晋武帝泰始元年（公元 265 年），析河间国置。治东平舒，今河北省大城县平舒镇。领 4 县，户 13 000（《晋书・地理志》上）。

东平舒县　三国魏县，晋沿置。治今河北省大城县平舒镇。

文安县　汉县，三国魏置王国，晋仍置县。治今河北省文安县东北。

章武县　三国魏县，晋沿置。治今河北省黄骅市西北故县村北。

束州县　三国魏县，晋沿置。治今河北省河间市瀛州镇东北束城。

河间国

三国魏河间郡，晋改国，治乐城，在今河北省献县东南。领 6 县，户 27 000（《晋书・地理志》上）。《晋成晃碑》载“大女夫河间东乡训”。

乐城县　三国魏乐成县，晋改名乐城，置侯相。治河间城，今河北省献县乐寿镇东南河城街村南。

武垣县　三国魏县，晋沿置。治东武垣城，在今河北省河间市瀛州镇南。

鄚县　汉县，三国魏侯国，晋沿置侯相。治今河北省任丘市北鄚州镇。

易城县　三国魏县，晋沿置。治今河北省雄县西北古贤。

中水县　三国魏县，晋沿置。治今河北省献县西权寺村。

成平县　三国魏县，晋沿置。治今河北省泊头市齐桥镇。

高阳国

晋武帝泰始元年（公元 265 年）析涿郡置。治博陆，在今河北省蠡县南。领 4 县，户 7 000（《晋书・地理志》上）。

博陆县　三国魏县，晋沿置。故属安平郡。晋为高阳国都附廓县。治今河北省蠡县南。

高阳县　三国魏县，晋沿置。魏属河间郡，晋划归高阳国。治今河北省高阳县东旧城。

北新城县　三国魏县，晋置侯相。故属涿郡，晋划归高阳国。治今河北省保定市徐水区西南。

蠡吾县　三国魏县，晋沿置。魏属中山国，晋划归高阳国。治今河北省博野县博陵镇西北里村。

博陵国

《后汉书・桓帝纪》，延熹元年（公元 158 年）六月："分中山置博陵郡，以奉孝崇皇园陵。"李贤注曰："博陵郡，故城在今瀛州博野县也。后徙安平。"永康元年（公元 300 年），又"复博陵、河间二郡，比丰、沛"。《后汉书・党锢列传》："安国后别属博陵。"博陵郡为桓帝置，桓帝以后废省，晋复置为国。《晋书・地理志》为博陵郡，兹据谭其骧主编《中国历史地图集》第三册图 39－40 标为国。都安平，在今河北省安平县安平镇。领 4 县，户 10 000（《晋书・地理志》上）。

安平县　三国魏县，晋为博陵国都附廓县。治今河北省安平县安平镇。

饶阳县　三国魏县，晋沿置。治今河北省饶阳县故城村。

南深泽县　三国魏县，晋沿置。治今河北省深泽县东南。

安国县　三国魏县，晋沿置。故属中山国，晋划入博陵国。治今河北省安国市祁州镇东安国城。

清河国

魏清河郡，晋改置国。治清河县，在今山东省临清市东北。领 6 县，户 22 000（《晋书・地理志》上）。

东武城县　三国魏县，晋沿置。治今河北省清河县东北。

清河县　晋沿魏置。治今山东省临清市东北。《太平寰宇记》："汉甘陵县，晋省，于汉厝城西南七里置清河县。"

绎幕侯国　三国魏县，晋置侯国。治今山东省平原县西北。

贝丘县　晋沿魏置。治今山东省临清市东南。

灵县　晋沿魏置。治今山东省高唐县南。

鄃县　晋沿魏置。治今山东省高唐县东北。

附：

清阳县　原西汉清河郡治，东汉、魏省废，西晋复置县。治今河北省清河县东南。《晋书·地理志》缺，兹据谭其骧主编《中国历史地图集》第三册图 39－40 补。

平原国

魏平原郡，晋改置国。都平原，今山东省平原县西南。领 9 县，其中 6 县属海河流域，户 20 667（《晋书·地理志》："领县九，户三万一千。"）。

平原县　晋沿魏置。治今山东省平原县西南。

博平县　晋沿魏置。治今山东省高唐县西南。

安德县　晋沿魏置。治今山东省陵县南。

西平昌县　晋沿魏置。治今山东省陵县东。

般县　晋沿魏置。治今山东省宁津县东南。

鬲县　晋沿魏置。治今山东省德州市东南。

中山国

晋沿袭三国魏置，都卢奴，在今河北省定州市。领 8 县，户 32 000（《晋书·地理志》上）。

卢奴县　三国魏县，晋沿置。治今河北省定州市。

魏昌县　三国魏县，晋沿置。治今河北省定州市南邢邑镇。

新市县　汉县，三国魏省，晋复置。治今河北省正定县东北新城铺。

安喜县　三国魏安熹县，晋沿置，改名安喜。治今河北省定州市东南。

蒲阴县　三国魏县，晋沿置。治今河北省顺平县东南大王、子城一带。

望都县　三国魏县，晋沿置。治今河北省望都县西北故县村。

唐县　三国魏县，晋沿置。治今河北省唐县北固城村。

北平县　三国魏县，晋沿置。治今河北省保定市满城区北眺山下。

省魏毋极县；安国县改属博陵国；广昌县改属幽州代郡。

常山郡

三国魏郡，晋沿置。治真定，在今河北省石家庄市郊东古城。领 8 县，户 24 000（《晋书·地理志》上）。

真定县　东汉县，魏置王国，晋改置县。治今河北省石家庄市郊东古城。

石邑县　西汉县，东汉废，魏复置，晋沿置。治今河北省石家庄市鹿泉区南故邑村。

井陉县　三国魏县，晋沿置。治今河北省井陉县微水镇西北。

上曲阳县　三国魏县，晋沿置。治今河北省曲阳县西。

蒲吾县　汉县，魏省，晋复置。治今河北省平山县东南蒲吾村。

南行唐县　三国魏县，晋沿置。治今河北省行唐县北。

灵寿县　三国魏县，晋沿置。故治今河北省灵寿县西北，晋移治今灵寿镇。

九门县　三国魏县，晋置侯相。治今河北省石家庄市藁城区西北九门村。

幽州

《晋书·地理志》："幽州。案《禹贡》冀州之域，舜置十二牧，则其一也。《周礼》：'东北曰幽州。'《春秋元命苞》云：'箕星散为幽州，分为燕国。'言北方太阴，故以幽冥为号。武王定殷，封召公于燕……及秦灭燕，以为渔阳、上谷、右北平、辽西、辽东五郡。汉高祖分上谷置涿郡。武帝置十三州，幽州依旧名不改。其后开东边，置玄菟乐浪等郡，亦皆属焉。元凤元年，改燕曰广阳郡。幽州所部凡九郡，至晋不改。幽州统郡国七，县三十四，户五万九千二十。"州故治蓟，在今北京市西南，晋曾移治涿，在今河北省涿州市，后又移治蓟。所统7郡、国，34县，其中6郡国31县属海河流域（见图55）。西晋惠帝时，石尠"除征虏将军、幽州刺史"（《石尠墓志》）。刘弘重新修复蓟城西北戾陵遏水利工程。晋元康四年（公元294年），刘靖少子刘弘"受命使持节、监幽州诸军事、领护乌丸校尉、宁朔将军。遏立积三十六载，至五年夏六月，洪水暴出，毁损四分之三，剩北岸七十余丈，上渠车箱，所在漫溢，追惟前立遏之勋，亲临山川，指授规略，命司马、关内侯逢恽、内外将士二千人，起长岸，立石渠，修主遏，治水门，门广四丈，立水五尺，兴复载利，通塞之宜，准遵旧制，凡用工四万有余焉……元康五年十月十一日，刊石立表，以纪勋烈，并记遏制度，永为后式焉。"①（见图56）。

①《水经注》卷十四《鲍丘水》载刘靖碑。

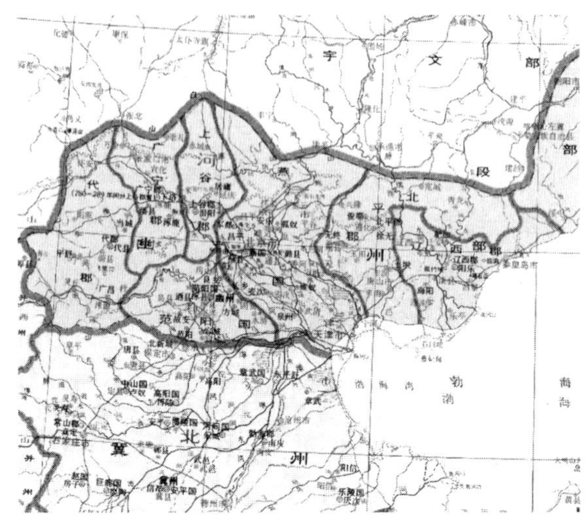

图 55　晋幽州图（局部）

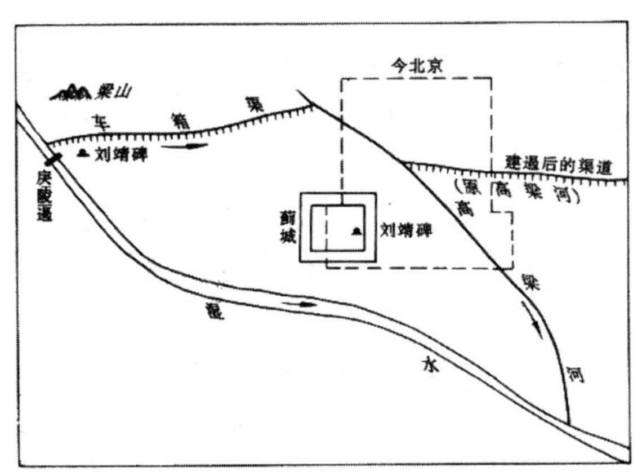

图 56　晋戾陵遏水利工程图（《中国水利史稿》）

永嘉时，王浚为使持节、侍中、都督幽州诸军事，领护乌丸校尉、幽州刺史，仍治蓟。

1965 年，考古工作者在北京西郊八宝山以西约 500 米处发掘王浚妻华芳之墓（见图 57），发表《北京西郊西晋王浚妻华芳墓清理简报》（《文物》1965 年第 12 期）。该墓出土王浚为妻华芳亲撰墓志曰："先公旧墓在洛北邙，文、卫二夫人亦附葬焉。今岁荒民饥，未得南还。辄权假葬于燕国蓟城西廿里。依高山显敞，以即安神柩。魂而有灵，亦何不之。选吉日，备车从，介士随命秩所应，具三府之仪，使不衔旧典而有加礼也。”由华芳墓址推测燕国蓟城在今北京市西南部。华芳墓在北京西郊八宝山以西 500 米处，向东 10 公里即西晋蓟城，大致在今北京羊坊店会城门村附近。隋唐五代幽州城沿袭魏晋蓟城。唐幽州城“东城垣在今烂缦胡同和法源寺之间南北一线；西城垣在今会城门以东、白云观西土城台至小红庙之南北一线；南城垣在今宣武区姚家井以北、白纸坊东西街一线；北城垣应在头发胡同一带，由头发胡同向西直线延伸白云观，到会城门附近……唐代幽州城，南北 9 里，东西 7 里，开有 10 门……全城呈长方形，周长 32 里，折合今里数有 23 里（每唐里约合今 0.72 里）”①。

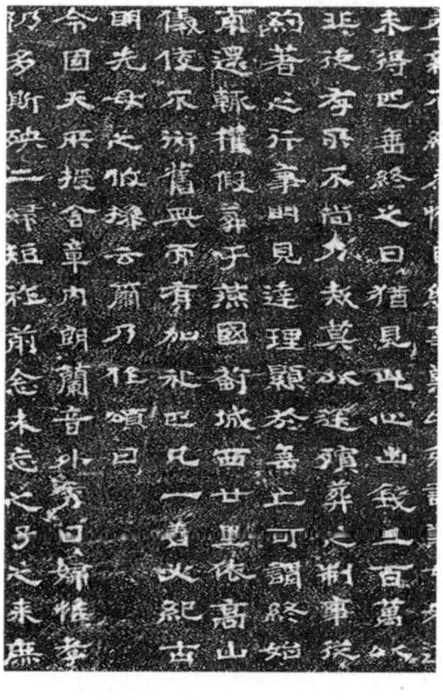

图 57　西晋王浚妻华芳墓志（局部）

范阳国

汉涿郡，魏文帝更名范阳郡。晋武帝置国，封司马绥为范阳王。都涿，即今河北省涿州市。领 8 县，户 11 000（《晋书·地理志》上）。

涿县　三国魏县，晋沿置。治今河北省涿州市。

方城县　三国魏县，晋沿置。治今河北省固安县西南方城。

长乡县　西汉阳乡县，东汉、魏省废，西晋复置，改名长乡。治今河

① 北京市社会科学界联合会，等．史说北京．北京：中国人民大学出版社，2011：53.

北省涿州市东北长安城。

遒县　三国魏县，晋沿置。治今河北省涞水县北。

故安县　三国魏县，晋沿置。治今河北省易县东南东固安。

范阳县　东汉侯国，魏王国，晋仍置县。治今河北省定兴县西南固城镇。

容城侯国　汉县，魏侯国，晋置侯相。治今河北省容城县西北城子村。

良乡县　晋沿魏置。治今北京市房山区窦店镇之西，汉唐良乡故城遗址。

复置长乡县；北新城县改属中山国。

燕国

三国魏置，约于正元、景元间，撤渔阳郡，以其属县增燕国邑。西晋沿承曹魏置，都蓟，在今北京市西南部。领 10 县，户 29 000（《晋书・地理志》上）。

安次县　三国魏县，晋沿置。治今河北省廊坊市西北古县村。

潞县　三国魏县，晋沿置，故属渔阳郡。治今北京市通州区古城村。

蓟县　晋沿魏置。治今北京市西南。

昌平县　晋沿魏置。治今北京市昌平区南。

军都县　晋沿魏置。治今北京市昌平区西南。有军都关。

广阳县　晋沿魏置。治今北京市房山区良乡镇东广阳村汉代广阳故城遗址。

安乐侯国　三国魏县，晋置侯国，蜀主刘禅封此县公，故属渔阳郡。治今北京市顺义区西北。

泉州侯国　三国魏县，晋置侯国，故属渔阳郡。治今天津市武清区西南。

雍奴县　晋沿魏置，故属渔阳郡。治今天津市武清区后巷乡大宫城村。

狐奴县　东汉县，魏废，晋复置，故属渔阳郡。治今北京市顺义区东北。

省废渔阳、犷平 2 县；复置狐奴 1 县。

北平郡

魏北平郡，治土垠县，今河北省唐山市银城铺。晋沿置，移治徐无，在今河北省遵化市东。领4县，户5 000（《晋书·地理志》上）。

徐无县 三国魏县，晋沿置。治今河北省遵化市东。

土垠县 三国魏县，晋沿置。治今河北省唐山市银城铺。

俊靡县 汉县，晋沿置。治今河北省兴隆县东南。

无终县 三国魏县，晋沿置。治今天津市蓟州区。

上谷郡

《晋书·地理志》注："郡在谷之上头，故因名焉。"三国魏治居庸，今北京市延庆区，晋移治沮阳，领2县，户4 070（《晋书·地理志》上）。

沮阳县 三国魏县，晋沿置。治今河北省怀来县沙城镇东南。

居庸县 晋沿魏置。治今北京市延庆区。

广宁郡

西晋太康中析上谷郡地置，并设都尉治。治下洛，在今河北省涿鹿县西。领3县，户3 950（《晋书·地理志》上）。

下洛县 三国魏县，晋沿置。治今河北省涿鹿县涿鹿镇西。

潘县 三国魏县，晋沿置。治今河北省涿鹿县西南桑干河南岸。

涿鹿县 三国魏县，晋沿置。治今河北省涿鹿县东南古城村。

代郡

晋沿袭三国魏置，治代，在今河北省蔚县东北代王城。领4县，户3 400（《晋书·地理志》上）。《晋待诏中郎将徐君夫人菅氏之墓碑》："夫人讳洛，字胜，代郡人也。"

代县 三国魏县，晋沿置。治今河北省蔚县东北代王城。

广昌县 三国魏县，晋沿置。魏属中山国，晋改隶代郡。治今河北省涞源县北。

当城县 三国魏县，晋沿置。治今河北省蔚县，也说在黄梅乡定安县村。

平舒县 三国魏县，晋沿置。治今山西省广灵县西。

并州

《晋书·地理志》："并州。案《禹贡》盖冀州之域，舜置十二牧，则其一也。《周礼》：'正北曰并州，其镇曰恒山。'《春秋元命苞》云：'营室流为并州，分为卫国。’州不以卫水为号，又不以恒山为称，而云并者，盖以其在两谷之间也。汉武帝置十三州，并州依旧名不改，统上党、太原、云中、上郡、雁门、代郡、定襄、五原、西河、朔方十郡，又别置朔方刺史。后汉建武十一年，省朔方入并州。灵帝末，羌胡大扰，定襄、云中、五原、朔方、上郡等五郡并流徙分散。建安十八年，省入冀州。二十年，始集塞下荒地立新兴郡，后又分上党立乐平郡。魏黄初元年，复置并州，自陉岭以北并弃之，至晋因而不改。并州统郡国六，县四十五，户五万九千三百。”4 郡国 26 县属在海河流域。

上党郡

晋沿曹魏置。《晋书·冯跋载记》：“永嘉之乱，跋祖父和避地上党。”郡治潞，今山西省长治市潞城区东北。领县 10，8 县地属海河流域，户约 10 400（《晋书·地理志》上）。《晋志》曰 10 县户 13 000，县均 1 300，8 县约为 10 400。

潞县　晋沿曹魏置，并为郡城附廓县。有黄阜山。《太平寰宇记》引《冀州图经》云：“亦名黄沙岭。刘聪将綦毋刿败晋将崔恕于黄阜，斩之。”

长子县　沿曹魏置，治今山西省长子县西南。

屯留县　沿曹魏置，治今山西省屯留县南。

壶关县　沿曹魏置，治今山西省长治市北。裴骃《史记集解》卷 43《赵世家》引《上党记》：“冯亭冢在壶关城西五里。”

襄垣县　沿曹魏置，治今山西省襄垣县北。

铜鞮县　沿曹魏置，治今山西省沁县南。

涅县　沿曹魏置，治今山西省武乡县西北。

武乡县　晋置，治今山西省榆社县北。大兴元年（公元 318 年）石勒置武乡郡。

乐平国

晋改魏郡为国。《太平寰宇记》称《晋地道记》：“乐平东南有夷仪岭，道通襄国。”治沾，今山西省和顺县西北，领县 5，户 4 300（《晋书·地理志》上）。

沾县　沿曹魏置，治今山西省和顺县西北。

上艾县　沿曹魏置，治今山西省平定县。

受阳县　又名寿阳，晋置。治今山西省寿阳县。

轑阳县　魏轑阿，晋改轑阳，治今山西省左权县。

乐平县　沿曹魏置，治今山西省昔阳县。

新兴郡

晋沿魏置，“惠帝改新兴为晋昌郡”（《晋书·地理志》上）。治九原，今山西省忻州市，领县5，户9 000（《晋书·地理志》上）。

九原县　沿魏置，治今山西省忻州市。

定襄县　沿魏置，治今山西省定襄县东南。

云中县　沿魏置，治今山西省定襄县西北。

广牧县　沿魏置，治今山西省寿阳县西北。

晋昌县　西晋置，治今山西省定襄县西北。

新置晋昌，云中改隶雁门，废虑虒县。

雁门郡

晋沿魏置，治广武，今山西省代县西南。领县8，户12 700（《晋书·地理志》上）。

广武县　沿魏置，郡城附廓县。

崞县　西晋置，治今山西省浑源县西。

汪陶县　沿魏置，治今山西省应县西。《太平寰宇记》：“汉末荒废，晋初又置。”

平城县　沿魏置，原属新兴郡，晋改隶雁门郡，治今山西省代县东北。

葰人县　西晋置，治今山西省繁峙县东。

繁峙县　西晋置，治今山西省浑源县西南。

原平县　沿魏置，治今山西省原平市东。

马邑县　西晋复东汉县，治今山西省朔州市朔城区。

新置崞、葰人、繁峙，复置马邑，析归平城，废剧阳县。西晋还当置有楼烦县，其地约在今山西省宁武县境。

新平城　拓跋氏置，在今山西省山阴县东北。

二、十六国时期

公元312年，石勒定都襄国（今河北省邢台市），建后赵，319年称赵王，占据海河流域，至398年，北魏拓跋珪廓定河北。海河流域先后经历了后赵、冉魏、前燕、前秦、后燕等五个朝代。十六国是一个战乱频繁的时期，海河流域州郡区划变化不定，郡县地名前后错乱，治地互异，指北为南，以西为东，寻置寻废，加之极有限的史籍又多窜乱错讹，详确探明此期行政区划建置的变化是比较困难的，只能根据已有史料略述梗概。

（一）后赵、冉魏（公元319年至公元352年）

后赵地方行政建置分州、郡、县三级。《晋书》载后赵有13州。洪亮吉《十六国疆域志》列有15州，其中司、冀、幽3州及毗邻并、营2州接壤地区属海河流域。境内凡185城（见图58）。

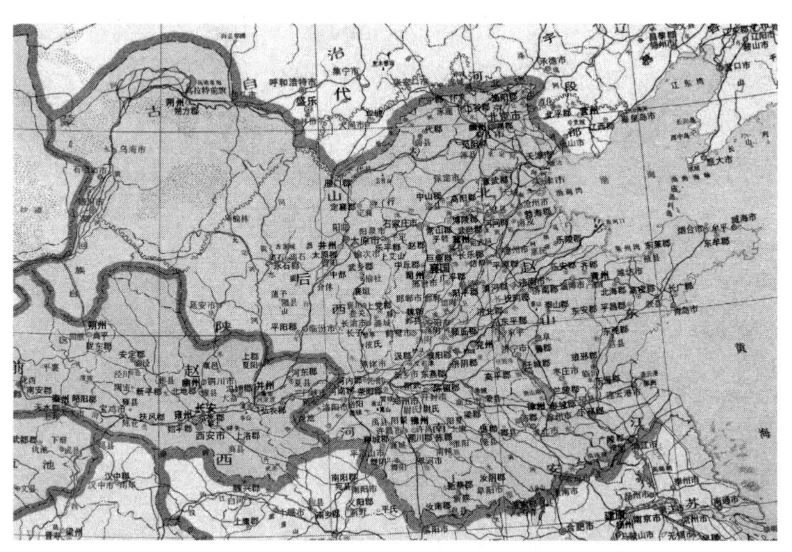

图58　后赵图（见《中国历史地图集》四）

司州

晋治洛阳，今河南省洛阳市东；后赵徙治襄国，今河北省邢台市。领8旧郡，新置2郡，共10郡，其中有5郡36县在海河流域。

襄国郡

晋永嘉六年（公元312年），石勒定都襄国，筑襄国城，又称建平城、卧牛城，在今邢台市。石虎迁都邺，即今河北省临漳县西南三台村。后赵分广平郡地置襄国郡，公元349年后赵亡，罢废。治襄国，在今邢台市。领4县：

襄国县　西晋县，后赵为国都。郡城附廓县。治今河北省邢台市。

南和县　西晋县，后赵沿置，故属广平，后赵属襄国。治今河北省南和县和阳镇。

任县　西晋县，后赵沿置。治今河北省任县任城镇东南。

苑乡县　后赵分任县置，治今河北省任县任城镇东北 9 公里处。石赵亡，省废。《太平寰宇记》："石虎又改苑乡为清苑县。"

魏郡

西晋郡，后赵沿置。石虎迁都邺，改魏郡太守为魏尹。治邺，在今河北省临漳县西南三台村。领 8 县：

邺县　西晋县，后赵都城、郡城附廓县。治今河北省临漳县西南三台村。

魏县　西晋县，后赵沿置。治今河北省大名县大名镇西南。

斥丘县　西晋县，后赵沿置。治今河北省成安县成安镇东南。

长乐县　后赵沿晋置。治今河南省安阳市东。郭璞《山海经注》："洹水出汲郡林虑县，至魏郡长乐入清水。"

安阳县　后赵沿晋置。治今河南省安阳市南。

荡阴县　后赵沿晋置。治今河南省汤阴县。

内黄县　后赵沿晋置。治今河南省内黄县西。

黎阳县　后赵沿晋置。治今河南省浚县东北。

广平郡

后赵沿袭西晋置，治广平，在今河北省鸡泽县东南。领 12 县：

广平县　西晋县，后赵沿置。治今河北省鸡泽县东南。

邯郸县　西晋县，后赵沿置。治今河北省邯郸市。

易阳县　西晋县，后赵沿置。治今河北省邯郸市永年区临洺关镇西北西阳城乡易阳故城遗址。

武安县　西晋县，后赵沿置。治今河北省武安市西南固镇。

涉县　西晋县，后赵沿置。治今河北省涉县涉城镇西北。

曲梁县　西晋县，后赵沿置。治今河北省邯郸市永年区东南广府镇。

列人县　西晋县，后赵沿置。治今河北省邯郸市肥乡区东北列人堤。

肥乡县　西晋县，后赵沿置。治今河北省邯郸市肥乡区肥乡镇西 11

公里处。

临水县　西晋县，后赵沿置。治今河北省磁县磁州镇。

广年县　西晋县，后赵沿置。治今河北省邯郸市永年区临洺关东故城。

斥章县　西晋县，后赵沿置。治今河北省曲周县东南西呈孟村。

平恩县　西晋县，后赵沿置。治今河北省邱县南邱城镇西南。

附：

曲周县　西晋置，后赵沿置。治今河北省曲周县曲周镇东北。

阳平郡

西晋治元城，在今河北省大名县东北；后赵复治馆陶，即今馆陶县东南之南馆陶。领7县：

馆陶县　西晋县，后赵沿袭。石勒参军周雅为馆陶令。治今河北省馆陶县东南南馆陶。

元城县　西晋县，后赵沿置。治今河北省大名县东北。

清渊县　西晋县，后赵沿置。治今河北省馆陶县东北。

发干县　后赵沿晋置。治今山东省冠县东。

东武阳县　后赵沿晋置。治今山东省莘县南。

阳平县　后赵沿晋置。治今山东省莘县。

乐平县　后赵沿晋置。治今山东省聊城市西。

顿丘郡

西晋郡，后赵沿置。《晋书》：建兴二年（公元314年），刘演遣将韩弘等袭顿丘，斩勒所署太守邵攀。治顿丘，今河南省清丰县西南。领县4：

顿丘县　后赵沿晋置。治今河南省清丰县西南。

繁阳县　后赵沿晋置。治今河南省内黄县西北。

阴安县　后赵沿晋置。治今河南省南乐县西南。

卫县　后赵沿晋置。治今河南省清丰县南。

汲郡

西晋置，后赵沿置。治汲，今河南省汲县西。领县6，其中1县在海河流域。

林虑县　后赵沿晋置。治今河南省林州北古城。

冀州

晋永嘉以后，石勒占据冀州。建兴四年（公元316年），勒以程遐监冀州七郡诸军事。东晋大兴元年（公元318年）八月，石勒依照《禹贡》，仿魏武复冀州之境：南至孟津县，今河南省孟津县东北；西达龙门县，今山西省河津市西北黄河西岸；东至河，即禹河故渎；北至塞垣，即秦汉长城一线。后赵延熙元年（公元333年），石虎以石宣为冀州刺史。石琨避冉魏乱，奔据冀州，治信都，在今河北省衡水市冀州区新城北。统原晋郡14，新置郡2，凡16郡90县。

赵郡

《晋书·地理志》为国。《晋书·载记》：永嘉二年（公元308年）九月勒寇赵郡。盖永嘉前除国为郡。冉魏时，赵郡太守李邽以郡降燕。治房子，在今河北省高邑西南。领9县：

房子县　西晋县，后赵沿置。治今河北省高邑县高邑镇西南。

元氏县　西晋县，后赵沿置。治今河北省元氏县槐阳镇西北。有飞龙山。《高僧传》五《晋飞龙山释僧光传》："释僧光，冀州人，常山渊公弟子。性纯素有贞操，为沙弥时，与道安相遇于逆旅，安时亦未受具戒，因共披陈光慕，神气慷慨。临别相谓曰：'若俱长大，勿忘同游!'光受戒已后，厉行精苦，学通精论。值石氏之乱，隐于飞龙山，游想岩壑，得志禅慧。道安后复从之，相会欣喜，谓昔誓始从。因共披文属思，新悟尤多。"飞龙山即封隆山。

平棘县　西晋县，后赵沿置。治今河北省赵县赵州镇南。

高邑县　三国魏县，晋置公国相，后赵仍置县。治今河北省柏乡县柏乡镇北固城店。

柏人县　西晋县，后赵沿置。治今河北省隆尧县城西偏南12公里处双碑乡。

南䜌县　汉县，魏晋省。《太平寰宇记》：石虎建武六年（公元340年）分赵郡柏人县地置南䜌县。治今河北巨鹿县巨鹿镇北。

平乡县　西晋县，后赵沿置。治今河北省平乡县西南大老营。

下曲阳县　西晋县，后赵沿置。治今河北省晋州市晋州镇西。

鄡县　西晋县，后赵沿置。治今河北省辛集市东南。县境有黄丘。

中丘郡

《元和郡县图志·河北道》：晋于中丘县立中丘郡，后赵沿置。治中丘，在今河北省内丘县西。领1县。

赵安县　即中丘县。《太平寰宇记》引《十六国春秋》：“石虎改中丘为赵安县。”治今河北省内丘县内丘镇西。

巨鹿郡

晋永嘉三年（公元309年），石勒攻陷巨鹿，袭晋置。治廮陶，在今河北省宁晋县西南。领4县：

廮陶县　西晋县，后赵沿置。治今河北省宁晋县凤凰镇西南。

停驾县　后赵延熙二年（公元334年），石虎分廮陶之柳乡立停驾县。治今河北省柏乡、宁晋县一带。后赵亡，省废。

巨鹿县　西晋县，后赵沿置。治今河北省平乡县乞村镇西南平乡镇。

广阿县　西汉县，东汉省。《晋书·石勒载记》曰：“建平三年（公元332年）广阿蝗。”案此后赵有广阿县，约于西晋永嘉年间复置。治今河北省隆尧县隆尧镇东旧城。

平原郡

后赵沿晋置，治平原，今山东省平原县西南。领县9，其中6县属海河流域：

平原县　西晋县，后赵沿置。治今山东省平原县西南。

博平县　西晋县，后赵沿置。治今山东省高唐县西南。

安德县　西晋县，后赵沿置。治今山东省陵县南。

西平昌县　西晋县，后赵沿置。治今山东省陵县东。

般县　西晋县，后赵沿置。治今山东省宁津县东南。

鬲县　西晋县，后赵沿置。治今山东省德州市东南。

长乐郡

西晋安平国，后赵改置长乐郡，程遐、裴宪等曾为后赵长乐郡太守。治信都，在今河北省衡水市冀州区新城北，领4县：

信都县　西晋县，后赵沿置。治今河北省衡水市冀州区冀州镇北。县境有渚阳。《十六国疆域志》注：“疾六眷屯于渚阳。《通鉴注》称《水经注》，绛水北经信都城东，散入泽渚。疾六眷盖屯是渚之阳也。”

下博县　西晋县，后赵沿置。治今河北省深州市东南下博村。

扶柳县　西晋县，后赵沿置。治今河北省衡水市冀州区西北扶柳城村。

经县　西晋县，后赵沿置。治今河北省广宗县广宗镇东10公里处。

武邑郡

《晋书·武帝纪》：太康五年（公元284年）割武邑、武遂、观津为武邑国。《魏书·地形志》曰：晋武帝置武邑郡。《水经注》也作郡。后赵袭置，治武邑县，在今河北省武邑县武邑镇，领4县：

武邑县　西晋县，后赵沿置。治今河北省武邑县武邑镇。

武遂县　西晋县，属安平国，后赵沿置，划属武邑郡。治今河北省武强县小范镇西北。

武强县　西晋分武遂县地置，因汉武强古城得名，后赵沿置。治今河北省武强县小范镇西南旧城村。

观津县　西晋县，后赵沿置。治今河北省武邑县东南观津村。

建兴郡

《水经注·淇水》："清河东北径广宗故城南……田融言赵立建兴郡于城内，置临清县于水东，自赵石也。清河之右，有李云墓。"所谓"田融言"，即燕太傅田融《赵书》。《水经注》引燕太傅田融《赵书》：后赵石虎建武十二年（公元346年）立建兴郡，治广宗县。在今河北省威县洺州镇东，领6县：

广宗县　西晋县，后赵沿置。治今河北省威县洺州镇东。有上白。

临清县　后赵改晋清泉县置。《水经注》引田融《赵书》曰：置临清县于清河水东，自石赵始也。移治今山东省冠县东北清水东。

建始县　后赵置县，地处无考。

兴德县　后赵置县，地处无考。

建德县　后赵置县，《魏书·地形志》曰：广宗县有建德城。治所约在今河北省威县境。

水东县　后赵置县。治今河北省清河县葛仙庄镇西北。《水经注·淇水》：信成县故城下云赵置水东县于此城，故亦曰水东城。故城也即西汉信成县处。其文曰："清河又北径信成县故城西，应劭曰：'甘陵西北五十里有信成亭，故县也。’赵置水东县于此城，故亦曰水东城。”

乐陵郡

西晋乐陵国，后赵改郡，治厌次，在今山东省惠民县东北。领 5 县，其中 4 县在海河流域。

新乐县　西晋县，后赵沿置。治今河北省南皮县南皮镇东南。

厌次县　西晋县，后赵沿置。故治在今山东省陵县东北。西晋末年，似移治富平城。县境有马岭城。《水经注》：商河又东北，流马岭城西北，屈而东注，南转经城东，城在河曲之中。

阳信县　西晋县，后赵沿置。治今山东省无棣县东北。

乐陵县　西晋县，后赵沿置。治今山东省乐陵县南。

勃海郡

西晋郡，后赵沿袭。晋建兴四年（公元 316 年）石勒以临深为勃海太守。冉闵以逄约为勃海太守，又以故太守刘准为幽州刺史，与逄约中分勃海。案此，冉魏时，幽州临时治勃海。治南皮，在今河北省南皮县东北。领 10 县：

南皮县　西晋县，后赵沿置。治今河北省南皮县南皮镇东北。

东光县　西晋县，后赵沿置。治今河北省东光县东光镇东。

浮阳县　西晋县，后赵沿置。治今河北省沧州市东南旧沧州。

饶安县　西晋县，后赵沿置。治今河北省盐山县西南旧县镇。

高城县　西晋县，后赵沿置。治今河北省盐山县盐山镇东南。又有漂渝津。《通鉴注》引《魏土地记》：“勃海郡高城县东北一百里，北尽漂渝，东临巨海。”

东安陵县　西晋县，后赵沿置。治今河北省吴桥县桑园镇东北。有角飞城，《水经注》引《赵记》：“石勒使王述煮盐于角飞城。”

蓨县　西晋县，后赵沿置。治今河北省景县景州镇东。

广川县　西晋县，后赵沿置。治今河北省景县广川镇东南。后赵于县境置有滠头垒。石虎以姚弋仲为西羌大都督，使率其众数万徙居清河之滠头。《水经注》曰：“清河过广川县东，水侧有羌垒，姚氏之故地也。”姚氏故垒即今河北省广川镇。

阜城县　西晋县，后赵沿置。治今河北省阜城县东古城村。

重合县 西晋县，后赵沿置。治今山东省乐陵市西北。

章武郡

西晋置章武国，后赵改郡。石勒五年（公元323年）以樊坦为章武内史。东晋永和六年（公元350年），贾坚为冉魏章武太守。境有蝌蚪垒。治东平舒，在今河北省大城县平舒镇。领4县：

东平舒县 西晋县，后赵沿置。治今河北省大城县平舒镇。有凤凰台，后赵筑。

文安县 西晋县，后赵沿置。治今河北省文安县东北。《太平寰宇记》曰：“石勒于县城西北二十里筑三角城，以备燕。”

章武县 西晋县，后赵沿置。治今河北省黄骅市西北故县村北。

束州县 西晋县，后赵沿置。治今河北省河间市东北束州镇。

河间郡

西晋河间国，后赵改国为郡。《晋书·石勒载记》：建兴四年（公元316年），石勒以张夷为河间太守。改郡当在此年或以前。治乐城，在今河北省献县东南。领6县：

乐城县 后赵沿袭西晋置县。治今河北省献县乐寿镇东南河城街村南。郭璞《山海经注》：虖沱水经河间乐城东北注渤海。有房渊，方三百里。石勒建安（平）二年（公元331年），水忽变赤。燕慕容儁二年（公元350年），水忽生盐，如印形，其泉再长冉减，不失其度。

武垣县 西晋县，后赵沿置。治今河北省河间市南。有乞活城。《太平寰宇记》曰：晋太安中（公元303年），并州刺史东瀛公司马腾掠羯胡万户于山东作生口，值险难信，恐其有叛，不听入州，于武垣县境筑乞活城以居之。

鄚县 西晋县，后赵沿置。治今河北省任丘市北鄚州镇。

易城县 后赵沿袭西晋置县。治今河北省雄县西北古贤。县西南有易京城，晋建兴四年（公元316年），高阳太守李回徙居此。石虎建武四年（公元338年）段辽袭幽州，刺史李孟奔此。石虎伐段辽，过易京，恶其固，毁之。

中水县 西晋县，后赵沿置。治今河北省献县西权寺村。

成平县 西晋县，后赵沿置。治今河北省沧州市西南。

高阳郡

晋置高阳国，后赵改置郡。《晋书·石勒载记》：晋建兴四年（公元316年），石勒以武遂令李回为易北都督兼高阳太守。改郡当在此年或以前。治博陆，在今河北省蠡县南。领4县：

博陆县　西晋县，后赵沿置。治今河北省蠡县南。

高阳县　西晋县，后赵沿置。治今河北省高阳县东旧城。

北新城县　西晋县，后赵沿置。治今河北省保定市徐水区西南。

蠡吾县　西晋县，后赵沿置。治今河北省博野县博陵镇西北里村。有清梁。慕容儁自将击邓恒于鲁口，军至清梁。《魏书·地形志》：蠡吾县有清凉（梁）城。

博陵郡

晋博陵国，后赵复改郡。治安平，今河北省安平县。《太平寰宇记》：“自晋及高齐博陵郡并理此。”又说：“自石赵、苻秦及后魏博陵郡并理鲁口镇，在今饶阳。”自相矛盾。考《晋书》《魏书》，当理安平。领5县：

安平县　西晋县，后赵沿置。治今河北省安平县安平镇。

饶阳县　西晋县，后赵沿置。治今河北省饶阳县南故城村。县西南有鲁口城，为后赵一重要城镇。燕兵至无终，守将王午、邓恒走鲁口。冉闵子操奔鲁口。

堂阳县　汉县，西晋省废，后赵复置。治今河北省新河县新河镇。故属安平郡。后赵属博陵郡。有长芦。建平中，大雨霖，中山西北暴水，漂流巨木百余万根，集于堂阳。

南深泽县　西晋县，后赵沿置。治今河北省深泽县东南。

安国县　西晋县，后赵沿置。治今河北省安国市祁州镇东安国城。

清河郡

西晋清河国，后赵复改郡。治清河，在今山东省临清市东北。领7县：

武城县　西晋县，后赵沿置。治今河北省清河县东北。

枣强县　西晋县，后赵沿置。治今河北省枣强县东、西故县村。《晋书》曰：“刘显大司马刘宁以枣强降魏冉闵。有外城，即羌帅姚弋仲之故垒。有棘津。勒引兵自棘津渡河，击破向冰。”

清河县　西晋县，后赵沿置。治今山东省临清市东北。有末杯城，在县东北五十里，段末杯筑。又有平晋城。《太平寰宇记》：永嘉乱后，石赵移清河郡理平晋城。《水经注》：大河故渎又东经平晋城南。今城中有浮图五层，上有金露盘，题云赵建武八年比释道龙和上竺浮图澄树道劝化，兴立神庙，浮图已坏，露盘尚存，炜炜有光。

绎幕县　晋侯国，后赵复置县。治今山东省平原县西北。

贝丘县　西晋县，后赵沿置。治今山东省临清市东南。

灵县　西晋县，后赵沿置。治今山东省高唐县南。

鄃县　西晋县，后赵沿置。治今山东省高唐县东北。

中山郡

西晋中山国，后赵复改郡。晋建兴三年（公元 315 年），刘琨遣将王旦攻中山，逐石勒所署太守秦固。改郡当在此之前。《太平御览》引《后赵录》有中山太守魏豹。徐龛曾任冉魏中山太守。治卢奴，在今河北省定州市。领 8 县：

卢奴县　西晋县，后赵沿置。治今河北省定州市。《水经注》曰："后赵建武七年（341 年），遣北中郎将于卢奴筑小城，兴起北榭，立宫造殿。"

魏昌县　西晋县，后赵沿置。治今河北省定州市南邢邑镇。有廉台。

安喜县　西晋县，后赵沿置。治今河北省定州市东南。

唐县　后赵沿袭西晋置县。治今河北省唐县北固城村。

北平县　后赵沿袭西晋置县。治今河北省满城县北眺山下。

新市县　后赵沿袭西晋置县。治今河北省正定县东北新城铺。

蒲阴县　西晋县，后赵沿置。治今河北省顺平县东南大王、子城一带。《水经注》引《晋书·地道记》："蒲阴县有安阳关，盖安阳都尉治也。世俗名斯川，为安阳圹。"

望都县　西晋县，后赵沿置。治今河北省望都县西北故县村。有望都关、鸿上关、马溺关及委粟关。

常山郡

晋永嘉三年（公元 309 年），石勒陷常山。勒仍置常山郡。建兴二年（公元 314 年），刘琨遣将焦球攻勒常山，杀太守邢泰。后赵末，刘显伐常山，太守苏亥逃奔新兴。治真定，在今河北省石家庄市郊东古城。领 8 县：

真定县　后赵沿西晋置县。治今河北省石家庄市郊东古城。

石邑县　西晋县，后赵沿置。治今河北省石家庄市鹿泉区南故邑村。有飞龙山（封龙山）。

井陉县　后赵袭西晋置县，治今河北省井陉县微水镇西北。有井陉道。

上曲阳县　西晋县，后赵沿置。治今河北省曲阳县西。《后赵录》有曲阳令王谟。《太平寰宇记》引《晋太康地记》："常山曲阳有常山坂，号飞狐口。"

蒲吾县　西晋县，后赵沿置。治今河北省平山县东南蒲吾。县境有石勒城。《水经注》曰："桃水在东南流径桑中县故城北，世谓之高功城。"案杨郡据桑壁。胡三省《资治通鉴》注说："桑壁即此。"

南行唐县　西晋县，后赵沿置。治今河北省行唐县北。县西北有仙人崖。北 10 公里又有夫人城。

灵寿县　西晋县，后赵沿置。治今河北省灵寿县灵寿镇。

九门县　后赵沿袭西晋置县。治今河北省石家庄市藁城区西北九门村。

幽州

自西晋末，幽州因处边地，后赵与鲜卑段部、慕容氏互设刺史，州境数移各政权。晋建兴二年（公元 314 年），石勒破王浚，以刘翰行幽州刺史，戍蓟（今北京市西南）。不久，刘翰归附段匹磾。匹磾据蓟，行幽州事。后赵元年（公元 319 年），石勒部下将领孔苌讨平幽州诸郡。匹磾奔乐陵（今山东省惠民县东北），依附晋将邵续。五年（公元 323 年），东晋以陈眕都督幽、平二州诸军事，幽州刺史。不久又以末波为幽州刺史。七年（公元 325 年），末波卒，弟段牙嗣。十一月，段辽杀段牙，代行幽州刺史。建武四年（公元 338 年），段辽袭后赵幽州。刺史李孟退保易京（今河北省雄县西北）。石虎与前燕慕容皝约，共击段辽，杀辽，幽州复归后赵。建武六年（公元 340 年），慕容皝袭蓟，后赵幽州刺史石光闭城不敢出。东晋永和六年（公元 350 年），前燕军攻幽州，后赵幽州刺史王午弃城走。七年（公元 351 年）冉魏幽州刺史刘准降慕容儁。后赵幽州仍治蓟，统 6 郡：

燕郡

晋燕国，后赵改国为郡。《晋书》："段辽燕郡太守阳裕以郡降石虎。"

《太平寰宇记》："石勒于蓟置幽州，于州置燕郡。"治蓟，即今北京市西南部。领5县：

安次县　西晋县，后赵沿置。治今河北省廊坊市西北古县村。《晋书·载记》：建武四年（公元338年）后赵将支雄攻安次，斩段辽将那楼奇。《水经注》："安次县故城，西晋司马刘琨所守以拒石勒也。"

蓟县　西晋县，后赵沿置。治今北京市西南。有征北府小城。蓟城南有清泉水。

昌平县　西晋县，后赵沿置。治今北京市昌平区南。

军都县　西晋县，后赵沿置。治今北京市昌平区西南。

广阳县　西晋县，后赵沿置。治今北京市房山区良乡镇东广阳村广阳故城遗址。《水经注》："涞水又东，经大黉南，盖霍原隐居教授处也。徐广曰：'霍原隐居广阳山，教授数千人，为王浚所害'。"

范阳郡

西晋范阳国，后赵改郡。李产曾为后赵范阳太守。治涿，在今河北省涿州市。领8县：

涿县　后赵沿袭西晋置县。治今河北省涿州市。

方城县　西晋县，后赵沿置。治今河北省固安县西南方城。

长乡县　西晋县，后赵沿置。治今河北省涿州市东北长安城。

遒县　西晋县，后赵沿置。治今河北省涞水县涞水镇北。

故安县　西晋县，后赵沿置。治今河北省易县东南东固安。

范阳县　西晋县，后赵沿置。治今河北省定兴县西南固城镇。

容城县　西晋县，后赵沿置。治今河北省容城县西北城子村。

良乡县　西晋县，后赵沿置。治今北京市房山区窦店镇之西汉唐良乡故城遗址。

渔阳郡

三国魏置。晋省废，后赵复置。《晋书·载记》称赵国24郡，其中有渔阳郡。建武四年（公元338年），段辽渔阳太守马鲍降后赵石虎。治渔阳，在今北京市密云区西南，领6县：

潞县　西晋县，后赵沿置。治今北京市通州区古城村。后赵渔阳郡潞县境有临泃城（今河北省三河市）。《水经注》曰："泃河又东径临泃城。"

《读史方舆纪要》曰："临泃城，石赵置，亦曰临渠，后废。"以后唐武德二年（公元619年）于此置临泃县。

渔阳县　曹魏县，西晋省废，后赵复置。治今北京市密云区西南。

雍奴县　西晋县，后赵沿置。治今天津市武清区后巷乡。

泉州县　西晋县，后赵沿置。治今天津市武清区西南。

安乐县　西晋县，后赵沿置。治今北京市顺义区西北。后赵建武五年（公元339年），石虎将讨慕容皝，先运粮草于安乐城。

狐奴县　西晋县，后赵沿置。治今北京市顺义区东北。

复置渔阳1县。

附：无终县　东晋永和六年（公元350年）三月，慕容儁攻后赵，兵至无终，今天津市蓟州区。

上谷郡

后赵建武四年（公元338年），段辽上谷相侯龛降石虎，郡属石赵。治沮阳，在今河北省怀来县沙城镇东南。领2县：

沮阳县　西晋县，后赵沿置。治今河北省怀来县沙城镇东南。

居庸县　西晋县，后赵沿置。治今北京市延庆区。

广宁郡

晋置，后赵沿置。治下洛，在今河北省涿鹿县西。领3县：

下洛县　汉县，晋置都尉治，后赵置县。治今河北省涿鹿县西。

潘县　后赵沿袭西晋置县。治今河北省涿鹿县西南桑干河南岸。

涿鹿县　西晋县，后赵沿置。治今河北省涿鹿县东南古城村。

代郡

西晋末省废，后赵复置。治代，在今河北省蔚县东北代王城。领4县：

代县　西晋县，后赵沿置。治今河北省蔚县东北代王城。

广昌县　西晋县，后赵沿置。治今河北省涞源县北。《太平御览》称《后赵录》有广昌令申录。

当城县　西晋县，后赵沿置。治今河北省蔚县代王城东北西合营。

平舒县　西晋县，后赵沿置。治今山西省广灵县西。

幽州广宁郡，领潘县、涿鹿县、下洛县。后赵时，已被拓跋猗卢占据。

营州

后赵置。治令支，在今河北省迁安市西。统 2 郡。《晋书》石虎建武五年（公元 339 年）以李农为使持节，监辽西、北平诸军事，营州牧，镇令支。胡三省《资治通鉴》注曰："赵置营州，统辽西、北平二郡。"北平郡地属海河流域。

北平郡

后赵建武四年（公元 338 年），石虎以阳裕为北平太守。治徐无，在今河北省遵化市东。领 4 县：

徐无县　西晋县，后赵沿置。治今河北省遵化市东。

土垠县　后赵沿袭西晋置县。治今河北省唐山市银城铺。

俊靡县　西晋县，后赵沿置。治今河北省兴隆县东南。

无终县　西晋县，后赵沿置。治今天津市蓟州区。

并州

上党郡

后赵沿晋置。《初学记》卷八《州郡部》引《上党记》曰："高平赤壤，其地山阻，百姓不居"。治潞县，在今山西省长治市潞城区东北。领县 8，其中 6 县地属海河流域。有井谷关、神农井。《太平寰宇记》卷四十五《河东道·潞州》引《上党记》："在天井谷内，深邃如井，因以名之。"同书同卷又引《上党记》："神农庙西五十步，有石泉二所，一清一白，甘美，呼为神农井。"

潞县　后赵沿晋置。治今山西省长治市潞城区东北。有石勒城。

屯留县　后赵沿晋置。治今山西省屯留县南。有鱼子陂，《太平寰宇记》卷四十五《河东道·潞州》引《上党记》："屯留有鱼子陂，多鱼蒲之饶。"后赵《上党记》曰："屯留县有鹿谷山，浊漳所出。有余吾城，在县西北三十里。"

铜鞮县　后赵沿晋置。治今山西省沁县南。有春秋时晋宫阙。《太平寰宇记》卷五十《河东道·铜鞮县》："铜鞮城，在县南一十五里。本晋铜鞮宫。《上党记》曰：'铜鞮有晋宫阙犹存。'子产曰：'铜鞮之宫数里'。"

长子县　后赵沿晋置。治今山西省长子县西南。

壶关县　后赵沿晋置。治今山西省长治市北。

襄垣县　后赵沿晋置。治今山西省襄垣县北。有石勒城。此城似与潞县石勒城为同一城。

武乡郡

石勒建后赵，因武乡为石氏所出，故于晋大兴元年（公元 318 年），分上党、乐平 2 郡置，治武乡，在今山西省榆社县西北社城。领 3 县：

武乡县　《元和郡县图志》："晋于涅县西北三十五里置武乡县，属上党郡，石勒时改属武乡郡。县城，石勒时筑。有北原、沤麻池、石公泉。"

涅县　后赵沿晋置。治今山西省武乡县西北。

沾县　后赵沿晋置。故属乐平郡，石勒时改属武乡郡。治今山西省和顺县西北。

乐平郡

晋乐平国，后赵改为郡，治上艾，今山西省平定县，领 4 县：

上艾县　后赵沿晋置。郡城附廓县。

乐平县　后赵沿晋置。治今山西省昔阳县。

寿阳县　后赵沿晋置。治今山西省寿阳县。

轑阳县　后赵沿晋置。治今山西省左权县。

定襄郡

故新兴郡，晋惠帝改曰晋昌，后赵复改曰定襄。原治九原，今山西省忻州市，后赵移治定襄，今山西省定襄县东南。领 5 县：

定襄县　后赵沿晋置。治今山西省定襄县东南。

九原县　后赵沿晋置。治今山西省忻州市。

云中县　后赵沿晋置。治今山西省原平市西。

广牧县　后赵沿晋置。治今山西省寿阳县西北。

晋昌县　后赵沿晋置。治今山西省定襄县西北。

雁门郡

后赵沿晋置，治广武，今山西省代县西南。领 8 县：

广武县　后赵沿晋置。治今山西省代县西南。

原平县　后赵沿晋置。治今山西省原平市东。

崞县　后赵沿晋置。治今山西省浑源县西。

汪陶县　后赵沿晋置。治今山西省应县西。

平城县　后赵沿晋置。治今山西省代县东北。

葰人县　后赵沿晋置。治今山西省繁峙县东。

繁峙县　后赵沿晋置。治今山西省浑源县西南。《太平寰宇记》："汉末荒废，晋又置。"

马邑县　晋末废，后赵复置。治今山西省朔州市。

雁门、代、上谷郡以北之平城、大宁、赤城诸城邑为鲜卑拓跋氏所控辖。

（二）前燕（公元352年至公元370年）

慕容儁称帝于蓟，封慕容友为范阳王，慕容徽为河间王，慕容暐为中山王，慕容涉为渔阳王，海河流域当建有河间、范阳、中山、渔阳四国，郡国并行。公元352年，慕容儁攻取邺（今河北省临漳县西南三台村），灭冉魏，占据海河流域。自此至建熙十一年（公元370年），前燕统治达18年。此期间，复西晋建置，慕容暐时，凡郡157，县1 579，户2 458 969，口9 987 935。前燕于海河流域置幽、冀、中3州28郡150余县（见图59）。

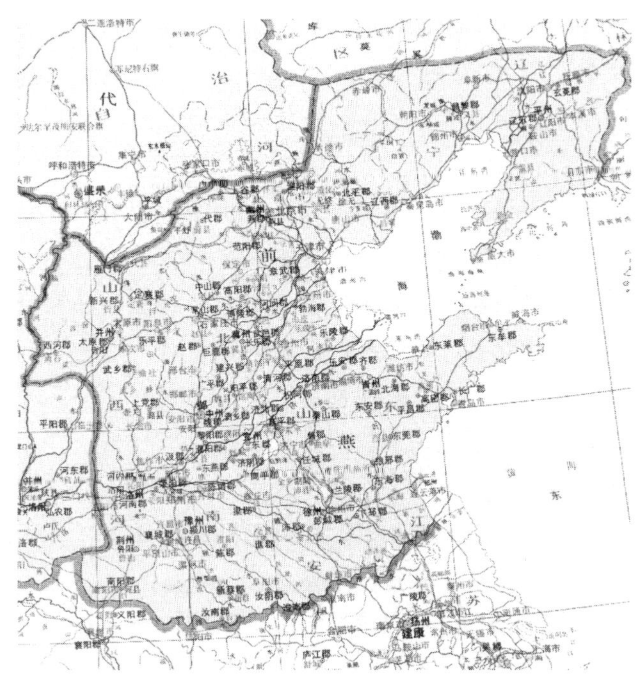

图59　前燕图（见《中国历史地图集》四）

中州

原为司州，慕容儁以慕容评为司州刺史。前燕元玺元年（公元352年），慕容儁改司州为中州，置司隶校尉，治邺，在今河北省临漳县西南三台村。统8郡（汉郡2，魏郡3，晋郡1，新置郡2），其中6郡35县在海河流域。

魏郡

汉置郡，前燕沿袭。郡守称尹，前燕魏尹有慕容德。郡治邺，领7县：

邺县　前燕光寿元年（公元357年）十一月，自蓟徙都邺。仍置邺县，为都城、郡城附廓县。治今河北省临漳县西南三台村。

魏县、斥丘县、长乐县、安阳县、荡阴县、内黄县同后赵。

黎阳郡

前燕废顿丘郡置黎阳郡，治黎阳，今河南省浚县东北。领5县：黎阳县、顿丘县、繁阳县、阴安县、卫县同后赵。

贵乡郡

前燕慕容儁分阳平郡地置，不久，又省废。治元城，在今河北省大名县东北。领1县：

元城县　沿袭后赵置县。治今河北省大名县东北。有沙亭。

广平郡

后赵郡，前燕沿袭，并省后赵襄国郡入广平，以其县来属。治广平，在今河北省鸡泽县东南。领16县：

广平县、邯郸县、易阳县、武安县、涉县、任县、曲梁县、列人县、肥乡县、临水县、广年县、斥漳县、平恩县等13县同后赵。

襄国县　后赵为郡，前燕复故县。

南和县、任县后赵属襄国郡，前燕改属广平。

阳平郡

后赵郡，前燕沿袭，治馆陶，在今河北省馆陶县东南。领6县：馆陶县、清渊县、发干县、东武阳县、阳平县、乐平县。

注：贵乡郡省废后，所属元城县复归阳平郡。

汲郡

前燕沿后赵置，治汲，今河南省汲县西。领县6，其中林虑1县属海河流域。

冀州

《资治通鉴》：前燕元玺二年（公元 353 年），慕容儁以慕容霸为冀州刺史，镇常山，在今河北省正定县西南，名称北冀州。三年（公元 354 年），冀州治由常山徙信都，在今河北省衡水市冀州区新城北。燕征东将军刘拔刺杀冀州刺史慕容友于信都。前燕冀州统 13 郡 81 县：

赵郡

《晋书·载记》：冉魏赵郡太守李邽举郡降燕。燕仍置赵郡，治房子，在今河北省高邑县西南。领 9 县：

房子县、元氏县、平棘县、高邑县、柏人县、南䜌县、平乡县、下曲阳县、鄡县同后赵。

长乐郡

后赵改晋安平国置，前燕沿袭。《晋书·载记》：前燕长乐太守傅颜镇压李黑起义。治信都，在今河北省衡水市冀州区新城北。领 8 县：

信都县、下博县、扶柳县、经县同后赵。

武邑、武遂、观津 3 县，后赵属武邑郡，前燕撤武邑郡及其所辖武强县，余属 3 县划入长乐郡。

广宗县　后赵属建兴郡，前燕省建兴郡及其所辖临清、建始、兴德、建德、水东等 5 县。划广宗县属长乐郡。

乐陵郡

据《资治通鉴》卷九十八、卷九十九，前燕乐陵太守有贾坚、慕容钩。慕容儁俘后赵贾坚，以坚为乐陵太守。治高城（今河北省盐山县东南），后移治厌次，在今山东省陵县东北 11 公里。领 5 县，有 4 县在海河流域：

新乐县　后赵县，前燕沿置。《晋书·载记》：“慕容臧为王猛所败，城新乐而还。”治今河北省南皮县东南。

厌次、阳信、乐陵 3 县同后赵。

勃海郡

《晋书·载记》：永和七年（公元 351 年），慕容儁使高开讨伐刘准、封放。开至勃海，准、放迎降。儁以放为勃海太守。前燕置勃海郡，当在此年。郡县皆袭后赵。治南皮，在今河北省南皮县东北。领 10 县：

南皮县、东光县、浮阳县、饶安县、高城县、东安陵县、蓨县、广川县、阜城县、重合县，治地同后赵。

河间郡

袭后赵置。《晋书·载记》：前燕二年（公元 350 年），慕容儁南巡冀州章武、河间，以封裕为河间太守。治乐城，在今河北省献县东南。领 6 县：

乐城县、武垣县、鄚县、易城县、中水县、成平县，治地同后赵。

平原郡

袭后赵置。治平原，今山东省平原县西南。领县 9。其中 6 县属海河流域：

平原县、博平县、安德县、西平昌县、般县、鬲县，沿后赵置。

章武郡

冉魏章武太守有贾坚；慕容隽时，慕容评为太守；慕容暐曾出李续为章武太守。前燕郡沿袭后赵。治东平舒，在今河北省大城县平舒镇。领 4 县：

东平舒县、文安县、章武县、束州县，治地同后赵。

高阳郡

治博陆，在今河北省蠡县南，领 4 县：

博陆县、高阳县、北新城县、蠡吾县，均沿袭后赵置。

巨鹿郡

袭后赵置。治廮陶，在今河北省宁晋县西南。领 2 县：

廮陶县、巨鹿县（有大陆泽。前燕建熙十年，垂请田于大陆泽），沿袭后赵置县。《北史·崔鉴传》记崔遭为前燕巨鹿令。

省后赵停驾、广阿 2 县。

博陵郡

袭后赵置。治安平，在今河北省安平县安平镇。领 4 县：

安平县、饶阳县（有鲁口城）、南深泽县、安国县（后赵末，吕护称安国王，不久被前燕击走），均沿袭后赵置县。

省后赵堂阳县。

清河郡

沿袭后赵。治清河，在今山东省临清市东北。领 7 县：

武城县、枣强县（《晋书·载记》：河间李黑聚众杀枣强令卫颜）、清河县、绎幕县、贝丘县、灵县、鄃县，行政建置、治地均同后赵。枣强县有聂头。

中山郡

前燕二年（公元 350 年），慕容儁使慕容恪略地中山，兵至唐县，冉魏将白同与中山太守侯龛拒守。恪使慕容彪攻中山，自率军攻常山。侯龛逾城出降，燕军克中山，斩白同。慕容儁以北平太守孙兴为中山太守。元玺元年（公元 352 年），冉魏灭亡，中山全郡悉归慕容儁。儁命慕容恪镇中山，封子慕容冲为中山王。前燕初，中山当为国，后国除置郡。治卢奴，在今河北省定州市。领 8 县：

卢奴县、魏昌县、新市县、安喜县、蒲阴县、望都县、唐县、北平县，均同后赵。慕容恪攻冉闵，闵驻守常山，恪追闵至魏昌之廉台，双方激战，擒冉闵。

附：

毋极县　三国魏县，晋、后赵省废，前燕复置。治今河北省毋极县西。《晋书·载记》：中山苏林起兵毋极反燕，被慕容恪镇压。

常山郡

前燕二年（公元 350 年），前燕慕容恪进据常山。常山人李犊聚众数千反燕于普壁垒，被慕容恪镇压。慕容暐时有常山太守申绍。郡治真定，在今河北省石家庄市郊东古城。领 8 县：

真定县　前燕沿袭后赵置。治今河北省石家庄市郊东古城。有安乐垒，即今河北省正定县。永和中，慕容儁攻冉闵，筑垒于此，号安乐。

石邑、井陉、上曲阳、蒲吾、南行唐、灵寿、九门等 7 县一依后赵。慕容恪攻常山，屯兵九门。

幽州

沿后赵置，又废后赵营州，以营州所属北平郡划入。前燕幽州刺史有慕容德、乙逸、孙岳、耿诞等。州治蓟，在今北京市西南部。统郡 6（汉郡 4，复汉郡 1，晋郡 1）。

燕郡

治蓟，在今北京市西南部。领15县；其中侨置5县，地处无考。

安次、蓟、昌平、军都、广阳5县沿袭后赵置，潞、安乐、泉州、雍奴、狐奴5县原属渔阳郡。

兴集县　永和三年（公元347年），慕容皝置，侨县，以居勃海流人。

宁集县　永和三年，慕容皝以河间流人侨置。

兴平县　永和三年，以广平、魏郡流人侨置。

育黎县　永和三年，以东莱、北海流人侨置。

吴县　永和三年，以吴中流人侨置。

渔阳郡

后赵郡，前燕沿袭。《北史·循史·窦瑗传》：瑗曾祖堪为慕容氏渔阳太守。郡治和县名无考。据《中国历史地图集》第四册第9～10页，前燕标渔阳郡，在今北京市怀柔区东北。

范阳郡

前燕二年（公元350年）三月，燕兵至范阳（今河北省涿州市），后赵范阳太守李产率八县令长出降。慕容儁以李产为范阳太守，并命范阳、燕郡建慕容皝庙。李产之后，高商任范阳太守。郡治涿，在今河北省涿州市。领8县：

涿县、方城县、长乡县、遒县、故安县、范阳县、容城县、良乡县沿袭后赵置。

北平郡

后赵北平郡属营州，前燕省营州，以北平郡属幽州。据《晋书·载记》，慕容儁时有北平太守孙兴。《隋书·高祖纪》："汉太尉（杨）震八代孙铉，仕燕为北平太守。"郡治徐无，在今河北省遵化市东。领4县：

徐无县（《晋书·载记》慕容儁徙广宁、上谷人于此）、土垠县、俊靡县、无终县，一依后赵。

代郡

《晋书·载记》：慕容儁以弟慕容宜为代郡城郎。城郎即郡太守，为慕容鲜卑设置的官职。郡治代县，即今河北省蔚县东北代王城。领4县：

代县、广昌县、平舒县、当城县，一依后赵。

广宁郡

《晋书·载记》：慕容儁以孙泳为广宁太守。郡治下洛，即今河北省涿鹿县涿鹿镇西。领3县：

下洛县、潘县、涿鹿县（《水经注》：城东一里有阪泉。《晋太康地记》：阪泉亦地名也），沿袭后赵置。

并州

前燕沿后赵置，治晋阳，今山西省太原市西南。所辖上党、武乡、乐平、定襄、雁门5郡26县在海河流域。

上党郡

前燕沿后赵置，上党太守有段刚、慕容越等。郡治潞，今山西省长治市潞城区东北。亦说治壶关。《魏书·地形志》："慕容儁治安民城，后迁壶关城。"所辖浊漳上游6县：

潞县（有潞川，即漳水）、屯留县、长子县、壶关县、襄垣县（有安民城）、铜鞮县，一依后赵。

武乡郡

后赵置，前燕沿袭，治武乡，今山西省榆社县西北社城。领3县：

武乡县、沾县、涅县，均沿后赵置。

乐平郡

前燕沿后赵置，治上艾，今山西省平定县。领4县：

上艾县、乐平县、寿阳县、轑阳县，沿袭后赵。

定襄郡

汉魏新兴郡，晋曰晋昌，后赵曰定襄，前燕沿后赵置，治定襄，今山西省定襄县。领5县：

定襄县、九原县、云中县、广牧县、晋昌县，沿承后赵。

雁门郡

前燕沿后赵置，雁门太守有单男等。郡治广武，今山西省代县西南。领8县：

广武县（有句注山。《元和郡县图志》称晋咸宁元年句注碑曰："盖北方之险，有卢龙、飞狐、句注为之首，天下之首，所以分别内外也。"）、原平县、汪陶县、平城县、葰人县、繁峙县、马邑县、崞县，沿后赵置。

（三）前秦（公元370年至公元385年）

公元370年，前秦王猛率军攻克邺城（今河北省临漳县西南三台村），又拔信都（今河北省衡水市冀州区北），灭前燕。海河流域悉归前秦。前秦仍沿置幽、冀2州，苻坚以王猛都督关东六州诸军事、冀州牧，镇邺；郭庆都督幽州诸军、幽州刺史，镇蓟（今北京市西南）。自此至公元385年苻氏移徙晋阳（今山西省太原市西南），前秦统辖海河流域约15年，置有32郡180县：

冀州

故治信都，前秦徙治邺，初由王猛领牧。建元八年（公元372年）以苻融代猛为冀州牧。清河崔宏被苻融选为冀州从事。十三年（公元377年）又以苻丕代苻融，镇邺。不久以苻定为冀州刺史，复治信都。统23郡（旧郡19，新置4），其中23郡126县在海河流域。

魏郡

魏郡治邺。前秦建元十八年（公元382年）春，苻坚徙邺铜驼、铜马、飞廉、翁仲于长安。魏郡太守有韦钟等。郡领7县：

邺县、魏县、斥丘县、长乐县、安阳县、荡阴县、内黄县，依前燕建置。安阳有汤池，淝水之战后，慕容垂在此与旧部会合，图谋复燕。

广平郡

前秦广平郡县复袭前燕，治广平，在今河北省鸡泽县东南。领12县：

广平县、邯郸县、易阳县、武安县、涉县、曲梁县、列人县、肥乡县、临水县、广年县、斥漳县、平恩县。淝水之战后，慕容农在列人起兵，响应慕容垂。

附：

曲周县　西晋县，后赵、前燕省，前秦复置。治今河北省曲周县东北。

阳平郡

据《晋书·载记》：前秦苻坚以彭豹、邵兴先后为阳平太守。苻丕封王腾为阳平公，也当曾置公国。郡治馆陶，在今河北省馆陶县东南南馆陶。领7县：

馆陶、清渊、发干、东武阳、阳平、乐平 6 县一依前燕。慕容农遣将攻破馆陶，夺取前秦军资，又取康台。

元城县　前燕属贵乡郡，郡废，复归属阳平。

顿丘郡

后赵郡，前燕省废，前秦复置，治顿丘，今河南省清丰县西南。领 4 县：

顿丘县、繁阳县、阴安县、卫县。

黎阳郡

前秦沿前燕置，治黎阳，今河南省浚县东北。领 1 县：

黎阳县。

汲郡

前秦沿前燕置，治汲。领 6 县，其中 1 县在海河流域：

林虑县。

襄国郡

后赵置，前燕废，前秦复置，郡县沿袭后赵。治襄国，在今河北省邢台市。领 4 县：

襄国县、南和县、任县、苑乡县（后赵置，前燕废，前秦复置）。

赵郡

袭前燕置，治房子，在今河北省高邑县西南。领 9 县：

房子县、元氏县、平棘县、高邑县（苻亮被封高邑侯，当置侯国）、柏人县、南䜌县、平乡县、下曲阳县、鄡县。行政县建置、治所一依前燕。

中丘郡

晋置，前燕省，前秦复置。治中丘，在今河北省内丘县西。领 1 县：

赵安县　即中丘县。后赵改中丘曰赵安。前燕省，前秦复置。治今河北省内丘县西。

巨鹿郡

《北史·贾彝传》："彝父为苻坚巨鹿太守。"郡治廮陶，在今河北省宁晋县西南。领 4 县：

廮陶、巨鹿 2 县沿袭前燕置。

停驾县　后赵置，前燕省，前秦复置。治所在今河北省柏乡、宁晋县一带。

广阿县　后赵复置县，前燕省，前秦沿袭后赵置。治今河北省隆尧县东。

附：

柏乡县　苻坚建元二十年（公元334年），赵郡人赵粟起兵柏乡。前秦当置有柏乡县。

长乐郡

前燕郡，前秦沿袭。治信都，在今河北省衡水市冀州区新城北。领4县：

信都县、下博县、扶柳县、经县，建置、治所一依前燕。

武邑郡

后赵郡，前燕废，前秦复置，郡县一依后赵。治武邑，在今河北省武邑县。领4县：

武邑县、武遂县、武强县、观津县。

建兴郡

后赵石虎置，前燕废，前秦复置。治广宗，在今河北省威县东。领5县：

广宗县　沿袭前燕置县，前燕属长乐郡，前秦改属建兴郡。

临清县　后赵置，前燕省，前秦复置。

建始、兴德、建德3县　后赵置，前燕省，前秦复置。地处无考。

乐陵郡

沿袭前燕置，治厌次，在今山东省陵县东北11公里。领5县，4县在海河流域：

新乐县　袭前燕置县，治今河北省南皮县东南。

厌次县、阳信县、乐陵县，同前燕。

勃海郡

沿袭前燕置，治南皮，在今河北省南皮县东北，领10县：

南皮县、东光县、浮阳县、饶安县、高城侯国（前秦封苻绍为高城侯）、东安陵县、蓨县、广川县（有历口。慕容麟击勃海太守封懿，执之，因屯历口。应劭曰：广川县西北三十里有历城亭。《通鉴注》："今谓之历口渡。有羌垒。”《水经注·淇水》下：“清河水侧有羌垒，姚氏之故居也。”《太平寰宇记》：“广川县外城，即羌酋姚弋仲故垒。”）、阜城侯国（前秦封苻定为阜城侯。县东北12公里有苻融垒）、重合县（苻谟封重合侯），建置、治所同前燕。

河间郡

袭前燕置，治乐城，在今河北省献县东南，前秦有河间相申绍，说明一度为国。郡领6县：

乐城县、武垣县、鄚县、易城县、中水县、成平县，依前燕置。

章武郡

前秦袭前燕置。治东平舒，在今河北省大城县平舒镇。领4县：

东平舒县、文安县、章武县、束州县，建置、治所同前燕。

高阳郡

袭前燕置，治博陆，在今河北省蠡县南。领4县：

博陆县、高阳县、北新城县、蠡吾县，建置、治所同前燕。

平原郡

袭前燕置。治平原，今山东省平原县西南。领9县，其中6县属海河流域：

平原县、博平县、安德县、西平昌县、般县、鬲县，建置、治所同前燕。

博陵郡

沿袭后赵置，治安平，即今河北省安平县。亦说治河北县饶阳县鲁口。《太平寰宇记》：“自石赵、苻秦、后魏并为博陵郡，理于饶阳县鲁口镇。”领5县：

安平县、饶阳县、南深泽县、安国县、堂阳县（前燕省，前秦复置）。

清河郡

故治清河（今山东省临清市东北）。《太平寰宇记》：苻坚封其长子为清河王，移居武城（今河北省清河县东北）。前秦时曾置清河国，并一度治武城。后又复治清河，除国为郡。《晋书·载记》：苻坚以郝略为清河相，王猛封清河郡侯。苻丕封王永为清河郡公。清河人房旷为前秦尚书左丞。郡领7县：

武城县、枣强县、清河县、绎幕县、贝丘县、灵县、鄃县，建置、治所沿袭前燕。

中山郡

前秦苻坚有中山太守王兖。郡治卢奴，即今河北省定州市。领8县：

卢奴县、魏昌县、新市县、安喜县、蒲阴县、望都县、唐县、北平县，沿袭前燕置。

常山郡

《晋书·载记》：苻谟、苻亮据常山。郡治真定，在今河北省石家庄市郊东古城。领8县：

真定县、石邑县、井陉县、上曲阳县、蒲吾县、南行唐公国（前秦苻洛封行唐公）、灵寿县、九门县，沿袭前燕建置。

按：前燕置有贵乡郡，治元城，后又省废。谭其骧主编《中国历史地图集》第四册第11-12前秦图，标有“贵乡郡”，不知何据，待考。

幽州

苻坚灭前燕，以郭庆为幽州刺史，镇蓟，即今北京市西南。建元十六年（公元380年），苻坚以苻重镇蓟、苻洛为幽州刺史，遣洛率幽州兵10万讨伐代王什翼犍。不久，苻洛、苻重反叛，苻坚遣吕光率军于中山大败洛、重，追斩苻重于幽州。前秦建元十六年（公元380年）八月，分幽州置平州，苻坚又以梁谠为幽州刺史，镇蓟；以石越为平州刺史，镇龙城（今辽宁省朝阳市）。苻丕以苻谟为幽州牧，苻亮督幽、平二州诸军事。州治蓟，统5郡（汉郡4，晋郡1）29县。

燕郡

前秦曾置燕国，建元八年（公元372年）燕国韩胤为尚书郎。后改国为郡。治蓟，领10县：

安次县、蓟县、昌平县、军都县、广阳县、潞县、安乐县、泉州县、雍奴县、狐奴县，沿袭前燕。

省前燕侨置兴集、宁集、兴平、育黎、吴等5县。

范阳郡

《晋书·载记》：“苻坚出慕容评为范阳太守。”郡治涿，今河北省涿州市，领8县：

涿县、良乡县、方城县、长乡县、遒县、故安县、范阳县、容城县，沿袭前燕建置。

北平郡

前秦北平太守有皇甫桀。北平阳涉、田勰、阳瑶为著作佐郎，专掌史任。郡治徐无，在今河北省遵化市东。领4县：

徐无县、土垠县、俊靡县、无终县，沿袭前燕建置。

广宁郡

袭前燕置。治下洛，即今河北省涿鹿县西。领3县：

下洛县、潘县、涿鹿县，沿袭前燕建置。

代郡

前秦平代王什翼犍，改置代郡。治代，即今河北省蔚县东北代王城。领4县：

代县、广昌县、当城县、平舒县，沿袭前燕置。

并州

上党郡

前秦沿前燕置。苻丕封张蚝为上党郡公。郡治潞，今山西省长治市潞城区东北。领县8，其中6县属海河流域：

潞县（有潞川、涓原）、屯留县、壶关县、长子县、铜鞮县、襄垣县，沿前燕置。

武乡郡

前秦沿前燕置，治武乡，今山西省榆社县西北社城。领3县：

武乡县、沾县、涅县，沿前燕置。

乐平郡

沿前燕置，治上艾，今山西省平定县。领4县：

上艾县、寿阳县、轑阳县、乐平县，沿承前燕。

新兴郡

汉置，晋曰晋昌，后赵曰定襄，前秦复改曰新兴。治定襄，治今山西省定襄县东南。领4县：

定襄县（有君子津）、云中县、广牧县、晋昌县，沿承前燕。

雁门郡

沿前燕置，治广武，今山西省代县西南。领8县：

广武县、崞县、汪陶县、平城县、葰人县、繁峙县、原平县、马邑县。

(四)后燕(公元385年至公元398年)

公元383年，淝水之战以后，前秦的势力衰败。慕容垂率众入河北，招怀故旧，图复燕国，于公元384年，建后燕(见图60)。次年，定都中山，据有海河流域，在这里沿置幽、冀二州，新置雍州。凡36郡175县。后燕似置有定州。据《汉魏南北朝墓志汇编》，刁师在后燕，任定州司马。

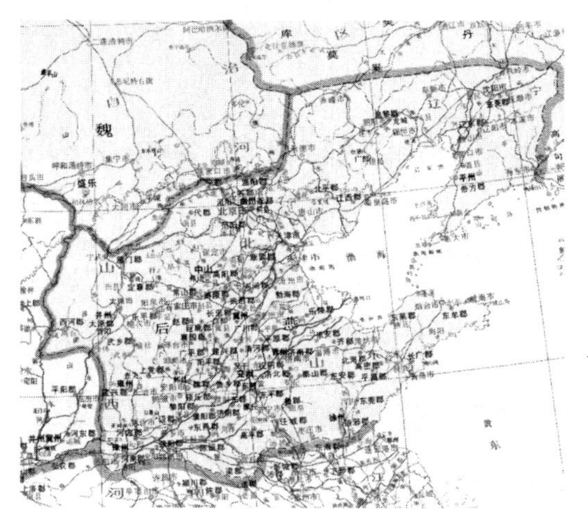

图60　后燕图(见《中国历史地图集》四)

冀州

据《后燕录》《晋书》，后燕冀州牧有慕容楷、慕容德、冯万泥等，冀州牧镇邺，冀州刺史有慕容精、慕容绍、慕容温、平喜、慕容凤、邓翼、刘木等。州治信都，即今河北省衡水市冀州区新城北，统郡22(旧郡19，新置郡3)，其中21郡118县属海河流域。

中山尹

慕容垂建都中山，改中山郡置中山尹，封衡、苻谟、郑豁为中山尹，杨结曾任中山相。治弗违，即今河北省定州市。领8县：

弗违县(故名卢奴县，后燕改名)、魏昌县、新市县、安喜县、蒲阴县、望都县、唐县、北平县，一依前秦建置。

魏郡

前燕改后赵司州为中州，统辖“三魏”。前秦省入冀州，后燕沿袭前秦，仍以“三魏”属冀州。《后燕录》有魏郡太守齐涉。治邺，在今河北省临漳县西南三台村。领7县：

邺县、魏县、斥丘县、长乐县、安阳县、荡阴县、内黄县，沿袭前秦置。后燕邺令韩轨。

贵乡郡

前燕置，后省废，后燕复置。《北史·列女传》有慕容垂贵乡太守房湛。治元城，在今河北省大名县东北。领1县：

元城县　前秦属阳平，后燕复贵乡郡，仍辖元城。

广平郡

袭前秦置，有广平别驾宋隐。郡治广平，在今河北省鸡泽县东南。领12县：

广平县、邯郸县、易阳县、武安县、涉县、曲梁县、列人县、肥乡县（后燕筑新兴城）、临水县、广年县、斥章县、平恩县，沿袭前秦置。有广平令程洛。

黎阳郡

沿前秦置，有黎阳太守有刘抚。郡治黎阳，今河南省浚县东北，领1县：

黎阳县　有黎阳津（天桥津），县西20公里有西津。

汲郡

袭前秦置。治汲，今河南省汲县西南。领6县，其中林虑1县属海河流域。

阳平郡

《后燕录》：建兴九年（公元394年）慕容垂东巡阳平、平原。有阳平太守张蒲。郡治馆陶，今河北省馆陶县东南南馆陶。领6县：

馆陶县、清渊县、发干县、东武阳县、阳平县、乐平县，沿袭前秦。

襄国郡

袭前秦置。《晋书·载记》：慕容垂以慕容柔镇襄国（今河北省邢台市）。《后燕录》：后燕元年（公元384年），慕容隆大破邵兴于襄国。郡治襄国。领4县：

襄国县、南和县、任县、苑乡县，沿袭前秦置。

巨鹿郡

袭前秦置。有巨鹿太守高恒。郡治廮陶，在今河北省宁晋县西南。领4县：

廮陶县、停驾县、巨鹿县、广阿县（《晋书·载记》：后燕元年（公元384年）慕容垂以慕容绍行冀州刺史，屯广阿。后燕初，冀州治曾暂寄广阿）。廮陶有杨城，在今河北省宁晋县。

《魏书·太祖纪》：皇始二年二月丁丑，军于巨鹿之柏肆坞，临滹沱水。柏肆坞在今河北省石家庄市藁城区北。

附：

稾城县　后燕慕容农曾屯兵藁城以逼翟辽。后燕当置有藁城县。

赵郡

袭前秦置。《北史·邓彦海传》："彦海仕慕容垂，卒于赵郡内史。"《北史·杜铨传》："父嶷为垂秘书监，仍侨居赵郡。"郡治房子，在今河北省高邑县西南。领9县：

房子县、元氏县、平棘县、高邑县、柏人县、南䜌县、平乡县、下曲阳县、鄗县，沿袭前秦置。

长乐郡

袭前秦置。《晋书·载记》："慕容垂自平原狩于广川、勃海、长乐而归。"《晋书·冯跋载记》："冯跋字文起，长乐信都人也。"郡治信都，即今河北省衡水市冀州区新城北。领4县：

信都县、下博县、扶柳县、经县。

武邑郡

袭前秦置。治武邑，即今河北省武邑县。领4县：

武邑县、武遂县、武强县、观津县。

平原郡

《北史·祖莹传》："曾祖敏仕慕容垂为平原太守。"郡治平原，今山东省平原县西南。领9县，6县属海河流域：

平原县、博平县、安德县、西平昌县、般县、鬲县。

勃海郡

《后燕录》：后燕二年（公元385年），慕容麟等巡勃海，执勃海太守封懿，因屯历口（今景县西南）。后燕初，勃海郡治当曾寄历口，后复治南皮，在今河北省南皮县东北。领 9 县：

南皮县、东光县、浮阳县、饶安县、高城县、东安陵县、蓨县、阜城县、重合县。

析广川县入广川郡。

河间郡

袭前秦置。后燕建兴七年（公元 392 年）慕容垂自鲁口到河间、勃海等地。《北史·邓彦海传》：慕容垂以彦海为河间太守。《北史·吕罗汉传》：祖显为后燕河间太守。郡治乐城，在今河北省献县东南。领 6 县：

乐城县、武垣县、鄚县、易城县、中水县、成平县。

章武郡

袭前秦置。《晋书·载记》：后燕章武人王祖杀太守白钦叛。章武郡连通河道与海道，水运便利。据《晋书·冯跋载记》，北燕建立，河间褚匡建议迎取冯氏"旧邦宗族"。冯跋曰："隔绝殊域，阻回数千，将何可致也?"匡曰："章武郡临海，船路甚通，出于辽西临渝，不为难也。"署匡游击将军、中书侍郎，厚加资遣。匡寻与跋从兄买，从弟睹自长乐率五千余户投奔北燕。后燕郡治东平舒，在今河北省大城县平舒镇。领 4 县：

东平舒县、文安县、章武县、束州县。

高阳郡

袭前秦置。《后燕录》：后燕二年（公元 385 年），慕容农至高阳，假从事中郎眭邃为高阳太守。《北史·许彦传》：祖茂仕慕容氏高阳太守。《资治通鉴》：拓跋珪至鲁口（今河北省饶阳县），高阳太守崔宏奔海渚。治博陆，在今河北省蠡县南。领 4 县：

博陆县、高阳县、北新城县、蠡吾县。

博陵郡

袭前秦置。后燕永康元年（公元 396 年），魏军进据博陵，博陵太守申永奔河南。二年（公元 397 年），慕容宝遣慕容腾攻博陵，杀魏所置守宰。郡治安平，即今河北省安平县。领 5 县：

安平县、饶阳县、堂阳县、南深泽县、安国县。

乐陵郡

袭前秦置。治厌次，在今山东省陵县东北 11 公里。领 5 县，其中 4 县属海河流域：

新乐县、阳信县、乐陵县、厌次县，同前秦。

清河郡

袭前秦置。《后燕录》：寺人吴深据清河杀太守丁国，慕容垂遣军攻吴深垒，深亡走。建兴四年（公元 389 年），清河太守贺耕叛，慕容农讨斩之。郡治清河，在今山东省临清市东北。领 7 县：

武城县、平晋县、清河县、绎幕县、贝丘县、灵县、鄃县，沿袭前秦置。后燕有东武城令李系（《魏书·李顺传》）。1979 年在辽宁省朝阳市十二台营子发现后燕《崔遹墓志》残石二块。其一曰："燕建兴十年昌黎太守清河武城崔遹。"

析枣强县入广川郡。新置平晋县，当是拓定晋地，侨迁并、肆诸州人口置。地处无考。

广川郡

《太平寰宇记》：慕容垂分清河郡枣强县置。后燕有广川太守崔整。郡治枣强，在今河北省枣强东南。领 3 县：

枣强县　故属清河郡，后燕改属广川郡，郡城附廓县。

索卢县　后燕置，地处无考。

广川县　故属勃海郡，后燕析入广川郡。

常山郡

后燕元年（公元 384 年），慕容麟攻拔常山，袭前秦置郡。有常山太守苟延、程周。郡治真定，在今河北省石家庄市郊东古城。领 8 县：

真定县、石邑县、井陉县、上曲阳县、蒲吾县、南行唐县、灵寿县、九门县。

幽州

《晋书·载记》：慕容楷等攻幽州，前秦幽州牧苻谟降。后燕袭前秦置幽州，慕容垂以慕容农为幽州牧，都督幽、平二州北狄诸军事，镇龙城（今辽宁省朝阳市）。《后燕录》：后燕二年（公元 385 年），平规任幽州刺史，又有慕容会为幽、平二州牧。从有关文献记载看，州刺史治蓟（今北京市西南），都督州牧治龙城。慕容盛镇蓟，修缮前燕旧宫。后燕还于蓟置行台，以慕容盛为录行台尚书事。北魏《高宗文成皇帝嫔耿氏墓志》："祖诞，燕朝（后燕）幽州刺史。"长乐二年（公元400年），北魏军袭后燕幽州，俘刺史卢溥。光始二年（公元402年），慕容懿为幽州刺史，置州治于令支（今河北省迁安市西）。高云正始年间（公元407年—公元408年）以冯万泥为幽冀二州刺史，徙治肥如（今河北省迁安市东北）。后燕幽州牧有慕容农、慕容隆、慕容会、慕容宝、冯万泥；幽州刺史有慕容会、慕容豪、留志、卢溥、慕容拔、慕容懿、慕容镇等。自公元384年至公元400年，后燕幽州治蓟，统6郡27县。

燕郡

袭前秦置，郡太守有高湖等。治蓟，即今北京市西南。领9县：

安次县（《晋书·载记》：安次人齐涉据新栅反）、蓟县、昌平县、军都县、广阳县、安乐县、泉州县、雍奴县、狐奴县，沿袭前秦置。

渔阳郡

前秦省，后燕袭前燕复置。有渔阳太守窦堪。郡治及领县名无考。

范阳郡

袭前秦置。《北史·崔遹传》："遹为后燕范阳太守。"《北史·卢玄传》："父貌为范阳太守。"治涿。即今河北省涿州市。领8县：

涿县、方城县、长乡县、遒县、故安县、范阳县、容城县、良乡县。有容城令程阳。

广宁郡

袭前秦置。《晋书·载记》："魏将王建斩后燕广宁太守刘亢泥。"治下洛，即今河北省涿鹿县西。领3县：

下洛县、潘县、涿鹿县。

代郡

袭前秦置。《晋书·载记》：代郡人许谦逐太守贾闰，以郡附刘显。慕容隆击许谦，谦奔西燕，遂废代郡，悉徙其民于龙城（今辽宁省朝阳市），时在建兴三年（公元388年）。自公元384年至公元388年，后燕代郡治代，即今河北省蔚县东北代王城。领5县：

代、广昌、当城、平舒4县，沿承前秦。

参合县　后燕置，治今内蒙古自治区凉城县西南。

上谷郡

前燕、前秦省废，后燕袭后赵置。《晋书·载记》：后燕上谷人王敏杀太守封戢。慕容宝时，慕容详曾为上谷太守。《宋书·王玄谟传》："祖牢，仕慕容氏为上谷太守。"郡治沮阳，在今河北省怀来县沙城镇东南，领2县：

沮阳县（慕容垂攻北魏，班师途中，卒于此）、居庸县，2县均沿后赵复置。

营州

后赵置，治令支，在今河北省迁安市西。前燕、前秦省，后燕复置。《晋书·地理志》：慕容熙以营州刺史镇宿军。宿军地处无考。《晋书·载记》有营州刺史仇尼倪。营州统3郡，其中北平郡1郡在海河流域。

北平郡

治徐无（今河北省遵化市东），领8县，4县在海河流域：

徐无县、土垠县、俊靡县、无终县。

豫州

顿丘郡

沿前秦置，故属冀州，后燕改属豫州，郡治顿丘，今河南省清丰县西南。领1县：

顿丘县　沿袭前秦置。

雍州

《后燕录》：建兴九年（公元394年），垂以慕容凤为雍州刺史，镇长子，今山西省长子县西南。统郡2：

上党郡

沿前秦置。《晋书·载记》：慕容农西招库傉官伟于上党。郡治潞，今山西省长治市潞城区东北。领6县，5县在海河流域：

潞县（有潞川，台壁，东出滏口至邺）、屯留县、壶关县（有五龙祠，慕容永立于龙山以祭五方神）、铜鞮县、襄垣县。

建兴郡

《魏书·地形志》"建州"注："慕容永分上党置建兴郡。"治长子，今山西省长子县西南。领县 2，其中 1 县属海河流域。

长子县　公元 386 年 10 月，慕容永于此称帝，建西燕。394 年，后燕灭西燕。

并州

洪亮吉《十六国疆域志》："并州统郡四，曰太原、西河、雁门、五原。"雁门、五原 2 郡地属海河流域。

雁门郡

沿前秦置，治广武，今山西省代县西南。领 8 县：

广武县、崞县、汪陶县、平城县（有燕昌城。《水经注》称《燕书》：建兴十年，慕容宝自河西还，军败于参合，死者六万人。十一年，垂众北至参合，见积骸如山，设祭吊之礼，死者父兄皆号泣，六军哀恸。垂惭忿呕血，因而寝疾焉。辇过平城北四十里，疾笃，筑燕昌城而还。即此城也，北俗谓之老公城）、葰人县、繁峙县、原平县、马邑县。

五原郡

后燕置。《后燕录》：建兴十年，垂遣太子宝自五原伐魏（代）。郡治九原，今山西省忻州市。领县 1：

九原县。

据谭其骧主编《中国历史地图册》第四册第 13～14 页《后燕图》，后燕并州还统有乐平郡、武乡郡、定襄郡。

乐平郡

后燕沿前秦置，治上艾，今山西省平定县。领县 4：

上艾县、寿阳县、轑阳县、乐平县。

武乡郡

沿前秦置，治武乡，今山西省榆社县西北社城。领县 3：

武乡县、沾县、涅县。

定襄郡

汉置新兴郡，晋曰晋昌，后赵曰定襄，前秦复新兴，后燕又改曰定襄。郡治定襄，今山西省定襄县。领县 4：

定襄县、云中县、广牧县、晋昌县。

三、北朝

（一）北魏（公元 398 年至公元 534 年）

公元 398 年，北魏占据幽冀诸州。拓跋珪为巩固这一地区的统治，于邺（今河北省临漳县西南三台村）、中山（今河北省定州市）置行台，以后又在这里分置诸州，从拓跋珪定燕赵到北魏太和十年（公元 486 年），北魏所置 38 州，而海河流域有 8 州，即相、冀、定、燕、瀛、幽、肆、恒州。熙平二年（公元 517 年）分定、相 2 州置殷州。北魏末，还曾分冀州为南冀州（治聊城，在今山东省聊城市西北）、东冀州。海河流域有州城 9，郡城 45，县城 202（见图 61）。

《魏书·地形志》“录武定之世以为志”，“州郡创设，随而注之，不知则阙”。兹据《魏书·地形志》，兼采他书，罗列海河流域州、郡、县城邑沿革变化。

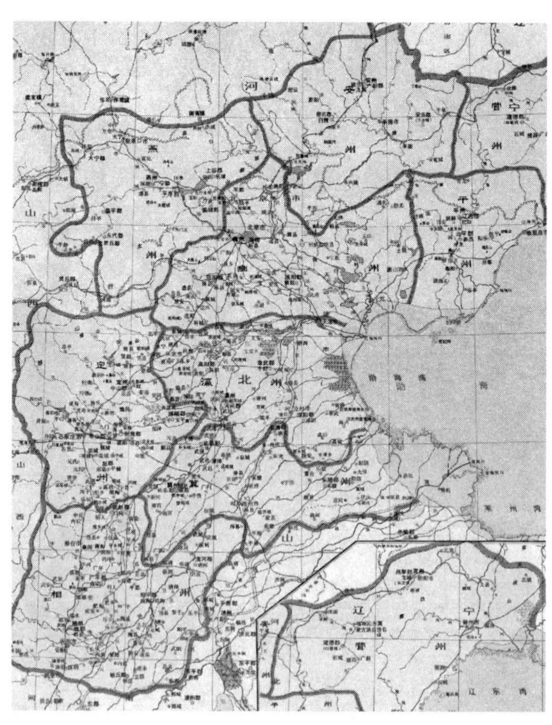

图 61　北魏相、冀、幽等州图

相州

北魏天兴四年（公元401年）置。道武帝拓跋珪平定河北，至邺，访立州名，尚书崔宏对曰："昔河亶甲居相，圣皇天命所相，宜曰相州"。遂立相州。《元和郡县图志·河北道》："盖取内黄东南殷王河亶甲居相所筑之城为名也。"庚岳、长孙嵩、李安世、元桢、元湛、元熙等仕魏为相州刺史，元寿安"出行相州事"。州治邺，在今河北省临漳县西南三台村。统6郡46县。

魏郡

后燕郡，北魏沿置。据正光四年（公元523年）《鞠彦云墓志》，彦云曾任魏郡太守。郡治邺。领10县：

邺县　后燕县，北魏沿置。治今河北省临漳县西南三台村。太和中于邺县置关，东魏省废。邺之西北有滏口，北魏末年滏口一战，葛荣大败。河北流民起义被镇压后，尔朱荣以独孤信为骁骑将军，"因镇滏口"。

魏县　后燕县，北魏沿置。治今河北省大名县大名镇西南。《周书》卷四十七《艺术·魏景熙传》："父瓊，太和中……历员外郎、魏县令。"

斥丘县　后燕县，北魏沿置。治今河北省成安县东南漳河店镇一带。

临水县　后燕县，属广平郡。北魏沿置，太平真君六年（公元445年）省入邺县，太和二十一年（公元497年）复置，改属魏郡。治今河北省磁县磁州镇。有滏水，《太平御览》卷六十四《地部》二十九《滏水》引《水经注》云："滏水，发源出石鼓山南，岩下泉奋涌，若滏水之汤矣。其水冬温夏冷，崖上有魏世所立铭，水上有祠，能兴云雨。滏水又东流注于漳，又谓之合水。"① 合水在临水东南。

昌乐县　太和二十一年（公元497年）分魏县置。治今河北省大名县南冀豫两省交界处。永安元年（公元528年）置昌乐郡，领昌乐县。

林虑县　西汉隆虑，东汉避殇帝名改。北魏太平真君六年（公元445年）省并入邺县，太和二十一年（公元497年）复置。故治今河南省林州市北古城，复置后，移治今林州。故属汲郡，复置改属魏郡。孝庄帝永安元年（公元528年），于县置林虑郡。据北魏太昌元年（公元532年）《元

① 《太平御览·地部》此段引文为《水经注》卷十《浊漳水》佚文。

文墓志》，元文于“永安二年，封林虑郡王，食邑一千户”。《水经注·洹水》曰洹水出长子县洹山，东过隆虑县北。县北有隆虑山，县因山以取名。“县有黄华水，出于神囷之山黄华谷北崖上，山高十七里，水出木门带，带即山之第三级也。去地七里，悬水东南注壑，直泻岩下。状若鸡翘，故谓之鸡翘洪，盖亦天台、赤城之流也。其水东流至谷口，潜入地下，东北十里复出，名柳渚，渚周四五里，是黄华水重源再发也。东流，苇泉水注之。（苇泉）水出林虑山北泽中，东南流，与双泉合，水出鲁般门东，下流入苇泉水。苇泉水又东南，流注黄华水，谓之陵阳水，又东，入于洹水也。”①

安阳县　后燕县，北魏沿置。治今河南省安阳市西南。洹水自林虑东流，经城北殷墟之北，向东入邺县。

荡阴县　后燕县，北魏沿置。治今河南省汤阴县。《水经注·荡水》：“荡水出县西石尚山，泉流径其县故城南，县因水以取名也。”

长乐县　后燕县，北魏沿置。治今河南省安阳市东。

内黄县　后燕县，北魏沿置。治今河南省内黄县西。

邺、魏、斥丘、安阳、荡阴、长乐、内黄 7 县为旧县，新置昌乐 1 县，复置临水、林虑 2 县。

顿丘郡

魏沿后燕置。治顿丘，领 5 县，其中 4 县属海河流域：

顿丘县　太和中并入汲郡，景明中复置。治今河南省清丰县西南。有鱼阳泽、颛顼冢、帝喾冢。延昌元年（公元 512 年）《魏北海王妃故李氏志铭》：“妃姓李，字元姜，相州顿丘人也。”

卫县　《魏书·地形志》称“卫国”。治今河南省清丰县南。有卫国城、武乡城、卫康叔冢、子路冢、孔悝冢、卫灵公冢。熙平二年（公元 517 年）《太妃李氏墓志》：“顿丘卫国人也。”

阴安县　太平真君三年（公元 442 年）并入卫，太和十九年（公元 495 年）复置。治今河南省南乐县西南。

繁阳县　晋属顿丘郡。北魏太平真君六年（公元 445 年）并入顿丘

---

① 水经注校证. 北京：中华书局，2013：233.

县。太和十九年（公元 495 年）复置。治今河南省内黄县西北。

广平郡

后燕郡，北魏沿置。故治广平，今河北省鸡泽县东南。北魏复治曲梁，即今河北省邯郸市永年区临洺关东南广府镇。并省襄国郡入广平。领 14 县。普泰二年（公元 532 年）《元诲墓志》："诲之父，封广平王。"

曲梁县　后燕县，北魏沿置。治今河北省邯郸市永年区临洺关镇东南广府镇。

邯郸县　后燕县，北魏沿置。故属广平，北魏初属魏郡，太平真君六年（公元 445 年）复改属广平郡。治今河北省邯郸市。有紫山。

武安县　后燕县，北魏沿置。治今河北省武安市西南固镇。

广平县　后燕县，北魏初废，太和二十年（公元 496 年）复置。治广平城，今河北省鸡泽县东南。《北齐书·库狄干传》："后从神武起兵，破四胡于韩陵，封广平县公，寻进郡公。"

襄国县　后燕置郡，北魏撤郡，以襄国县并入任县，太和二十年（公元 496 年）复置县。治今河北省邢台市。

广年县　后燕县，北魏初省废，太和二十年（公元 496 年）复置。治广年城，今河北省邯郸市永年区临洺关镇东故城。

平恩县　后燕县，北魏沿置。治平恩城，在今河北省邱县南邱城镇西南。有康台泽（《魏书·地形志》）。

斥章县　后燕县，北魏太平真君三年（公元 442 年）并入列人，太和二十年（公元 496 年）复置。治今河北省曲周县东南 7.5 公里北油村与高庄之间。

列人县　后燕县，北魏沿置。治今河北省邯郸市肥乡区东北列人堤。《北魏宋灵妃墓志》："广平烈（列）人人也。"

肥乡县　后燕县，北魏沿置。治今河北省邯郸市肥乡区西南。

易阳县　后燕县，北魏沿置。故治今河北省邯郸市永年区临洺关镇西北西阳城，北魏徙治今临洺关镇。

南和县　后燕县，属襄国郡。北魏初并入任县，太和二十年（公元 496 年）复置，属广平郡。北魏南和城，又谓嘉和城、安丰城。治今河北省南和县和阳镇。

任县　后燕县，属襄国郡。北魏沿置，属广平郡。治今河北省任县东。北齐废。

曲安县　北魏景明中（公元500年—公元503年）分平恩县地置。治曲安城，今河北省曲周县曲周镇东北。

省后燕涉县、苑乡县；临水县划属魏郡。

易阳郡　《北齐书·李元忠传》：元忠宗人愍，擒葛荣，即表授愍建忠将军，分广平易阳、襄国、南赵郡之中丘三县为易阳郡，以愍为太守，赐爵襄国侯。北魏孝昌末，置易阳郡。不久，郡废。

阳平郡

后燕郡，北魏沿置，并省后燕贵乡郡入阳平。治馆陶，即今河北省馆陶县东南。领8县：

馆陶县　后燕县，北魏沿置。治今河北省馆陶县东南南馆陶。有馆陶城。

临清县　北魏太和二十一年（公元497年）置。治今河北省临西县临西镇西。

元城县　西晋为阳平郡治附廓县。前燕、后燕置贵乡郡治，领元城县。北魏撤郡，以县入阳平。治今河北省大名县大名镇东北。有沙鹿山。

阳平县　《魏书·地形志》：永嘉后并乐平。太和二十一年（公元497年）复属。有阳平城、岗城、赵简子陵、武沟水、白马渊。治今山东省莘县。

清渊县　后燕县，魏沿置。治今河北省馆陶县东北。有清渊城（《魏书·地形志》）。

乐平县　后燕县，魏沿置。治乐平城，在今山东省聊城市西。

发干县　后燕县，魏沿置。治今山东省冠县东。有发干城（《魏书·地形志》）。

武阳县　后燕东武阳县，魏改曰武阳。治今山东省莘县西南。

《魏书·地形志》阳平郡领武城县，考之文献，当属清河郡。

南巨鹿郡与南赵郡

北魏徙巨鹿郡治于曲阳（今河北省晋州市西），太和十一年（公元487年）于后燕巨鹿郡地置南巨鹿郡，属定州。十三年（公元489年）移治广阿，在今河北省隆尧县东故城。太和十八年（公元494年），改南巨鹿郡为南赵郡，属相州，仍治广阿，领6县：

广阿县 后燕县，北魏初省废，太和十三年（公元489年）复置，并为郡城附廓县。治今河北省隆尧县东故城。《北齐书·娄昭传》：从高欢“破尔朱兆于广阿，封安喜县伯”。

巨鹿县 后燕县，北魏沿置。治今河北省平乡县平乡镇东15公里处。《水经注·浊漳水》：巨鹿县有铜马祠，汉光武庙也。“庙侧有碑，述河内修武县张导，字景明，以建和三年为巨鹿太守，漳津泛滥，土不稼穑。导披按地图，与丞彭参、掾马道嵩等原其逆顺，揆其表里，修防排通，以正水路，功绩有成，民用嘉赖。题云《漳河神坛碑》。而俗老耆儒，犹揭斯庙为铜马刘神寺。是碑顷因震裂，余半不可复识矣。”

中丘县 汉县，西晋末省废。北魏太和二十一年（公元497年）复置。治今河北省内丘县内丘镇西。

平乡县 后燕县。北魏初曾省废，景明二年（公元501年）复置。《魏书·地形志》载：“治巨鹿城”。即今河北省平乡县乞村镇西南平乡镇。

柏人县 后燕县，北魏沿置。移治今河北省隆尧县隆尧镇。

南栾县 后燕县，北魏太平真君六年（公元445年）并入柏人县。太和二十一年（公元497年）复置，改名南栾。治今河北省巨鹿县北。

清河郡

后燕郡，北魏沿置。北魏末。薛乂曾为“尚书吏部郎，清河、广平二郡守”①。治清河，在今山东省临清市东北。领4县：

清河县 后燕县，魏沿置。郡城附廓县。有清河城。

贝丘县 后燕县，魏沿置。治今山东省临清市东南。

侯城县 北魏太和十三年（公元489年）置。治今河北省清河县葛仙庄镇东。《水经注·淇水》：“清河又东北径陵乡西，应劭曰：‘东武城西南七十里有陵乡，故县也。’后汉封太仆梁松为侯国，故世谓之梁侯城，遂立侯城县治也。”

武城县 后燕县，北魏沿置。治今河北省清河县葛仙庄镇东北。有武

① 《周书·薛寘传》.

城，有暗阁（《魏书·地形志》）。《北魏崔令姿墓志》："清河武城人也……以武泰元年三月卅日卒于第。"又称东武城。《水经注》："清河又东北径东武城故城西。定襄有武城，故此加'东'字。"

附：

俞县　《魏济州刺史崔使君墓志》："君讳鹔，字彦鹔，清河俞县人也……武泰元年四月十七日终于京师。"

东清河东俞县　《北魏清河崔府君墓志》："君讳猷，字孝孙，东清河东俞人也。"

南冀州　《魏书·地形志·平原郡》：后魏武泰初立南冀州，永安中罢。《魏书·辛绍元传》：子馥，孝昌初，除南冀州防城镇将。《魏书·路恃庆传》：路思令拜阳平太守，又割冀州之清河、相州之阳平、济州之平原以为南冀州，以思令为刺史。南冀州当辖清河、阳平、平原三郡。

北冀州　《元鸾墓志》："复迁定州安北……以正始二年三月廿五薨于官，赠镇北冀州。"

定州

北魏皇始二年（公元397年）置安州，天兴三年（公元400年）改名定州，有定州刺史冯熙。《元诠墓志》：永平初，除定州刺史。孝昌三年，杨津为定州刺史。《元固墓志》：（孝昌三年）"出为镇北将军，定州刺史"。《元钦墓志》：（永安元年）"钦死于河阴之变，赠定州刺史"。据《北齐书·段荣传》，北魏末，段荣镇信都，仍除镇北将军、定州刺史。州治卢奴，今河北省定州市。统5郡31县。

中山郡

后燕改中山郡为中山尹，北魏复为郡，《周书》卷三十二《陆通传》：曾祖载仕魏中山郡守。时约在魏太武帝。同书卷三十三《赵昶传》："曾祖襄，仕魏至中山郡守。"北魏正光末，宇文肱（宇文泰之父，追封德皇帝）避地中山，为定州军所破，殁于阵。宇文连"随德皇帝逼定州，军于唐河，遂俱殁"（《周书》卷十《宇文连传》）。中山郡治卢奴，领9县：

卢奴县　后燕改名弗违，北魏复旧名。治今河北省定州市。神麚中，置新城宫。有焉乡城、乐阳城。《魏故昭玄沙门大统墓志铭》："法师字慧光，俗姓杨氏，中山卢奴人也。"

魏昌县　后燕县，北魏沿置。治今河北省定州市南邢邑镇。有魏昌城、安城。

新市县　后燕县，北魏沿置。治今河北省正定县东北新城铺。有蔺相如冢、义台城、新市城。

安喜县　后燕县，北魏沿置。治今河北省定州市东南。有天井泽、安喜城、赵尧祠。北魏末，娄昭封为安喜县伯。

唐县　沿袭后燕置县。治今河北省顺平县西北。有左人城、寡妇城、唐水、狼山祠。

北平县　后燕县，北魏沿置。故治今河北省满城北，北魏孝昌中移治今河北省顺平县东北。正光二年（公元521年）《魏宫品一太监刘华仁墓志》：定州中山人，父刘斋曾任深泽、北平二县令。

蒲阴县　后燕县，北魏沿置。治今河北省顺平县东南。

毋极县　汉县，旧治在今河北省无极县西。晋废。北魏太和十二年（公元488年）复置，移治今河北省无极县无极镇，即魏毋极城。有新城、廉台。

望都县　北魏沿袭后燕置县。治今河北省望都县西北故县村。

补：

上曲阳县　《魏书·地形志》："晋属常山。真君七年并新市，景明元年复属。有平乐城。"平乐城又曰平乐亭。县治在今河北省曲阳县西。北魏宣武帝时，曲阳城由旧址迁至今址，于城内西部建北岳庙。谭其骧主编《中国历史地图集》第四册第44～45页北魏《幽冀诸州图》无上曲阳县。此据《魏书·地形志》补。河北曲阳县北岳庙内存北魏和平三年《邸府君之碑》，曰："公讳朝，字元明，中山上曲阳人也。"《北魏刘强墓志》："刘强，字力世，中山上曲阳平洛城内人，靖王之苗胄，上曲阳令之孙……正始三年二月十六日卒。"自称为汉中山靖王之后。

常山郡

后燕郡，北魏沿置。初治真定，在今河北省石家庄市郊东古城。北魏道武帝移治安乐垒，即今河北省正定县正定镇。领7县：

真定县　后燕县，北魏沿置。治今石家庄市郊东古城。有赵朔祠。《太平御览》卷一百六十一《州郡部七·河北道上·镇州》引《十三州志》："真定本名东垣，以河东有垣，故此加东耳。"《北齐书·娄昭传》："祖父提……魏太武时，以功封真定侯。"

石邑县　后燕县，北魏沿置。治今河北省石家庄市鹿泉区南故邑村。有石邑城。

九门县　后燕县，北魏沿置。治今河北省石家庄市藁城区西北九门村。有常山城、九门城，有安乐垒、受阳垒。《北齐书·娄叡传》："北魏末，封九门县公。"

行唐县　后燕南行唐县，北魏去"南"字。太和十四年（公元490年），于行唐县置唐郡，二十一年（公元497年）废郡为县。熙平中（约公元517年）移犊乾城，治唐城，在今河北省行唐县北。曲阳北岳庙内存《北魏尉陵及妻贺氏墓志》曰："以永熙三年正月二十六日迁葬于常山郡行唐县之秘村。"《魏故使持节征虏将军营州刺史长岑侯韩使君赙夫人高氏墓铭》："夫人勃海條人也……春秋七十有一，正光四年岁在癸卯十一月十九日，抱疾薨于洛阳延寿里……以正光五年岁次寿星十月三日移葬与定州常山郡行唐县宕城川兰山之阳口河之阴韩侯墓右。"墓志出土于今河北省曲阳县境。

蒲吾县　后燕县，北魏沿置。治今河北省平山县东南蒲吾村。有嘉阳城。

灵寿县　后燕县，北魏沿置。治今河北省灵寿县灵寿镇。有房山、西王母祠、慈水。

井陉县　后燕县，北魏沿置。治今河北省井陉县微水镇西北。有回星城。北魏末，流民起义。《周书》卷十四《贺拔胜传》曰："杜洛周阻兵幽、定，葛荣据有冀、瀛。尔朱荣谓（贺拔）胜曰：'井陉险要，我之东门……'荣乃表胜为镇远将军、别将，领步骑五千镇井陉。"

巨鹿郡

后燕郡，北魏沿置。《魏书·耿玄传》："巨鹿宋子人也……官至巨鹿太守。"郡故治廮陶，在今河北省宁晋县西南。北魏移治曲阳，即下曲阳，在今河北省晋州市西。领3县：

曲阳县　后燕下曲阳县，中山有上曲阳，故加"下"字以区别。北魏改名曲阳。原属赵郡，北魏改属巨鹿郡，治今河北省晋州市西。有临平城、真乡城、曲乡城，有尧祠、青丘。神龟元年（公元518年）《魏故高宗耿嫔墓志铭》："嫔讳寿姬，定州巨鹿曲阳人也。"定州中山有上曲阳，此曲阳为巨鹿曲阳。

稾城县　后燕县，北魏初省废，北魏太和十二年（公元488年）复置，改属巨鹿郡。治今河北省石家庄市藁城区西南。有肥累城。

鄡县　后燕县，属赵郡，北魏沿置，改属巨鹿郡。故治在今河北省辛集市东南，北魏移治今河北省深州市西南。有鄡城、安定城，有西门、赵君神，有青丘、牛丘、黄丘、驰丘、灵丘。

附：

西经县　北魏永安二年（公元529年）置，治今河北省广宗县东10公里处，属巨鹿郡。

宋子县　延昌三年（公元514年）《高宗文成皇帝嫔耿氏墓志》："嫔，巨鹿宋子人也。"《魏书·地形志》无宋子。

博陵郡

后燕郡，北魏沿置。《高宗文成皇帝嫔耿氏墓志》："父乐，博陵太守。"郡治安平，今河北省安平县安平镇。领4县：

安平县　后燕县，北魏沿置。治安平城，今河北省安平县安平镇。有楼、女贵人神。《北魏崔敬邕墓志》："博陵安平人也……永平初……除君持节营州刺史。"

饶阳县　后燕县，北魏沿置。治今河北省饶阳县南故城村。有鲁口城、博陵城、三良神、饶阳城。

深泽县　后燕南深泽县，北魏改名深泽县。治今河北省深泽县东南。有女娲神祠。《魏书·高宗纪》：和平二年十月，"博陵之深泽、章武之东州，盗杀县令，州军讨平之"。

安国县　后燕县，北魏太平真君七年（公元446年）并入深泽县，景明二年（公元501年）复置。治今河北省安国市祁州镇东安国城。有盐石渊、安国城。

附：

饶阳郡

《北齐朱益墓志》："大父征，饶阳郡守，吏畏民怀，实为良宰。"饶阳郡之置似在北魏末，东魏时已无饶阳郡。

赵郡

西汉置赵国，都邯郸，在今河北省邯郸市。后燕赵郡，治房子，在今河北省高邑县西南。北魏沿置郡，移治平棘，即今河北省赵县赵州镇。领6县：

平棘县　后燕县，北魏沿置。故治在今河北省赵县赵州镇东南。北魏移治今河北省赵县赵州镇。

房子县　后燕县，北魏沿置。治今河北省高邑县西南。

高邑县　后燕县，北魏沿置。治今河北省柏乡县柏乡镇北固城店。

廮陶县　后燕县，北魏沿置。故为巨鹿郡治，北魏巨鹿郡移治曲阳，今河北省晋州市西。廮陶改属赵郡。治今河北省宁晋县西南。

元氏县　后燕县，北魏沿置。治今河北省元氏县槐阳镇西北。

栾城县　后燕县，治今河北省赵县西北，北魏初废，太和十一年（公元487年）复置，移治今河北省石家庄市栾城区西。《周书》卷三十八《吕思礼传》："吕思礼，东平寿张人也……年十四，受学于徐遵明。长于论难……十九，举秀才，对策高第。除相州功曹参军。葛荣围邺，思礼有守御勋，赐爵平陆县伯，除栾城令。"

殷州

孝昌三年（公元527年）正月，北魏为稳定河北，分相、定二州赵郡、巨鹿、南巨鹿、广宗四郡置殷州，治广阿，今河北省隆尧县东故城。崔楷为州刺史，不久，葛荣攻陷州城，杀崔楷。

冀州

《太平御览》卷一六一《州郡部七·河北道上·冀州》引《十三州志》："冀州之地，古京也，人患剽悍，故语曰：'仕宦不偶值冀部'。"东汉中平五年（公元188年）由刺史部演变成地方行政建置，历魏晋十六国，各代沿置。北魏袭之。《司马金龙墓志》："太和年间为冀州刺史。"《张瓘墓志》："太和中，张仁任冀州刺史。"《元侔墓志》："祖拓跋于德，平南将军、冀州刺史。"《元羽墓志》："景明时，任冀州刺史。"《元祐墓志》："神龟三年正月初六卒，赠冀州刺史。"《元悌墓志》："武泰元年四月十三日薨，赠冀州刺史。"《元寿安墓志》："孝昌二年五月十一日卒，赠冀州刺史。"《元诲墓志》："永安三年十二月三日薨，追赠冀州刺史。"州治信都，即今河北省衡水市冀州区。统 5 郡 30 县。

长乐郡

后燕郡，北魏沿置，太和十一年（公元 487 年）并省广川郡入长乐郡。治信都，即今河北省衡水市冀州区。领 10 县：

信都县　后燕县，北魏沿置。治今河北省衡水市冀州区冀州镇。《水经注·浊漳水》："信都县故城，信都郡治也。汉高帝六年置。景帝中元二年为广川惠王越国。王莽更为新博，县曰新博亭。……明帝永平十五年，更名乐成。安帝延光中改曰安平。城内有汉冀州从事安平赵徵碑。又有魏冀州刺史陈留丁绍碑，青龙三年立。城南有献文帝南巡碑。"北魏文成帝曾四次南巡至信都。《张瓘墓志》："十七举秀才，征为信都县令。"《魏司徒参军事元诱命妇冯氏志铭》："冀州长乐信都县人也。"

堂阳县　后燕县，治今河北省新河县新河镇。故属博陵郡，北魏改属长乐郡。有荆丘。东魏天平四年《赵明度墓志铭》："父盆，堂阳、扶柳县令。"

枣强县　后燕县，属广川郡，北魏省广川郡，以县属长乐郡。神瑞二年（公元 415 年）并枣强县入广川县。太和二十二年（公元 498 年）复置。治今河北省枣强县东南东故县村。有索卢城。

扶柳县　后燕县，属广川郡，北魏省广川郡，以县属长乐郡。太平真君三年（公元 442 年）并扶柳入堂阳县，景明元年（公元 500 年）复置。治今河北省衡水市冀州区西北扶柳城村。《水经注·浊漳水》："扶柳县故城在信都城西，衡水径其西。具有扶泽，泽中多柳，故曰扶柳也。"

索卢县　后燕置县，属广川郡，地处无考。北魏神瑞二年（公元 415 年）并入广川县。太和二十二年（公元 498 年）复置，转属长乐郡。

广川县　后燕县，属广川郡，北魏省广川郡，以县属长乐郡。治今河北省景县西南广川镇。北魏永熙《元鑚选墓志》曰："鑚选封广川县开国侯。"《水经注·淇水》："清水北径广川县故城南。阚骃曰：'县有长河为流，故曰广川也。'水侧有羌垒，姚氏之故居也，今广川县治。"北魏广川县治移至姚氏羌垒。在故广川县之西北。县东有历城亭，为清河渡口，又称历口渡。

南宫县　三国魏县，晋省废。北魏复置。治今河北省南宫市西北。

下博县　后燕县，治今河北省深州市东南下博村，北魏沿置，移治今深州市东。《太平寰宇记》："后魏自今县南二十里移于衡水北，去今县二十里。俗谓之故县城。"

经县　后燕县，北魏沿置。太平真君二年（公元441年），省经县入南宫县。太和二十年（公元496年）复析置。移治今河北省威县北25公里经镇。

广宗县　前秦县，属建兴郡。后燕省废，北魏复置，治今河北省威县东南。《水经注·淇水》：清河东北径广宗县故城南，"有李云墓。云字行祖，甘陵人也。好学，善阴阳。举孝廉，迁白马令。中常侍单超等，立掖庭民女亳氏为后，后家封者四人，赏赐巨万。云上书移副三府曰：'孔子云：帝者，谛也。今尺一拜用，不经御省，是帝欲不谛乎。'帝怒，下狱杀之。后冀州刺史贾琮行部，过祠云墓，刻石表之。今石柱尚存，俗犹谓之李氏石柱。"《北齐书·潘乐传》："潘乐，字相贵，广宁石门人也。本广宗大族，魏世分镇北边，因家焉。父永，有技艺，袭爵广宗男……齐神武出牧晋州，引乐为镇城都将，从破尔朱兆于广阿，进爵广宗县伯。"

附：

广宗郡

《资治通鉴》卷一百五十八《梁纪》十四大同五年胡注：后魏太和二十一年，立广宗郡。东魏属司州。东魏有广宗太守窦瑗。东魏时，郡废。

武邑郡

后燕郡，北魏沿置，治武邑郡城。《周书》卷三十五《崔谦传》："崔谦，字士逊，博陵安平人也。祖辩，魏平远将军、武邑郡守。"《水经注·浊漳水》："漳水又东北径武邑郡南，魏所置也。又东径武强县北。"武邑郡城在河北省武强县西北。领5县：

武强县　后燕县。北魏神瑞二年（公元415年）并入武邑县。太和十八年（公元494年）复置。治今河北省武强县小范镇西南旧城村。

武遂县　后燕县，北魏沿置。治今河北省武强县小范镇西北。《水经注·浊漳水》："（漳水）又东径武强县北，又东北径武遂县故城南。"北魏武遂县治似有变动。

阜城县　后燕县，属勃海郡。北魏沿置，改属武邑郡。治今河北省阜城县东古城村。有弓高城。

灌津县　后燕观津县，北魏沿置，改名灌津。治今河北省武邑县东南观津村。有窦氏冢。《北齐书·窦泰传》："窦泰，字世宁……本出清河观津胄。"《北齐石信墓志》："中兴之际，乃从齐太祖献武皇帝建义信部……迁前将军、灌津县令。"

武邑县　后燕县，北魏沿置。治今河北省武邑县武邑镇。

勃海郡

后燕郡，北魏沿置。太武帝拓跋焘改名为沧水郡。太和二十一年（公元 497 年）复称勃海郡。《太平御览》卷一百六十二《州郡部八·河北道中·沧州》引《十三州志》："勃海风俗鸷戾，高气力，轻奸凶。"郡治南皮，在今河北省南皮北。领 4 县：

南皮县　后燕县，北魏沿置。治今河北省南皮县北。有勃海城。《水经注·淇水》曰："清河又东北，无棣沟出焉，东径南皮县故城南。"无棣沟从清河分出，东流经南皮故城南。又曰："清河又东北径南皮县故城西。《十三州志》曰：'章武有北皮亭，故此曰南皮也。'""清河又北径北皮城东，左会滹沱别河故渎，谓之合口，城谓之合城也。《地理风俗记》曰：南皮城北五十里有北皮城。即是城矣。"北皮城属章武郡。合城亦即合口城。《北魏江阳王次妃石夫人墓志》："夫人讳婉，字敬姿，勃海南皮人也。"

东光县　后燕县，北魏沿置。治今河北省东光县东。

修县　后燕县，北魏沿置。治今河北省景县东。有董仲舒祠。《水经注·淇水》："清河又东北，左与张甲屯绛故渎合，阻深堤高障，无复有水矣。又径修县故城南，屈径其城东，修音条，王莽更名之曰治修。《郡国志》曰：故属信都。"北魏改隶勃海。《北魏李璧墓志》："勃海條县广乐乡吉迁里人也……少好《春秋左氏传》而不存章句，尤爱马班两史……高阳王……作牧赵燕，除皇子别驾，兼护清河、勃海、长乐三郡……督护乐陵郡……春秋六十，以神龟二年岁次己亥春二月辛亥朔廿一日辛未卒于洛阳里之宅。正光元年冬十二月廿一日迁葬冀州勃海條县南古城之东堈。"孝昌二年《高广墓志》："君讳广，字天德，勃海條人也。其先英晔，世镌冀壤。"太和二十一年《李夫人墓志》："冀州勃海郡條县广乐乡新安里人也。"

安陵县　后燕东安陵县，北魏沿置，改名安陵。治今河北省景县安陵镇。《北齐吴迁墓志》："公讳迁，字松柏，勃海安陵人。"

附：

饶安县　熙平元年《□遵墓志》："君讳遵，字奉国，勃海饶安人也。"饶安县当废于东魏初。

东冀州

《北齐书》卷二十一《高乾传》：乾父翼。"孝昌末，葛荣作乱于燕、赵，朝廷以翼山东豪右，即家拜勃海太守。至郡未几，贼徒愈盛，翼部率合境，徙居河、济之间。魏因置东冀州，以翼为刺史，加镇东将军、乐城县侯。及尔朱兆弑庄帝，翼保境自守。"

乐陵郡

后燕郡，北魏沿置。《水经注·淇水》记无棣沟经南皮故城南，东流乐陵、千童、盐山等地。曰："清河又东北，无棣沟出焉，东径南皮县故城南，又东径乐亭北，《地理志》之临乐县故城也，王莽更名乐亭。《晋书地理志》《太康地记》：乐陵国有新乐县。即此城矣。又东径新乡城北，即《地理志》高乐故城也。王莽更之曰为乡矣。无棣沟又东分为二渎，无棣沟又东径乐陵郡北，又东屈而北出，又东转径苑乡县故城南，又东南径高城县故城南，与枝渎合。枝渎上承无棣沟，南径乐陵郡西，又东南径千童县故城东。《史记·建元以来王子侯者年表》曰：'故重也，一作千锺。'汉武帝元朔四年，封河间献王子刘阴为侯国。应劭曰：'汉灵帝改曰饶安也。'沧州治，枝渎又南东屈，东北注入无棣沟。无棣沟又东北径一故城北，世谓之功城也。又东北径盐山东北入海。"郡治乐陵，今山东省乐陵南。领 7 县：

乐陵县　后燕县，北魏沿置。郡城附廓县。《太平寰宇记》(乐陵县)："后魏初又为乐陵郡所理，至永平二年又徙县于今县东五十里乐陵故城。"有乐陵城、东乡城。

阳信县　后燕县，北魏沿置。治阳信城，今山东省无棣县东北。正光年间，阳信曾隶勃海郡。正光二年《傅姆王遗女墓志》："勃海阳信人也。"

厌次县　后燕县，北魏沿置。西晋末年，厌次县似移治富平城，北魏移治马岭城，在今山东省阳信东南 20 公里处。《魏书·地形志》："有蒲台祠。有富平城，邵续居之，号邵城，中有铁柱神、羊阑城。"《魏故沧州刺史石使君墓志铭》："君讳育，字伯生，乐陵厌次人也。"

般县　后燕县，北魏沿置。故属平原郡，北魏改隶乐陵。治今山东省宁津县东南。

重合县　北魏沿后燕置，正平元年（公元451年）并入安陵县，太和十八年（公元494年）复置。治今山东省乐陵市西北。

重平县　西汉置，后罢，北魏孝昌中（公元526年—公元527年）复置。治所约在今山东省乐陵市西南。

平昌县　后燕曰西平昌，后废，北魏太和二十二年（公元498年）复置，属勃海。熙平中属乐陵，治平昌城，在今山东省陵县东。《太平寰宇记》："汉平昌故城在德平县西北三十里，后魏永熙中移于今县东南废平昌城，高齐天保七年自今德平县东南废平昌城，移于今德平县理。"《水经注》："商河径平昌县城，屯河径西平昌县城。汉治县之东南城，后汉治县之西北城，后魏复治前汉城，故除'西'字。"

安德郡

北魏省平原郡，置安德郡。《魏书·地形志》："太和中置。寻并勃海，中兴中复。"治安德，今山东省陵县南。领4县：

平原县　后燕县，北魏沿置。太平真君三年（公元442年）并入鬲县。太和二十一年（公元497年）复置，属勃海郡，后改属安德郡。治今山东省平原县西南。

安德县　后燕县，北魏沿置。治今山东省平原县东北。

鬲县　后燕县，北魏沿置。治今山东省德州市东南。鬲城西南有鬲城桥，即清河之上一座界桥。《水经注·淇水》："又东北过广宗县东，为清河。清河东北径广宗县故城南……又东北径界城亭东，水上有大梁，谓之界城桥。《英雄记》曰：'公孙瓒击青州黄巾贼，大破之，还屯广宗。袁本初自往征瓒，合战于界桥南二十里，绍将麹义破瓒于界城桥，斩瓒。'冀州刺史严纲又破瓒殿兵于桥上，即此梁也，世谓之鬲城桥。"

绎幕县　后燕县，北魏沿置。太平真君三年（公元442年）并武城，太和二十一年（公元497年）复置。治今山东省平原县西北。

瀛州

北魏太和十一年（公元487年）分定州河间、高阳，冀州章武、浮阳置。北魏齐王萧宝寅曾为瀛洲刺史。普泰初，念贤"使持节、瀛洲诸军事、骠骑将军、瀛洲刺史”（《周书》卷十四《念贤传》）。《北齐书·娄叡传》：北魏末，为瀛洲刺史。同书《段荣传》：转授瀛洲刺史。《宋灵妃墓志》：宋弁“使持节镇北将军瀛洲刺史”。州治赵都军城，即今河北省河间市。统 4 郡 22 县。

河间郡

后燕郡，北魏沿置。故治乐城，在今河北省献县东南，北魏移治武垣，在今河北省河间市南。领 4 县：

武垣县　后燕县，北魏沿置。治今河北省河间市南。有武垣城、小陵城。

乐城县　后燕县，治今河北省献县东南河城街村南。北魏沿置，移治今河北省献县乐寿镇。有高平陵、二王陵。

中水县　后燕县，北魏沿置。治今河北省献县西权寺村。

鄚县　后燕县，北魏沿置。治阿陵城，今河北省任丘市东北鄚州镇。有鄚城。《北魏邢府君墓志》：“君讳伟，字叔儁，河间鄚人也……延昌三年七月廿六日壬申暴疾卒于洛阳永和里……追赠博陵太守。”

高阳郡

后燕郡，北魏沿置。《周书》卷三十三《厍狄峙传》：“峙少以弘厚知名，善骑射，有谋略。仕魏，位高阳郡守。为政仁恕，百姓颇悦之。孝武西迁，峙乃弃官从入关。”峙当为北魏最后一位高阳郡守。故治博陆，在今河北省蠡县南，北魏移治高阳，在今河北省高阳县东旧城。领 9 县：

高阳县　后燕县，北魏沿置。治今河北省高阳县东旧城。有郝神、高阳城。

博陆县　后燕县，北魏沿置。治今河北省蠡县南。《魏书·地形志》曰：“博野，有博陆城、侯城、武城、中乡城。”

蠡吾县　后燕县，北魏沿置。治今河北省博野县西北里村。有清凉城、勫项城、蠡吾城、石羊垒。

易县　汉易县，三国魏改名易城，北魏沿袭后燕置县，复汉县名。治今河北省雄县西北古贤。故属河间郡，北魏改属高阳郡。

扶舆县　西汉樊舆县，东汉省，晋复置，后罢废，北魏太和中改名扶舆，复置县。治今河北省保定市东南。

新城县　后燕北新城县，《太平御览》卷一六二《州郡部八·河北道中·易州》引《十三州志》："河间有新城，故此加'北'"。北魏沿置，改名"新城"。治今河北省保定市徐水区西南。《北魏许和世墓铭》："正始元年岁次甲申十二月癸酉朔十三日乙酉高阳郡新城县前镇北府参军事故。"

乐乡县　西汉县，东汉省，晋复置，西晋末省废，北魏复置。故治固安县西北，北魏移治今河北省保定市清苑区东。有乐乡城。

永宁县　北魏置县。治今河北省保定市满城区南。

清苑县　北魏太和元年（公元 477 年）析新城县置。治今河北省保定市。《太平寰宇记·河北道》："因后魏易州满城，县界清苑河为名。"

附：

博野县　北魏置。《太平御览·州郡部七·河北道上·瀛洲》引《十三州志》："太初元年，蠡吾侯去，入继孝质，是为孝桓帝。追尊其父蠡吾侯翼为孝崇皇帝，陵曰博陵，因改为博野县。"《北齐书·尉景传》："以军功封博野县伯。"时在北魏孝昌中。

章武郡

后燕郡，北魏沿置。治平舒，即东平舒，今河北省大城县。领 4 县：

平舒县　后燕东平舒县，北魏沿置，改名平舒。治今河北省大城县平舒镇。有章武城、平乡城。

束州县　后燕县，北魏沿置。治今河北省河间市瀛州镇东北束州镇。有束州城。《魏书·高宗纪》记章武束州县，盗杀县令。

文安县　后燕县，北魏沿置。治今河北省文安县东北。有文安城、平曲城。《周书》卷二十二《周惠达传》："周惠达字怀文，章武文安人也。父信，少仕州郡，历乐乡、平舒、平成三县令，皆以廉能称。"乐乡隶属高阳郡，"平成"应为"成平"，属浮阳郡。

西章武县　北魏正光中（约公元 522 年—公元 523 年）分沧州章武县置。治今河北省大城县平舒镇南。

浮阳郡

北魏太和十一年（公元 487 年）分勃海、河间、章武地置。《东魏张瓘墓志》："父明，永平中举秀才，入除中书博士，转给事中，出为浮阳太守。"郡治浮阳，在今河北省沧州市东南。领 5 县：

浮阳县　后燕县，故属勃海郡，北魏沿置，属浮阳郡。《魏书·地形志》："西接漳水，衡水入焉，今谓之合口。有浮水。"治今河北省沧州市东南旧沧州。《水经注·淇水》："清河东北流，浮水故渎出焉。按《史记》：赵之南界有浮水焉。浮水在南，而此有浮阳之称者。盖浮水出入，津流同逆混并，清、漳二渎，河之旧道，浮水故迹，又自斯别，是县有浮阳之名也。首受清河于县界，东北径高成县之苑乡城北，又东径章武县之故城北，汉景帝后七年，封孝文后弟窦广国为侯国。王莽更名桓章，晋太始中立章武郡，治此。浮水故渎又东径篋山北。《魏土地记》曰：高成东北五十里有篋山，长七里。浮渎又东北径柳县故城南。汉武帝元朔四年，封齐孝王子刘阳为侯国。《地理风俗记》曰：高成县东北五十里有柳亭，故县也。世谓之辟亭，非也。浮渎又东北径汉武帝望海台，又东注于海。应劭曰：浮阳县，浮水所出，入海，朝夕往来，日再。今沟无复有水也。清河又北分为二渎，枝分东出，又谓之浮渎。清河又北径浮阳县故城西，王莽之浮城也。建武十五年，更封骁骑将军平乡侯刘歆为侯国，浮阳郡治。又东北，滹沱别渎注焉，谓之合口也。"《太平御览》卷一六二《州郡部八·河北道中·沧州》引《十三州志》："浮阳，浮水所出，东入海。"

章武县　后燕县，属章武郡。北魏属浮阳郡。治章武城，今河北省黄骅市西南故县村北。《魏书·地形志》："有汉武帝台。漳水，入海。有沾水。大家姑祠，俗云海神，或云麻姑神。"《水经注·淇水》："清河又东分为二水。枝津右出焉。东径汉武帝故台北。《魏土地记》曰：'章武县东一百里有武帝台，南北有两台，相去六十里，基高六十丈，俗云汉武帝东巡海上所筑'。又东注于海。"

高城县　后燕县，属勃海郡，北魏属浮阳郡。治高城，今河北省盐山县东南。有平津乡。《水经注·淇水》："清河又东径漂榆邑故城南，俗谓之角飞城。《赵记》云：石勒使王述煮盐于角飞。即城异名矣。《魏土地记》曰：高城县东北百里，北尽漂榆，东临巨海，民咸煮海水，借盐为业。即此城也。清河自是入于海。"漂榆邑在今天津市一带，清河由此入海。

饶安县　后燕县，属勃海郡，北魏沿置，改属。治今河北省盐山县南旧县镇。有无棣沟、西乡、茅焦冢。

成平县　后燕县，属河间郡，北魏沿置，改属。延昌二年（公元513年）移治今河北省沧州市西景城。《魏书·地形志》："治京城。有成平城、乐平城。”京城即景城。

沧州

熙平二年（公元 517 年）分瀛、冀二州置，治饶安城，在今山东省安陵西北。统浮阳、乐陵、安德三郡，领县 12。安德郡又称“东安德郡”，即沧州安德郡，以别于冀州安德郡。

浮阳郡

太和十一年（公元 487 年）分勃海、章武置，属瀛州，景明初并入章武，熙平二年（公元 517 年）复置，属沧州。治浮阳，领县 4：

饶安县　汉曰千童，灵帝改曰饶安。有无棣沟、西乡、茅焦冢。

浮阳县　西接漳水，衡水入焉，今谓之合口。有浮水。

高城县　治高城。有平津乡。兴和中缩流民立东西河郡隰城县，武定末罢。

章武县　治章武城。有汉武帝台。漳水，入海。有沾水、大家姑祠，俗云海神，或云麻姑神。

乐陵郡

治乐陵，领县 4：

乐陵县　魏初置义兴郡，晋废。有乐陵城、东乡城、白麻泉神。

阳信县　治阳信城。有盐山神祠。

厌次县　东汉曰富平，孝明改曰厌次。治马岭城。有蒲台祠、富平城。邵续居富平，又曰邵城。有铁柱神、羊阑城。

湿沃县　北魏置，治乱城。有故暗阁、延乡城、后父城。

安德郡

中兴初分乐陵置，太昌初置，天平初复，治般界。领县 4：

般县　治般城。有故般河。

重合县　正平元年（公元 451 年）并入安陵，太和十八年（公元 494 年）复，属勃海，熙平中改属乐陵，后又隶安德。治重合城。有苑康冢、劳敬通墓。

重平县　有欧阳歙冢。

平昌县　东汉晋曰西平昌，后罢。太和二十二年（公元 498 年）复，属勃海，熙平中，属乐陵，后划归安德。有平昌城。

幽州

北魏沿袭后燕置。神龟元年（公元 518 年）《常敬兰墓志》：“魏太常卿、幽州刺史林之后。”《周书》卷四十五《儒林·卢诞传》：诞，范阳涿人，曾祖晏，曾任后燕营丘、成周二郡守。北魏末，诞历任幽州司马、幽州别驾。《北魏王诵墓志》：“除左将军、幽州刺史。”北魏末，还曾于幽蓟置幽、平、营、安四州行台，刘灵助以幽州刺史为四州行台。州治蓟，即今北京市西南。统 3 郡 18 县。

燕郡

《周书》卷四十七《艺术·黎景熙传》：“黎景熙字季明，河间鄚人也……曾祖嶷，魏太武时，从破平凉，有功，赐爵容城县男，加鹰扬将军。后为燕郡守。”治蓟。领 5 县：

安次县　一名安城（见《魏书·地形志》），后燕县，北魏沿置。治今河北省廊坊市西北古县村。

蓟县　后燕县，北魏沿置。州、郡城附廓县。有燕昭王陵、燕惠王陵、戾陵陂。

广阳县　后燕县，北魏沿置。治今北京市房山区良乡镇东广阳村。有广阳城。

良乡县　后燕县，北魏沿置。治良乡城，今北京市房山区窦店镇西，有汉唐良乡故城遗址。有大房山。

军都县　后燕县，北魏沿置。治今北京市昌平区北。有观石山、军都关、昌平城。

范阳郡

北魏沿置郡。《周书》卷三十五《郑孝穆传》：“父琼，范阳郡守。”时约在北魏孝昌之前。《元诲墓志》（普泰三年）：孝昌年间，“散骑常侍，河南中正，封范阳王”。北魏末，平州曾寄治范阳。侯渊为平州刺史，镇范阳。郡治涿，在今河北省涿州市。领 7 县：

涿县　后燕县，北魏沿置。治今河北省涿州市。有涿城，当平城，鸾城。永平三年《昌黎太守铭》（砖志）有“幽州范阳郡涿县民李道胜”字眼。

遒（迺）县　后燕县，北魏沿置。治今河北省涞水县北。有辽城，南、北二遒（迺）城。

故安县　后燕县，北魏沿置。治今河北省易县东南西固安。有固安城、永阳城、金台、三公台、易台。

范阳县　后燕县，北魏沿置。治今河北省定兴县西南固城镇。有长安城、范阳城、梁门陂。

苌乡县　后燕长乡县，北魏沿置，改名苌乡。治今河北省涿州市东北长安城。有长乡城。

方城县　沿后燕置县，治今河北省固安县西南方城。有临乡城、方城、韩侯城。

容城县　后燕县，北魏初省废，太和中复置。治今河北省容城县西北城子村。

渔阳郡

北魏沿袭后燕置，太平真君七年（公元 446 年）省北平郡入渔阳郡。故治渔阳，在今北京市密云区西南，北魏移治雍奴，在今天津市武清区西北。领 6 县：

潞县　后赵县，前燕以后废置不详。北魏置县，太平真君七年（公元 446 年）省安乐、平谷二县入潞县。治今北京市通州区古城村。《太平寰宇记》卷六十九《潞县》引《后魏诸州记》："（潞）城西三十里有潞河，源出北山，南流。"

土垠县　后燕县，属北平郡。北魏沿置县，改属。治今河北省唐山市银城铺。

徐无县　后燕县，属北平郡。北魏沿置，改属。治今河北省遵化市东。有徐无城。

雍奴县　魏沿后燕置，太平真君七年（公元 446 年）并泉州。治今天津市武清区西北。有泉州城、雍奴城。

无终县　魏沿后燕置。治今天津市蓟州区。有无终城。

渔阳县　魏沿后燕置。治今北京市怀柔区东。有渔阳城、安乐城、桃花山。孝昌二年（公元 526 年）《鲜于氏墓志》："夫人讳仲儿，渔阳人也。"

附：

泉州县　《水经注·淇水》："清河又东北径穷河邑南，俗谓之三女城，非也。东北至泉州县，北入滹沱水。《经》曰：'笥沟东南至泉州县与清河合，自下为泜河尾也。又东，泉州渠出焉。'”北魏泉州县，治今天津市武清区西南，属幽州渔阳郡。

燕州

北魏太和中分恒州东部置。东魏《华山王妃公孙氏墓志》：“父冏，燕州刺史。”州治广宁，即今河北省涿鹿县。统6郡8县。

广宁郡

后燕郡，治下洛，在今河北省涿鹿县西。北魏沿置郡，并改郡治下洛为广宁，孝昌中省废。领2县：

广宁县　后燕上洛县，北魏改名广宁县，孝昌中省废。治今河北省涿鹿县涿鹿镇西。

潘县　后燕县，北魏沿置。治今河北省涿鹿县西南桑干河南岸。

大宁郡

北魏太和中置，治大宁郡城，在今河北省怀安县东南，后废。领2县：

大宁县　北魏太和中置，治今河北省张家口市。后废，时间约在孝昌中。

小宁县　北魏太和中置，后废。治今河北省张家口市万全区孔家庄镇。

昌平郡

北魏末年置，治昌平郡城，在今河北省蔚县东北，后废。领1县：

昌平县　西汉昌平县，治今北京市昌平区西南。北魏初废。约在太和中，又改置于今河北省蔚县北30公里处。后又废。原属上谷郡，北魏末，改隶昌平郡。神龟元年（公元518年）《寇憑墓志》：“君讳憑，字祖驎，上谷昌平人也……神龟元年七月廿六日奄殒于中京。”孝昌二年（公元526年）《寇治墓志》《寇遵业墓志》均曰：“上谷昌平人也。”《周书》卷三十七《寇儁传》：“字祖儁，上谷昌平人也……性宽雅，幼有识量，好学强记……时灵太后临朝，减食禄官十分之一，造永宁佛寺，令儁典之。资费巨万，主吏不能欺隐。寺成，又极壮丽。灵太后嘉之，除左军将军。”

东代郡

北魏置代郡，移治平城（今山西省大同市东北），后又于故代郡地置东代郡。《魏书》卷七十一《李元护传》：“（元护）卒于东代郡太守。”治代县故城，在今河北省蔚县东北代王城，领2县：

平舒县　后燕县，北魏沿置。沿今山西省广灵县西5公里平城乡西。

代县　北魏代县治今河北省蔚县暖泉镇西。

上谷郡

北魏初，沿后燕置，孝昌以后，省废。孝昌三年（公元 527 年）《侯愔墓志》："燕州上谷人也。"郡废应在武泰以后。郡治居庸，今北京市延庆区。领 1 县：

居庸县　北魏沿后燕置。治今北京市延庆区。《魏故伏波将军诸冶令侯君墓志》："君讳海，字景海，上谷居庸人也。"孝昌二年（公元 526 年）《魏故侍中使持节都督冀州诸军事车骑大将军仪同三司冀州刺史武阳县开国公侯君之墓志》："公讳刚，字乾之，上谷居庸人也……高祖魏昌公，相州刺史，经始王业，勋隆佐命。"

附：

沮阳县　《魏故步兵校尉千牛备身武卫将军燕州大中正镇北将军燕州刺史寇君墓志铭》："君讳猛，字吐陈，燕州上谷郡沮阳县都乡孝里人也……正始三年四月十一日卒于洛阳承华里。"

平原郡

北魏侨置郡，治平原郡城，在今河北省怀来县西南。

安州

北魏初于中山置安州，后改定州。《魏书・地形志》："皇兴二年（公元 468 年）置安州，治方城，天平中陷，元象中寄治幽州北界。"方城地处似在今北京市密云区。《中国历史地图集》第四册第 44～45 页《北魏幽、冀诸州图》，标州治为燕乐，即今河北省隆化县北土城子遗址。统 3 郡 6 县，其中 2 郡 5 县属海河流域。

密云郡

《魏书・地形志》："皇始二年（公元 397 年）置，治提攜城。"又于"白檀"条下注曰："郡治"。疑白檀城即提攜城，在今北京市密云水库东北，领 3 县：

白檀县　北魏置，郡城附廓县。

密云县　魏沿后燕置。《魏书・地形志》："真君九年（公元 448 年）并方城属焉。"治今北京市密云区。

要阳县　西汉置，东汉省废，北魏复置。治今北京市平谷区西。

安乐郡

《魏书·地形志》：延和元年（公元 432 年）置交州，真君二年（公元 441 年）罢州置安乐郡。《周书》卷三十四《赵善传》：“父更，安乐太守。”赵更为安乐太守，时约在北魏永安之前。郡治安市，地处今北京市密云水库库区。领 2 县：

安市县　《魏书·地形志》：“真君九年（公元 448 年）并当（富）平属焉。”

土垠县　《魏书·地形志》：“真君九年（公元 448 年）置。”治地无考。

并州

《魏书·地形志》：“皇始元年（公元 396 年）平，仍置。”沿承后燕，治晋阳，今山西省太原市。并州所辖 4 郡 17 县属海河流域（见图 62）。

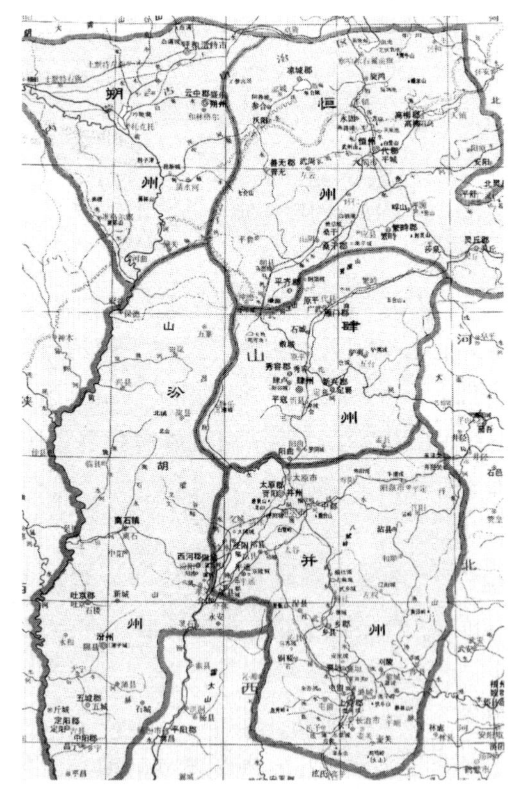

图 62　北魏并、肆、恒等州图

上党郡

北魏沿后燕置。东魏天平四年（公元 537 年）《赵明度墓志铭》：“祖僢，上党太守。”《魏书·地形志》：“皇始元年（公元 396 年）迁治安民，真君中（公元 441 年—公元 450 年）复治壶关。”郡治壶关城，在今山西省长治市潞城区西。领 5 县：

屯留县　沿后燕置，治今山西省屯留县东北。《魏书·地形志》：“有屯留城。凤凰山，一名天冢山。大王山，上有关龙逢祠。有疑山、迈泽、黄沙岭。绛水自寄氏界来入浊漳，因名交漳。余五（吾）城。阳水源出三槵山，东流合车台水，东南入绛水。”

长子县　西燕慕容永置，都长子，后燕灭西燕，置县，北魏沿置。治今山西省长治市南。《魏书·地形志》：“有廉山（鹿谷山），浊漳出焉。有长子城、应城、倾城、幸城。长湾水东流至梁川，北入浊漳。有鲍宣墓。”《水经注·洹水》：“水出洹山，山在长子县也。”《水经注·浊漳水》：“漳水鹿谷山，与发鸠连麓而在南。”鹿谷山在南，发鸠山在北，两山相连，皆在长子县西境。

壶关县　后燕县，北魏一度省废，太和十三年（公元 489 年）复置。治今山西省壶关县东南。《魏书·地形志》：“有羊肠坂、静林山。鸡鸣岭，一名大（火）山，有赤壤川，其地寒而早霜。鲁般门，一名天门。微子城、铁鼓山、五马门、令狐征君墓、五龙祠。”

寄氏县　两汉猗氏，晋省，北魏景明元年（公元 500 年）复置。旧治在今山西省安泽县南，北魏移治今山西省屯留县西南，属海河流域。《魏书·地形志》：“有猗氏城。三想（槵）山北有水，源出蒲谷，东南流入给（绛）水。有八礼泉、上党谷。有盘秀岭，蓝水出其南，东流合浊漳。有方山、伏牛山。”杨守敬《隋书地理志考证》曰：“按后魏寄氏县在屯留县西南六十里。”

乐阳县　《魏书·地形志》：“普泰中（公元 531 年—公元 532 年）分长子、寄氏置。有望天岭，绛水所出。有尧庙。”治今山西省长子县西。

乡郡

石勒分上党郡置武乡郡，前燕、前秦、后燕沿置，北魏初，废。延和二年（公元 433 年）复置，改名乡郡。治乡县，今山西省武乡县东。领 4 县：

乡县　故武乡县，北魏改曰乡县。郡治。《魏书·地形志》："真君九年（公元448年）罢辽阳属焉。有武乡城、魏城、榆社城。方山，上有尧庙。三台岭上有李阳墓，有古麻池，即石勒与李阳所争池。"《太平寰宇记》卷五十河东道武乡县条："本汉涅氏县地，属上党郡……《冀州图》云：'涅城在县西六十里，后魏初于此立丰州，北齐改曰戍州，后周废之。'"

阳城县　故涅县，北魏永安中（公元528年—公元530年）改名阳城。治今山西省武乡县西北。《魏书·地形志》："有涅城。覆甑山，涅水出焉，东南合武乡水。"

襄垣县　北魏沿后燕置，治今山西省襄垣县。《魏书·地形志》："有五音山神祠、襄垣城、临川城。"建义元年（公元528年）置襄垣郡，治襄垣城，北齐废郡。

铜鞮县　北魏沿后燕置，治今山西省沁县西南故县镇。《魏书·地形志》："有铜鞮城。石弟（梯）水东行入漳。有乌苏城、沙石堆。有尧祠。"永平四年（公元511年）《元保洛墓铭》曰其父曾任"并州铜鞮令"。《水经注·浊漳水》：铜鞮水出铜鞮县西北石磴山，东径李憙墓。墓前有碑，碑石破碎，故李氏以太和元年立之。

乐平郡

北魏沿后燕置，太平真君九年（公元448年）并入太原郡，孝昌二年（公元526年）复置，治沾城，今山西省和顺县北。领3县：

乐平县　北魏沿后燕置，太平真君九年（公元448年）省入沾县，孝昌二年（公元526年）复置。治今山西省昔阳县。有象山祠、沾岭、八赋岭。

辽阳县　故名轑阳，北魏改曰辽阳，县西北有轑山，因处轑山之阳，故名。太平真君九年（公元448年）省入乡县，孝昌二年（公元526年）复置。治今山西省左权县。有黄泽岭、辽阳城。《水经注·清漳水》还记有轑河县。曰："轑河水出轑河县西北轑山，南流径轑阳县故城西南，东流至粟城，注于清漳。"轑河县即辽阳县，轑河又称辽阳水。

石艾县　魏初，沿后燕置，太平真君九年（公元448年）废，孝昌年间（公元525年—公元527年）复故名上艾，置县。《魏书·地形志》曰："孝昌六年复故名上艾。"按：孝昌，仅三年，无六年，"六"字误，后又改曰石艾。治今山西省平定县。有井陉关、苇泽关、董卓城、妒女泉及祠。

补：

沾县　《魏书·地形志》不列沾县，考之文献，北魏当置有此县，治今山西省和顺县北。兹据谭其骧主编《中国历史地图集》第四册第 47 页北魏并、朔诸州图补。《水经注·清漳水》："清漳水出沾县故城东北，俗谓之沾山。"沾县因山得名。

襄垣郡

北魏建义元年（公元 528 年）置，治襄垣城，今山西省襄垣县。领 4 县：

襄垣县　原属乡郡，建义元年（公元 528 年）置郡，为郡治。有安民城、襄垣城。《太平寰宇记》引《冀州图经》云："（松门岭）在襄垣县北一百三十里，道通太原驿路。"

五原县　《魏书·地形志》："建义元年（公元 528 年）分乡郡之铜鞮置。"治所似在今山西省襄垣县西北。

建义县　《魏书·地形志》："建义元年（公元 528 年）分上党之屯留置，有鹿台山及祠。"鹿台山，下临浊清水，高耸如台，因名。治所当在今山西省襄垣县西南。

刈陵县　汉晋潞县，故治今山西省长治市潞城区东北，属上党郡。北魏太平真君十一年（公元 450 年）改曰刈陵，移治今山西省黎城县黎侯镇古县村。仍属上党郡。《魏故中常侍大长秋卿平北将军并州刺史云阳男张君墓志铭》："君讳整，字菩提，并州上党郡刈陵县东路乡吉迁里人。"建义之后，改隶襄垣郡。有伏牛山、黎城、三垄山、积布山、潞城、武军城。有涉水、台壁。《隋书·地理志》："后魏以潞县被诛遗（遣）人（民）置（刈陵），开皇十八年（公元 598 年）改名黎城。"

肆州

《魏书·地形志》："治九原。天赐二年（公元 405 年）为镇，真君七年（公元 446 年）置州。"九原在今山西省忻州市。所领 3 郡 11 县属海河流域。

永安郡

故新兴郡，后燕曰定襄郡，北魏永安中（公元 529 年—公元 530 年）改曰永安。治定襄，今山西省定襄县。领 5 县，其中 4 县属海河流域：

定襄县　北魏沿后燕置，太平真君七年（公元 446 年），云中、九原、晋昌等 3 县并入。郡治。《魏书·地形志》："有赵武灵王祠、介君神、五石神、关门山、圣人祠、皇天神、定襄城、抚城。”

平寇县　北魏置，太平真君七年（公元446年），三堆、朔方、定阳并入。治今山西省忻州市西。有鸡头山神祠、三会河。

蒲子县　北魏始光三年（公元426年）置，太平真君七年（公元446年），平河并入。有索山祠。治所不详。

驴夷县　两汉虑虒，晋罢，北魏太和十年（公元486年）复，改名驴夷。治今山西省五台县。有思阳城、驴夷城、仓城、代王神祠。有五台山。《太平寰宇记》引《水经注》：“五台山，五峦巍然，故谓之五台山。”

秀容郡

《魏书·地形志》：“（拓跋嗣）永兴二年（公元410年）置，太平真君七年（公元446年）并肆卢、敷城二郡属焉。”治秀容，今山西省原平市西南。领4县：

秀容县　北魏拓跋嗣永兴二年（公元410年）置，郡治。有秀容城、原平城、肆卢城、石鼓山神、女郎神、金山神、护君神、风神。

石城县　拓跋嗣永兴二年（公元410年）置，治今山西省原平市北。有大颓石神。

肆卢县　北魏置，治新会城，今山西省忻州市西北。太平真君七年（公元446年），三会县归入。有清天神、大罗山、台城、大邗城。

敷城县　始光初（公元424年），置郡，太平真君七年（公元446年），撤郡置县。治今山西省原平市西北。有石谷山、亚角神、车轮泉神。

雁门郡

北魏沿后燕置。《魏书·地形志》：“天兴中（公元399年—公元403年）属司州，太和十八年（公元494年）属（肆州）。”治广武，今山西省代县西南古城村。熙平年间（公元516年—公元518年）地震，毁广武城，郡治移今山西省代县西关，乃号广武。领2县：

广武县　沿后燕置，郡城附廓县。有东、西二平原（《魏书·地形志》）。《周书》卷三十三《赵昶传》：“祖泓，广武令。”赵泓曾任北魏广武令。

原平县　汉晋旧县，故治今山西省原平市东，北魏移治今山西省代县西北。“有阴馆城、楼烦城、广武城、龙渊神、亚泽神”（《魏书·地形志》）。

附：

马邑县，秦汉旧县，故属雁门，晋永嘉后，废，北魏前期复置，治今山西省朔州市。北魏后期废。

恒州

《魏书·地形志》："天兴中（公元400年—公元403年）置司州，治代郡平城，太和中（公元478年—公元499年）改（恒州）。"《水经注·漯水》："皇都洛阳，以名恒州。"孝文迁都后，改司州为恒州。州治平城，在今山西省大同市东北。所统7郡14县在海河流域。北魏六镇起义，贺拔胜、贺拔岳兄弟镇恒州。州陷，投尔朱荣。《元纂墓志》："正光初卒，赠恒州刺史。"

代郡

秦置，拓跋氏置代国，北魏复置郡。《水经注·漯水》："其水又南径平城县故城东，司州代尹治。"《史记》卷四十三《赵世家》张守节正义引《魏土地记》："代郡东南二十五里有马头山。赵襄子既杀代王，使人迎其妇。代王夫人曰：'以弟慢夫，非仁也；以夫怨弟，非义也。'磨笄自刺而死。使者遂亦自杀。"郡治平城，领4县：

平城县　汉旧县，故属雁门。东汉末，北边郡县废，曹魏别置平城句注陉南，即今山西代县城东北3公里的平城村。隶新兴。晋时，拓跋猗卢称代王，于汉平城旧境置代国，以故平城为南都。是时，有两平城，即雁门平城与新兴平城。北魏天兴元年（公元398年），道武立国，号魏，都平城，并置司州、代尹。《魏书·礼志》载有代尹、平城令。治今山西省大同市。

武周县　汉曰武州，晋废，北魏复置，曰武周，治今山西省左云县。

太平县　《太平寰宇记》卷五十一《河东道》"朔州鄯阳"条："太平城，后魏穆帝（猗卢）所理。此城《冀州图》云太平城。"北魏正光（公元520年）以后于太平城置县①，治今山西省山阴县新岱岳村东。

永固县　北魏太和中置，治今山西省大同市北25公里镇川堡乡境内②。《水经注》卷十三《漯水》："如浑水又东南流，径永固县，县以太和中因山堂之目以氏县也。"平城东北方岭上有文明太后陵，曰永固陵，

---

① 李凭．北魏平城时代．北京：社会科学文献出版社，2000：325.

② 同①305.

陵之南有永固堂，县因永固山堂得名，位于方岭之西，如浑水上游。

繁峙郡

《魏书·地形志》曰："天平二年置"。据李凭考证，"繁峙设郡当在延昌元年（公元512年）以前"①，治繁峙，今山西省应县东北边耀乡。领2县：

繁峙县　《魏书·序记》：什翼犍"即位于繁峙之北"。北魏初，沿置县，治繁峙故城，今山西省应县东北边耀乡境边耀山麓西南浑河曲畔。

崞山县　汉崞县，莽曰崞张，晋仍名崞，北魏改曰崞山，《水经注·漯水》："县南面玄岳，右背崞山，处二山之中，故以崞张为名矣。其水又西出山，谓之崞口，北流径繁峙县故城东"。县治今山西省浑源县西六七公里处横山东南麓麻庄附近。《元和郡县图志》："本汉旧县，因山为名。"

桑乾郡

北魏置，因桑乾水得名。《水经注·漯水》："枝津上承桑乾河，东南流径桑乾郡北。大魏因水以立，郡受厥称焉。"司马惠安于孝文帝时任桑乾太守。北魏宋虎曾任桑乾太守，见《魏故中坚将军桑乾太守宋府君墓志铭》。郡治桑乾，地处今山西省山阴县山阴城乡北。领1县：

桑乾县　汉有桑乾县，治今河北省阳原县东北。北魏于漯南宫外城置桑乾县，在今山西省山阴县山阴城乡北。桑乾城西有日没城，东有日中城、早起城。《水经注·漯水》："桑乾水又东，左合武周塞水。水出故城东，南流出山，径日没城南，盖夕阳西颓，戎车所薄，故城也。东有日中城。城东又有早起城，亦曰食时城，在黄瓜阜北曲中。"又有五石亭，亦曰巨魏亭，故宫庙。

平齐郡

皇兴二年（公元468年），平青、齐，次年五月，徙青齐民于京畿，立平齐郡居之。初治北新城，后又移治旧阴馆城之西。《魏书》卷二十四《崔玄伯附崔道固传》："乃徙青齐士望共道固守城者数百家于桑乾，立平齐郡于平城西北北新城……寻徙治京城西南二百余里旧阴馆之西。"所言平城即桑乾城，西北之北新城在今山西省山阴县新岱岳村东；旧阴馆城在今山西省朔州市东南滋润乡夏官村，其遗址尚存。《水经注·漯水》："东北流出山，径阴馆县故城西。县，故楼烦乡也。汉景帝后三年置，王莽更

---

① 李凭. 北魏平城时代. 北京：社会科学文献出版社，2000：314.

名富臧矣。魏皇兴三年，齐平，徙其民于县，立平齐郡。”殷宪《北齐〈张谟墓志〉与北新城》（刊《晋阳学刊》，2012 年第 2 期）认为北魏平齐郡治新城，即今山西省朔州市梵王寺村之古城。郡领 2 县：

怀宁县　《魏书》卷四十三《刘休宾传》：“及立平齐郡，乃以梁邹民为怀宁县，休宾为县令。”治所当在阴馆境，即今山西省朔州市境内。

归安县　《魏书》卷四十三《房法寿附房崇吉传》：“及立平齐郡，以历城民为归安县，崇吉为县令。”治所似在阴馆附近，即今山西省朔州市境内。

《魏书·地形志》“恒州”无平齐郡及怀宁、归安二县，郡、县当于延昌之后省废。

梁郡

北魏置。《魏书》卷七十四《尔朱荣传》：“高祖赐爵梁郡公。”治梁郡城，今山西省朔州市北。《太平寰宇记》卷五十一《河东道》：“故梁郡城。《冀州图》云梁郡城，在鄯阳北二十里。即尔朱荣所居。”鄯阳即今朔州。领 1 县：

岢岚县　北魏置，治今山西省岚县北 10 余公里岚城镇北①。

灵丘郡

北魏置。《魏书》卷五《高宗纪》：“（兴光元年十二月）丙子，还幸灵丘，至温泉宫。”同书卷七《高祖纪》：太和六年（公元 482 年）二月辛卯，诏曰：“灵丘郡土既偏塉，又诸州路冲，官私所经，供费非一，往年巡行，见其劳瘁，可复民租调十五年。”《魏书·地形志》：天平二年置灵丘郡。似为复置，灵丘当在北魏末因战乱荒废。郡治灵丘，在今山西省灵丘县。领 2 县：

灵丘县　西汉县属代郡，东汉属中山国，治今山西省灵丘县东 5 公里。魏晋省废，北魏复置，移治今山西省灵丘县。《魏书》卷五《高宗纪》：“灵丘南有山，高四百余丈。乃诏群官仰射山峰，无能逾者。帝弯弧发矢，出山三十余丈，过山南二百二十步，遂刊石勒铭。”

莎泉县　北魏置，治今山西省浑源县东南约 40 公里汤头村东。有温泉宫。太延二年（公元 436 年），魏主焘发定州兵通莎泉道。

高柳郡

《魏书·地形志》：“永熙中（约公元 533 年）置。”治高柳，今山西省

---

① 《北周地理志》卷九《河北》.

阳高县。领 2 县：

高柳县　汉县，晋罢，北魏复置。治今山西省阳高县。

安阳县　汉曰东安阳，晋改曰安阳，北魏沿晋置。治今河北省阳原县东南。

（二）东魏、北齐（公元 534 年至公元 577 年）

北魏普泰元年（公元 531 年），高欢信都（今河北省衡水市冀州区）起兵，讨尔朱氏。次年正月，攻克邺城（今河北省临漳县西南三台村）。七月，消灭了尔朱氏集团。永熙三年（公元 534 年）六月，督师南下洛阳（今河南省洛阳市东），孝武帝惧奔关中，投靠宇文泰。十月，高欢在洛阳立元善见，为孝静帝，改元天平，建立东魏，并迁都邺城。公元 550 年，高洋禅代东魏，建北齐政权，年号天保。天保七年（公元 556 年），并省州三、郡百五十三、县五百八十九、镇二、戍二十六。北齐国祚 27 年，至公元 577 年，北周攻陷邺城，灭北齐。东魏、北齐地方行政建置仍沿袭州、郡、县三级。据《隋书》卷二十九《地理志》：北齐“天保之末，综加并省，洎乎国灭，州九十有七，郡一百六十，县三百六十五，户三百三万”。《周书》卷六《武帝纪》下：建德六年正月，周天齐。时齐境，合州五十五，郡一百六十三，县三百八十五，户三百三十万二千五百二十八，口二千万六千八百八十六。其先后在海河流域置 12 州 54 郡 220 县（见图 63、图 64）。

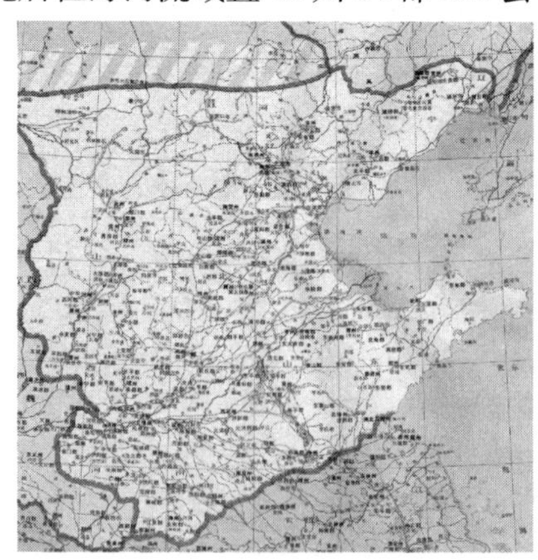

图 63　东魏图（见《中国历史地图集》四）

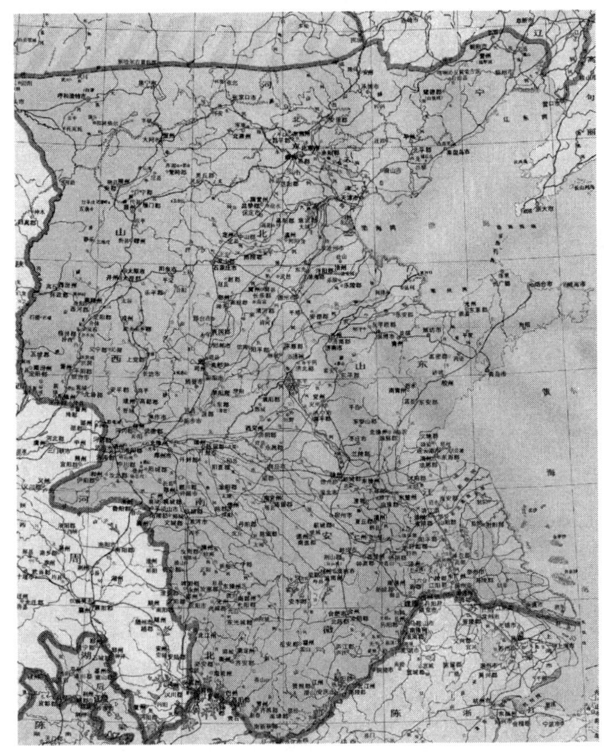

图 64　北齐图（见《中国历史地图集》四）

司州

东魏天平元年（公元 534 年）改北魏相州置，北齐沿置，治邺，在今河北省临漳县西南三台村。统 12 郡 65 县，其中 9 郡 48 县属海河流域。

魏尹

故魏郡，东魏天平初（公元 534 年）改郡为尹。《八琼室金石补正》卷十八有东魏元象二年（公元 539 年）魏郡丞姚敬遵造像铭。北齐曰清都尹。“领县十三，户一十二万二千六百一十三，口四十二万八千二十四。”（《魏书・地形志》）前后领县 16：

邺县　北魏县，太和中置关，北齐罢废。东魏、北齐置有南部、右部、西部尉。有西门豹祠、武城、牖里城、荡（阴）城、石窦堰……天平中，决漳水为万金渠，世号天平渠。《北齐魏懿墓志》：“清都邺人也。”

长乐县　东魏沿北魏置，北齐省入临漳县。治今河南省安阳市东。

临漳县　西晋建兴二年（公元314年），为避晋愍帝司马邺讳，改邺县曰临漳县。因县城北临漳水而得名。不久复名邺县。东魏天平初，分邺县、内黄、斥丘、肥乡县地复置临漳县，治所在邺城。北齐天统四年《和绍隆墓志》："君讳绍隆，字绍隆，清都临漳人也。"武平二年《齐故丞相和士开墓志》："公讳士开，字彦通，清都临漳人也。"《北齐书·文苑传·樊逊》："樊逊，字孝谦，河东北猗氏人也……属本州沦陷，寓居邺中，为临漳小史。县令裴鉴莅官清苦，致白雀等瑞，逊上《清德颂》十首。"东魏、北齐于临漳县置有左部尉、东部尉。有鸬鹚陂、林台泽。

成安县　北齐置，初治邺城，即今河北省临漳县西南三台村，后移治今河北省成安县成安镇。领后部尉、北部尉。《北齐书·路去病传》："擢为成安令。京城下有邺、临漳、成安三县，辇毂之下，旧号难治……自迁邺以还，三县令治术。去病独为称首。"北齐《高潭墓志》：武平时，"司州成安县令……京县杂俗，自古难治，布政当官，为天下最"。北齐武平元年（公元570年）《齐翊军将军豫州别驾薛君妻叔孙夫人墓志铭》："夫人讳多奴，清都成安人也。"武平元年（公元570年）《齐故骠骑大将军开府仪同三司瀛州刺史尚书左仆射宇文公墓志》："公讳长，字树生，清都成安人也。"

斥丘县　东魏沿北魏置县，北齐废。治今河北省成安县东南。北齐武平元年（公元570年）《暴诞墓志》曰："魏郡斥丘人。"省废斥丘县，当在武平之后。

列人县　北魏县，故属广平郡。东魏天平初改属魏尹。北齐时改隶广平。《北齐李祖牧妻宋灵媛墓志》："广平列人人也。"治今河北省邯郸市肥乡区东北列人堤。北齐末，县废。

昌乐县　北魏太和二十一年（公元497年）分魏县地置。永安元年（公元528年）置昌乐郡。东魏天平中罢郡，复置县。治今河北省大名县南冀豫交界处，亦即河南省南乐县西北。有昌城。

武安县　北魏县，故属广平，东魏天平初改属魏尹。故治今河北省武安西南固镇，周隋之际移治今河北省武安市。

繁阳县　沿北魏置，故属顿丘，天平二年（公元535年）改属魏尹。治繁阳城，今河南省内黄县东北。城在繁水之阳，故名繁阳。内黄县东北

13.5公里有繁阳城。

临水县　北魏太平真君六年（公元445年）并入邺县，太和二十一年（公元497年）复置。故属广平郡，东魏改属魏尹。治今河北省磁县磁州镇。北周改为滏阳县。

魏县　东魏沿北魏置县。治今河北省大名县西南。北齐省废，并入昌乐县。

平邑县　东魏天平二年（公元535年）分元城县地置。北齐省入贵乡县。治所当在今河南省南乐县东北。

易阳县　东魏沿置县，天平初改属魏尹。《北齐书·李元忠传》："分广平之易阳、襄国、南赵郡之中丘三县为易阳郡。"后又废易阳郡入襄国郡，易阳县省入襄国县。北周复改易阳县，别置襄国县。治今河北省邯郸市永年区临洺关镇。有易阳城。

元城县　北魏县，属阳平郡。东魏天平初改属魏尹。治今河北省大名县东北。有沙鹿山。北齐省元城县，其地并入贵乡县。

斥章县　北魏太平真君三年（公元442年）并入列人县。太和二十年（公元496年）复置，属广平郡，东魏天平初改属魏尹，北齐省废。治今河北省曲周县东南7.5公里北油村与高庄之间。《齐故大司马武威昭景段荣墓志铭》："（东魏）元象元年（公元538年）六月薨于中山……（葬）于邺城东北一百五十里，斥章城西南三里。"段荣墓在今河北省曲周县北油村一带。北齐省废，并入平恩县。

贵乡县　东魏天平二年（公元535年）分馆陶县地置，治赵城，在今河北省大名县北。并置东中郎将治。有空凌城、关城。《隋书·五行志下》："天统四年，贵乡人伐枯木，得一黄龙，折脚，死于孔中。齐称木德。龙，君象。木枯龙死，不祥之甚。其年，武成崩。"

阳平郡

东魏、北齐、北周沿袭。隋开皇初废。治馆陶，即今河北省馆陶县东南。领8县，北齐初，户47 444，口162 075（《魏书·地形志》）。天保七年（公元556年）以后，领5县。

馆陶县　东魏、北齐沿旧县置，治今河北省馆陶县东南南馆陶。北周于此置毛州，辖馆陶县。

临清县　北魏太和二十一年（公元 497 年）置。东魏沿置，治今河北省临西县童村镇西南仓上村。北齐废入清渊县。

清渊县　沿北魏置。治今河北省馆陶县东北。北齐改属清河郡。《北齐李桃枝墓志》："年九岁袭爵清渊县开国侯……以天保八年岁次丁丑六月二日卒于临漳县里舍，时年十九。"

乐平县　沿北魏置。治乐平城，今山东省冠县南。北齐省废。

发干县　沿北魏置。治今山东省冠县东。北齐废。

武城县　北魏永安中（公元 529 年—公元 530 年）置，东魏天平元年（公元 534 年）废，二年（公元 535 年）复置。治今河北省清河县北。

武阳县　沿北魏置。治今山东省莘县西南。北齐省废。

阳平县　沿北魏置。治今山东省莘县。有阳平城。北齐省乐平县入阳平，又改阳平为乐平。

广平郡

《中国历史地图集》第四册图 55－56、59－60 无广平郡。兹据《魏书·地形志》《魏书·地形志校录》列。东魏、北齐广平郡沿袭北魏，属司州。东魏天平有广平太守羊敦。郡治曲梁，即今河北省邯郸市永年区临洺关东南广府镇。领 6 县，户 23 750，口 103 403。

曲梁县　东魏沿北魏置县，北齐省入广平县。

平恩县　东魏沿北魏置，治平恩城。北齐并平恩入斥漳，又改斥漳曰平恩。治今河北省邱县南邱城镇西南。平恩有段韶墓，《北齐书·段韶传》："以疾薨……军校之士陈卫送至平恩墓所，发卒起冢。"段荣、段韶墓在平恩县城西南 1.5 公里。

曲安县　北魏景明中分平恩县置，东魏沿置。治曲安城，在今河北省曲周县曲周镇东北。北齐废。《北齐宋洪敬妻游氏墓志》："夫人讳玉，字胜光，广平曲安人也……春秋八十九，以河清二年七月十一日卒于家，以大齐天统元年十月廿三日迁葬于邺县西乡漳河南里之地。"北齐废曲安县似在天统以后。

邯郸县　北魏县，东魏初沿置，后省废。治今河北省邯郸市。

广平县　北魏初曾废县，太和二十年（公元 496 年）复置，东魏沿置，治广平城，北齐省废。治今河北省鸡泽县东南。《东魏任祥墓志》：

“(元象元年) 十月廿三日葬于广平之崇义乡吉迁里。”《北齐刘双仁墓志》:“君讳双仁,字德,广平广平人也。”武平以后,省废。

广年县,西晋永嘉之后废。北魏太和二十年(公元496年)复置。东魏沿置。治广年城,即今河北省邯郸市永年区临洺关镇东故城。北齐省废曲梁入广年,又移广年县治于曲梁城。

广宗郡

北魏太和十一年(公元487年)分长乐、武邑二郡地置,寻废。孝昌中(公元526年)复置。东魏沿置,有广宗太守窦瑗,郡治经县,今河北省威县北经镇。领4县,户13 262,口55 897(《魏书·地形志》)。北齐废郡。

经县　北魏太平真君二年(公元441年)并入南宫县,后复置。东魏沿置,北齐天保七年(公元556年)省废。移武强县治经城。

广宗县　北魏县,属长乐郡,安定王元朗中兴中(公元531年—公元532年),立南、北广宗,寻罢,后复置广宗县,改属广宗郡。东魏、北齐沿置。治今河北省威县东南。

武强县　北魏太平真君三年(公元442年)并入信都县,太和二十二年(公元498年)复置,东魏、北齐沿置,东魏武强县治今河北省武强县小范镇西南武强城,北齐移治经城,今河北省威县北经镇。

巨鹿县　东魏袭北魏置县,北齐省废。治今河北省平乡县西南平乡。

北广平郡

北魏永安中(公元529年)分广平郡置,东魏沿置。北齐省入广平郡。治南和,即今河北省南和县和阳镇。领3县,户16 691,口91 148。

南和县　又名嘉和城、安丰城。北魏初并入任县。太和二十年(公元496年)复置。东魏、北齐沿置。治今河北省南和县和阳镇。北周于县置南和郡,辖南和县。隋开皇初废郡。

襄国县　北魏初并入任县,太和二十年(公元496年)复置。东魏沿置,治今河北省邢台市。

任县　东魏沿置,北齐省废。治今河北省任县东。

附:

襄国郡

北齐置,治易阳。领三县:易阳、襄国、中丘。天保中,省易阳入襄国，领襄国、中丘二县。

中丘县　北魏初，废。太和二十一年（公元 497 年）复置。东魏沿置，治今河北省内丘县西。原属南赵郡，孝昌末，析出，隶属新置易阳郡。北齐在易阳郡基础上，改置襄国郡，辖中丘县。

清河郡

东魏、北齐沿袭北魏。治武城，在今河北省清河县西。领 6 县。《魏书·地形志》曰："领县四，户二万六千三十三，口一十二万三千六百七十。"无临清县。施和金《北齐地理志》卷一《河北地区上》："北齐省贝丘入清河，又改清河为贝丘，又废俟城县。广宗郡废后，其所属广宗、武强二县亦改属清河郡，又有属阳平郡之清渊县来属。故天保七年（公元 556 年）后此清河郡领贝丘、武城、广宗、武强、清渊五县。"

俟城县　东魏沿北魏置县，治今河北省清河县东。北齐省入武城县。

武城县　北魏永安中（公元 529 年）置县，东魏天平元年（公元 534 年）罢废，二年（公元 535 年）复置。故治在今山东省武城县西北，北齐天保七年（公元 556 年）移治今河北省清河县西北。天统四年（公元 568 年）《武城元府君墓志》："君讳荣，字季震，清都邺人……天统三年……为武城县令。"武城，又称东武城。东魏《开府参军崔頠墓志》："君讳頠，清河东武城人。"

临清县　东魏沿北魏置，北齐废。治今河北省临西县临西镇。

清河县　东魏沿北魏置。治今山东省临清市东北。有清河城。北齐省贝丘入，改清河曰贝丘。

贝丘县　东魏沿北魏置。治今山东省临清市东南。《北齐宜阳国太妃傅华墓志》："清河贝丘人也。"

鄃县　《东魏秘书郎中崔混墓志》："东清河鄃人也。"天平四年（公元 537 年）《崔彦鷫墓志》："清河俞县人也。"东魏置有鄃县，北齐省废。

顿丘郡

沿北魏置。治顿丘，今河南省清丰县西南。领 4 县，其中 3 县属海河流域，户 12 767，口 65 297（《魏书·地形志》：四县，户一万七千二十二，口八万七千六十三）。北齐废郡。

顿丘县　沿北魏置。郡城附廓县。有鱼阳泽、颛项冢、帝喾冢。北齐县废。北齐天统三年《夫人马头墓志》："夫人讳，字马头，黎阳顿丘人也。"顿丘郡废后，县隶黎阳。

卫县 沿北魏置。治今河南省清丰县东南。有卫国城。

阴安县 沿北魏置。治今河南省南乐西南。有阴安城。北齐县废。

林虑郡

北魏永安元年（公元528年）置，东魏沿袭。领4县，其中1县属海河流域，户3 455，口13 093（《魏书·地形志》：四县，户一万三千八百二十一，口五万二千三百七十二）。北齐郡废。

林虑县 沿北魏置。治今河南省林州市。有陵阳河，东流为洹水。《元和郡县图志》："以隆虑山在此，因以为名。"北齐废林虑郡，以林虑县属清都尹。

定州

北魏天兴三年（公元400年）改安州曰定州，东魏、北齐沿置，北周置总管府，寻废。东魏天平初，曾于定州置北道大行台，侯景任定州刺史、北道行台。厍狄干于东魏时，为定州刺史。北齐天保八年，高睿任定州刺史，修定州定国寺。见图65定州定国寺碑记。2005年河北省永年县广府镇借马庄西南黑龙潭出土《唐故陕州长史孙君墓志铭》："君讳广……邯郸人也。因官别驾，随宅永年。曾祖肖，齐耀烽将军、定州刺史。"史书无孙肖传，亦无"耀烽将军"号。北齐最后一任定州刺史高绍义，齐亡，逃入突厥。州治卢奴，即今河北省定州市。统5郡24县。

图65 北齐高睿修定州定国寺碑记

中山郡

袭北魏置。治卢奴，即今河北省定州市。领 7 县，户 52 592，口 255 241。

卢奴县　州、郡治。北齐废卢奴入安喜。治今河北省定州市。有乐阳城。《东魏昭玄沙门大统（慧光）墓志》："法师慧光，俗姓杨氏，中山卢奴人也。"《北齐□韶墓志》："君讳韶，字叔胤，定州卢奴县人也。"此墓志出土于定州市赵村，墓主人赵韶。

上曲阳县　北魏太平真君七年（公元 446 年）并入新市县，景明元年（公元 500 年）复置。北齐天保七年（公元 556 年）改曰曲阳县。治今河北省曲阳县曲阳镇。有平乐城。

魏昌县　东魏沿置，北齐废。治今河北省定州市南 25 公里邢邑村。有魏昌城、安城。

新市县　北魏县，东魏、北齐沿置。治今河北省正定县东北新城铺。有义台、新市城。

毋极县　北魏县，东魏、北齐沿置。治毋极城，今河北省无极县无极镇。有新城、廉台。

安喜县　北魏县，东魏沿置县，北齐移治卢奴城，即今河北省定州市。有天井泽、安喜城。北齐武平四年（公元 573 年）《齐故安东将军太宰府谘议参军呼君墓志》："君讳亮，字季亮，中山安喜人也。"

唐县　东魏沿置县，北齐省废。治今河北省唐县仁厚镇。有左人城、寡妇城、唐水。

常山郡

袭北魏置。治安乐垒，即今河北省正定县正定镇。领 7 县，户 56 890，口 248 622。

真定县　北魏县，东魏、北齐沿置，治今河北省石家庄市郊东、西故城。

九门县　东魏沿置。治今河北省石家庄市藁城区西北九门村。北齐省废。有常山城、九门城、安乐垒、寿阳垒。

行唐县　东魏、北齐沿置县。治唐城，今河北省行唐县行唐镇。有故治犊干城。

蒲吾县　东魏、北齐沿置县。治今河北省平山县东南蒲吾村。有嘉阳城。

灵寿县　东魏、北齐沿置。治今河北省灵寿县灵寿村。有慈水。

井陉县　东魏沿置县，治今河北省井陉县微水镇西北。北齐废，以石邑县曰井陉。治今河北省石家庄市鹿泉区南故邑村。有四星城。

石邑县　东魏沿置。治今河北省石家庄市鹿泉区南故邑村。北齐改曰井陉县。有石邑城。

巨鹿郡

沿袭北魏置。《北齐夫人仲姿墓志》："父，字金钟，巨鹿太守。"时约在东魏。治曲阳，在今河北省晋州市晋州镇西，北齐移治藁城县，在今河北省石家庄市藁城区西南。领 3 县，户 27 172，口 130 239。

曲阳县　郡城附廓县。东魏沿北魏置。治今河北省晋州市晋州镇西。北齐省入藁城县。有临平城、真乡城、曲乡城、青丘。

藁城县　东魏沿置，北齐置巨鹿郡治。治今河北省石家庄市藁城区西南。有肥垒。

鄡县　东魏沿置，北齐改名安国县。治今河北省辛集市东南。有鄡城、安定城，有青丘、黄丘、驰丘、灵丘。

博陵郡

沿袭北魏。《东魏赵明度墓志》："天平三年卒，赠定州博陵太守。"郡治安平，即今河北省安平县安平镇。领 4 县，户 27 812，口 135 070。

安平县　郡城附廓县。治安平城，今河北省安平县安平镇。《北齐崔昂墓志》："君讳昂，字怀远，博陵安平人也。"《北齐崔幼妃墓志》："博陵安平人也。"《北齐故夫人仲姿墓志》："夫人讳仲姿，博陵郡安平县人也。"

饶阳县　北魏县，东魏沿置。治今河北省饶阳县饶阳镇东南故城村。北齐天保五年（公元 554 年）徙治鲁口镇，在河北省饶阳县饶阳镇西南固店村。《北齐书・路去病传》："敕用士人为县宰，以去病为定州饶阳令。"有鲁口城、博陵城、饶阳城。《太平寰宇记》："饶阳县即后魏虏渠口，置虏口镇于此。""虏口镇"即鲁口镇。《读史方舆纪要》：饶阳故城自晋至后魏，县皆治焉。天保五年，始移今治。

深泽县　东魏沿置。治今河北省深泽县深泽镇东南。北齐省废。

安国县　东魏沿置县。治今河北省安国市祁州镇东南东安国城村。北齐省废。有盐石渊、安国城。

北平郡

北魏孝昌中（约公元526年）分中山郡置，东魏沿置，北齐省废。治北平城，在今河北省保定市满城区满城镇北。领3县，户13 034，口65 102。

北平县　郡城附廊县。治今河北省保定市满城区满城镇北1公里跳山下。北齐废郡治，仍置县，县治徙于今河北省顺平县蒲阳镇东北五公城村。有北平城、木门城。

蒲阴县　东魏沿置县。治今河北省顺平县蒲阳镇东南大王、子城一带。北齐省入北平县。有蒲阴城、安国城。

望都县　东魏沿置县。治今河北省望都县望都镇西北故县村。北齐省入北平县。有高昌城、朝阳城。

冀州

沿袭北魏置。《东魏任祥墓志》："春秋四十有七，以元象元年八月三日薨于邺都，追赠使持节、侍中、录尚书，都督幽安瀛冀定五州诸军事、冀州刺史。"《东魏闾伯升墓志》："以兴和五年寝疾，薨于馆第……诏赠使持节都督冀州诸军事、骠骑大将军、冀州刺史、仪同三司。"《齐故冠军将军屯散大夫冀州刺史屈公墓志》："公讳护，字阿胡，汝南汝南人……乃降王人制，授公冀州刺史。"时约在天保初。武平四年（公元573年）《齐故太宰府谘议参军呼君墓志》："以大齐武平三年九月廿三日薨于冀州城内。"州治信都，即今河北省衡水市冀州区冀州镇。统4郡21县。

长乐郡

袭北魏置，治信都，即今河北省衡水市冀州区冀州镇。领8县，户35 683，口143 145。

信都县　沿北魏置县。治今河北省衡水市冀州区冀州镇。有武阳城、安城、辟阳城。信都城南有张耳冢。《周书》卷十二《齐炀王宪传》："（宇文）宪至信都，（高）湝阵于城南，宪登张耳冢以望之。"《太平寰宇记》引唐《郡国县道记》："信都城内有曹魏冀州刺史陈留丁绍颂德碑，青龙三年立。又有后魏刺史崔藏、李平、封隆之碑，四碑文皆冠绝。"封隆之碑文，存《艺文类聚》。《北齐书·文苑传·朱才》："齐亡，客游信都而卒。"

堂阳县　袭北魏置县。治今河北省新河县新河镇西北。北齐省废。有荆丘。

枣强县　东魏袭北魏置县，治今河北省枣强县枣强镇东7.5公里东、西故县村。北齐天保七年（公元556年）移治于广川故城，在今河北省景县景州镇西南广川镇。有煮枣城。

索卢县　东魏袭北魏置县，北齐省入枣强县。治所无考。

扶柳县　东魏袭北魏置，北齐废入信都县。治今河北省衡水市冀州区冀州镇西北扶柳城村。

广川县　东魏袭北魏置，北齐废入枣强县。治今河北省景县景州镇西南广川镇。

南宫县　东魏袭北魏置县，北齐废。治今河北省南宫市西北。

下博县　北魏县，东魏、北齐沿置。治今河北省深州市东。

武邑郡

东魏袭北魏置，北齐废入长乐郡。治武邑郡城，在今河北省武强县西南。领5县，户29 775，口144 579。

武强县　东魏沿北魏于县置武邑郡，北齐废郡，仍置县。治今河北省威县北经镇。有武强渊。

武遂县　东魏沿北魏置县，北齐省入武强县。治今河北省武强县小范镇西北。有弓高城。

阜城县　东魏、北齐沿旧县置。故治今河北省阜城县东古城村，北齐天保七年（公元556年）移治今河北省阜城县阜城镇。《周书》卷四十五《儒林·熊安生传》："熊安生，字植之，长乐阜城人也。"所云"长乐阜城"，时在武邑郡罢废之后。

灌津县　北魏县，东魏沿置，北齐天保七年废。治今河北省武邑县东南观津村。《北齐刘尼墓志》："尼讳集，俗姓刘，冀州灌津人也。"

武邑县　东魏沿旧县置，北齐废。治今河北省武邑县武邑镇。

勃海郡

沿旧郡置，治南皮，即今河北省南皮县。领4县，户37 972，口140 482。

南皮县 东魏郡城附廓县，沿旧县置。故治今河北省南皮县东北，东魏移治今河北省南皮县南皮镇。有勃海城。

东光县 东魏、北齐沿旧县置。治今河北省东光县东光镇东。《太平寰宇记》："汉县在今县东二十里东光故城，高齐天保七年移于今县东南三十里陶氏故城。"

修县 北魏县，东魏、北齐沿置。治今河北省景县景州镇东。有董仲舒祠。

安陵县 北魏县，东魏、北齐沿置。治今河北省景县安陵镇。《北齐吴迁墓志》："勃海安陵人也。"《太平寰宇记》（安陵县）："晋于汉安县故城置东安陵县，后魏省'东'字，高齐天保七年省。"

安德郡

北魏太和中置，后并入勃海，中兴期间复置，是为冀州安德郡。《北齐书・韩轨传》："从破尔朱兆于广阿，又从韩陵阵……频以军功，进封安德郡公。"时在北魏末。东魏沿袭，治安德，今山东省陵县南。领4县，户22 216，口68 396（《魏书・地形志》）。

安德县，沿北魏置，郡城附廊县。

平原县，沿北魏置。治今山东县平原县西南。《旧唐书》："今县治城，北齐所筑。"

绎幕县，沿北魏置。治今山东县平原县西北。《太平寰宇记》："高齐省入平原。"

鬲县，沿北魏置。治临齐城，今山东省德州市东南陵县。《水经注》："屯氏别南渎径安德故城西，又东径临齐城南。"鬲县在安德北，北齐天保七年废。

瀛州

沿袭北魏置，《北齐书・韩轨传》："迁瀛州刺史。"时在北魏末。《北齐书・潘乐传》："除瀛州刺史。"时在东魏时。治赵都军城，即今河北省河间市瀛州镇。统3郡19县。

高阳郡

沿北魏置。《北齐书・文苑传・祖鸿勋》："位至高阳太守，在官清素，妻子不免寒馁，时议高之。天保初，卒官。"其任高阳太守，时似在东魏。

东魏时，高欢曾召祖鸿勋至并州，作《晋祠记》。治高阳，即今河北省高阳县高阳镇东旧城。领 9 县，户 30 586，口 140 107。

高阳县 北魏县，东魏、北齐沿置。治今河北省高阳县高阳镇东。有高阳城。

博野县 旧曰博陆，北魏改曰博野。东魏、北齐沿置。治今河北省蠡县蠡吾镇南。有博陆城、侯城、武城、中乡城。

蠡吾县 东魏沿北魏置县，北齐省入博野县。治今河北省博野县博陵镇西南。有清凉城、颛顼城、蠡吾城、石羊垒。

易城县 东魏沿袭北魏易县置，改名曰易城县。北齐天保七年（公元 556 年）省入鄚县。治今河北省雄县雄州镇西北古贤。有易京。

扶舆县 东魏沿北魏置县，北齐省入永宁县。治今河北省保定市东南。

新城县 东魏沿置县，北齐省入永宁县。治今河北省保定市徐水区安肃镇西南。

乐乡县 东魏沿置县，北齐省入永宁县。永宁县治乐乡，在今河北省保定市清苑区清苑镇东。有乐乡城。

永宁县 北魏置县，东魏、北齐沿置。治今河北省保定市满城区满城镇南。

清苑县 北魏太和元年（公元 477 年）分新城县置，东魏、北齐沿袭。治今河北省保定市。

附：

鄡县 北齐改名安国，治今河北省安国市南。

章武郡

沿旧郡置。治平舒，即今河北省大城县平舒镇。领 5 县，户 38 754，口 162 870。

平舒县 郡城附廓县。治今河北省大城县平舒镇。有章武城、平乡城。

束州县 东魏沿北魏置县，北齐省废。治今河北省河间市瀛州镇东北束州镇。有束州城。

成平县 沿北魏置。治京城，今河北省沧州市西景城。有成平城、乐平城。

文安县　北魏县，东魏、北齐沿置。治今河北省文安县文安镇东北。有文安、平曲城。

西章武县　北魏置县，东魏沿置，北齐省废。治今河北省大城县平舒镇南。有章武城。

河间郡

沿旧郡置。治武垣，在今河北省河间市瀛州镇南。领 4 县，户 35 809，口 148 565。

武垣县　郡城附廊县。治今河北省河间市瀛州镇南。有武垣城、小陵城。

乐城县　北魏县，东魏、北齐沿置。治河间城，今河北省献县乐寿镇。

中水县　东魏沿北魏置县，北齐天保七年（公元 556 年）省废。治今河北省献县乐寿镇西权寺村。《东魏范思彦墓志》（砖）："兴和二年正月廿九日，瀛州河间郡中水县民范思彦铭上记。"

鄚县　东魏、北齐沿置县。治阿陵城，今河北省任丘市东北鄚州镇。有鄚城。《北齐是连公妻邢阿光墓志》："夫人讳阿光，河间鄚人也。"

附：

河间县　北齐天统四年（公元 568 年）《齐故伏波将军刘君墓志》："君讳□，字□□，河间郡河间人也。"武平四年（公元 573 年）《刘贵墓志》："君讳贵，字宗，河间人。"北齐似废乐城县，改置河间县。

殷州　赵州

北魏孝昌三年（公元 527 年）分定、相二州置。东魏沿置。《东魏郭挺墓志》："春秋六十一，天平三年十一月廿一日终于家……诏赠使持节、都督殷州诸军事、平东将军、殷州刺史。"北齐天保二年（公元 551 年）改名赵州。《北齐李祖牧墓志》："天统五年七月五日薨，诏赠赵州刺史。"治广阿，在今河北省隆尧县东故城。统 3 郡 15 县。

赵郡

沿旧郡置，治平棘，即今河北省赵县赵州镇。领 5 县，户 31 899，口 148 314。

平棘县　郡城附廓县。治今河北省赵县赵州镇。有平棘城。《北齐李祖牧墓志》："赵郡平棘人也。"《北齐李琮墓志》："赵郡平棘人也。"北齐曾置赵国。

房子县　东魏沿北魏置县，北齐省废。治今河北省高邑县高邑镇西南仓房村。有房子城、回车城、平州城。

元氏县　东魏沿北魏置县，北齐省废。治今河北省元氏县槐阳镇西北。有元氏城。《魏书·李顺传》：季子宁，齐受禅，例降元氏县子。县废当在天保七年（公元556年）以后。

高邑县　东魏、北齐沿置县。治今河北省柏乡县柏乡镇北固城店。有高邑城、汉光武即位碑。《元和郡县图志》："高齐天保七年，移高邑县于其县城东北十五里，今县是也。"

栾城县　东魏沿置县，北齐省废。治关城，今河北省石家庄市栾城区栾城镇西。有栾城。

巨鹿郡

北魏永安二年（公元529年）分定州巨鹿郡置，治杨城，在今河北省宁晋县凤凰镇。领4县，户13 997，口58 549。

廮陶县　东魏、北齐沿置县。治廮陶城，今河北省宁晋县凤凰镇西南。有沃州城。

宋子县　北魏县，东魏沿置。治宋子城，在今河北省赵县赵州镇东北。北齐省入平棘县。

西经县　北魏永安二年（公元529年）分经县地置，北齐省废。治今河北省广宗县广宗镇东10公里处。有邑城。

廮遥县　北魏永安二年（公元529年）分廮陶县置，为巨鹿郡附廓县。东魏、北齐沿袭。治杨城，即今河北省宁晋县凤凰镇。有历城。

南赵郡

北魏太和十一年（公元487年）置南巨鹿郡，属定州。十八年（公元494年）改属相州，后改为南赵郡。孝昌中（公元526年）又改属殷州。东魏沿置郡，治广阿，在今河北省隆尧县隆尧镇东旧城。领6县，户32 046，口150 113。

广阿县　州、郡城附廓县。治今河北省隆尧县隆尧镇东旧城。

中丘县　北魏县，东魏、北齐沿置。治今河北省内丘县内丘镇西。

平乡县　北魏县，东魏、北齐沿置。曾治巨鹿城，后移治平乡城，今河北省平乡县乞村镇西南平乡镇。

柏仁县　北魏柏人县，东魏改名柏仁，《魏书·地形志》仍曰柏人。北齐沿置。治今河北省隆尧县隆尧镇西尧城镇。东魏元象元年（公元538年）《李宪墓志》："赵国柏仁人也。"《北齐李尼墓志》："尼俗讳难胜，法名等行，赵郡柏仁永宁乡阴灌里人也。"北齐天统三年（公元567年）《尉中兵妇李氏墓志》："夫人李，讳淑容，字令色，赵郡柏仁人也。"柏仁县有宣务山。颜之推撰《颜氏家训》说：柏人城东北有一孤山，唯阚骃《十三州志》以为舜纳于大麓，即此山。其上今犹有尧祠焉，世俗或呼为宣务山，或呼为虚无山，莫知所出。赵郡士族有李穆叔季节兄弟李普济亦为学问，并不能定乡邑此山尔。余尝为赵州佐，共太原王邵读柏人城西门内碑，碑是汉桓帝时柏人县民为县令徐整所立。铭云："土有巏务山，王乔所仙。"方知此山巏务山也。"巏"字遂无所出，"務"字，依诸字书，即旄丘之"旄"也。"旄"字，《字林》一音亡付反，今依附俗名，当音权务耳。入邺为魏收说之，收大嘉叹。值其为赵州庄严寺碑铭，因云权务之精。即用此也。《太平寰宇记》"尧山县"条："宣務山，一名虚无山，在县西北四里。"元代纳新《河朔访古记》："巏嵍山（音权髦）在柏乡县南，乃土山也……按字书，'嵍'音务"。

巨鹿县　东魏沿北魏置县，北齐省废。治今河北省平乡县平乡镇东15公里。

南栾县　北魏改南䜌县复置，东魏沿置，北齐省废。治今河北省巨鹿县巨鹿镇北。有南栾城。

沧州

北魏熙平二年（公元517年）分瀛、冀二州置，东魏、北齐沿置。《周书》卷三十六《王士良传》：北齐天保年间，"除沧州刺史。乾明初，征还邺，授仪同三司"。治饶安城，在今河北省盐山县盐山镇西南旧县村。统3郡11县。

浮阳郡

北魏太和十一年（公元487年）分勃海、河间、章武三郡地置，属瀛州。景明初（公元500年）省入章武郡。熙平二年（公元517年）复置。东魏沿置。《东魏姬景墓志铭》:“迁浮阳太守，驭民调俗，政号清明。”时约在东魏武定年间。治浮阳，在今河北省沧州市东南。领 4 县，户 26 880，口 98 458。

浮阳县　沿旧县置。郡城附廓县。治今河北省沧州市东南旧沧州。

章武县　东魏沿北魏置县，北齐省废。治章武城，今河北省黄骅市西南故县村北。有汉武帝台。漳水由县境入海。有沾水、大家姑祠，俗云海神、麻姑神。

高城县　沿旧县置，东魏兴和中（公元 540 年—公元 542 年）于县境立东、西河郡、隰城县，安置流民，武定七年（公元 549 年）省入高城县。故治高城，在今河北省盐山县东南，北齐天保七年（公元 556 年）移治今河北省黄骅市旧城镇。有平津城、盐山。

饶安县　沿旧县置。州城附廓县。治今河北省盐山县西南旧县镇。有无棣沟、西乡。《东魏沧州刺史王僧墓志》:“沧州浮阳饶安人也。”

乐陵郡

沿北魏置。北齐武平元年（公元 570 年）《元夫人墓志》:“春秋三十六，以大齐天统五年五月十二日卒于乐陵郡官舍。”治乐陵，今山东省乐陵市南。领 4 县，其中 3 县属海河流域，户 18 749，口 63 963（《魏书·地形志》:四县，户二万四千九百九十八，口八万五千二百八十四）。

乐陵县　沿北魏置。郡城附廓县。《北齐朱益墓志》:“父台，乐陵县令，蝗移雉狎，无废弦歌。”

阳信县　沿北魏置。治阳信城，今山东省无棣县东北，或曰今河北盐山县西南旧县镇。有盐山神祠。《太平寰宇记》:（无棣县）“高齐天保七年，自此城（无棣县东北一百二十里，阳信县东南三十里阳信故城）移于今阳信县东马岭城置”。

厌次县　沿北魏置。治马岭城，今山东省阳信县东南 20 公里处。《北齐石信墓志》:“公讳信，字敬仁，乐陵厌次人也。”《太平寰宇记》:（厌次县）“后魏又徙厌次理马岭城，即今阳信县东马岭城是也。高齐天保七年省”。

安德郡

北魏中兴初（公元 531 年）分乐陵郡置，太昌初罢，东魏太平初复置。又称“东安德郡”，以别于冀州安德郡，北齐废东安德郡。旧治安德，今山东省德州市陵城区南。东魏移治般界，约在今山东省德州市陵城区东。领县4：

般县　沿北魏置。治般城，今山东省宁津县东南。有故般河。北齐天保七年（公元556年）废。

重合县　沿北魏置。治重合城，今山东省乐陵市西北。北齐天保七年（公元556年）废。

重平县　沿北魏置。治所约在今山东省乐陵市西南。《太平寰宇记》：“天保七年省入平昌县。”

平昌县　沿北魏置。故属乐陵，东魏改隶。治平昌城，今山东省德州市陵城区东。《太平寰宇记》（德平县）：“本汉平昌县……故城在今县西南三十里……后汉改为西平昌。后魏永熙二年又除‘西’字，移于今县东南废平昌县城，高齐天保七年又移于今理。”

幽州

东魏沿置，北齐置东北道行台。《北齐书·斛律金传附子羡传》：河清三年，转幽州刺史。天统元年，诏加行台仆射。又导高粱水，北合易京，东会于潞，因以灌田，边储岁积，转漕用省，公私获利焉。《北齐书·潘乐传附子子晃传》：“子晃沉密谨悫，以清净自居，尚公主，拜驸马都尉。武平末，为幽州道行台右仆射、幽州刺史。周师将入邺，子晃率突骑万赴援。至博陵，知邺城不守，诣冀州降。”治蓟城，在今北京市西南。统3郡18县。

燕郡

沿旧郡置。《北齐书·斛律金传》：武平三年，行燕郡守马嗣明，医术之士。郡治蓟，领5县，户5 748，口22 559。

安城县　北魏安次县，东魏改名安城县，后复改安次。治今河北省廊坊市西北古县。有安次城、苌道城。

蓟县　沿北魏置。治今北京市西南。

广阳县　沿北魏置。治今北京市房山区良乡镇东广阳村广阳故城遗址。

良乡县　沿北魏置。治今北京市房山区窦店镇西汉唐良乡故城遗址。

军都县　沿北魏置。治今北京市昌平区北。

范阳郡

沿旧郡置。治涿，即今河北省涿州市。领 7 县，户 26 848，口 88 707。

涿县　北魏县，东魏、北齐沿置。治今河北省涿州市。

故安县　北魏县，东魏沿置。治今河北省易县东南西固安，北齐废。

范阳县　北魏县，东魏、北齐沿置。故治今河北省定兴县西南固城镇，北齐武平七年（公元 576 年）移治伏图城。在今河北省定兴县百楼村北。

苌乡县　北魏改长乡县置，东魏沿袭，北齐省废。治今河北省涿州市东北长安城。

方城县　东魏沿北魏县置，北齐天保七年（公元 556 年）废。治今河北省固安县西南方城。

容城县　东魏沿置县，北齐天保七年（公元 556 年）废入范阳县。治今河北省容城县西北城子村。

遒县　东魏、北齐沿置县。治今河北省涞水县北。《东魏元阿耶墓志》："兴和三年岁次辛酉三月癸卯朔十八日庚申葬于范阳遒县崇仁乡贞侯里。"

渔阳郡

沿旧郡置。北魏治雍奴，在今天津市武清区西北。东魏、北齐移治潞，在今河北省三河市西南。领 6 县，户 6 984，口 29 670。

潞县　东魏、北齐于县置渔阳郡治。治今北京市通州区潞城镇古城村。

土垠县　东魏沿置县，北齐废。治今河北省唐山市银城铺。

徐无县　东魏、北齐沿置县。治今河北省遵化市东。

雍奴县　沿北魏置。治今天津市武清区西南。

渔阳县　沿北魏置。治今北京市怀柔区东。

无终县　沿北魏置。治今天津市蓟州区。

安州

北魏皇兴二年（公元 468 年）置，东魏、北齐沿置。治燕乐，在今河北省隆化县隆化镇北土城子遗址。东魏天平中州陷，元象中寄治幽州北界，在今北京市密云区东北，北齐复故治。《太平御览》卷三百五十四引《三国典略》："北齐安州刺史卢胄，入海岛，得一人胫，可长二丈。"统 3 郡 8 县。

密云郡

北魏置，东魏、北齐沿袭。治提携城，今北京市密云水库东北。领 3 县，户 2 231，口 9 011（《魏书·地形志》）。

密云县　沿北魏置。《水经注·鲍丘水》"鲍丘水出御夷北塞中，南流径九庄岭东，俗谓之大榆河。又南径镇东南九十里西密云戍西……峒水又西南至密云戍东，西注道人水，乱流西南径密云戍城南，右会大榆河，有东密云，故是城言西矣。"由此可推密云治所当在今河北省丰宁县境。

要阳县　沿北魏置。治所当在今河北省滦平县西北。

白檀县　沿北魏置。治今河北省滦平东北兴州河南岸。郡城附廓县。

安乐郡

沿北魏置。治安市，今北京市密云水库库区。领 2 县，户 1 166，口 5 219（《魏书·地形志》）。

安市县　沿北魏置。郡城附廓县。

土垠县　沿北魏置。治地无考。

附：

广阳郡

北魏置，东魏沿袭，北齐废。治燕乐，领 3 县：

燕乐县　北魏治今河北省隆化县北土城子遗址，东魏移治今北京市密云区东北，北齐还治隆化县土城子遗址。

广兴县　北魏置，北齐省入燕乐。

方城县　北魏置，北齐省入燕乐。

燕乐、广兴、方城介于海河、滦河两流域之间，迁转变化不定，附于此，地望待考定。

北燕州

北齐置，北周曰燕州。治怀戎，在今河北省涿鹿县西南桑乾河南岸。统长宁、永丰 2 郡。隋开皇初，废 2 郡。

永丰郡

北齐置，治怀戎。领县可考者 2：

怀戎县　北齐改潘县置，北燕州治。

广昌县　汉县，北魏废，北周大象二年（公元 580 年）复置。当属燕州。故治今河北省涞源县涞源镇北 3.5 公里处，北周移治五龙城，即今河北省涞源县涞源镇。

长宁郡

北齐置，郡治地处及所领县无考。

东燕州

《魏书·地形志》："太和中（公元 478 年—公元 498 年）分恒州东部置燕州，孝昌中（公元 526 年—公元 527 年）陷，天平中（公元 535 年—公元 536 年）领流民置。寄治幽州宣（军）都城。领郡三，县六，户一千七百六十六，口六千三百一十七。"

平昌（昌平）郡

东魏天平中（公元 535 年—公元 536 年）置。领 2 县，户 450，口 1 713（《魏书·地形志》）。

万言（年）县　天平中（公元 535 年—公元 536 年）置。《隋书·地理志》：开皇初，省万年县入昌平县，属涿郡。治所不详。

昌平县　天平中（公元 535 年—公元 536 年）置。治今河北省蔚县北。有龙泉。

上谷郡

东魏天平中（公元 535 年—公元 536 年）置。领 2 县，户 942，口 3 093（《魏书·地形志》）。

平舒县　北魏孝昌中因战乱荒废，东魏天平中置。

居庸县　孝昌中因战乱荒废，天平中置。治今北京市延庆区。

徧城郡

东魏武定元年（公元 543 年）置，治广武，今北京市昌平区西。领 2 县，户 374，口 1 513（《魏书·地形志》）。

广武县　武定元年（公元 543 年）置。郡城附廓县。

沃野县　武定元年（公元 543 年）置。治所不详。

侨东燕州

北魏太和中分恒州东部置燕州。孝昌中（公元526年），杜洛周率流民军攻克燕州。东魏天平中设东燕州。寄治幽州军都城，在今北京市昌平区北，以领置燕州流民。

侨南营州

北魏孝昌中（公元526年）营州被流民军攻克。永熙二年（公元533年）置南营州，寄治英雄城，即今河北省保定市徐水区安肃镇西北遂城，依照营州建置，设5郡10县。州、郡、县为侨置。

侨昌黎郡

北魏永熙元年（公元532年）侨置，东魏、北齐沿袭。治英雄城，即今河北省保定市徐水区安肃镇西北遂城。领3县：

侨龙城县　北魏永熙中（公元533年）侨置，东魏沿置，北齐废。

侨广兴县　北魏永熙中（公元533年）侨置，东魏沿置，北齐省废。

侨定荒县　东魏兴和中（公元539年—公元542年）侨置，北齐省废。

侨辽东郡

北魏永熙中（公元533年）侨置，东魏沿置，寄治英雄城，即今河北省保定市徐水区安肃镇西北遂城。北齐省废。领2县：

侨太平县　北魏永熙中（公元533年）侨置，东魏沿置，北齐省废。

侨新昌县　北魏永熙中（公元533年）侨置县，东魏沿置，治英雄城，即今河北省保定市徐水区安肃镇西北遂城。北齐废侨新昌县，改新城县为新昌县，属侨昌黎郡。治北新城县故城，即今河北省保定市徐水区安肃镇西南10公里处。

侨建德郡

北魏永熙中（公元533年）侨置，东魏沿置，北齐省废。领1县：

侨广都县　东魏兴和中（公元539年—公元542年）侨置，北齐省废。

侨营丘郡

东魏天平四年（公元537年）侨置，北齐废。领3县：

侨富平县　东魏天平四年（公元537年）侨置，北齐省。

侨永安县　东魏元象中（公元538年—公元539年）侨置，北齐省。

侨带方县　东魏元象中（公元538年—公元539年）侨置，北齐省。

侨乐浪郡

东魏天平四年（公元537年）侨置，北齐废。领1县：

侨永乐县　东魏兴和二年（公元540年）析北平县西北境置，治今河北省保定市满城区满城镇西北鱼条山下。北齐沿置，改属侨昌黎郡。

并州

治晋阳，今山西省太原市。领5郡26县，其中4郡15县属海河流域。

上党郡

沿北魏置。治壶关，今山西省长治市潞城区西。领5县，户25 937，口104 475（《魏书·地形志》）。

屯留县　沿北魏置。治今山西省长治市屯留区东北。

长子县　沿北魏置。治今山西省长治市南。

壶关县　沿北魏置。治今山西省壶关县东南。

寄氏县　沿北魏置。治今山西省长治市屯留区西南。

乐阳县　沿北魏置。治今山西省长子县西。

乡郡

沿北魏置。杨守敬《隋书地理志考证》："东魏元象二年三级浮图碑阴有乡郡太守贺贾亭。"治乡县，今山西省武乡东。领4县，户16 210，口55 961（《魏书·地形志》）。

阳城县　沿北魏置。治今山西省武乡县西北。

襄垣县　沿北魏置。治今山西省襄垣县。

铜鞮县　沿北魏置。治今山西省沁县西南故县镇。《北齐书·神武纪》："孝庄帝立，以定策勋，封铜鞮伯。"有铜鞮水。《水经注》："水出铜鞮县西北石隥山。"

乡县　沿北魏置。郡城附廓县。有榆社城。

乐平郡

沿北魏置。治沾城，今山西省和顺县北。领3县，户18 267，口68 195（《魏书·地形志》）。

辽阳县　沿北魏置。治今山西省左权县。《太平御览》卷四十五《地部十·河北诸山·五指山》引北齐李公绪《赵记》："轑阳东北有五指山，岩石孤耸，上有一手一足之迹，厥大如箕，指数俱全。"

乐平县　沿北魏置。治今山西省昔阳县。《元和郡县图志》："高齐移乐平县理沾城。"

石艾县　沿北魏置。治今山西省平定县。

补：

沾县　沿北魏置。治今山西省和顺县北。

襄垣郡

东魏沿北魏置，北齐郡废。治襄垣城，今山西省襄垣县。领 4 县，户 7 513，口 36 567（《魏书·地形志》）。

襄垣县　沿北魏置。郡城附廓县。北齐罢襄垣郡，县归乡郡。

五原县　沿北魏置。治今山西省襄垣县西北。

建义县　沿北魏置。治今山西省襄垣县西南。

刘陵县　沿北魏置。治今山西省黎城县黎侯镇古县村。

肆州

沿北魏置。治九原，今山西省忻州市。领 3 郡 11 县，3 郡 10 县属海河流域。

永安郡

沿北魏置。治定襄，今山西省定襄县。领 5 县，其中 4 县属海河流域，户 22 748，口 104 185（《魏书·地形志》）。

定襄县　沿北魏置。郡治。

平寇县　沿北魏置。治今山西省忻州市西。

蒲子县　沿北魏置。治所不详。

驴夷县　沿北魏置。治今山西省五台县。

秀容郡

沿北魏置。治秀容，今山西省原平市西南。领 4 县，户 11 506，口 47 024（《魏书·地形志》）。

秀容县　沿北魏置。郡治。东魏天平二年（公元 535 年），侨置恒州，寄治肆州秀容郡城，寻废。

石城县　沿北魏置。治今山西省原平市北。

肆卢县　沿北魏置。治新会城，今山西省忻州市西北。

敷城县　沿北魏置。治今山西省原平市西北。

雁门郡

沿北魏置。治广武，今山西省代县西南。领 2 县，户 6 328，口 30 434（《魏书·地形志》）。

广武县　沿北魏置。郡治。

原平县　沿北魏置。治今山西省代县西北。

恒州

沿北魏置，北齐废恒州，改曰恒安镇，后复为恒州。北周又废州，改置恒安镇。治平城，今山西省大同市。领 8 郡 14 县，其中 4 郡 10 县属海河流域。

代郡

北魏孝昌中（公元 526 年—公元 527 年）荒废，东魏天平二年（公元 535 年）置。治平城。领 4 县：

平城县　沿北魏置。治今山西省大同市。《史记·高祖本纪》张守节《正义》引北齐李公绪《赵记》："平城东七里有土山，高百余尺，方十余里。"

太平县　沿北魏置。治今山西省山阴县新岱岳村东。

永固县　沿北魏置。治今山西省大同市北 25 公里镇川堡乡境内。

武周县　沿北魏置。治今山西省左云县。

繁峙郡

沿北魏置。治繁畤，今山西省应县东北边耀乡（参见李平著：《北魏平城时代》）。领 2 县：

繁峙县　沿北魏置。郡治。

崞山县　沿北魏置。治今山西省浑源县西六七公里麻庄附近。

高柳郡

沿北魏置。治高柳，今山西省阳高县。领 2 县：

高柳县　沿北魏置。郡治。

安阳县　沿北魏置。治今河北省阳原县东南。

北灵丘郡

北魏灵丘郡，东魏天平二年（公元535年）改名北灵丘郡。（《中国历史地图集》第四册第47页《北魏并、朔诸州图》，标有“北灵丘郡”，在今河北省蔚县，似有误。）治灵丘，今山西省灵丘县。领2县：

灵丘县　沿北魏置。治今山西省灵丘县。

莎泉县　沿北魏置。治今山西省浑源县东南约40公里汤头村东。《隋书·地理志》曰后齐省莎泉县入灵丘县。

《魏书·地形志》“恒州”又载：“内附郡，天平二年置；灵丘郡，天平二年置。”内附、灵丘2郡似是侨置郡。

武州

东魏武定元年（公元543年）置，治雁门川，武定三年（公元545年）始立州城。统郡3，领县4。《太平寰宇记》“雁门县”条：“武州城，在县西六十里。东魏置武州，领吐京、齐、新安三郡以总军户，齐改为北灵州也。”吐京、齐、新安三郡寄治繁峙县。有长城、滹沱水。《元和郡县图志》：“泰戏山，一名武夫山，在繁峙东南九十里，滹沱水出焉。”此“繁峙”与《大平寰宇记》所云“雁门县西六十里”方位不一。今人殷宪又曰：“武州城在北魏平城都之西约百里，其址即今山西省大同市西百里的左云县附近的古城遗址。”①

吐京郡

武定八年（公元550年）置，治吐京，即今山西省原平市北30公里句注山下之官地乡。领2县：

吐京县　武定三年（公元545年）置。郡城附廓县。

新城县　武定三年（公元545年）置。北齐《张谟墓志》：“武平元年别封禽昌县开国男，五年又加君仪同三司，北新城领民正……春秋七十，武平六年十一月五日薨于新城治所……粤以七年三月十二日窆于新城之北岗。”据殷宪考证，新城治今山西省朔州市梵王寺村之古城。

齐郡

武定元年（公元543年）置，州治。领2县：

---

① 殷宪．北齐《张谟墓志》与北新城．晋阳学刊，2012（2）．

昌国县　武定元年（公元 543 年）置。

安平县　武定元年（公元 543 年）置。

新安郡

武定元年（公元 543 年）置。

侨朔州

北齐置。《魏书·地形志》："朔州，本汉五原郡，延和二年置为镇，后改为怀朔，孝昌中改为州。后陷，今寄治并州界。"寄治并州之朔州即侨置，州治在今山西省寿阳县。1973 年在山西省寿阳县西南出土《齐故定州刺史太尉公厍狄顺阳王（廻洛）墓志》，铭曰："粤以大齐河清元年岁次壬午八月戊戌朔十二月己酉，葬于朔州城南。"此"朔州城"即侨州城，由厍狄廻洛墓出土地点及铭文"朔州城南"，可断定北齐侨朔州治今寿阳县。据《魏书·地形志》，侨朔州统郡 5，领县 13。太安郡，领县 2：狄那、捍殊。广宁郡，领县 2：石门、中川。神武郡，领县 2：尖山、殊颓。太平郡，领县 3：太平、太清、永宁。附化郡，领县 4：附化、息泽、五原、广牧。《元和郡县图志》卷十三《河东道》"寿阳县"条："神武故城，后魏神武郡也，在县北三十里。周废。"清《嘉庆重修一统志》卷一四九"寿阳县神武故城"条："按《魏书·地形志》，神武郡首领尖山县，今有尖山在县北；又太安郡首领狄那县，今有太安镇及狄那寨在县西；又广宁郡首领石门县，今有石门在县东；又太平郡首领太平县，今有太平乡太平村在县东。盖一州五郡，皆侨置县境。"罗新据《元和郡县图志》和嘉庆重修《大清一统志》，考证朔州所领五郡皆在今寿阳附近①。据《北齐书》，厍狄盛、厍狄廻洛曾"除朔州刺史"，此朔州当为侨朔州。北齐《张谟墓志》："（天统）二年又除广宁太守。"此"广宁"当为侨朔州广宁郡。北齐侨朔州已成为常设州级政区建置。北周废神武郡，侨朔州亦当一并省废。

北朔州

北齐于北魏旧朔州境置，初治新城，又曰"北新城"，即今山西省朔州市梵王寺村北古城遗址。后移治其东北的马邑城。据杜佑《通典》，北齐置北朔州，治故都（平城）西南新城。《元和郡县图志》卷十四《河东

---

① 罗新. 北齐韩长鸾之家世. 北京大学学报，2006（1）.

道·朔州》曰："高齐文宣帝又于马邑城置朔州……武成帝置北道行台，周武帝置朔州总管。"朔州移治马邑城似在北周武帝时。隋唐朔州治马邑城，李吉甫溯源至北齐高洋，求古过度。东魏时，厍狄盛"除朔州刺史"，齐受禅，"又除北朔州刺史"①。北齐时，有二朔州：一在并州界，称"朔州"，亦即侨朔州；一在北新城，即"北朔州"。

《北齐书》卷十三《赵郡王琛传附子叡传》："（天保）八年，征叡赴邺，仍除北朔州刺史，都督北燕、北蔚、北恒三州，及库推以西黄河以东长城诸镇诸军事。"同书同卷《清河王岳传附子劢传》："出为朔州行台仆射。"所任官职亦即朔州北道行台。北齐由高氏宗亲镇守北朔州，亦见其地理重要。

（三）北周、隋（公元577年至公元618年）

公元577年，即北齐幼主高恒承光元年、北周建德六年，北周灭北齐，尽有海河流域。《周书·武帝纪》曰：（建德）六年春正月癸巳，遂平邺。齐主走青州，追擒之。高湝在冀州，拥兵未下，遣上柱国齐王宪率军讨平之。齐诸行台州镇悉降，关东平，合州五十五，郡一百六十三，县三百八十五，户三百三十万二千五百二十八，口二千万六千八百八十六。北周仍置州、郡、县，地方城邑例分三级。及于东夏削平，多有省废。宣政元年（公元578年）正月，调整行政区划，"分相州广平郡置洺州，清河郡置贝州，黎阳郡置黎州，汲郡置卫州；分定州常山郡置恒州；分并州上党郡置潞州"②。"大象二年（公元580年）通计州二百一十一，郡五百八，县一千一百二十四。"③

大象三年（公元581年）二月，隋王杨坚废周静帝，自立为皇帝，改国号隋，建元开皇。开皇三年（公元583年）四月，隋文帝杨坚省废郡一级行政建置，改州、郡、县三级为州、县二级，以州领县。海河流域置有魏州、相州、冀州、贝州、洺州、赵州、恒州、定州、瀛州、易州、幽

① 厍狄盛传//李百药. 北齐书：卷十九. 北京：中华书局，1972：255.
② 武帝纪下//令狐德棻，等. 周书. 北京：中华书局，1971：105.
③ 地理志//魏徵，等. 隋书：卷二十九. 北京：中华书局，1973：807.

州、平州、玄州、蔚州等。开皇九年（公元589年）增置观州、德州，十年（公元590年）置慈州，十六年（公元596年）置邢州、深州、栾州、井州、蒲州、景州，移玄州治无终。十八年（公元598年）于玄州故地置檀州。隋炀帝大业二年（公元606年）废深州、慈州、栾州、井州、蒲州、观州、景州等七州。大业三年（公元607年）四月，改州为郡，以郡领县，郡名多所改易。魏州改为武阳郡，冀州改为信都郡，贝州改为清河郡，相州改为魏郡，邢州改为襄国郡，洺州改为武安郡，赵州改为赵郡，恒州改为恒山郡，定州改为博陵郡（大业九年又改为高阳郡），瀛州改为河间郡，易州改为上谷郡，平州改为北平郡，幽州改为涿郡，檀州改为安乐郡，玄州改为渔阳郡，沧州改为勃海郡，德州改为平原郡，另有上党郡、雁门郡，均为海河流域城郡级城邑。至大业五年（公元609年），隋"大凡郡一百九十，县一千二百五十五，户八百九十万七千五百四十六，口四千六百一万九千九百五十六。垦田五千五百八十五万四千四十一顷。其邑居道路，山河沟洫，沙碛咸卤，丘陵阡陌，皆不预焉"①。海河流域置郡21、县171（见图66）。

相州　魏郡

北魏于邺置相州，东魏北齐改为司州。北周灭北齐，乃称相州，并置六府总管，治邺。宇文盛、尉迟迥先后任相州总管。大象元年（公元579年）二月移相州六府于洛阳，称东京六府，河阳、幽、相、豫、亳、青、徐七总管，受东京六府处分②。八月，平尉迟迥后，梁士彦"除相州刺史"③。大象二年（公元580年）杨坚焚毁邺居，徙相州治安阳，并改安阳为邺。隋沿北周置相州，州治邺，开皇十年（公元590年）复名安阳。北周相州领魏、成安二郡。隋开皇三年（公元583年）置郡。开皇十年（公元590年）析滏阳、临水二县置慈州，大业二年（公元606年）废慈州，属县归相州。大业三年（公元607年）改相州为魏郡。魏郡原为北齐清都尹，北周改为魏郡。大象二年（公元580年），相州徙治安阳。隋开

① 地理志//魏徵，等．隋书：卷二十九．北京：中华书局，1973：808.

② 宣帝纪//令狐德棻，等．周书：卷七．北京：中华书局，1971.

③ 梁士彦传//令狐德棻，等．周书：卷三十一．北京：中华书局，1971.

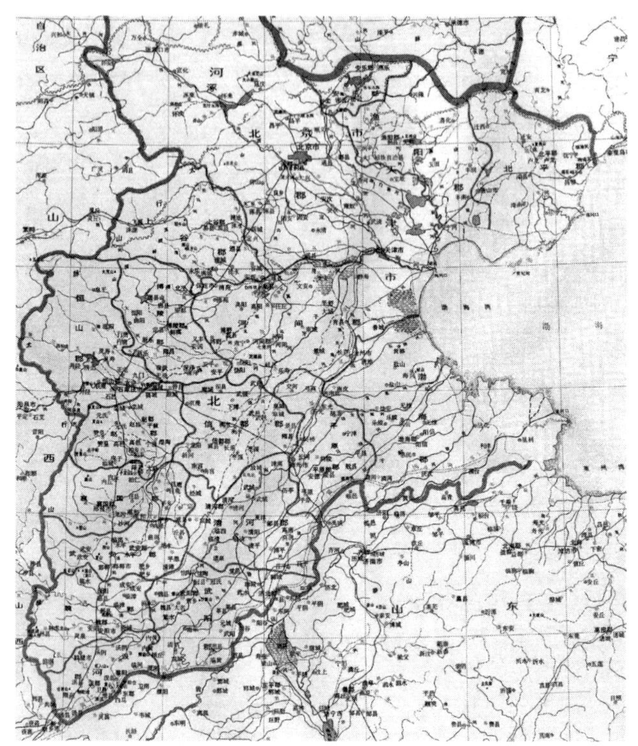

图 66　隋河北诸郡图（见《中国历史地图集》五）

皇三年（公元 583 年）废郡，大业三年（公元 607 年）复以相州为魏郡，治安阳，领 12 县，户 120 227。

安阳县，北周改名邺，隋开皇十年复旧名，治今河南省安阳市。北周迁邺民至安阳，以后成为安阳人。《唐故靳府君墓铭并序》："君讳隐儿，其先家世上党，后代田官，宅于邺，今为安阳人也……春秋四十九，以开元五年正月廿二日卒于私第，即以其年岁次丁巳壬申朔十一日壬午，迁窆于古龙山寺北五十步平原。"

邺县　北周大象二年（公元 580 年）移治安阳城，于邺县故址置灵芝县，地处约在邺城遗址之西、紫陌之南。隋开皇十年（公元 590 年）改灵芝县为邺县。

临漳县　北周武帝平齐后，于建德六年（公元 577 年）将临漳县治所由邺城左部移至邺城东约 10 公里，在今河北省临漳县城西南 9 公里处东、西小庄，故称旧县小庄。隋沿置。

长乐县　本汉内黄地，西晋置长乐县，北齐省入临漳。开皇十年（公元590年），分临漳、洹水二县复置长乐县。十八年（公元598年）改名尧城，治今河南省安阳市东。

成安县　北周沿北齐置，旧治邺城后部，齐亡后，移治今河北省成安县成安镇。隋沿置。有开皇年间慧可说法台。北周设成安郡。《隋书·达奚长孺传》："从周武帝平齐，进爵成安郡公。"《元和志郡县图志》："周武帝置滏阳，属成安郡。"《隋书·杨素传》：以功封成安县公。

灵芝县　北周大象二年（公元580年）于故邺地置。《大隋故蹁岷将军奉朝请索府君墓志》："卜以开皇九年岁次己酉十一月庚寅十九日戊申窆于零（灵）芝县东北紫陌桥北四里。"紫陌在故邺城西北五里，由此推断，灵芝县城在邺城遗址之西。隋开皇十年（公元590年）改称邺县。

滏阳县　北周于临水城置，隋开皇十年置慈州，大业初州废。县治今河北省磁县磁州镇。《元和郡县图志》："以在滏水之阳名。"

临水县　北齐旧县，治今河北省磁县磁州镇，北周改置滏阳县，移临水县于今河北省邯郸市峰峰矿区临水镇。隋沿北周置县。有慈石山、鼓山、滏山。《太平寰宇记》引《宋永初山川记》："山有石鼓形二所，南北相当，俗语'南鼓北鼓，相去十五'。"又引《冀州图经》："邺城西有石鼓，鼓自鸣即有兵。高齐末，鼓鸣。未几，齐灭。隋文季年又鸣，声闻百里。"滏山，亦作"滏口山"。《太平寰宇记》引《魏土地记》："滏口山即魏武帝邀击袁尚之所，太行八陉，第四曰滏口陉。山岭高深，实为险厄。"今临水镇出土有隋代青瓷（见图67）。

图67　临水出土青瓷

洹水县　《旧唐书·地理志》："周建德六年，分临漳东北界置洹水县。"《太平寰宇记》："因洹水流入，即以为名，属魏郡。"隋沿置，治今河北省魏县魏城镇西南。

灵泉县　北周置，治今河南省安阳市西南龙泉镇。有龙山。

林虑县　北魏永安元年（公元528年）置林虑郡，属司州。北齐废郡，北周武帝复置，开皇三年（公元583年）罢。而县沿置不改。隋开皇初，又分置淇阳县。十六年（公元596年）置岩州，大业初州废，省淇阳入林虑县。治今河南省林州市。有林虑谷、仙人台、洹水。《太平寰宇记》："（林虑）山下有黄花谷，北岩出瀑布，水下注成池。""林虑山有三峰，南第一峰名仙人楼，第二峰名玉女台，北第三峰名鲁般门。""洹水源出林虑山东。"《水经注》："水出长子县洹山，东径殷墟北，又东径长乐县故城南，又径内黄县北，东流注于白沟。"

临淇县　《魏书·地形志》："天平初，分朝歌、林虑、共县置。"北齐废，开皇十六年（公元596年）复。有淇水。《水经注》："淇水出隆虑县西大号山东，过内黄县南，为白沟，屈从县东北，与洹水合。又东北径馆陶县北，又东北过清渊县西，又东北过广宗县，为清河。"

附：

慈州　治滏阳县，开皇十年（公元590年）置，领滏阳、临水、肥乡、临洺四县。开皇十六年（公元596年）增领邯郸县，肥乡县改隶洺州。大业二年（公元606年）废慈州，属县滏阳、临水隶相州，邯郸、临洺隶洺州。

魏州　武阳郡

北周大象二年（公元580年）八月分相州昌乐郡置魏州，统濮阳、昌乐、武阳三郡。隋开皇三年（公元583年）罢郡，大业三年（公元607年）改魏州为武阳郡，治贵乡县，领县14，户213 035。

贵乡县　东魏置，齐、周、隋沿置。旧治赵城，在今河南省馆陶县南王莽城一带。北周建德七年（公元578年）以赵城卑湿，西南移15公里就孔思集寺为县治。在今河北省大名县东北。北齐曾省平邑县入贵乡，隋开皇十六年（公元596年）复平邑，大业初又废入。有惬山。

元城县　北齐废入贵乡，隋开皇六年（公元586年）复置。又析置马陵县。大业初废入元城。治今河北省大名县东。有沙麓山。

繁水县　北魏太和置昌乐县，永安初置昌乐郡，天平初罢郡，北周复置郡，开皇初又废郡。六年（公元 586 年）于昌乐县地置繁水县，大业初，废昌乐县入繁水县。治今河北省大名县西南冀豫交界处。

魏县　北齐废入昌乐县。开皇六年（公元 586 年）复置，十六年（公元 596 年）又析置漳阴县，大业初省入。治今河北省大名县西南。

莘县　旧阳平县，北齐改曰乐平。开皇六年（公元 586 年）于乐平故城（山东省冠县东南）置阳平县，八年（公元 588 年）改为清邑，十六年（公元 596 年）置莘州，大业初州废，改县名莘，又废莘亭县入。治今山东省莘县。北周曾于乐平县置武阳郡，开皇初废。

顿丘县　北齐废，开皇六年（公元 586 年）复置。又有旧阴安县，北齐省。治今河南省内黄县东南。

观城县　旧称卫国，开皇六年（公元 586 年）改曰观城。治今河南省清丰县南。

临黄县　北魏置，北齐废。隋开皇六年（公元 586 年）复置，十六年（公元 596 年）析置河上县，大业初省入。治今河南省范县南。

武阳县　北齐废，北周置，隋沿置。治今山东省莘县西南。

武水县　隋开皇十六年（公元 596 年）置。治今山东省聊城市西南。

馆陶县　魏、齐、周阳平郡治，隋开皇初，省郡。《周书》卷八《静帝纪》：（大象）二年八月，分相州阳平郡置毛州，昌黎（乐）郡置魏州。唐初《赵思廉墓志》：“祖构，隋毛州刺史”，领馆陶，隋大业初废州。县治在今河北省馆陶县馆陶镇。

堂邑县　隋开皇六年（公元 586 年）置，治今山东省冠县东北。

冠氏县　开皇六年（公元 586 年）置，治今山东省冠县。

聊城县　旧置南冀州及平原郡，未几，州废。开皇初废郡，十六年（公元 596 年）置博州，大业初州废。县治今山东省聊城市东北。

洺州　武安郡

北周置洺州，统广平、襄国、南和三郡，开皇三年（公元 583 年）郡废，大业三年（公元 607 年）改洺州为武安郡，治永年，领县 8，户 118 595。《元和郡县图志》：“周建德六年置洺州，以水为名。”

永年县　旧曰广平，置广平郡，北齐省北平郡及曲梁、广平二县入。开皇初郡废，复置广平，后改曰鸡泽。仁寿元年改广平为永年。大业初置武安郡，又并入鸡泽县。治今河北省邯郸市永年区广府镇（见图 68）。

图 68　明广府城（故广平郡治、武安郡治，旧曰曲梁）

肥乡县　东魏省，开皇十年（公元 590 年）复。治今河北省邯郸市肥乡区肥乡镇。

清漳县　开皇十六年（公元 596 年）置。治今河北省广平县东北清漳村。

平恩县　北周县，隋沿置。开皇六年（公元 586 年）自斥漳城移治平恩故城，今河北省邱县邱城镇西南。

洺水县　旧斥漳县，北齐省入平恩。开皇六年（公元 586 年）于斥漳故城置洺水县，同时分置曲周县，大业初省曲周入洺水。治今河北省曲周县东南，即西呈孟乡。

武安县　北周县，隋沿置。开皇十年（公元 590 年）析置阳邑县，大业初省入。旧治固镇，隋初移治今河北省武安市。

邯郸县　东魏废，开皇十六年（公元 596 年）复置，并置陟乡县，大业初省入。治今河北省邯郸市。

临洺县　旧名易阳，北齐废入襄国县，置襄国郡。北周改名为易阳县，别置襄国县。开皇六年（公元586年）改易阳为邯郸，十年（公元590年）改邯郸为临洺。开皇初郡废。县治今河北省邯郸市永年区临洺关镇。有紫山、狗山、塔山。

邢州　襄国郡

隋开皇十六年（公元596年）析洺州、赵州置邢州。大业三年（公元607年）改邢州为襄国郡，治龙冈，领县7，户105 873。

龙冈县　旧曰襄国县，开皇九年（公元589年）改名龙冈。十六年（公元596年）析龙冈西北置青山县，大业初省入。治今河北省邢台市。有黑山、派水。

南和县　北魏置北广平郡，北齐省入广平。北周置南和郡，开皇初郡废，十六年置任县，大业初废入。治今河北省南和县和阳镇。

平乡县　北周县，隋沿置，治今河北省平乡县乞村镇西南平乡镇。

沙河县　开皇十六（公元596年）析龙冈县南境置。治今河北省沙河市。有罄山。

巨鹿县　北齐废，开皇六年（公元586年）复置，并置南栾县，大业初，废南栾入巨鹿。治今河北省巨鹿县巨鹿镇北。

内丘县　北周中丘县，隋避“忠”讳，改名内丘，属赵州，开皇十六（公元596年）年改隶栾州，大业三年（公元607年）废栾州，改属邢州，治今河北省内丘县内丘镇。有干言山。

柏仁县　北周县，隋沿置，属赵州，开皇十六年（公元596年）属栾州，大业二年（公元606年）属邢州。治今河北省隆尧县西南。

贝州　清河郡

北周宣政元年分相州清河郡置贝州。《元和郡县图志》：“宋白曰：盖因贝丘而名。”统清河、广宗二郡。开皇三年废郡，大业三年改贝州为清河郡，治清河，领县14，户306 544。

清河县　北周武城县，隋开皇六年（公元586年）改名清河县，别置武城县。十六年（公元596年）于境置夏津县，大业初并入。治信成城，今河北省清河县西北。

清阳县　东魏清河县，北齐省入贝丘。开皇六年改名清阳。东魏有侯城县，北齐省入武城县，隋又将武城县并入清阳县。治今山东省临清市东北。

武城县　旧曰东武城。开皇六年改武城曰清河，于东武城置武城县，治今山东省武城县西北。

历亭县　开皇十六年（公元596年）分武城县置，治今山东省武城县东北。

漳南县　开皇六年（公元586年）置，曰东阳，十八年（公元598年）改为漳南。有北魏故索卢城，北齐划入枣强县，隋时，归属漳南。治今河北省故城县东北。

鄃县　东魏县，北齐废，开皇十六年（公元596年）复置，治今山东省夏津县。隋又分鄃县置历亭县。

临清县　北齐废，开皇六年（公元586年）复，十六年（公元596年）置沙丘县，大业二年（公元606年）省入清泉县。治今山东省临清市西南。

清泉县　北齐省入千童县，开皇十六年（公元596年）置。又置沙丘县，大业二年（公元606年）省入清泉县。治今山东省临清市西南。

清平县　开皇六年（公元586年）置，曰贝丘，十六年（公元596年）改曰清平。治今山东省临清市东南。

高唐县　北魏南清河郡，北齐废郡。治今山东省高唐县。

经城县　北魏县，北齐废，开皇六年（公元586年）置，十六年（公元596年）分置府城县，大业初省入。治今河北省威县北经镇。

宗城县　北周广宗县，隋仁寿元年（公元601年）改名宗城县。治今河北省威县东南。

博平县　开皇六年（公元586年）置灵县，大业初省入博平。治今山东省茌平县西北。

茌平县　北魏县，北齐省。开皇初复置。治今山东省茌平县东。

赵州　赵郡

北周赵州治广阿，统赵郡、巨鹿二郡，开皇三年（公元583年）罢郡。十年（公元590年）析置廉州，治高城。十六年（公元596年）析置栾州，治平棘。大业二年（公元606年）废廉州、栾州入赵州。赵州治平棘，大业三年（公元 607 年）赵州改赵郡，领县 11，户 148 156。

平棘县 北周县，隋沿置。开皇初于县东北复置宋子县，大业三年（公元 607 年）废入平棘。治今河北省赵县赵州镇。

高邑县 北周县，隋沿置。治今河北省高邑县高邑镇。

赞皇县 隋开皇十六年（公元 596 年）析高邑县置，治今河北省赞皇县赞皇镇。

元氏县 北魏县，北齐废。隋开皇六年（公元 586 年）复置，十六年（公元 596 年）于县西北置灵山县，大业初废。大业末，元氏县移治今河北省元氏县槐阳镇。

栾城县 北魏县，北齐废。隋开皇十六年（公元 596 年）复置，治今河北省石家庄市栾城区栾城镇西焦家庄。

大陆县 北周广阿县，隋开皇十六年（公元 596 年）析广阿县置大陆县。仁寿元年（公元 601 年）广阿县改名象城县。大业二年（公元 606 年）大陆县省入象城县，并改象城县名为大陆县，治今河北省隆尧县东旧城乡。

柏乡县 隋开皇十六年（公元 596 年）析高邑、柏仁二县置，治今河北省柏乡县柏乡镇。有宣务山。《元和郡县图志》：“于汉鄗城南十八里改置，遥取古柏乡县以为名。”

房子县 北魏县，北齐废。隋开皇六年（公元 586 年）析高邑县置，治今河北临城县临城镇西南。有赞皇山、彭水。《读史方舆纪要》：“沙水自赞皇县流经临城县境，合于泜水，又东北入高邑县界，谓之沛水，或以为即彭水也。”

藁城县 北魏县，北齐省入下曲阳。北周置高城县，为巨鹿郡治。开皇初郡废，十年（公元 590 年）置廉州，治高城。十八年（公元 598 年）高城改名藁城。大业二年（公元 606 年）废廉州，又并入柏肆县。义宁时，属巨鹿郡。治今河北省石家庄市藁城区藁城镇。

鼓城县 北魏下曲阳县，北齐省。开皇十六年（公元 596 年）于旧境置昔阳县，十八年（公元 598 年）改为鼓城。十六年（公元 596 年）曾置廉平县，大业初废入鼓城。治今河北省晋州市晋州镇。

廮陶县 北魏廮陶，北周改曰廮遥，开皇六年（公元 586 年）复旧名，治今河北省宁晋县凤凰镇。

附：

廉州　隋开皇十年（公元590年）置，治高城，领高城、昔阳、廉平、柏肆四县。大业二年（公元606年）州废。

栾州　隋开皇十六年（公元596年）置，治平棘，领平棘、赞皇、廮陶、栾城、广阿、柏乡、安定、大陆、晏城、宋子、内丘、柏仁等十二县，大业二年（公元606年）省栾州入赵州。

巨鹿郡　隋义宁元年（公元617年）置，治藁城，领藁城、柏肆、宜安、新丰四县（见新旧两《唐书·地理志》）。

柏肆县　隋开皇十六年（公元596年）析高城县置。《隋书·地理志》曰为“柏乡县”，据新旧两《唐书·地理志》应为柏肆县，大业初废，义宁元年（公元617年）复置，治今河北省石家庄市藁城区北。

宜安县　隋义宁元年（公元617年）置，治今河北省石家庄市藁城区西南。

新丰县　隋义宁元年（公元617年）置，治今河北省石家庄市藁城区东。

冀州　信都郡

北周冀州统长乐、渤海、安德三郡，隋开皇三年（公元583年）郡废。九年（公元589年）置观州，大业二年（公元606年）废。三年（公元607年），改冀州为信都郡，治信都（长乐），领县12，户168 718。

信都县　北齐废扶柳县入信都，北周置长乐郡，开皇初，郡废，分信都置长乐县。十六年（公元596年）又分长乐置泽城县。大业初废信都、泽城入长乐，置信都郡。大业十二年（公元616年）改长乐县曰信都县，治今河北省衡水市冀州区冀州镇。

堂阳县　北魏县，北齐省。隋开皇十六年（公元596年）复置，治今河北省新河县新河镇。

衡水县　隋开皇十六年（公元596年）置，治今河北省衡水市西南旧城村。据《旧唐书·地理志》：“衡水古无此名，隋开皇十七年，河北大使郎蔚之分信都北界、武邑东界、下博南界，置衡水县，特筑此城。”开皇十六年（公元596年）置衡水县，十七年（公元597年）筑衡水县城。

枣强县　北齐废索卢、广川二县入枣强，北周沿置县、治广川。隋开皇二年（公元582年）自广川故城即今河北省景县西南广川村，移治今河北省枣强县枣强镇东前、后旧县村一带。

武邑县　北齐废，隋开皇六年（公元586年）复置，并得北齐观津县地。十六年分武强县置昌亭县，大业初废入武邑。治今河北省武邑县武邑镇。

武强县　旧置武邑郡，北齐废郡，又省武遂县入。北周、隋沿置县。《太平寰宇记》云："隋开皇六年，移武强县于武强城南置。"即今河北省武强县小范镇西南旧城村。

南宫县　北魏县，北齐废。隋开皇六年复置，治今河北省南宫市。

斌强县　据王仲荦《北周地理志》：北周贝州广宗郡辖有武强县，即《隋书·地理志》所载斌强县。北周冀州长乐郡亦辖有武强县。隋以信都郡同时有两个武强县，故改北周广宗郡武强县名为斌强县。治今河北省威县北。

鹿城县　旧曰鄡，北齐改名安国县。隋开皇六年（公元586年）改曰安定，十八年（公元598年）又改名鹿城。开皇十六年（公元596年）置晏城县，大业初废入。治今河北省辛集市东北旧城镇。

下博县　北周县，隋沿置，治祭遵垒，今河北省深州市深州镇南贾城西一带。

蓨县　旧曰脩，开皇五年（公元585年）改。十六年（公元596年）分置观津县，大业初废入。治今河北省景县景州镇。

阜城县　北周、隋沿置，治今河北省阜城县阜城镇。

附：

观州　隋开皇九年（公元589年）置，治东光，领东光、蓨、安陵、阜城四县。大业二年（公元606年）废入冀州。

德州　平原郡

隋开皇九年（公元589年）析冀、沧二州地置德州，大业三年（公元607年）德州改为平原郡，治安德，领县9，户135 822。

安德县　《隋书·地理志》曰"安乐"，应为安德。东魏、北齐有二安德郡：一属冀州；一属沧州。此安德属冀州。北周于此置平原郡，开皇初郡废，大业初复置。开皇十六（公元596年）置绎幕县，大业初废入安德。又有北魏鬲县，北齐废。治今山东省德州市陵城区。

般县　北齐省。开皇十六年复置，治今山东省德州市陵城区东。

长河县　旧曰广川，治河北省景县广川镇，北齐废。隋开皇六年（公元586年）复置，仁寿初改名长河，移治今山东省德州市东。

平原县　北齐并鄃县（今山东省夏津县）入平原。有关官。又东魏置东青州，寻又废。《旧唐书·地理志》："今县治城，北齐所筑。"北齐、北周、隋平原县治在今山东省平原县。

将陵县　隋开皇十六年（公元596年）置，治今山东省德州市陵城区北。

平昌县　北魏置东安郡，北齐省，又废重平县入平昌，北周、隋沿置，治今山东省宁津县东南。

东光县　北周置勃海郡，开皇初郡废。开皇九年（公元589年）置观州，大业初废。治今河北省东光县东光镇。开皇六年（公元586年）析东光县置安陵县，治今河北省吴桥县窑厂店。大业二年（公元606年）又省安陵县入东光。有天胎山。

胡苏县　隋开皇十六年（公元596年）置，治今河北省东光县东南。

弓高县　隋开皇十六年（公元596年）置，治今河北省沧州市交河东。

沧州　勃海郡

北周沧州治饶安，统浮阳、乐陵二郡。隋开皇六年（公元586年）置棣州，治阳信。大业二年（公元606年），棣州、沧州合并为沧州，州治阳信，三年（公元607年），沧州改为勃海郡，治阳信，领县10，户122 909。

阳信县　北周、隋沿置县，治今山东省阳信县西南。

乐陵县　魏、齐、周置乐陵郡，开皇初郡废。开皇十六年（596年）分置鬲津县，大业初废入乐陵。治今山东省乐陵市东北。

滴河县　《太平寰宇记》（滴河县）："隋开皇十六年于枋故城置滴河县，以县南滴河为名。"治今山东省滴河县。又有北魏湿沃县，北齐废。有关官。

厌次县　北齐废，隋开皇十六年（公元596年）复置。治马岭城，在今山东省阳信县东 20 公里处。

蒲台县　本汉湿沃县地。隋开皇十六年（公元 596 年）改为蒲台县，“取县北蒲台为名。隋末废”（《太平寰宇记》蒲台县）。治今山东省利津县西南。

饶安县　旧置沧州、浮阳郡，开皇初郡废，大业初州废。治今河北省盐山县西南旧县镇。

无棣县　隋开皇六年（公元 586 年）置，治今山东省庆云县北。

盐山县　魏、齐、周高城县，隋开皇十六年（公元 596 年）置浮水县，大业初省浮水入盐山。治今河北省黄骅市旧城县。又有峡山。

南皮县　北周县，隋沿置，治今河北省南皮县南皮镇。

清池县　北周浮阳县，隋开皇十八年（公元 598 年）改名清池县。治今河北省沧州市东南旧州镇。

瀛州　河间郡

北周瀛州统河间、章武、高阳三郡，隋开皇三年（公元 583 年）郡废。开皇初，曾于长芦立漳河郡，至是亦废。开皇十六年（公元 596 年）置深州、景州、蒲州，大业二年（公元 606 年）废深州，三年废景州、蒲州，改瀛州为河间郡，领县 13，户 173 883。

河间县　旧河间郡，治武垣。开皇初废郡。开皇十六年（公元 596 年）武垣县改名河间县，又于东武垣城（今河北省河间市西南）置武垣县。大业二年（公元 606 年）并武垣县入河间县。治今河北省河间市瀛州镇。

文安县　北周县，隋沿置。治今河北省文安县文安镇东北大柳河乡。有狐狸淀。

乐寿县　北周乐城县，隋开皇十八年（公元 598 年）改名为广城县，仁寿元年（公元 601 年）又改名乐寿县。治古乐寿亭，今河北省献县乐寿镇。

束城县　北魏束州县，北齐废。隋开皇十六年（公元 596 年）置，改名束城。治今河北省河间市东北束城镇。

景城县　齐、周成平县，隋开皇十八年（公元 598 年）改名景城，治今河北省献县东北。

高阳县　齐、周高阳郡，隋开皇初郡废。开皇十六年（公元586年）置蒲州，治高阳。大业初州废，并省任丘县入。治今河北高阳县东旧城镇。

鄚县　齐、周县，隋沿置。北齐废易城县入，隋开皇中置永宁县，大业初废入。治今河北省任丘市北鄚州镇。

博野县　旧曰博陆，北魏改名博野，北齐废蠡吾县入。周、隋沿置县，治今河北省蠡县蠡吾镇。有君子淀。

清苑县　旧曰乐乡。北齐省扶舆（《隋书·地理志》作樊舆）、北新城、清苑、乐乡入永宁县，改乐乡县为永宁县。隋开皇十八年（公元598年）改永宁县为清苑县，治今河北省保定市。

长芦县　北周大象二年（公元580年）置，隋开皇初于长芦立漳河郡，寻废郡。开皇十六年置景州，治长芦，大业初州废。原属沧州，大业三年（公元607年）改属河间郡。治今河北省沧州市北。

平舒县　齐、周置章武郡，开皇初郡废。治今河北省大城县平舒镇。

鲁城县　北魏、东魏有章武县，属浮阳郡，北齐废，即东章武。章武郡有西章武县。隋开皇十六年（公元596年）在东章武旧地置鲁城县，治今河北省黄骅市西南故县村。

饶阳县　北周属定州博陵郡，隋开皇三年废郡。十六年析置安平、芜蒌二县，大业初省入。治鲁口镇，今河北省饶阳县西南固店村。

附：

漳河郡　开皇初置，治长芦，三年（公元583年）废入沧州。

景州　开皇十六年（公元596年）置，治长芦，领长芦、鲁城二县。大业二年（公元606年）州废。

蒲州　开皇十六年置，治高阳，领高阳、任丘二县。大业三年（公元607年）废入河间郡。

丰利县　隋大业七年（公元611年）析文安、平舒二县地置，治今河北省文安县文安镇。《太平寰宇记》："大业七年于三河合流之处割文安、平舒二邑户于河口置丰利县。隋末乱离，百姓南移就是城。"即今河北省文安县文安镇。其地属河间郡。

定州　博陵郡

北周定州置总管府，寻废，州治鲜虞，统中山、博陵二郡。北周又改中山郡为鲜虞郡，隋开皇初郡废。大业三年（公元607年）改定州为博陵郡，领县10，户102 817。

鲜虞县　旧曰卢奴，北齐废卢奴入安喜，安喜县移治卢奴城，且为中山郡治。北周改中山郡为鲜虞郡，仍治卢奴。开皇初郡废，以卢奴旧地置鲜虞县，大业初为博陵郡治，又废安喜县入鲜虞。治今河北省定州市。有卢水。

北平县　北魏、东魏置北平郡，北齐废，所属望都、蒲阴二县并入北平县。周、隋沿置，仁寿初移治今河北省顺平县蒲阳镇。开皇六年（公元586年）复置望都县，大业初又省入北平。有都山、伊祁山、濡水。

唐县　北魏、东魏县，北齐废。隋开皇十六年（公元596年）复置，治左人城，今河北省唐县西雹水村。有尧山、郎山、中山。

恒阳县　旧曰上曲阳，北齐去“上”字。北周曲阳县，隋开皇六年（公元586年）改名石邑，七年改曰恒阳。治今河北省曲阳县曲阳镇。有恒山、恒阳溪、范水。

新乐县　隋开皇十六年（公元596年）析新市县置，治今河北省新乐市西南。有黄山。

隋昌县　北魏魏昌县，北齐废。隋开皇十六年（公元596年）复置，改名隋昌，治今河北省定州市东。

毋极县　魏、齐、周县，隋沿置，治今河北省无极县无极镇。

义丰县　北魏安国县，北齐废。隋开皇六年（公元586年）复置，改名义丰县，移治郑德堡，今河北省安国市祁州镇。

深泽县　北齐废，隋开皇六年（公元586年）复置，治今河北省深泽县深泽镇。

安平县　北齐置博陵郡，隋开皇初郡废。开皇十六年（公元596年）置深州，大业初州废，治今河北省安平县安平镇。

附：

深州　隋开皇十六（公元596年）置，治安平，领安平、饶阳、芜蒌三县。大业初州废，并省芜蒌，饶阳县改属河间郡，安平县属博陵郡。

恒州　恒山郡

北周置恒州，治真定，统常山、蒲吾二郡。开皇三年（公元583年）

罢郡，十六年（公元 596 年）析置井州，大业二年（公元 606 年）废井州，三年（公元 607 年）改恒州为恒山郡，仍治真定，领县 8，户 177 571。

真定县　旧常山郡治。开皇十六年（公元 596 年）析置常山县，大业三年（公元 607 年）置恒山郡，省常山县入真定。治今河北省石家庄市东北东、西古城间。

滋阳县　开皇六年（公元 586 年）析唐县置，十六年又分行唐置玉亭县，大业初省入滋阳。治今河北省行唐县西。有大茂山、岁山。

行唐县　周、隋沿北齐置，治今河北省行唐县行唐镇。

石邑县　北魏、东魏县，北齐改曰井陉，隋开皇六年（公元 586 年）复名石邑，十六年（公元 596 年）析置鹿泉县，大业初并入。治今河北省石家庄市西南振头乡。有封龙山、抱犊山。

九门县　北魏、东魏县，北齐废。隋开皇六年（公元 586 年）复，大业初又并新市县入。义宁元年（公元 617 年）于县置九门郡。治今河北省石家庄市藁城区西北九门村。有许春垒。

井陉县　北齐废石邑，置井陉。开皇六年（公元 586 年）复石邑，分置井陉。十六年于井陉置井州，并置苇泽县。大业初废州，并废苇泽县、蒲吾县入井陉县。治今河北省井陉县北。

房山县　隋开皇十六年（公元 596 年）置。义宁元年（公元 617 年）于县置房山郡。治今河北省平山县平山镇。

灵寿县　魏、齐县，北周沿置并立蒲吾郡，开皇初郡废。治今河北省灵寿县灵寿镇。

附：

井州　开皇十六年置，治井陉，领井陉、房山、蒲吾、鹿泉、苇泽五县。大业二年（公元 606 年）废州，义宁元年复置，领井陉、鹿泉二县。

燕州　隋义宁元年（公元 617 年）置，治灵寿，领灵寿一县。

恒州　义宁元年（公元 617 年）置，治石邑，领石邑、真定、行唐、九门、滋阳五县。

房山郡　义宁元年（公元 617 年）置，治房山，领房山、蒲吾二县。

九门郡　义宁元年（公元 617 年）置，治九门，领九门、新市、信义三县。

井陉郡　义宁元年（公元 617 年）置，治井陉，领井陉、苇泽二县。

蒲吾县　周、隋县，大业初废，义宁初复，治今河北省正定县东北新城铺镇。

苇泽县　开皇十六年（公元 596 年）置，大业初废，义宁初复，治今河北省井陉县西南。

鹿泉县　开皇十六年（公元 596 年）置，大业初废，义宁初复，治今河北省石家庄市鹿泉区获鹿镇。

信义县　隋义宁初置，治今河北省石家庄市藁城区西北。

易州　上谷郡

隋开皇元年置易州，治易县。大业初，改易州为上谷郡，领县 6，户 38 700。

易县　汉易县，县治今河北省雄县西北，西晋改名易城，北魏复旧名，北齐废。开皇初，置易州，统黎郡，寻废郡。开皇十六年（公元 596 年）置易县，移治今河北省易县易州镇。旧有固安县，治今河北省易县东南西固安。北齐废，有驳牛山、五迴岭、易水、徐水。

涞水县　魏、齐有遒县，北周废入涿。隋开皇初，以范阳为遒，更置范阳于旧遒县地。开皇六年（公元 586 年）改为固安，八年（公元 588 年）废，十年（公元 590 年）又置，曰永阳。十八年（公元 598 年）改名涞水，治今河北省涞水县涞水镇。

遒县　旧范阳县，俗号小范阳。隋初，改曰遒。治今河北省定兴县西百楼村北。大业十年（公元 614 年）移治今河北省容城县北城子村。

遂城县　旧曰武遂。北魏于此侨置南营州，“准营州置五郡十一县：龙城、广兴、定荒属昌黎郡；石城、广都属建德郡；襄平、新昌属辽东郡；永乐属乐浪郡；富平、带方、永安属营丘郡。后齐唯留昌黎一郡，领永乐、新昌二县，余并省”①。开皇初，魏南营州治于今河北省固安县西北，置易州于南营州故地，开皇三年（公元 583 年）郡废。十八年（公元 598 年）改新昌县名遂城县。治今河北省保定市徐水区西北遂城乡。有

① 地理志中//魏徵，等．隋书：卷三十．北京：中华书局，1973.

龙山。

永乐县　旧曰北平，北周改名永乐，隋沿承。治今河北省保定市满城区满城北。有郎山。

飞狐县　北周置，曰广昌，属代郡。仁寿初，改名飞狐县，属蔚州。大业二年（公元606年）州废，划归上谷郡，治今河北省涞源县涞源镇。

幽州　涿郡

北周平齐，于幽州置总管府，隋大业初废府。田仁恭从武帝平齐，拜幽州总管①。于翼于北周大象年间奉诏“巡长城，立亭障，西自雁门，东至碣石，创新改旧，咸得其要害。仍除幽定七州六镇诸军事、幽州总管”②。北周沿北齐长城重新修复，多处成为以后明长城之基址。北周幽州治蓟，统燕、范阳、渔阳三郡。开皇三年（公元583年）郡废，大业三年（公元607年）改幽州为涿郡。领县9，户84 059。

蓟县　旧置燕郡。周平齐，薛温徙燕郡太守。开皇初郡废。大业初，置涿郡治。在今北京市西南。

良乡县　北齐天保七年（公元556年）废入蓟县，武平六年（公元555年）复置。周、隋沿置。治今北京市房山区窦店镇西良乡故城遗址。

安次县　魏齐旧县，周隋沿置。大业七年（公元611年）析安次、固安县地置通泽县，即今河北省永清县地，不久即废。安次县治今河北省廊坊市安次区西北古县村。

涿县　旧置范阳郡，开皇初废，治今河北省涿州市。

固安县　旧曰故安，开皇六年（公元586年）改名固安，治今河北省固安县。

雍奴县　周、隋沿置，治今天津市武清区西北。

昌平县　旧置东燕州及平昌郡，北周州郡并废。后又复平昌郡，开皇初废，并省万年县入，治今北京市昌平区西南。有关官、长城。

怀戎县　北齐置北燕州，领长宁、永丰二郡。北周去“北”字。开皇初即废，大业初州废。治今河北省涿鹿县西南保岱一带。有乔山、历阳

---

① 田仁恭传//魏徵，等．隋书：卷五十四．北京：中华书局，1973.

② 于翼传//令狐德棻，等．周书：卷三十．北京：中华书局，1971.

山、大翮山、小翮山、漷水、濋水、涿水、阪泉水。

潞县　旧置渔阳郡，开皇初废。治今北京市通州区古城村。

玄州　渔阳郡

隋开皇六年（公元 586 年）徙玄州治于无终，并立总管府。大业初府废，并罢州为渔阳郡。领县 1，户 3 925。

无终县　北齐置，北周又废徐无县入。治今天津市蓟州区。有长城、无终山、燕山、洵河、如河、庚水、灅水、滥水。

檀州　安乐郡

魏、齐安州，治燕乐。北周改曰玄州，开皇六年（公元 586 年）移玄州治无终，十六年（公元 596 年）于旧安州（玄州）地置檀州，大业初废州，改置安乐郡，治燕乐，领县 2，户 7 599。

燕乐县　北魏置广阳郡，领大兴、方城、燕乐三县。北齐废郡，省大兴，方城二县入燕乐，治今北京市密云区东北。有长城、沽河。

密云县　北魏置密云郡，领白檀、要阳、密云三县。北齐罢郡，省白檀、要阳二县入密云。又有旧安乐郡，领安市、土垠二县，北齐废土垠入安市，北周废安市入密云，开皇初罢郡。治今北京市密云区。

隋河东诸郡，其中上党郡、太原郡、雁门郡、马邑郡、楼烦郡涉及海河流域（见图 69）。

潞州　上党郡

《周书》卷六《武帝纪》下：“宣政元年春正月……分并州上党郡置潞州。”治襄垣，开皇三年（公元 583 年）移治壶关。《元和郡县图志》：“周建德七年于襄垣县置潞州，开皇三年自襄垣县移于壶关……州得名因潞子之国。”大业初，废潞州，置上党郡，领县 10，户 125 057。其中 9 县属海河流域。

上党县　旧置上党郡，开皇初废，大业初复置，并废壶关县入。治今山西省长治市。有羊头山、抱犊山。

长子县　北齐废。开皇九年（公元 589 年）置，曰寄氏县。十八年（公元 598 年）改为长子。旧有屯留、乐阳二县，北齐废。治今山西省长子县。有浊漳水、尧水。《元和郡县图志》：“发鸠山，在县西南六十里，浊漳水出焉。”《水经注・浊漳水》：“漳水出鹿谷山，与发鸠连麓而在南。”

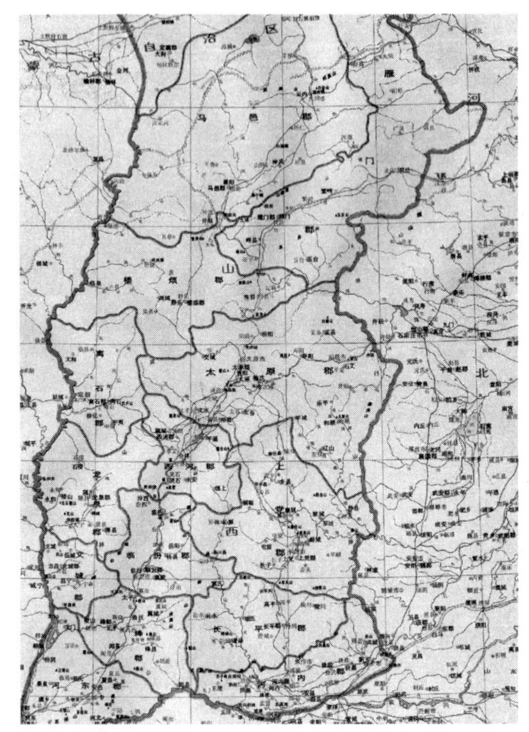

图 69　隋河东诸郡图（见《中国历史地图集》五）

“尧水自西山东北流，径尧庙北，东北流入漳水。”

潞城县　开皇十六年（公元 596 年）置，治今山西省长治市潞城区。有黄阜山。

屯留县　北齐废，隋开皇十六年（公元 596 年）置。治今山西省长治市屯留区西。

襄垣县　旧置襄垣郡，北齐废。《隋书·地理志》曰：“后周置韩州，大业初州废。”《太平寰宇记》曰：“隋开皇十六年于此置韩州，取三晋归韩为名。”韩州之置似在开皇初。潞州移治壶关，于潞州旧治更置韩州，大业初废。治今山西省襄垣县。有鹿台山。

黎城县　北魏以潞县被诛遣民置刈陵县，开皇十八年（公元 598 年）改名黎城。治今山西省黎城县西北。有积布山、松门岭。

涉县　北魏废，开皇十八年（公元 598 年）于故涉城复置。治今河北省涉县涉城镇。有崇山。《读史方舆纪要》：“山头青翠，形如螺髻，亦名青头山。”

乡县　石勒置武乡郡，北魏去“武”字，开皇初废郡，十六年（公元596年）分置榆社县，大业初废。又有北魏南恒州，寻改丰州，北齐娄叡曾任丰州刺史，北周省。治今山西省武乡县东南。

铜鞮县　旧有涅县，北魏永安中改曰阳城，隋开皇十八年（公元598年）改曰甲水，大业初省入铜鞮。治今山西省沁县西南。有铜鞮水，东入浊漳水。

并州　太原郡

北周置并州六府，后置总管，废六府。开皇二年（公元582年）置河北道行台，九年改为总管府，大业初府废，改并州为太原郡。领县15，户175 003。其中7县属海河流域。

寿阳县　开皇十年（公元590年）于故寿阳置。治今山西省寿阳县。

乐平县　旧置乐平郡，开皇初郡废。十六年（公元596年）分置辽州及东山县，大业初废州及东山县。治今山西省昔阳县西南。有皋洛山、清漳水。

和顺县　旧曰梁榆，开皇十年改曰和顺。治今山西省和顺县。有九京山。

辽山县　北魏曰辽阳，北齐省。开皇十年（公元590年）置，改名辽山。十六年（公元596年）属辽州，并置交漳县。大业初废州及交漳县入辽山。治今山西省左权县北。有萁轑水。

平城县　隋开皇十六年（公元596年）置。治今山西省左权县西北。有涂水。

石艾县　旧曰上艾，北魏改曰石艾，周、隋沿置。治今山西省平定县。

盂县　开皇十六年（公元596年）置，曰原仇，大业初改名盂。治今山西省盂县。有白鹿山。

肆州　雁门郡

北周置肆州。《元和郡县图志》：“周大象元年，自九原城移肆州于今代州理。”即今山西省代县。开皇五年（公元585年）改为代州，置总管府，大业初府废，并废代州置雁门郡，治雁门，领县5，户42 502。

雁门县 旧曰广武，置雁门郡，开皇初郡废，十八年（公元598年）改广武曰雁门。治今山西省代县。有关官、长城、累头山、夏屋山。《太平寰宇记》："西陉关在雁门县西北五十里，东陉关地甚险固，在代州南二十里。"代州北三十里有长城，西自雁门，东至马阑口。有累头山。《太平寰宇记》："累头山，在雁门县西北六十里，即句注陉西北三十五里山也。"《水经注·㶟水》："㶟水出于累头山。"又有夏屋山。《水经注·㶟水》："夏屋山水出夏屋山之东溪。"

繁峙县 北魏置，并置繁峙郡，北周郡县并废。开皇十八年复置县。治今山西省繁峙县东北砂河镇。东魏于繁峙侨置武州及吐京、齐、新安三郡，北齐改为北灵州，寻废。有长城、滹沱水、泒水、唐山。

崞县 北魏置，曰石城县。东魏侨置廓州及广安、永定、建安三郡，寄治石城，北齐废郡，改廓州为北显州，北周废北显州。开皇十年（公元590年）改县曰平寇，大业初改名崞县。治今山西省原平市北崞阳镇。有云中城，东魏侨置恒州于此，寻废。有无京山、崞山，有土城。

五台县 旧曰虑虒，久废。北魏置驴夷县，隋大业初改名五台，治今山西省五台县。有五台山，因山名县。

灵丘县 北魏置灵丘郡，北齐省莎泉县入灵丘县。北周于灵丘置蔚州，又析置大昌县。开皇初废郡，并大昌县入。大业初州废。治今山西省灵丘县。

朔州 马邑郡

旧置朔州，开皇初置总管府，大业初废朔州总管府，改置马邑郡，治善阳，领县4，户4 674。

善阳县 北齐置招远县及广安郡，开皇初郡废，大业初改招远县曰善阳，置代郡治，寻改代郡曰马邑。治今山西省朔州市朔城区。北魏曾于此置桑乾郡，北齐置朔州及广宁郡，北周废郡，大业初州废。

神武县 北魏置神武郡，北齐改曰太平，北周废郡。治今山西省山阴县东。有桑乾水。

云内县 北魏置平齐郡，寻废。北齐改曰太平县，北周又改名云中，开皇初避"忠"讳，改名云内。治今山西省大同市。有北魏故都，又有北齐安远、临塞、威远、临阳等郡，属北恒州。北周并废。有纥真山、白登山、武周山、湿水。

开阳县　旧名长宁，北齐置齐德、长宁二郡。北周废齐德郡。开皇初，长宁郡废，仍置长宁县，十九年（公元599年）改名开阳县。治今山西省神池县。

楼烦郡

大业四年（公元608年）置，领县3，户24 427。其中1县属海河流域。

秀容县　旧置肆州，北齐又置平寇县。北周徙肆州治雁门。开皇初置新兴郡、铜川县。郡寻废。十年（公元590年）废平寇县。十八年（公元598年）置忻州，大业初州废，又并铜川入秀容，治今山西省忻州市。有程侯山、系舟山、岚水。

第六章　汉魏北朝海河流域城镇布局与区域中心城市

一、城镇地理布局的变化

城镇布局的变化取决于地理与社会环境，海河流域从原始聚落到汉魏北朝的城镇建置，其分布均因山川地形地貌与社会治乱的变动而变动。考古发现的旧石器和新石器文化遗址多在桑干河、拒马河、滹沱河、洺河、漳河等水系上游，即晋北、晋东北、晋东南、冀西北、冀西、冀南等山间盆地，诸如大同、阳原、怀来、阳泉、上党盆地及太行山东麓台地。旧石器时代早期、中期人类遗址有河北阳原泥河湾遗址、小长梁遗址、东谷坨遗址、北京房山周口店遗址、山西阳高许家窑遗址、河北涉县新桥遗址等。旧石器时代晚期遗址有北京山顶洞人、阳原上沙咀、板井子遗址等及西白马营、油房、虎头梁、益堵泉、火石沟、籍箕滩、新庙庄大西沟、西水地、大西梁西遗址等。新石器时代早期遗址有河北武安磁山遗址、徐水南庄头遗址、满城曹仙洞遗址、三河孟各庄遗址，北京房山镇江营遗址、平谷上宅遗址等；新石器中期的仰韶文化遗址有河北曲阳钓鱼台，正定南阳庄、西阳庄，平山米家沟、韩庄、尚家湾、郭苏西山、东大吾、田兴、胡村，邢台柴家庄，永年西阳城、石北口、辛庄，邯郸百家村，磁县下潘汪、界段营，涉县鹿头，武安赵窑、杨屯、韩二庄、南峭河，临漳西太平，蔚县四十里坡、桃花嘴，崇礼高家营，涿鹿下水磨，容城北庄，怀安宋家房等。新石器晚期龙山文化遗址有邯郸涧沟、龟台寺，内丘南三歧，永年台口村，磁县下潘汪、上潘汪、界段营，武安柳家河，平山郭苏西山、胡村、东岳村、西岳村，蔚县庄窠、脑包梁，任丘哑叭庄，涿鹿西湖广等。旧石器早期遗址多集中在桑干河上游，中期遗址扩展至太行山东麓，晚期和晚期偏晚遗址主要分布在桑干河流域的阳原盆地和燕山南麓的永定河流域。新石器时代早期遗址主要分布在冀南的洺河流域、冀中的徐水（萍河）流域和拒马河流域，还有京东的泃河流域；中期的仰韶文化遗址分布遍及山麓平原南北；晚期的龙山文化遗址又延至海河流域的下游。从石器文化遗址的分布情况，可以推断：桑干河上游是人类早期活动的地区，之后沿水系向东、向南发展，在太行山、燕山山间盆地及东麓、南麓台地构成原始聚落，随着生产、生活及交通范围的扩大，又沿水系向山麓平原发展，甚至到达中游的冲积平原和下游的滨海平原。原始聚落多分布在河水的两岸，年代越早越靠近上游，而且所处两岸台地较高，距河床较远；年代越晚越趋于下游，所处台地较低，接近于河滩。特别是两水相汇的汊口地区、河水出山之后的两岸山麓台地及背山面水的湾流地区，原始聚落的分布较密集。这说明我们的祖先正是按照“趋利避害”的思想意识，充分利用地理条件布置他们的家园，许多原始的自然聚落发展为后来的城邑。后世城邑的分布也大体沿袭了原始聚落的地理布局。

另据《史记·五帝本纪》：黄帝“与炎帝战于阪泉之野……蚩尤作乱，不用帝命，黄帝乃征师诸侯，与蚩尤战于涿鹿之野，遂擒杀蚩尤”。又曰黄帝“邑于涿鹿之阿”。历代地理志书所记阪泉、涿鹿，均在今桑干河上游的涿鹿县。上古神话传说故事发生地与现代考古所发现文化遗存分布在地理上大体一致，都在桑干河流域，难道这是巧合吗？地下遗物与纸上文献记载，均证明海河流域较早的邑聚当出现在桑干河上游。

夏商周三代，先人走出山区，把主要活动区域转移至太行山东麓。王国维运用“二重证据法”，证实《史记·殷本纪》所记载商王世系可信。由此推断《史记·夏本纪》所记夏代世系并非凭空捏造，仅是一个有待证实的问题，不可因暂时的怀疑而轻易否定。河南龙山文化晚期和偃师二里头文化分布于夏人活动的区域，时间亦与夏年代相当，这一类型的文化遗址，海河流域发现较少，而同一时期的先商文化遗存则几乎遍布太行山东麓。郑绍宗《河北考古发现研究与展望》一文，对此曾有概括总结①，曰：

> 关于商之先世源于河北问题。先商文化发现在太行山东麓的沟谷扇形台地和平原接融区域。大约200米等高线的位置上，和河北龙山文化的发现地相重合。含二里头文化因素的遗存是自龙山文化之后发展起来的，但遗址发现不多。所谓漳河型的先商文化有邯郸涧沟、龟台寺，磁县下七垣，内丘南三歧。在邢台、临城、井陉、平山、涞水、容城上坡几十处遗址都发现了先商时期薄胎细绳纹高尖足单柄鬲，断面呈三角形的罐形鼎等。结合古文献记载“王亥作服牛”和“殷王子亥宾于有易”等记载，商之先王在河北有较多活动，认为商之先祖起源于河北太行山麓幽、蓟一带，是有一定根据的。大约在距今3700至4000年之间，商之先世在河北平原西部势力强盛，并逐渐向北发展，在京津唐一带和北方强大的夏家店下层文化相遇，在冀中南表现为龙山——先商、在冀北表现为夏家店下层文化（代表地点有唐山大城山、任丘哑叭庄晚期遗存等）和先商的顺序。形成了先商和夏下二者交错存在的局面，大概商人的势力从先商到早商约当二里岗上层文化时期（涞水富位三期），京津唐一带是商文化发展的盛期。俟后即为富有地方色彩的文化，张家园下层、上层和先燕所代替。

王国维认为商之国名本于地名。卜辞中有“滴”字。丁山撰《洹·滴与商墟》一文，指出：滴是水名，故从水，商声。去水则为商，因此，称水名则为滴水，称族名则为商族。商地在滴水流域，商人的族称即由此来。滴、漳通假，古音同，滴水即漳水②。漳河流域即商族的起源地，今冀中南和豫北一带即商族先世活动的主要区域。20世纪80年代，考古工作者又在北易水、拒马河流域发现先商文化遗址，进一步推断商文化起源于整个太行山东麓，并不局限于豫北和冀中南③。另据文献《世本》记

---

① 郑绍宗. 河北考古发现研究与展望. 文物春秋，1992（z）.

② 丁山. 商周史料考证. 北京：中华书局，1988：9-14.

③ 保北考古队. 河北省安新县考古调查报告. 文物春秋，1990（1）；河北容城县白龙遗址试据简报. 文物春秋，1989（3）.

载，商之始祖契居于蕃，封于商。商为封地，以封地名为国名；蕃为初居地。丁山《由三代都邑论其民族文化》(《中央研究院历史语言研究所集刊》第5本，1935年版)，认为蕃即汉之蒲吾。曰："汉以来蒲吾，战国时皆曰番吾。蕃、番古今字，则谓番吾即殷契所居之蕃可无疑也。"邹衡同意丁山的看法，他说："河北平山县北临滹沱河，正是先商文化漳河型分布区域内，仅就契居蕃的地望来看，丁氏之说基本上是可信的"①。汉之蒲吾在今河北省平山县东南9公里。遗址附近有嘉阳城。民国《平山县志》曰："嘉阳城距今治十八里，即春秋之蒲吾也，汉于此置蒲吾县。"现已被黄壁庄水库淹没。《荀子·成相》曰："契玄王，生昭明，居于砥石，迁于商。"西汉常山郡房子县有赞皇山，石济水出，东流汇入泜水。砥石即二水交汇处，大约在今河北元氏、平山一带。商族由蕃、砥石而商(漳)，沿太行山东麓向南向北扩大活动范围，又顺漳、滹沱、北易水等河系向东发展，甚至到达黄河入海口三角洲地带，因此留下丰富的文化遗存。商族先世所建立原始聚落，在地理方面为后来的城镇建置奠定了基础。

《山海经·大荒东经》曰："有困民国，勾姓而食，有人曰王亥，两手操鸟，方食其头。王亥托于有易，河伯仆牛，有易杀王亥，取仆牛。"

《竹书纪年》曰："殷王子亥，宾于有易而淫焉。有易之君绵臣杀而放之，是故殷主甲微，假师河伯以伐有易，灭之，遂杀其君绵臣也。"

《易经·旅》上九爻辞："鸟焚其巢，旅人先笑后号咷，丧牛于易，凶。"

《世本》曰："胲作服牛。"

《楚辞·天问》："缗微遵迹，有狄不宁。"缗微即上甲微，有狄即有易。

这些材料虽然说的是一件事，但学者对之理解却有差异：或曰王亥驾着牛车到有易经商；或曰赶着牛群到有易；或曰到有易放牧，被有易之君绵臣杀害，牛群被夺。王亥的儿子上甲微借河伯之师，灭有易，杀绵臣。关于有易部落的地望，王国维等大多数学者推测在易水流域。有易氏又称

---

① 邹衡. 夏商周考古论文集. 北京：文物出版社，1980：212.

有扈氏，它与商族、河伯部族等，共同构成了先商时期太行山东麓地区的部落部族社会。

商汤灭夏，建立强大的商朝，于海河流域置有诸多侯国，如唐（今河北唐县北古唐城）、镭方（约在今北京房山与河北涿州间的桃水流域）、逆方（今河北顺平西南）、省伯（今河北晋州偏东北）、咋伯（今河北保定南）、天黿方国（在易水流域）、邢（今河北邢台）、井方（河北南部）、曼（今河北鹿泉北）、又（今河北定州西北郊北庄子一带）、渤方（约在河北沧州一带）、燕亳（今北京房山琉璃河董家林古城址）、箕（或曰箕、蓟古音同，箕国当在今北京市）等等。这些方国大多分布在太行山东麓山前台地和燕山南麓台地。

《尚书·商书》曰："河亶甲居相，作《河亶甲》。祖乙圮于耿，作《祖乙》。"耿、邢古音同，二者实为一地。《世本》《史记·殷本纪》皆曰："祖乙迁于邢。"相为后来之邺地，邢为今河北省邢台市。以后盘庚迁殷，在今河南省安阳市北。相、邢、殷均属漳河流域。直到殷纣王筑沙丘宫，豫北冀南始终是殷商京畿之地。方国的建置与京畿范围的扩大，为以后海河流域主要城镇的形成提供了前提条件。大约在先商和商朝时期，沿桑干、易、滹沱、漳诸水系的晋冀东西交通和太行山前南北通道已基本形成，不过那时的南北道路基本上是沿山脚蜿蜒行进的。秦汉时，这条南北驰道东移至山前台地，至北朝时，向东仍有移动，但并未越过今京广铁路。京广铁路北京至安阳段乃明清时交通路线。道路交通的变化也与城镇建置与布局有关。

两周海河流域主要方国有軧（国都在今河北元氏县西张村附近）、邶（今河北涞水一带）、邢（今河北邢台）、韩（今河北固安东南9公里里韩砦营）、代（今河北蔚县东北代王城遗址）、房（即后来战国房子邑，在今河北高邑西南7.5公里古城村）、肥（今河北藁城西南3.5公里）、鼓（都鼓聚，在今河北晋州西）、涉（今河北涉县）、甲氏（一说在山西屯留北百里内外，一说在今河北鸡泽县境）、燕（今北京房山琉璃河董家林一带）、蓟（都蓟丘，今北京西南）、鲜虞（汉之鲜虞亭，今河北正定东北新城铺）、中山（今河北唐县西北）等。根据这些方国国都的地望及地理分布，仍然可以得出这样的判断：城邑虽仍以太行山东麓台地较为集中，但山麓平原以及东部的冲积平原正逐渐成为各部族生活和相互争夺的重要地区，大河下游之北及之西地区，均有城邑、聚落散布，但密度不及太行山麓。城邑仍沿水系及交通要道建置，城区范围有所扩大。如軝国，位于泜水之滨，因泜水得名。泜水即今槐水。1978 年 3 月，考古工作者在河北元氏县南西张村村东发现軝国遗址，遗址邻槐水，槐水自西而东，绕遗址北又折而南流。文化层东西长 180 米，南北宽 160 米，总面积 28 800 平方米①。軝本西周小国，遗址规模尚能如此，更何况较大封国。

春秋时期，齐国势力向大河下游拓展。《春秋・闵公元年》（公元前 661 年）：春，"齐人救邢"。《春秋・僖公元年》（公元前 659 年）："夏六月，邢迁于夷仪。"夷仪即汉代的夷仪聚，在今山东聊城。这是齐桓公第一次越过大河，将势力扩张到太行山东麓。迁邢至仪夷，人口大规模转移，老少辎重涉渡大河，困难自然可以想见。这样的军事和人口迁徙活动，不仅扩大了地域社会的范围，也对城邑的发展和布局产生了深远影响。齐桓公为防御来自北方势力的攻击，沿漳河和故大河"筑五鹿、中牟、邺、盖与社丘，以卫诸夏之地"②。从此大河以东的城邑不断增加，使以后海河流域城镇布局发生了新的变化。

战国时期，大河下游以东属齐国版图，河之西、北，为赵、中山、燕国领土，河水成为各国疆界。《史记・赵世家》载赵武灵王言："吾国东有河、薄洛之水，与齐、中山同之，无舟楫之用。"各国为了加强边备，均沿大河置城邑，筑台观瞭哨，形成城镇邑聚。如魏（今河北大名西南）、平邑（今河南南乐）、元城（今河北大名东北）、武城（今山东武城西北）、观津（今河北武邑东南）、河间（今河北献县东南）、饶安（今河北盐山南）、武遂（今河北武强西北）、饶（今河北饶阳东北）等等。这为以后海河流域下游城镇群的形成奠定了基础。

秦始皇于公元前 221 年实现了天下一统的局面，于地方推行郡县制，郡、县行政区的划置依然根据山川地理形势。其在以后的海河流域所置郡县城邑，有文可征者，郡治 9，县城 24。西汉于地方行政建置，郡、国并

① 孙继民，等. 河北通史・先秦卷. 石家庄：河北人民出版社，2000：81.

② 小匡第二十//诸子集成：第五册. 北京：中华书局，1984：128.

行。至武帝时，海河流域分属冀、幽、并等3州部，境内城镇凡283。

元始五年，王莽更易州郡县地名，分界凡十二州，并增置郡县。冀州所辖之13郡治151县邑，幽州4郡治及80县邑，并州1郡治及28县邑在以后的海河流域。《后汉书》志十九《郡国志》“但录中兴以来郡县改异，及《春秋》、三史会同征伐地名”，于海河流域主要城镇所及者凡183。东汉建安年间，设置州牧，州、郡（国）、县三级行政机构所驻的城镇，因政治地位的变化，城制规模相应分为大、中、小三个层次，这也影响了魏晋南北朝时期海河流域城镇的发展。

秦汉时期的城镇布局较之先秦有了诸多明显的变化：首先，城镇群范围扩大，由上游向下游发展，并不局限山麓台地，包括山麓平原、冲积平原及滨海平原，都有稀疏不等的城邑；其次，城邑仍多沿水系建置，兼顾地理条件、传统、交通与行政区划等因素；再次，城镇较为集中的地区是漳河上游及燕南赵北，而且这一带人口也比较稠密，说明太行山东麓南北交通主干道仍然是影响地域社会与城镇布局的重要因素；最后，流域的中心城镇与重要城镇整体东移至山麓平原和中部冲积平原上。

东汉末年，曹操定都邺，占据冀、并二州，又北伐乌桓，统一北方。公元220年，曹丕代汉，于黄初三年“初制封王之庶子为乡公，嗣王之庶子为亭伯”①。这种宗法分封的不同等级，抑制了海河流域大城镇的发展，却有利于一些受封的小城镇之规模有限度地扩大。因此，曹魏时期，海河流域冀、并、幽、司等四州所属174城邑，除邺之外，城镇规模都相对较小。其中广平、阳平、新兴、乐平等4郡城，安阳、长乐、临水、肥乡、新乐、轑阳、乐平、九原、广牧、云中、容城等11县城为新置，复置枣强县，改置定襄、平城，东汉之博陵、千童分别改名博陆、饶安，与灵丘、石邑，具由小县升为大县。郡国改名者，以广阳为燕国，涿郡为范阳郡，甘陵为清河，又改汉昌为魏昌。

司马氏禅代曹魏，大封同姓王，郡国析大为小，分范阳、河间二郡国，置高阳国、章武国，分魏郡、阳平置顿丘郡，分河内郡置汲郡，分上谷置广宁郡，复置博陵国。海河流域分隶司、冀、幽、并四州，境内城镇

---

① 《晋书》卷十四《地理志》.

有 176 座。新置、复置县有武强、武遂、清阳、东安陵、阜城、蒲吾、新市、曲周、武乡、受阳、俊人、繁峙、崞县、长乡等，改魏卫国为卫县，升狐奴小县为大县。

十六国是一个战乱纷繁的时期，海河流域州郡区划变化不定，许多城镇寻置寻废，详确探明此时期城镇的变化是十分困难的，只能根据现有史料略述梗概。

前赵置幽州、冀州。幽州治离石（今山西离石），刘曜时，徙治北地（今陕西铜川市耀州区）；冀州治广宗，刘聪时，以冀州治漪氏（今山西运城西北）。虽置幽、冀二州，而州治多不在海河流域。

后赵海河流域分属司州、冀州、幽州、并州及营州，城镇建置凡 185。襄国郡及其所辖苑乡县为新置。信都、赵、巨鹿、平原、乐陵、章武、勃海、河间、高阳、博陵、清河、中山、常山等郡国沿袭西晋，复置长乐、武邑 2 郡国，新置中丘、建兴 2 郡。北平郡属段部鲜卑，平城归鲜卑代。

前燕改后赵司州为中州，治邺，置司隶校尉，所辖贵乡郡为新置。幽州郡国沿袭后赵，又并入北平郡，于燕国侨置兴集、宁集、兴平、育黎、吴等 5 县。冀州初治常山，后徙信都，郡国沿袭后赵。海河流域有城镇 175。

前秦灭前燕，以冀州牧镇邺，另置冀州刺史，治信都。幽州沿袭前燕，并州之平城、雁门、定襄、新兴、乐平、武乡、上党 7 郡治所为海河流域城镇，海河流域大小城镇凡 180。

后燕新置广川郡，复贵乡郡，改中山郡为中山尹。海河流域城镇凡 175。

北魏占据海河流域，广置州郡，州则有定、相、冀、燕、幽、瀛、沧、殷等，北魏末年，还曾分冀州为南冀州、东冀州。永熙二年又侨置南营州，寄治英雄城。东魏天平年间，置东燕州，寄治幽州军都城。又置桓州，寄治秀容郡城。镇则有御夷、怀荒、柔玄等 3 镇。海河流域元魏城镇 202，东魏、北齐、北周城镇 221。

考诸史籍，魏晋南北朝时期，海河流域县级以上的城镇有文可征者共有 263 座，其中 166 座沿袭汉城，97 城为新置、复置或改置。城镇的总量数虽不及西汉，但由于新的城镇群形成，地理布局愈益趋于合理。两汉魏晋，大州小县。北魏太和以后，尤其是周、隋，析置州、郡，州郡数量增加，而县数没有多大变化。州、郡、县设置与地理分布逐渐趋于均衡。

二、海河水系与城镇群

魏晋南北朝时期，海河流域的城镇沿袭秦汉，其建置并没有统一规划，城镇的兴废并迁复改，都是统治集团政治、军事、经济、交通等与某一具体特定的自然地理条件的结合，这包含有人的意志，也包含有自然的选择，就某一城镇的城制布局或某一行政区域城镇的建置是有序的，如城镇的坊巷街道、城垣及一州一郡一县的治所的等级、距离。然就整个海河流域来说，城镇的布局受自然地理因素制约的程度较大，整个布局显得十分无序。这种一般的无序与具体的有序，恰恰是我们认识魏晋南北朝时期海河流域城镇布局的症结，而解开这个症结的钥匙又恰恰是河流水系与地理环境。因此，宜首先从水系方面考察一下三至六世纪海河流域的城镇群。

魏晋南北朝时期海河流域的城镇群，其地名大多与水有关。在263座城镇中，有47城因水得名。近水而置的城镇有109座。如扶柳城《水经注》云："其地有扶泽，泽中多柳，故曰扶柳。"又曰蒲笠城。三至六世纪的海河水系，由南向北，可分为清河、漳水、滹沱、漯水与鲍丘四大水系，许多城镇正是分布在这四大水系各支、干流两岸及附近。

清河水系（包括大河故渎、般河、无棣沟）的城镇：林虑、安阳、长乐、汤阴、内黄、朝歌、枋头、修武、获嘉、共、汲、繁阳、魏县、馆陶、清渊、清河、临清、清阳、广宗、东武城、枣强、广川、蓨县、东光、南皮、浮阳、东平舒、顿丘、卫、阴安、昌乐、元城、发干、乐平、博平、灵县、鄃县、平原、绎幕、鬲县、东安陵、阳平、安德、西平昌、般县、乐陵、厌次、阳信、重合、饶安、高城、章武等。

漳河水系（包括滹沱别河）的城镇：沾、轑阳、涉、涅、襄垣、铜鞮、屯留、长子、壶关、乡、刈陵、潞、邺、临水、斥丘、肥乡、列人、斥漳、平恩、曲周、南栾、南宫、堂阳、扶柳、信都、阜城、鄡、下博、武强、武安、邯郸、易阳、广年、曲梁、广平、巨鹿、平乡、南和、任、襄国、广阿、中丘、柏人、廮陶、柏乡、房子、元氏、石邑、高邑、杨氏、平棘、武邑郡城、武遂、乐城、成平、束州、合口等。

滹沱河水系：葰人、平城（今山西代县东北）、广武、雁门郡城、原平、廓州城、石城、敷城、云中、秀容、恒州城、肆州、肆卢、平寇、九原、定襄、虑虒、驴夷、晋昌、受阳、广牧、上艾、乐平、井陉、灵寿、蒲吾、真定、常山、九门、下曲阳、南深泽、安平、饶阳、中水、武垣、赵都军城、高阳、鄚、文安、新市、毋极、上曲阳、南行唐、魏昌、安国、沙泉、灵丘、卢奴、安熹、蠡吾、博陆、望都、唐、蒲阴、北平、北新城、易城、广昌、遒、故安、范阳、英雄城（南营州）、涿、容城、方城、良乡等。

漯水、鲍丘水系：阴馆、汪陶、剧阳、平舒、代、当城、潘、下洛、涿鹿、广宁、楼烦、漯源、平齐郡城、桑干、繁峙、武周、武州城、永固、平城（今山西大同）、安阳（今河北阳原东南）、昌平（今河北蔚县北）、昌平郡城、北灵丘郡城、东代郡城、柔玄镇、高柳、大宁郡城、怀荒镇、小宁、大宁、广宁、平原郡城、广武（偏城郡城，今北京昌平西）、兴集、宁集、兴平、育黎、吴、蓟、沮阳、广阳、安次、雍奴、泉州、居庸、军都、昌平（今北京昌平南）、安乐、御夷镇、渔阳、狐奴、犷平、白檀、安市、密云、潞县（今北京通州东）、要阳、无终、徐无、土垠等。

受自然地理的影响，诸水系的城镇分布很不均匀，漳水、滹沱二水系城镇最多，其次为清河、漯水，鲍丘水系城镇最少。而且，诸水系之上、中、下游各区域的城镇分布情况差别也很大，大多是上、下游区域少，中游多。上游多为山地、丘陵、高原，河床较稳，城镇较为固定，又由于农耕条件差，开发得较慢；下游滨海平原，沼泽广布，地气下湿，土质沙卤，城镇较稀；中游太行山山麓平原，耕作条件较好，土壤肥沃，传统水利工程较多，开发得也早，城镇发展得快，分布最为密集。这一带面积约有四五万平方公里，城镇 123 座，几乎占海河流域城镇总数的一半，平均每三四百平方公里就有一座主要城镇。海河流域中下游之冲积平原，城镇数量低于山麓平原，而高于上游的山地、丘陵、高原和下游的滨海平原。魏晋南北朝时期，各统治集团多按地理山川划置行政区，横向把海河流域的城镇分成以州、郡为单位的若干群组，州郡县，大中小，层次分明，每个群组，环绕一个政治中心城镇，分布有若干中小城镇，又形成了横向群状布局。

从地形地貌看，海河流域上游山地、丘陵、高原自北、西、西南环抱中下游平原区，诸水三面辐辏渤海，构成扇形水系。黄土高原、内蒙古高原及太行、燕山山脉，将海河流域与其他水系隔断，上游与下游海拔高度差别大，恰似一个簸箕形的漏斗，而且河流水系又受气候雨量的影响特别大，尤其是夏秋炎热多雨，上游水多激流，奔泻下游，下游平原地势平坦，且海拔较低，往往排泄不畅，造成河流改徙不定，沿岸两侧城镇常因洪水侵袭，频繁改迁。这给我们考察海河流域的城镇增加了不少困难。但这并不会影响整个海河流域的城镇布局，因为下游河流的迁徙幅度并不大，城镇的改迁地域有限。考察整个海河流域城镇的布局，从全盘着眼，不至陷入个别城镇地理变迁的纠缠。排除这些认识上的不利因素，来看海河流域的城镇布局，非常明显，三至六世纪海河流域的城镇是一种扇形群状水系结构的布局。

三、城镇布局的特点

海河流域多受自然地理各种因素的影响，特殊的地貌、地形形成了海河流域扇状水系，季节性的气候、雨量成了影响各水系水量、水流的关键，这不仅影响了海河流域城镇布局的形成，也使城镇布局具有自己的特点：

第一，城镇区域环境整体性强。每一水系流域都有其区域性，由于气候、地理和生态环境的因素不同，上、下游区域差别很大。海河流域地处我国南温带和中温带大陆东岸，伸向山地、高原的河道较短，就其主要地区，尤其是平原地区讲，南部与北部、东部与西部气候差别相对较小，上、下游地区的生态环境没有太大差异，然地貌地形造成的上、下游海拔差异较大。往往是每遇干旱，上游刮风，下游风沙；每到雨季，上游水土流失严重，下游城镇被淹。征诸史籍，魏晋南北朝时期海河流域发生有18次较大洪灾，有两次冲陷山谷，两岸的树木被激流冲入平原，东至勃海，原隰之间皆如山积，许多城镇聚落被洪水吞没。水系把海河流域连成一个整体，在水文地理方面，构成一块独立的地域。在这块地域内，各城镇多建置在近水而又尽可能避免被水浸害的地方，而且许多城镇分布在同一水系上，水利是各城镇的共同需要，水害的防御与治理又是各地区城镇发展的共同任务，城镇的建置与布局具有强烈的区域环境整体性。这种区域环境整体性的特点在魏晋南北朝时期，是处于隐蔽的形式，并没有引起统治者的重视，因此，城镇环境的治理缺乏综合性。虽然，也有一些水利工程，如曹操遏淇水入白沟，开挖平虏、泉州、利漕诸渠，修筑天井堰、复西门十二渠。西晋于襄国置都水使者，北魏、北齐修复督亢旧陂和戾陵诸堰。这些局部的水利设施对于某些城镇的农业经济的发展起了促进作用，但由于缺乏综合治理与统一规划，一旦遭遇较大水害，这些设施即被冲垮，水害、旱灾仍然危害着这一流域的城镇与经济。这说明魏晋南北朝时期海河流域城镇的分布仅仅是对流域环境低能的适应，没有注意环境的综合治理，这不仅包括道路交通、水利工程，还包括生态环境等等。

第二，中心城镇的分散与不稳定性。魏晋南北朝时期海河流域的城镇，或建置在山间盆地，或在丘陵凸凹处，或在高原，或在平原，呈扇面群状水系结构分布，没有形成一座其功能能够辐射整个流域的中心城市。尽管一些统治者曾建都这里，如曹魏、后赵、前燕、东魏、北齐的邺都，石勒时期的襄国，慕容儁的蓟，后燕的中山，北魏的平城，作为政治中心，都在历史上对海河流域的全部或局部的统治起了作用，但由于这些都城缺乏长期控制海河流域的地理和经济条件，其政治中心的地位仅仅是靠权力确立起来的，因此，随着各政权的垮台，这些都城的政治中心地位也就不复存在了。

不同的单元地貌把整个海河流域分成不同区域。魏晋南北朝时期，各政权按照不同区域设置州郡，作为州郡治所的城镇发展起来，并形成一定的规模，成为海河流域一区域的中心城市，如邺、信都、常山、中山、涿、蓟、平城等。除平城外，这些城邑多建置在海河各大支系出山口之山麓平原上，又居太行诸径之冲，自然地理条件较好，农业经济发达。因此，一直是海河流域的重要城镇。

整个流域无中心，而流域之内的各区域是有中心的，区域的中心不是一个点，而是一个面。这个中心面又是一个倒扇形，即以诸水出山口为一点向外扩散的一个面，区域中心城市往往在这个面上移动，而不是固定不变的。如常山，作为郡治和滹沱河中游地区的中心城邑，西汉时在今河北元氏县，魏晋时迁至真定（今河北石家庄西北），北魏初在今石家庄市郊东古城，后又移安乐垒（今河北正定）。再者，如邺城，自汉至北周，始终是漳河中上游地区的中心，杨坚一把火将之焚为废墟，但这一带的区域中心地位并没有消失。唐宋以后，南有安阳，东有大名，两城邑的先后兴起，取代了邺的地位。这个中心面在同一时期内，只能存在一个中心城镇，彼起而此就难能复兴了。

第三，城镇分布的不均衡。魏晋南北朝时期，海河流域的城镇大多集中在太行、燕山山麓平原和洪积冲积平原上，山地、高原和滨海平原地区的城镇较为稀落，分布很不均衡。而就海河流域各个地区来说，这种不均衡的情况也同样存在。在山间盆地、丘陵、高原地区，城镇多集中在靠近水系、土壤条件较好的地方，而离水较远的地方却十分空旷；在平原地区，区域经济的开发，一般由西向东，城镇的密度也是由西向东递减，州郡治所及所辖城镇多在开发较早的西部，而东部滨海平原却十分荒芜。这种不均衡性历唐宋明清，一直影响至今，当今的太行、燕山山区、沿海和坝上高原（简称山、海、坝），仍是海河流域待开发的地方。

第四，城镇的吸收与辐射功能弱。三至六世纪海河流域的城镇建立在封建的自然经济基础之上，商品经济极不发达，即便是手工业、商业颇有发展的邺、襄国、信都、中山、常山、平城等城邑，它们对其他城镇的影响除政治和军事之外，经济的吸收与辐射功能十分弱，至于县级城镇则完全是一个自给自足的自然经济实体。又由于地理条件的限制、交通的不发达，城镇作为一个自然经济实体，其经济活动多处在一个地理封闭圈内进行，严重地削弱了城镇的吸收与辐射的功能。这种自然与地理的封闭与束缚，不仅影响了城镇经济的发展，还影响了城镇与城镇之间的经济关系，在城镇密集的地区，形不成较强的吸收与辐射功能的交叉，至于城镇稀疏的地区，各城镇之间几乎无任何经济联系。

四、区域中心城市的兴衰

（一）邺城

邺，殷商之相地，春秋晋之东阳，后归齐，桓公筑邺城。战国时，魏国据有，称魏，后又复称邺，西门豹、史起先后为邺令。秦统一后，隶邯郸郡。汉高祖十二年（公元前195年）置魏郡，治邺。王莽更名曰魏城，东汉复改曰邺，灵帝时，改州刺史曰州牧，冀州牧治邺。自东汉后期起，邯郸衰落，邺城崛起，逐渐成为北部中国的政治中心城市。

邺之兴起，主要得益于其优越的地理条件。其处于南北要冲，四周地貌有险有夷，西部自北而南巍巍太行构成天然屏障；南部滔滔大河由西而东形成一道天堑；东部由河渐海，河汉交纵，便于漕运和海运；北部为辽阔殷富的河北平原，坐拥山、河、平原与大海，“据河北之襟喉，为天下之腰膂”①。由远而近，白沟、淇水、荡水、洹水皆过邺南由西部山区东北流向平原，漳水由邺西南绕城北而东，邺西北7.5公里又有滏水。黄泽、鸬鹚陂等分布诸水之间，众水犹如一道道天然护城河。周边又散布着许多关、径、津、梁、路，构成内外交通网络：西傍太行山东麓南北通路，顺此北上可达幽蓟；西北越紫陌，入滏口，过壶关，穿上党盆地，取道长安；又可走井陉关、天门关，直趋并州、雁门；黄河由西向东北，渡白马津、仓亭津可南下中原、洛阳；邺东有赤桥，由此往东可直下齐鲁，又有故大河，沿河可至海及辽西、辽东。

而且，邺地传统水利事业始终比较发达。禹时，“覃怀底绩，至于衡漳”②。战国魏西门豹“发民凿十二渠，引河水灌民田”③。其后，史起“引漳水溉邺，以富魏之河内”④。“西门溉其前，史起灌其后”⑤，使得邺地“咸成沃壤，百姓歌之”⑥。西汉武帝又在西门豹水利工程基础上，分漳水为陂流以溉民田，邺因是物产丰饶，户口殷实。

邺周围的冀州和河北地区，传统农业经济自先秦以来就比较发达，到了东汉时，人口增加，对土地的需求量加大，而可开垦的荒地有限，出现人多地狭的状况，故崔寔提出移民垦田的主张，以缓解人口与土地的矛

① 《读史方舆纪要》卷四十九河南四.

② 《尚书·禹贡》.

③ 《史记》卷一二六《滑稽列传》.

④ 《汉书》卷二十九《沟洫志》.

⑤ 《全晋文》卷七十四左思《三都赋》.

⑥ 《水经注》卷十《浊漳水》.

盾。曰："今青、徐、兖、冀，人稠土狭，不足相供，而三辅左右及凉、幽州附近皆土旷人稀，厥田宜稼"①。河北地区的牧业也很兴盛，是两汉马匹的重要来源。《后汉书·蔡邕传》曰："幽、冀旧壤，铠马所出。"东汉末年，由于镇压黄巾起义及豪强争夺，青、徐、兖3州饱经战乱，人口耗减，经济衰落，而冀州相对来说，所经战乱破坏较小，"民人殷盛，兵粮优足"②。故颍川荀谌曰："夫冀州，天下之重资也。"③ 曹操败袁绍，领冀州牧，"案户籍可得三十万众，故为大州也"④。《三国志·杜恕传》曰："冀州户口最多，田多垦辟，又有桑枣之饶，国家征求之府。"人稠物阜，而且地理位置重要，使邺城于东汉末成了豪强角逐的历史舞台。

《三国志·武帝纪》裴注引《英雄记》曰：

> （韩）馥字文节，颍川人……董卓举为冀州牧。于时冀州民人殷盛，兵粮优足。袁绍之在勃海，馥恐其兴兵，遣数部从事守之，不得动摇。东郡太守桥瑁诈作京师三公移书与州郡，陈卓罪恶，云"见逼迫，无以自救，企望义兵，解国患难"。馥得移，请诸从事问曰："今当助袁氏邪，助董卓邪？"治中从事刘子惠曰："今兴兵为国，何谓袁、董！"馥自知言短而有惭色。子惠复言："兵者凶事，不可为首；今宜往视他州，有发动者，然后和之。冀州于他州不为弱也，他人功未有在冀州之右者也。"馥然之，馥乃作书与绍，道卓之恶，听其举兵。

袁绍在勃海起兵，联合山东诸豪强，欲攻洛阳，诛董卓。董卓惧，焚烧洛阳宫殿，挟持汉帝西亡关中。山东豪强为抢地盘，相互争斗。公孙瓒率燕、代之众败韩馥于安平（今河北安平），引兵向邺。馥恐，袁绍乘机派颍川荀谌劝馥让出冀州。荀谌对韩馥说："当今为将军计，莫若举冀州以让袁氏，袁氏得冀州，则瓒不能与之争，必厚德将军。"馥素恇怯，因然其计。馥长史耿武、别驾闵纯、治中李历谏馥曰："冀州虽鄙，带甲百

① 《通典·食货·田制》.

② 《三国志·武帝纪》.

③ 《三国志·袁绍传》.

④ 《三国志·崔琰传》.

万，谷支十年。袁绍孤客穷车，仰我鼻息，譬如婴儿在股掌之上，绝其哺乳，立可饿杀。奈何乃欲以州与之?”从事赵浮、程奂请以兵拒之，馥又不听。乃让绍，绍遂领冀州牧①。

又据《三国志·袁绍传》裴注引《英雄记》，袁绍设谋利用公孙瓒，逼迫韩馥让出冀州。曰：

逢纪说绍曰：“将军举大事而仰人资给，不据一州，无以自全。”绍答云：“冀州兵强，吾士饥乏，设不能办，无所容立。”纪曰：“可与公孙瓒相闻，导使来南，击取冀州。公孙必至而馥惧矣。因使说利害，为陈祸福，馥必逊让。于此之际，可据其位。”绍从其言而瓒果来。

袁绍得冀州，绝路逢生，并称霸关东。《三国志·袁绍传》曰：

从事沮授说绍曰：“将军弱冠登朝，则播名海内；值废立之际，则忠义奋发；单骑出奔，则董卓怀怖；济河而北，则勃海稽首。振一郡之卒，撮冀州之众，威震河朔，名重天下。虽黄巾猾乱，黑山跋扈，举军东向，则青州可定；还讨黑山，则张燕可灭；回众北首，则公孙必丧；震协戎狄，则匈奴必从。横大河之北，合四州之地，收英雄之才，拥百万之众，迎大驾于西京，复宗庙于洛邑，号令天下，以讨未复，以此争锋，谁能敌之？比及数年，此功不难。”绍喜曰：“此吾心也。”

《三国志·袁绍传》裴注引《英雄记》，记载了袁绍平定河北的经过。曰：

公孙瓒击青州黄巾贼，大破之，还屯广宗，改易守令，冀州长吏无不望风响应，开门受之。绍自往征瓒，合战于界桥南二十里。瓒步兵三万余人为方阵，骑为两翼，左右各五千余匹，白马义从为中坚，亦分作两校，左射右，右射左，旌旗铠甲，光照天地。绍令麴义以八百兵为先登，强弩千张夹承之，绍自以步兵数万结陈于后。义久在凉

① 《三国志·袁绍传》。

州，晓习羌斗，兵皆骁锐。瓒见其兵少，便放骑欲陵蹈之。义兵皆伏楯下不动，未至数十步，乃同时俱起，扬尘大叫，直前冲突，强弩雷发，所中必倒，临陈斩瓒所署冀州刺史严纲甲首千余级。瓒军败绩，步骑奔走，不复还营。义追至界桥；瓒殿兵还战桥上，义复破之，遂到瓒营，拔其牙门，营中余众皆复散走。绍在后，未到桥十数里，下马发鞍，见瓒已破，不为设备，惟帐下强弩数十张，大戟士百余人自随。瓒部迸骑二千余匹卒至，便围绍数重，弓矢雨下。别驾从事田丰扶绍欲却入空垣，绍以兜鍪朴地曰："大丈夫当前斗死，而入墙间，岂可得活乎?"强弩乃乱发，多所杀伤。瓒骑不知是绍，亦稍引却；会麴义来迎，乃散去。瓒每与虏战，常乘白马，追不虚发，数获戎捷，虏相告云"当避白马"。因虏所忌，简其白马数千匹，选骑射之士，号为白马义从；一曰胡夷健者常乘白马，瓒有健骑数千，多乘白马，故以号焉。绍既破瓒，引军南到薄落津，方与宾客诸侯共会，闻魏郡兵反，与黑山贼于毒共覆邺城，遂杀太守栗成。贼十余部，众数万人，聚会邺中。坐上诸客有家在邺者，皆忧怖失色，或起啼泣，绍容貌不变，自若也。贼陶升者，故内黄小吏也，有善心，独将部众踰西城入，闭守州门，不内他贼，以车载绍家及诸衣冠在州内者，身自扞卫，送到斥丘乃还。绍到，遂屯斥丘，以陶升为建义中郎将。乃引军入朝歌鹿场山苍崖谷讨于毒，围攻五日，破之，斩毒及长安所署冀州牧壶寿。遂寻山北行，薄击诸贼（左发丈八）［左髭丈八］等，皆斩之。又击刘石、青牛角、黄龙、左校、郭大贤、李大目、于氐根等，皆屠其屯壁，奔走得脱，斩首数万级。绍复还屯邺。

自此，公孙瓒不敢南视冀州，并修书与绍讲和。不久，绍发兵破瓒于易京，并其众，尽有幽、并、青、冀等 4 州。袁绍势力强盛，郭图劝"绍迎天子都邺，绍不从"①。《三国志·袁绍传》裴注引《献帝传》曰："沮授说绍云：'……且今州城粗定，宜迎大驾，安宫邺都，挟天子而令诸侯，畜士马以讨不庭，谁能御之！'……绍弗能用。"袁绍欲抛开汉帝的束缚，

① 《三国志·袁绍传》.

放手扩充自己的势力，犯下了一个战略性的错误，虽有地利而失掉人和。“会太祖（曹操）迎天子都许，收河南地，关中皆附。绍悔。”① 这使曹操为以后打败袁绍赢得战略上的优势。

建安五年（公元 200 年），曹操与袁绍在官渡展开决战，袁绍大败，退守邺城，从此无力与操抗衡。建安七年（公元 202 年）五月，袁绍死，其子袁谭、袁尚为争夺冀州牧职位，发生内讧。曹操乘机渡过洹水，进击邺城守军，于城外筑土山，又掘地道，攻城，均未奏效，于是改凿围堑，引漳水灌城，于建安九年（公元 204 年）八月，克陷邺城，继而又攻灭袁谭，袁尚北亡乌桓、辽东，被杀。曹操据有河北诸州郡。《三国志·武帝纪》曰：“初，绍与公共起兵，绍问公曰：‘若事不辑，则方面何所可据?’公曰：‘足下意以为何如?’绍曰：‘吾南据河，北阻燕、代，兼戎狄之众，南向以争天下，庶可以济乎?’公曰：‘吾任天下之智力，以道御之，无所不可。’”裴松之注引《傅子》曰：“太祖又云：‘汤、武之王，岂同土哉?若以险固为资，则不能应机而变化也。’”其实，袁绍与曹操都认识到邺与冀州的重要，不过，曹操的表述委婉而有识见，不像袁绍那样直白，割据称霸的意图显露无遗。

曹操占据邺城后，即开始建设和巩固自己的王业本基。建安九年（公元 204 年）“九月，令曰：‘河北罹袁氏之难，其令无出今年租赋!’重豪强兼并之法，百姓喜悦”。次年九月，又下令革除旧俗。曰：“闻冀州俗，父子异部，更相毁誉……吾欲整齐风俗。”同时，讨伐未服，克陷平原、南皮、上党等城，平定故安赵犊等人变乱，黑山张燕率众十余万降。“三郡乌丸承天下乱，破幽州，略有汉民合十余万户。袁绍皆立其酋豪为单于，以家人子为己女，妻焉。辽西单于蹋顿尤强，为绍所厚，故尚兄弟归之；数入塞为害。公将征之，凿渠，自呼沱入泒水，名平虏渠，又从沟河口凿入潞河，名泉州渠，以通海。”② 建安十二年（公元 207 年）七至九月，北征乌桓，陷柳城。从此，消除了邺城背后的威胁。曹操无后顾之忧，便可全面规划、建筑邺城（见图 70），以邺和河北为根基，南向争

---

① 《三国志·袁绍传》.

② 《三国志·武帝纪》.

天下。

图 70　邺城沙盘图

营建邺城的工程从建安九年（公元 204 年）开始，一直持续到二十三年（公元 218 年），历时 14 年。邺城的布局经过统一规划，前后左右，整齐划一。整个城区为南北两部分，中间由街道隔开，北半部面积大于南半部。北半部从西至东，依次为西苑、宫殿区及贵族居住区。南半部为郡署、居民、手工业和商业区。邺城的主要建筑在北半部。兹将城门、城垣及北半部建筑情况罗列如下：

西苑　又称西园、铜雀苑，是曹操邺城著名王家园林，位于邺城西北部。园内渠池纵横，栽种有各种奇花异草，畜养有珍禽怪兽。西苑内有芙蓉池。芙蓉池连接双渠，池边渠岸，嘉木郁郁葱葱。曹操、曹丕、曹植父子及当时文人经常游憩西苑，留下不少描写西苑风景的诗篇。

城郭与城门　曹操进攻邺城时，使原城垣遭到破坏。克邺后，他即着手邺城的修复兴建。从建安九年开始动工，到建安十五年完成，共用了 6 年时间。曹魏邺城的城垣长、宽及周长，文献没有具体记载。其具体情况可根据东汉和后赵前后两个朝代的邺城沿革做出推测。建安九年五月，曹操凿堑围邺，周围 40 里，折合今 14 公里。可见，城圈周长必小于 14 公里。后赵石虎邺城“东西七里，南北五里”，周长二十四里。经考古工作者实地勘探，邺北城东城墙至金虎台东西长2 400米，南北1 700米①。由此推测曹魏邺城城垣范围，即东汉邺城范围，直到后赵邺城，城垣基址没有什么变化。城墙为夯土筑成，筑墙时挖有基槽。经勘探发掘，南城墙宽16.35米；东城墙宽15～18米，发掘的一段城墙宽度为15.35米；北城墙宽16米左右。四个城墙角，仅探出城东南角。已发掘的地层表明，是营建于东汉晚期至曹魏时期②。

邺城诸门是在东汉城门的基础上重新扩建，包括东门、南三门、西门和北二门。考古工作者在东垣距东南角城800米处，勘探到一座门址，门道宽22米，门道外还有瓮城。这座门就是邺城东门，即后赵的建春门。南三门中曰章门，沿袭东汉名称。南面西头一门和东头一门的名称，史书缺载。

西门北接三台，东邻西苑及大朝宫殿。出西门即是秦汉以来太行山东麓南北驰道，是曹魏统治者出入邺城的重要门户。曹操出征、北巡，陆路多由此门出。征战回邺，也由此门入。按照传统的观念，北门即鬼门，平时经常关闭，只有祭祀鬼魂时，才打开。人们出入来往很少，因此，文献记载也不多。邺北门东头一座已被考古工作者探出，门道宽20米。北墙西头一门基址尚未确定。

金虎台、铜雀台、冰井台　三台均位于邺城西北，以城墙为基，自南至北依次建立。铜雀台始筑于建安十五年冬，至建安十七年告竣。曹操为中台取名铜雀，意在丰收吉祥。台高10丈，上面建有屋室101间，十分雄伟壮观。中央的最高层建筑物顶端上的云雀矫首壮翼于青霄。周围又有殿堂拱护，层次分明，错落有致，具有很高的建筑艺术水平。金虎台始建于建安十八年九月，高8丈。冰井台建筑年代有二说：一说在建安十八年。据《邺中记》记载："金虎、冰井皆建安十八年建也。"一说在建安十九年。北齐杨楞伽《邺都故事》、明嘉靖《彰德府志》即持此说。三台遗址仅存金凤台（见图71、图72）。

---

① 中国社会科学院考古研究所，河北省文物研究所．河北临漳邺北城遗址勘探发掘简报．考古，1990（7）．

② 同①．

图 71　三台遗址图（一）

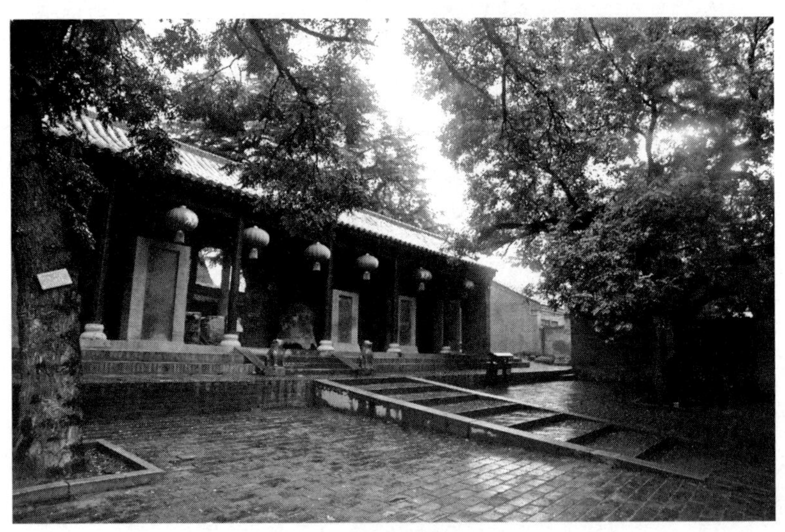

图 72　三台遗址图（二）

宫殿　自建安九年至十七年，经过 8 年的营建，邺城宫殿已形成规模。整个建筑布局由许多建筑群组构成，各建筑群组由宫殿门相通。见于文献记载的宫殿门则有端门、阊阖门、止车门、司马门、金门、相国门、朝肃门、登贤门、长春门、延秋门、东上东门、西上东门、东掖门、显阳门、宣明门、崇礼门、顺德门、听政门等。宫殿楼阁则有文昌殿、钟楼、鼓楼等。文昌殿是外朝中轴线上的主要建筑，是曹操举行大典、朝见群僚的地方。端门、阊阖门在文昌殿前。钟楼、鼓楼在文昌殿东西两侧。内朝则有听政殿、听政闼、纳言闼、尚书台、升贤署、谒者台阁、符节台阁、御史台阁、丞相诸曹、鸣鹤堂、文石室、楸梓坊、木兰坊、温室、东阁、中堂等。听政殿是内朝的主要建筑，这里是曹操处理日常政务的地方。后宫则有显阳殿、九华宫、兰房等。主要建筑是显阳殿和九华宫。

曹操营建邺宫，多自立法则，布局规划，他都亲自设计，故邺城的建筑风格不同于长安、洛阳。宫苑、外朝、中朝自西向东，依次排列。门殿台观，楼榭亭廊，鳞次栉比，布局严谨合理，代表了三至四世纪中国历史上城市建筑艺术的最高水平。曹魏邺城遗物见图73。

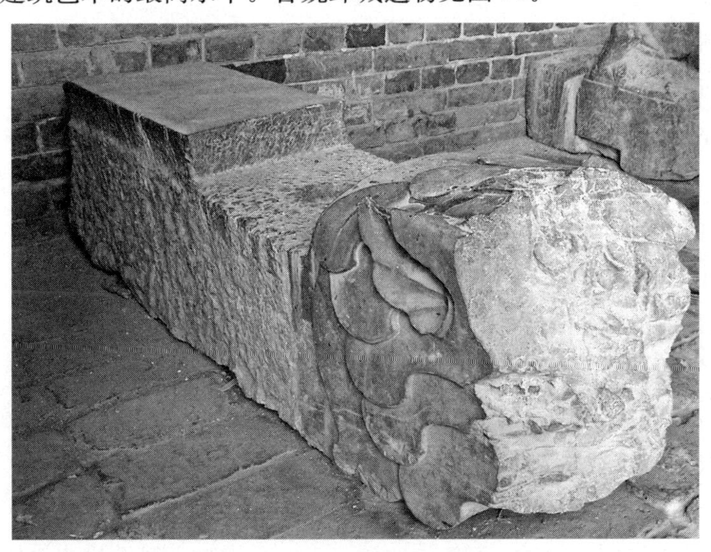

图73　曹魏邺城遗物

水利系统的完善　邺下水利系统主要由三部分构成：城外水利工程、城内水利工程、邺下水利工程与周围水系的连接。城外水利工程是在战国西门豹“漳水十二渠”的基础上，修建了天井堰，“堰漳水回流东注，二十里中作十二墱，墱相去三百步，令互相灌注。一源分为十二流，皆悬水门”①。这是曹魏邺城外主要水利工程，工程方位应该在邺城西南。《太平

① 《水经注》卷十《浊漳水》.

寰宇记》说："天井堰在紫陌（即祭陌，十六国后赵建武年间改名紫陌）桥下。"考《水经注》，西门豹、史起之故迹在邺西南，魏武的水利工程也应在这一带。漳水由邺西南，经城西，流向东北，作堰以提高水位，漳水回流东注，所溉之田应当在南岸或东岸。邺西南河床，地势较平坦，筑堰溉田条件较好，祭陌一带水深岸高，工程费时费力。而且这里又是南北交通要道，于紫陌桥下筑天井堰，又妨碍交通。曹操修长明渠，从城南引水经铜雀台下，伏流东注，而不从靠近邺城附近的紫陌一带引水，也说明这一带引水不便，不可能在这里筑天井堰。所以，天井堰在邺西南是比较可信的。

城外水利工程还有玄武陂和灵芝池。玄武陂又叫玄武池，在邺城西北。曹操于建安十三年开凿此池，用来训练水军，为统一江南做准备。赤壁之战后，曹操已无力吞并孙吴，玄武池逐渐失去军事价值，曹丕、曹植遂将玄武池改建为玄武苑。灵芝池在灵芝苑中，位于邺城西三里玄武苑附近，引漳水灌池，是一座王家苑林。玄武池和灵芝池，上游由水渠接通漳水，引水至池，澄清泥沙；下游凿渠引池水至邺城内，供给城市用水。若遇旱涝，还用来调节城市供水，并有防洪作用。

城内水利工程是引水、排水工程。开凿了一条长明渠，自城西南引漳水，经过铜雀台下的涵洞，伏流东注。又向南流经止车门，进入北宫。入宫后，分南北支流夹绕文昌殿。然后分出许多分支流入西苑、后宫、外朝及各官署坊巷等地。之后再汇合一起，向东流出石窦堰下，注入城东的湟水。长明渠把城内城外的水利工程连成一气，便利了城市的生活用水、可收到绿化、灌溉、排污等综合效益。

邺下水利工程与周围水系的连接，是东汉建安九年曹操为了漕运军粮的需要，"遏淇水入白沟以通粮道"①。建安十年，北征乌桓，为便利军需运输，开凿了平虏渠和泉州渠。平虏渠起自滹沱河，下入泒水。渠道故址说法不一：一说是今饶阳县西；一说在今沧县东北。唐朝神龙年间，姜师度主持开凿的平虏渠即其故迹；一说是今青县至独流镇间一段南运河的前身。"又从泃河口凿入潞河，名泉州渠，以通海道。"② 其故迹：一说在今

① 《三国志·武帝纪》.

② 同①.

河北三河市境内；一说自天津市东分潞水（当今海河）北流，至今宝坻区东南入鲍丘水。建安十八年，凿利漕渠，引漳水入清洹以通河漕。这样，通过人工渠，把黄河、漳河、滹沱河、泒水、潞水等水系沟通，构成了以邺为中心的四通八达的漕运。由邺西南到洛阳（今河南洛阳东），东南到彭城（今江苏徐州），东北到南皮（今河北南皮东北），航运十分便利。这既有益于河北地区的农田灌溉、排涝，更有利于漕运交通，增强了中心城市邺城对周边郡县乃至整个河北地区的吸收与辐射功能。

历时10多年的营建工程以及邺下水利系统的完善，邺城焕然成为通都大邑。至建安二十一年曹操称魏王，都邺，邺城成为名副其实的王都。至是，献帝虽都许，而天下政治中心在邺，邺成了实际上的东汉都城。

后赵建武元年九月，石虎将都城由襄国迁至邺城。"八王之乱"以后，邺城经过汲桑、石勒、王浚等数次火焚，受到很大破坏。石勒建后赵政权后，将营邺宫，廷尉续咸谏止。建平二年夏，大雨霖，中山郡西北一带太行山区山洪暴发，将山间川谷沿岸原始森林树木连根冲拔，百余万根巨木被滚滚洪流冲漂至堂阳县（今河北新河）境，低洼地处堆积如山。石勒借机宣称："天意欲吾营邺都耳。"① 于是令少府任汪、都水使者张渐等监营邺宫，并亲授规模。石勒不仅是十六国时期一位了不起的军事家、政治家，还是一位精通土木工程的建筑家，后赵邺都宫城的设计多出其手。石虎迁都邺，在石勒的基础上，对邺城的城郭、城门、三台、宫殿、楼观、阁榭、园林等进行了大规模修筑。

后赵邺城的建筑是在魏晋城建基础上进行的，虽然工程浩繁，工期较长，但基本上遵循了曹魏的布局。城垣的范围、城门的位置、城市的职能分区及主要街道走向都没有改变。改动较大的是宫殿建筑群组结构与城外园林、城市引水工程等。兹将后赵邺城主要建筑列举如下：

城垣与城门《水经注·浊漳水》记载，邺"其城东西七里，南北五里，饰表以砖，百步一楼"。从此，邺城由土城发展为砖城。城上每间隔100步建一城楼，周长为12公里的城垣，当建有72座城楼，东、西城垣

---

① 《晋书·石勒载记》下.

各15座，南、北城垣各21座。而且，“东城上石氏立东明观，观上加金博山，谓之锵天”①。观旁还建有佛精舍。北城墙上“有齐斗楼，超出群榭，孤高特立。凡诸宫殿门台隅雉，皆加观榭，层甍反（及）宇，飞檐拂云，图以丹青。色以轻素，当其全盛之时，去邺六七十里，远望苕亭，巍若仙居”②。后赵在魏武所造七门的基础上，进一步崇饰改建。《水经注·浊漳水》载：后赵邺城凡七门。南面三门：正南曰中阳门，东曰广阳门，西曰凤阳门。东面一门曰建春门。北面二门：东曰广德门，西曰厩门。西面一门曰金明门。

三台　三台自曹魏初建，到西晋永嘉以后，每有战乱，三台则往往是邺城攻守的首要据点。后赵八年（公元326年）十月，石勒“营邺宫”，“修三台”③。继之，石虎倍加崇饰。

铜雀台　综合有关史料记载，后赵铜雀台高12丈，比曹魏时增高2丈。台上地面以下建有地下室，号称命子窟。地面以上中央部位建有高15丈的五层楼阁，楼台通高27丈，楼顶装置有高1.5丈舒翼若飞的铜雀。楼阁周围缘台墙构筑有120间相互连接的殿屋。

金凤台　即曹魏金虎台，后赵石虎改名。据《邺中记》，石虎还对金凤台的殿室进行了重新改造，将曹魏130间房屋改为“一百九间”。其建筑布局大致是这样，台上中间置一金凤，缘台墙四周建造殿室庑廊（见图74、图75、图76）。

冰井台即北台。《太平御览》引《邺中记》曰：“石季龙于冰井台藏冰，三伏之月，以冰赐大臣。”台上仍筑有殿室。

三台以城为基，城上筑台，台上建造楼观宫室。各台相距60步，又以阁道相连，城、台、楼浑然一体，南、中、北三处建筑联成一组。故《邺中记》云：“三台皆甎甃，相去各六十步，上作阁道如浮桥，连以金屈戌，画以云气龙虎之势，施则三台相通，废则中央悬绝也。”又云：“三台上各有正殿，上安御床，床上细直女三十人，床下立三十人，凡此众妓皆宴日所设。”

---

① 《水经注》卷十《浊漳水》.

② 同①.

③ 《资治通鉴》卷九十三《晋纪》十五《成帝咸和元年》.

图 74　金凤台台阶图

图 75　金凤台台顶建筑图

图 76　金凤台遗址侧面图

宫殿　包括宫殿门、外朝和后宫。宫殿门有端门、阊阖门、止车门、司马门、东掖门、显阳门、宣明门、崇礼门、顺德门、升贤门、听政门、琨华门、西中华门。外朝有太武殿门、马道、太武东西二堂、东西二阁、御龙观、披云楼和太社。其中太武殿是主要建筑，为后赵朝会正殿。《晋书·石季龙载记》称："太武殿基高二丈八尺，以文石砌之，下穿伏室，置卫士五百人于其中。东西七十五步，南北六十五步。皆漆瓦、金铛、银楹、金柱、珠帘、玉壁，穷极伎巧。"后宫主要建筑在铜雀园，由东西两组建筑群构成，即西部的三台宫殿区和东部显阳殿及九华宫建筑群。九华宫是后宫的主要建筑群。《邺都故事》称九华宫："宫在铜雀台东北，石虎以建武元年建，以三三为位，谓之九华。"九华宫各殿都有门观阁楼，自成院落。九组建筑加上显阳殿以及灵凤台、逍遥楼、凌霄殿等，构成了后宫东部宫殿区。

邺城外宫室、园林　宫室建筑有临漳宫、永乐宫、梨园宫、赤桥宫、紫陌宫、明光宫等。另外在襄国至邺之间建有多处行宫。《邺中记》称："石虎尝自襄国至邺，二百里，每舍辄立一行宫，宫有一夫人，侍婢数十。"园林及其他建筑有桑梓苑、华林苑、阅马台、斗鸡台、天井堰、玄武池、白马佛塔等。

邺城里巷官署与街道　里巷官署有永贵里、浣衣里、平乐市、建康市、太尉府、中尚方御府、织锦署、织成署等。街道仍沿循曹魏，主要街道有 6 条。一条为东西大道，自金明门至建春门。其他 5 条为南北街道，分别为中阳门内大街、凤阳门内大街、广阳门内大街、厩门内大街、建德门内大街。

邺城经过石勒、石虎多年经营，逐渐成为中国北方煌煌大都，其建筑艺术代表了当时中国的最高水平（见图 77）。

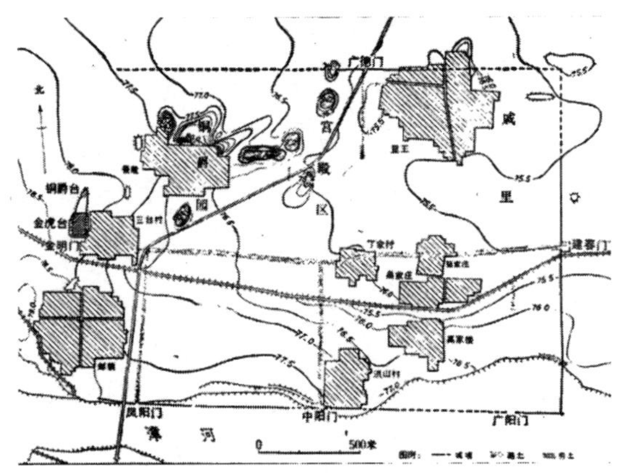

图 77　邺北城遗址实测图

西晋末年，石勒在各种势力盘根错节的河北地区找到了自己的立足之地——襄国，奠立了后赵的基业。这不仅是人为的选择，也是自然的选择和历史的选择。成功的选择为之提供了生存、发展的依托，加之石勒本人的才智和政策措施得力，使之能够消灭王浚、刘琨的势力，取得地区的统一。这种地区的统一，带来了地区社会的稳定和区域经济的恢复。襄国作为河北地区一大都会，充分发挥了中心城邑的作用，在后赵史上乃至十六国时期具有突出的地位。

石虎迁都邺，这是后赵国力发展的必然结果。邺较之襄国，有许多优越条件。首先，地理位置优越。邺扼黄河、漳河，“据河北之襟喉，为天下之腰膂”①。襄国虽处要地，但非“襟喉”“腰膂”之要害处。其次，交通便利。邺有传统水利工程，既可通漕运，又可灌溉农田。再次，传统农

① 《读史方舆纪要》卷四十九《河南》四.

业发达。邺地农耕条件好，土壤肥沃，历来是富饶之乡。最后，邺又是汉魏以来北方名城，作为都城，各方面条件要比襄国优越得多。而且石勒择都襄国也只是权宜之计，在都襄国的第二年，就欲营建邺城，但又考虑到邺地“风俗殷杂，须贤望以绥之”①，由于找不到合适的人选而未果。俟消灭了王浚、刘琨两股势力后，解除了襄国的危患，后赵政权得到初步巩固，石勒于建平二年才开始营建邺宫。这说明他始终没有打消都邺的念头。只是到了石虎时，迁都邺城的条件成熟了，这时襄国对于后赵政权的巩固和发展的使命已经完成，后赵政治中心遂南移邺城。

后赵太宁元年（公元 349 年）四月，石虎病死于邺宫。太子石世即位，皇太后刘氏临朝。后赵内讧，邺中大乱，胡汉士众相互残杀，历经冉魏，邺城因战乱而遭破坏。前燕灭冉魏，据有河北，慕容儁于光寿元年（公元 357 年）十一月，自蓟迁都邺。十二月，慕容儁入邺宫，修缮宫殿，复作铜雀台，邺城建筑得到修复。

前秦建元六年（公元 370 年），苻坚遣王猛率兵伐前燕，陷邺。建元二十年（公元 384 年），前秦因淝水战败而势衰。前燕故将慕容垂乘机攻战河北，邺又因长期战乱而破败，直到东魏北齐才又复兴。

北魏末年，高欢信都起兵，消灭了尔朱氏势力，入洛阳，以“洛阳久经丧乱，王气衰尽，虽有山河之固，土地褊狭，不如邺，请迁都。魏帝（元修）曰：‘高祖定鼎河洛，为永永之基，经营制度，至世宗乃毕。王既功在社稷，宜遵太和旧事。’”② 由此看出，起码在永熙元年（公元 532 年）六月，高欢就曾提出迁都邺的建议，但由于孝武帝元修不同意而未果。

天平元年（公元 534 年）七月，高欢赶走孝武帝，立元善见为孝静帝后，已完全可以驾驭皇帝和朝廷了。于是，与封隆之、祖莹等商议，决定迁都邺城。高欢还怕大家不服从他，于是利用占卜术迷惑众人。《魏书·孝静帝纪》：“天平元年……考龟袭古，宅迁漳滏……丙子，车驾北迁于邺。”而且，这次迁都，时间非常仓促，大多数洛阳居民在没有任何准备的情况下就北上了。《北齐书·神武纪》下说：“诏下三日，车驾便发，户

---

① 《晋书·石勒载记》下.

② 《北齐书·神武纪》下.

四十万狼狈就道。神武（高欢）留洛阳部分，事毕还晋阳。自是军国政务，皆归相府。先是童谣曰：‘可怜青雀子，飞来邺城里。羽翮垂欲成，化作鹦鹉子。’好事者窃言，青雀子谓魏帝清河王子，鹦鹉谓神武也。”《北齐书》讲得明明白白，仓促迁都，一旦至邺，皇帝和朝廷全在高欢掌中。

洛阳40万户迁邺，每户按5口计算，人数达200万，把这么多的人安置在邺北城是相当困难的，高欢一方面将邺城原有居民西迁，另一方面扩建邺城。邺城的建筑工程主要是两部分，即重建邺北城，扩建邺南城。这两项工程于天平二年（公元535年）同时动工。为再现北城后赵京都景观，东魏搜集了大量有关文献资料，还做了详细调查，并把文献图记与实地勘查相互比较、印证，绘制出复原图，然后按图重建。其城制布局一依旧制，建筑程序，先内后外。基本上是首先修缮府第，其次是城垣、城门，再次是三台宫室。

南城的扩建工程基本上分二期。第一期工程是营建南城皇宫；第二期工程为夯筑城垣与城门，由内到外，先宫后城，既便于建筑材料的运输，又便于建筑垃圾的处理。邺南城及新宫的建筑始于东魏天平二年，直到北齐武平六年（公元575年），即北齐灭亡的前两年，高纬还在邺造偃武、修文殿和大宝林寺，前后工期达40多年。

邺南城的营建以高隆之、辛术、李业兴和张熠功绩最为显著。高隆之为总指挥，辛术典掌设计与营建，李业兴负责图写绘制，张熠掌管建筑材料的运输①。首先，由于他们既有能力，又懂建筑，这使邺城的重建与扩建有了成功的保证。其次，邺城自曹操以来，城制布局十分规整，而且周围地势也比较平坦，规划、设计、重建、扩建都比较方便。再次，都城制度又有历史经验可作借鉴。

特别是邺都南城，“其制度盖取诸洛阳与北邺。然自高欢营之，高洋饰之，卑陋旧贯，每求过美，故规模密于曹魏，奢侈甚于石赵”②。邺南城与北城仅一垣之隔，两城构成东魏、北齐煌煌大都，代表了六世纪中国

① 《魏书·高隆之传》；《北齐书·辛术传》；《魏书·李业兴传》；《魏书·张熠传》。

② 《彰德府志》卷八《邺都宫室志》。

城市建筑艺术最高水平。

邺南城概况　邺南城包括宫殿、街道、坊巷官署、城镇及城门。

邺南城宫殿始建于东魏天平二年七月，竣工于兴和元年（公元539年）十一月，共用了4年零4个月的时间，所用建筑材料大部分是从北魏洛阳宫拆来的。拆洛阳宫与建邺南城宫殿，前后动用了17.6万人，用工量达11 988万个劳动日。据明嘉靖《彰德府志·邺都宫室志》引《邺中记》[①]："宫东西四百六十步，南北连后园，至北城，合九百步。东西南北表里合二十一阙，高一百尺"。宫殿主要建筑如下：

止车门、端门　明嘉靖《彰德府志·邺都宫室志》引《邺中记》云："止车门内，次至端门，端门之内，次至阊阖门。"

阊阖门、清都观　阊阖门初建于东魏天平初。南直端门、止车门，北直太极殿，为宫室之外正门。此门十分雄伟华丽，门上建有清都观，为皇帝讲武、阅兵和举行庆祝、大赦等仪典的地方。

云龙门、神虎门　《彰德府志》引《邺中记》云："端门之内，太极殿前，东西有街，东出云龙门，西出神虎门，朝官至此门，则整肃衣冠而入。"盖太极殿前，直端门，疑有屏垣，故于端门之内，东西复作此二门也。

太极殿　天子正会大典的地方。《彰德府志》引《邺中记》曰："其殿周回一百二十柱，基高九尺，以珉石砌之。"

太极东堂　在太极殿之东。

太极西堂　在太极殿之西。

朱华门　《彰德府志》引《邺中记》云："太极殿后三十步，至朱华门，门内即昭阳殿。"

昭阳殿　在太极殿后，朱华门内。《彰德府志》引《邺中记》云："殿东西各有长廊，廊上置楼，并安长囱，垂珠帘，通于内阁。每至朝集大会，皇帝临轩，则宫人尽登楼奏乐，百官列位。"

东阁、西阁　二阁在昭阳殿东西。

含光殿、凉风殿　《彰德府志》引《邺中记》曰："昭阳殿东有长廊，

① 当为北齐杨楞伽《邺都故事》。

通东阁，阁内有含光殿；西有长廊，通西阁，阁内有凉风殿。”

永巷　在昭陵殿后。《彰德府志》引《邺中记》曰：“昭阳殿后有永巷。”

五楼门　在永巷北。《邺中记》云：“昭阳殿后有永巷，巷北有五楼门。”

显阳殿　在后宫左院内。据《北史》记载，天保二年，改显阳，还为昭阳。或曰此殿为昭阳后殿，后称显阳。

宣光殿　《邺中记》云：永巷北五楼“北内则帝后宫，有左、右院，左院有殿名显阳，右院有殿名宣光”。

镜殿、宝殿、玳瑁殿　据《北史》记载，“高纬起此三殿于后宫嫔嫱诸院中，丹青雕刻，妙极当时”。

修文殿、偃武殿　《彰德府志》引《邺中记》云：“齐武成帝高湛，河清中，以后宫嫔妃稍多，椒房既少，遂拓破东宫，更造修文、偃武二殿及圣寿堂。”据《北史》，高纬增益宫院，造修文、偃武台。疑二台当在二殿之前，故因以为名，也有可能二台即二殿。

圣寿堂　《彰德府志》引《邺中记》云：圣寿堂“在修文、偃武殿后”。

玳瑁楼　《邺中记》云：“圣寿堂北置门，门上有玳瑁楼。”

后园　《邺中记》云：“宫北有后园。”其中唯有万寿堂见于《北史》。

史书有载而地址不详者的宫殿有建始殿、嘉福殿、仁寿殿、金华殿、九龙殿、瑶华诸殿、含章堂、流杯堂、喜音堂、乾寿堂、麟趾阁、文林馆、史馆等。

邺南城中街道共有9条。南北贯通街道二，即：厚载门至北城凤阳门街道，在西半部；启夏门至北城广阳门街道，在东半部。中间是朱明门大道，由南城南面中门北向皇城端门。这3条道路为南北街。东西街从南到北有6条：东西贯通二，即由止秋门东向仁寿门，西华门东向中阳门。另有乾门内街，由西城门乾门东至皇城；纳义门内街，由纳义门东至皇城；上春门内街，由东城门上春门西至皇城；昭德门内街，由昭德门西至皇城。

坊市官署及庙坛可考见者有东市，在东郭；西市，在西郭；东魏太庙，在朱明门内南街之东；大司马府，在端门外街东，南向；御史台，在端门外街西，台门北向；尚书省卿寺，《彰德府志》引《邺中记》云“尚书省及卿寺百司，自令仆而下，至二十八曹，并在宫阙之南”；司州牧廨，《邺中记》云“在北齐太庙北”；齐录尚书事和士开宅，在朱明门内南街之西；魏尚书元文遥宅，在南街次西；齐仪同三司刘臻宅，在启夏门内；司徒唐元邕宅，在御史台南；高昌王刘龙虎宅，在次西；昌黎王韩长鸾宅，在御史台南；仰观堂，当在南城殿阙之东南。

邺南城北接北城南墙，以北城南墙为北墙，由北城南面三门为北门。据《邺中记》：“城东西六里，南北八里六十步。”周长应为 28 里 120 步。另据《北史·高隆之传》，“周回二十五里”。20 世纪 70 年代，考古工作者对南城城垣做了调查，经钻探实测，东西为 2 602 米，南北为 3 454 米。城垣约隔 60 米筑一马面。以西晋一尺合 24 厘米计算，6 里合 2 592 米，8 里 60 步合 3 542 米。钻探实测数字与文献记载大致相符①。而且按钻探实测的数据计算，南城周长为 6 056 米，合 24 里另 56 米，与《北史·高隆之传》所言“周回二十五里”相比较，也大致相符，因为《北史》所言“里”为唐代的“里”，其长度单位也小于今里。

邺南城城制形状似“龟”形，又可叫作“龟城”。据元纳新《河朔访古记》卷中引《邺中记》：“高欢以北城窄隘，故令仆射高隆之更筑此城，掘得神龟，大逾方丈，其堵堞之状咸以龟象焉。”《邺中记》出自东晋陆翙之手，自不及东魏、北齐事。“此疑为北齐杨楞伽《邺都故事》，后人误入《邺中记》”②。文献虽有窜乱，但所记载的史事属实。考古工作者在考察邺南城时，发现南城西南角和东南角夯土层城垣呈弧形，抹角拐弯。东北角和西北角因处在现今漳河河床，受河水冲刷严重，未能钻探到，文献记载和考古调查，都说明高欢对邺南城采用了“龟形”建筑设计。高欢如此设计邺南城的原因，就是期盼邺城坚固永久。

邺南城 11 门，南面 3 门，东曰启夏门，中曰朱明门，西曰厚载门；东面 4 门，南曰仁寿门，次曰中阳门，次北曰上春门，北曰昭德门；西面

---

① 河北省临漳县文保所. 邺城考古调查和钻探简报. 中原文物，1983（4）.

② 黄惠贤. 魏晋南北朝时期的邺都铜雀三台杂考//魏晋南北朝隋唐史研究与资料. 武汉：湖北长江出版集团，湖北人民出版社，2010：409.

4 门，南曰止秋门，次曰西华门，次北曰乾门，北曰纳义门（见图 78）。南城之北，即连北城，其城门以北城南门为之，城门名称有无变化，文献不可考。

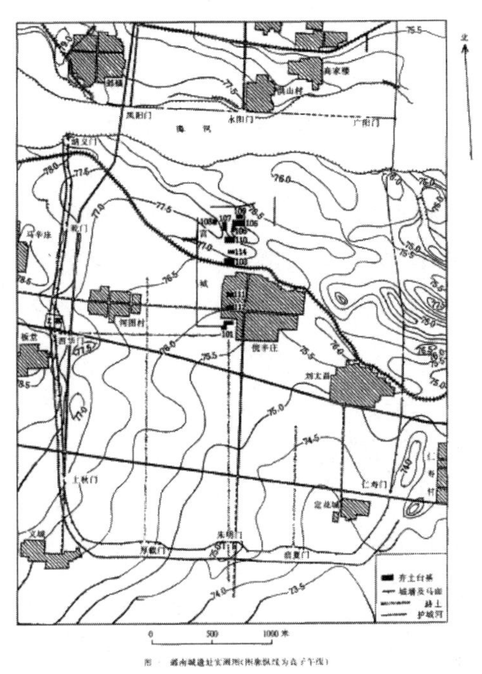

图 78　邺南城遗址实测图

北齐时，高氏皇帝还在南城外筑山凿池，建造园林，主要有华林园、仙都苑等。这些园林规模宏大、豪华壮观，园中有园，亭台楼阁，湖光山色，十分宜人，是帝王常年游玩的地方。

邺北城概况　东魏、北齐在新筑邺南城的同时，对邺北城进行了修复，城制布局及城垣、城门、街路等沿袭十六国。考古工作者在北城发现了 6 条街路，各条街路都有上、下两层路面，下层是汉晋十六国时期的路面，上层为东魏、北齐路面。北城东门还建有瓮城，南面三门直接与南城相通，即为南城之北门。南城北垣亦即北城南垣。

宫室府宅　北城内的府宅修复最早，时间在天平元年迁邺后，即着手进行。以后不断修建，竣成北宫。这些建筑有：相州廨，在北城三台东，孝静帝元善见迁邺，曾居此。丞相府，《北齐书》卷十四《高思宗传》称

“丞相府在北城中，即旧中兴寺也”。高欢宅，《邺都故事》云“欢为魏丞相，所居在北城文昌殿东南”。北宫，原为东魏丞相府和高欢旧宅，后进一步扩建为北宫。北宫东斋，高洋曾软禁东魏宗室诸王于此。东柏堂，《北齐书》卷三《文襄纪》云“（高）澄居北城东柏堂，与陈元康、杨愔、崔季舒等谋篡东魏”。京畿府，在北城中。北城地牢，即京畿狱。司马子如宅，斛律明月宅，在北城。东魏昌乐王元诞府第，昌乐王元诞墓志云天平三年四月二十六日，“薨于第……赠使持节、侍中、太保，领尚书令，司州牧”。其府第当在北城。天平三年，南城还未竣工。

三台　北齐天保七年六月，高洋发工匠 30 多万，扩修三台宫殿。三台构木高 27 丈，于台上大起宫室，两栋相距 200 余尺。工程浩繁，超越前代。天保九年（公元 558 年）九月，北齐三台成，更名铜爵为金凤，金武为圣应，冰井为崇光。三台上建有乾象殿、太光殿等。河清二年（公元 563 年）八月，北齐以三台宫为大兴圣寺。天统二年（公元 566 年），太上皇高湛诏于三台上扩建兴圣寺。天统五年正月，北齐以金凤等三台未入寺者施大兴圣寺。邺城遗址出土有佛像底座（见图 79）。

图 79　东魏北齐邺城出土佛像底座

邺北城城外建筑及工程　东崮山，又名东山，山上建宫，名东山宫，在邺城东，东西 400 步，南北 200 步，基高 2 丈，北齐高澄积土为山，斩地为池，筑成人工土山，于山上建造宫殿，又引万金渠水为行乐之所。神武城，在邺城东北。雍城，在邺城东北。漳滨堰，东魏兴和三年（公元541年），发夫5万筑，历时35日，竣工，计用工175万，似是沿漳水南岸筑起的一道防洪大堤。西门豹庙，在邺西南漳水南岸。石桥，明嘉靖《彰德府志·邺都宫室志》引《邺中记》云："王城东五里，南北长一百尺，东西阔二丈九尺，高一丈九尺。元象二年，仆射高隆之造。"游豫园，周回十二里，内包葛履山，作台于上。凉马台，在邺城西漳水之南，建于后赵建武六年，北齐重新修复。安泽陂，在邺西漳水南，北齐天保五年重修复。紫陌桥，在邺北城西北五里。北齐时，为漳水渡口。鸬鹚陂，与万金渠相通。

附：邺城之里　东魏、北齐将都城邺划分成若干里来管理，百户为里，每里置一里正，"里正之任，掌案比户口，收手实，造籍书"。"诸里正，依令授人田，课农桑"①。邺城的里具有严格的等级，贵里和平民里分置。文献中关于邺城里的记载很少，只在出土的墓志铭中有些反映，兹列举如下：

凤义里　安丰王妃冯氏墓志：武定六年（公元548年）十月二十二日"窆于凤义里地素旗"。墓志出土于邺城遗址西北讲武城西北。凤义里当在邺城郭内，冯氏生前可能居住在此里，死后葬于凤义里的田地内。

宣平里　墨曹参军梁伽耶墓志：河清元年十月，"卒于宣平里"。

信义里　中坚将军平昌子刘忻墓志：北齐武平元年（公元570年）十二月，"卒于邺城北信义里"。

广都里　南阳张满泽妻郝氏墓志：北周建德六年（公元577年）三月七日卒，三月十一日"葬于广都里漳水之北四里"。

永康里　乐陵王妃斛律氏墓志："河清二年八月九日薨于邺永康里。"

北周建德六年（公元577年），攻陷邺城（见图80），北齐亡。大象二年（公元580年），杨坚专擅朝政，相州总管尉迟迥发难，在邺起兵讨杨坚。杨坚遣韦孝宽等率兵击迥，陷邺城，焚毁邺城及邑居，邺自此一蹶不振。此时杨坚已有代周之心，鼎都建都内心当有所谋划，故重演秦始皇毁山东六国都城之故技，焚毁邺城，重建隋都。以后，杨坚建大兴城，其城制沿承邺南城。

---

① 《唐律疏议·户婚》.

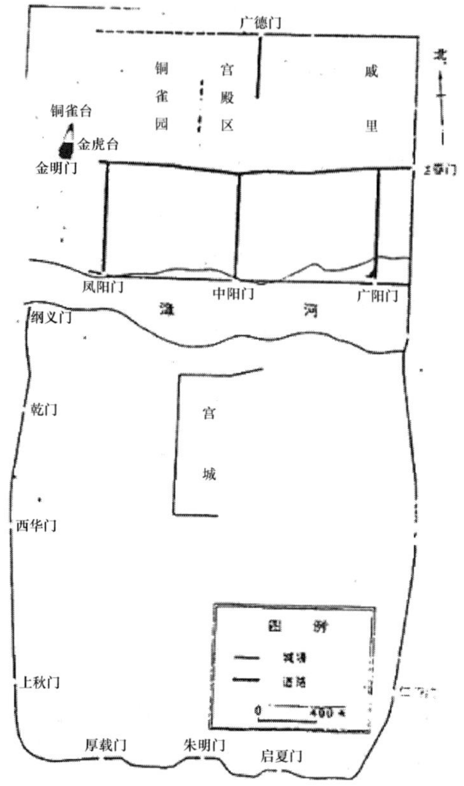

图 80 邺城（北城、南城）平面示意图

（二）襄国

襄国是后赵的都城，后赵立国 37 年，都襄国 23 年。

1. 襄国的由来与沿革

据《汉书·地理志》《续汉书·郡国志》，襄国故为邢国。《通鉴地理通释》曰："祖乙迁于邢。"自此，邢作为商之都城达百余年，后为侯国。《帝王世纪》曰："邢侯为纣三公，以忠谏被诛。"① 西周时，邢为姬姓侯国。《左传·昭公二十四年》曰："周公……封建亲戚，以藩屏周……凡、蒋、邢、茅、胙、祭，周公之胤也。"《史记》也云："周武王封周公旦之子为邢侯。"关于殷周邢侯国的封地，汉晋以来说法不一，按多数人的说

① 《括地志辑校》卷二邢州；《元和郡县图志》卷十五"河东道·邢州"。

法当在今河北省邢台市。除以上所列《汉书》《续汉书》外，还有阚骃《十三州志》。曰："殷时邢国，周封（周公旦子）为邢侯"，都襄国。西晋杜预《春秋左传集解・庄公三十二年》"狄伐邢"条下注云："邢国在广平襄国县。"唐宋时，这一说法几乎成为定论。唐太宗贞观十二至十六年（公元638年至公元642年），由魏王李泰主编的大型地理书《括地志》主张此说，并具体指出了殷周邢国的地理位置。云："邢国故城在邢州外城内西南角。"① 至元和八年（公元813年），唐代另一地理名著《元和郡县图志》写成。此书由宰相李吉甫撰成。吉甫为赵州赞皇（今河北赞皇）人，谙熟河北、河东一带地理掌故，也说：邢州为"古邢侯之国"，"按故邢国，今州城内西南隅小城是也"。新、旧《唐书》和《宋史》等的《地理志》，宋《太平寰宇记》、《通鉴地理考释》卷四、《诗地理考》卷一等书皆循此说。新中国成立后，在今邢台市区西南隅曹演庄至百虎西和西北隅的南小汪至张东一带，不断发掘出殷商文物。这说明殷商时期，邢台市区内曾经建有城邑聚落。又据1979年《考古》第一期所载报告《河北元氏出土西周铜器》，其中有《臣谏簋》铭文，记载了邢国派大臣谏率亚旅进驻軧国，抵击北戎入侵。軧地近邢，邢出兵援軧，既保护了弱小的邻邦，也守住了自己的国土。

春秋时，邢国屡遭北狄的侵犯。公元前661年，齐桓公迁邢于夷仪。《元和郡县图志》卷十五"河东道・邢州"条云："夷仪，今龙岗县界夷仪城是也。"《太平寰宇记》所记夷仪与此同。其地望在今邢台县境浆水村附近②。以后齐晋屡屡争战，邢属晋国。公元前453年，韩、赵、魏三家分晋，邢地属赵国。秦始皇十九年（公元前228年），王翦率军灭赵，尽定赵地为郡，于邢地置信都县，属巨鹿郡。秦汉之际，巨鹿之战以后，项羽控制河北，改秦信都为襄国。《续汉书・郡国志》"襄国"条下注曰："本邢国，秦为信都，项羽更名。"据《史记》卷七《项羽本纪》："赵相张耳素贤，又从（项羽）入关，故立耳为常山王，王赵地，都襄国。"这是史书有关襄国最早的记载。《资治通鉴》将此事系于高帝元年，即公元前

---

① 《括地志辑校》卷二邢州.

② 河北政区沿革志. 石家庄：河北科技出版社，1985：52.

206年①。由此推断，项羽改信都为襄国，时间当在巨鹿之战以后，立常山王张耳之前，即秦二世三年十二月至汉高帝元年二月之间。西汉统一后，改置襄国县，历两汉魏晋，襄国地名相袭无改。

《史记·项羽本纪》有“襄国”地名，并没有明确记载为项羽所改。西晋司马彪撰《续汉书》，以襄国地名始于项羽，时距楚汉之际数百年，也未能指出援引何据。自唐李泰、李吉甫至明清顾祖禹、杨守敬等悉沿此说。至于为什么改名襄国，诸家史籍并没有确切记载，唯《元和郡县图志》说：“盖以赵襄子谥名也。”② 考诸先秦史籍，并不曾有关于赵襄子居邢、封邢、食邢的记载，何以其谥名改信都为襄国呢？这恐怕是李吉甫以襄国为赵地，故将其地名的来历含义附会于赵襄子的谥名，如此推测不免有些牵强。考察襄国确切的来历，文献不足征。案《周书·谥法》：辟地有德曰襄，甲胄有劳曰襄。襄国一带是项羽与秦军巨鹿之战的战场，九场战斗，虽然取胜，但损折了不少将士和江东子弟，他们的尸骨被掩埋这里，项羽许是为了追思怀念他们的功绩，故改信都为襄国。而且，襄国及河北地区是项羽初创的地盘，据所见材料，襄国又是项羽唯一改的地名。可见襄国的改名，其意义对于项羽是十分重要的，不可能是因为赵襄子的谥名。赵襄子无论于信都，还是于项羽，都没有什么瓜葛，怎么能以其谥名改地名呢？《元和郡县图志》之言当为穿凿。再者，从战国秦汉都城制度沿革方面看，赵实行陪都制，于邯郸置都，又建陪都于信都。秦灭赵，推行郡县制，置信都县于邢地，信都只是一座县邑，而其陪都的地位消失了。项羽起兵反秦，实行分封，众建诸侯国，在都城制度上多恢复西周，以张耳从入关，襄助其霸业，封耳为常山王，统辖赵地，所都襄国既非赵之陪都，又非秦之县邑，而是霸王所封王国的都邑，故有改名之必要。这样从历史背景和都城制度沿革去考察襄国地名的由来，将更近乎史实。

2. 西晋末年中原及河北政治地理形势与石勒建都襄国

西晋“八王之乱”，诸镇纷纷援引北方少数民族酋帅助虐，中原及河北地区到处是刀光剑影，腥风血雨。胡汉豪强各据一方，争城夺地，民众

① 《资治通鉴·汉纪一高帝元年》.

② 《元和郡县图志》卷十五“河东道·邢州”.

流徙，锋镝残生。晋室失去了对中原及北方地区的控驭，青、冀、幽、并、豫等州纷纷被西晋征镇和北方少数部族酋帅占据。诸如幽州王浚，青州苟晞，并州司马腾、刘琨，冀州丁绍等。鲜卑段氏据有辽西，匈奴部帅刘渊在平阳（今山西临汾）称帝，并得石勒、王弥共戴。王弥率军经常出没于洛阳、许昌，羯人石勒也起兵赵魏，杀阳平太守李志，转攻邺，不久被晋将苟晞打败，逃往并州，投奔了汉刘渊。胡汉列强争夺最激烈的地区是中原和河北，割据与争夺的焦点主要是洛阳、许昌、邺、蓟、中山、常山、信都（今河北衡水市冀州区）等城邑。尤其是洛阳和邺，屡经战火，遭受的破坏十分严重。位居河北与中原要冲的襄国，夹缝于邺、常山、信都之间，成了豪强争斗角逐的空当，所受战争的破坏较小，这为割据势力存在与发展提供了十分优越的地理条件。

永嘉二年（公元308年），刘渊遣石勒东下赵魏，攻常山、赵郡，杀晋冀州西部都尉冯冲，又攻邺，于三台斩魏郡太守王粹，继之，破中丘（今河北内丘），杀晋将赦亭、田禋。永嘉三年（公元309年），克巨鹿、信都，杀冀州刺史王斌，又攻中山、博陵、高阳、广宗、清河等，陷冀州郡县堡壁百余，居民20余万降附石勒。永嘉五年（公元311年），石勒既败苟晞、王弥，挥师南下豫州，至江而还，屯于葛陂（今河南新蔡），课农造船，欲攻建业（今江苏南京），时逢霖雨，三月不止。次年二月，东晋集兵寿春与石勒对敌。勒军中饥疫，死者大半，进退两难，因问计于谋士张宾。宾曰："邺有三台之固，西接平阳，宜北徙居之。"勒攘袂鼓髯曰："宾之计是也。"于是发自葛陂，退往河北，所过路次，皆坚壁清野，勒军采掠无所获，军中大饥。俟至邺，刘演守三台。张宾进曰："刘演众犹数千，三台险固，攻守未可卒下，王彭祖、刘越石，大敌也。宜及其未有备，密规进据罕城，广运粮储，西禀平阳，扫定并蓟，桓、文之业可以济也。且今天下鼎沸战争方始，游行羁旅，人无定志，难以保万全，制天下也。夫得地者昌，失地者亡。邯郸、襄国，赵之旧都，依山凭险，形胜之固，可择此二邑而都之。然后命将四出，授以奇略，推亡固存，兼弱攻昧，则群凶可除，王业可图矣。"① 石勒从之，进据襄国。宾又进言："闻

① 《晋书·石勒载记》上.

广平诸县秋稼大成，可分遣诸将收掠野谷。遣使平阳，陈宜镇此之意。”①勒又然之，上表刘聪，分命诸将攻冀州郡县壁垒，率多降附，运粮以输石勒，从而巩固了以襄国为中心的根据地。

石勒从流寇作战到建立根据地，选择襄国为其根据地中心，在经济上，靠襄国周围广平诸郡县之农业，为其提供了大批军粮，使之从饥困疲乏的危机中解救出来；在政治上，勒一方面讨好前赵刘聪，一方面加速自己的霸业进程；在外交方面，采取了远交近攻的策略，离间王浚与鲜卑段氏的联盟。永嘉六年（公元312年），晋幽州刺史王浚使督护王昌率段疾陆眷及其弟段匹磾、文鸯、从弟末柸攻勒于襄国。勒袭执末柸，因以为质请和于疾陆眷。疾陆眷使文鸯与石虎盟而还。王浚据蓟逞强，所恃唯鲜卑段氏，石勒结好段氏，孤立、削弱了王浚的势力。从此，王浚由攻势转为守势，最终成了石勒的阶下囚。建兴二年（公元314年），石勒借王浚称帝，假装奉表劝进，率军袭蓟，俘王浚，送襄国斩首，迁乌桓审广、渐裳、郝袭、靳市等于襄国，分遣流民，使各还乡里。石勒在消灭了王浚势力以后，又拓地青、齐、豫、并等州，击败刘琨。辽西段氏内讧，亲晋势力的代表段匹磾奔乐陵，投靠晋将邵续。从此石勒势力大增，于公元319年11月，石虎，张敬、张宾、张屈六、程遐等请石勒称大将军、大单于，领冀州牧、赵王。勒以河内、魏、汲、顿丘、平原、清河、巨鹿、常山、中山、长乐、乐平等11郡，并前赵国、广平、阳平、章武、勃海、河间、上党、定襄、范阳、渔阳、武邑、燕国、乐陵等13郡，合24郡，户29万为赵国。勒即赵王位，都襄国。后赵石勒三年（公元321年），后赵石虎击败段氏，俘段匹磾，尽得幽、冀、并及辽西等地，形成了以襄国为中心，南到黄河，北至幽蓟、辽西，东达青、齐，西接上党之广阔疆域。后赵建平四年（公元333年），石勒卒，太子石弘即位，石虎发动政变，杀石弘及后妃、大臣等，自称居摄天王，于建武元年（公元335年）迁都邺。从公元312年石勒定据襄国到公元335年石虎迁邺，后赵都襄国23年，奠定了羯人石氏政权的基业。

3. 后赵襄国城的兴建与废毁

襄国本汉晋县邑，城郭窄小。虽“依山凭险”，有“形势之固”，但非

---

① 《晋书·石勒载记》上.

通都大邑。石勒择都此地，对襄国城进行了重建改造。由于处于战争环境，石勒采取了先筑城后造宫室的步骤。于旧城东北筑大城，又称“北城”，俗称“建平城”。此城始筑于永嘉六年（公元 312 年），是时，王浚乘石勒立足未稳，“城隍未修”，联合鲜卑段氏攻襄国。石勒只得“于襄国筑隔城重栅，设鄣以待之”①。北城仅是一座堡垒，被称为“北垒”，还曾一度被鲜卑兵占领。石勒用张宾、孔苌计，凿突门于北城，出奇兵，制服了段氏。以后随着政权的巩固，地盘的扩大，襄国城的建筑规模越来越大，持续了 20 多年。在建筑新城的同时，勒还将原旧城改建为永丰小城。石勒灭前赵，擒刘曜，将之带回襄国，并把他安置在永丰小城内。小城拱卫大城，互为掎势。朝廷宫室、政事机构等多集中于大城，为后赵政治中心；小城多布军队侍卫，为大城外围防御的军事据点。这种大小城的建筑布局在中国古都史上是颇具特点的。

后赵襄国宫殿的建筑较晚于城郭。寝宫及诸门至后赵二年（公元 320 年）“始就”，而大朝建德殿更晚。据《晋书·石勒载记》：“勒下令曰：‘去年水出巨材，所在山积，将皇天欲孤缮修宫宇也，其拟洛阳之太极起建德殿。’遣从事中郎任汪帅使工匠五千采木以供之。”水出巨材在后赵二年，缮修宫宇当在三年（公元 321 年）。石勒建襄国城，先筑城郭，再建宫室及诸门，最后造大朝正殿建德殿。前后步骤顺序都是出于当时政治和军事的需要。

后赵襄国城的规模也是十分可观的，在魏晋邺城被毁之后，石虎迁邺之前，襄国可算是中国北方一大都会。虽然其原貌我们已无从窥见，但检索史籍文献，其宫殿苑囿、门楼里巷等零星材料，仍可征稽，兹列述如下，以见建平城一斑。

建德殿、端门　石勒大朝正殿，许多重大朝政活动都在这里举行。殿前有端门。《晋书·石勒载记》下：“勒拟洛阳之太极起建德殿。”“从事中郎刘奥坐营建德殿井木斜缩，斩于殿中”。建平元年，“暴风大雨，震电建德殿端门”。石虎征慕容皝，“还朝群臣于襄国建德前殿”。《太平御览》引《后赵录》：“建平三年正月，大飨于建德殿。”又云：“勒徙洛阳晷影于襄

① 《晋书·石勒载记》上.

国，铭佐命功臣三十九人于石函，置于建德前殿。”后赵建德殿置有建德校尉。《晋书·石勒载记》曰：“建德校尉王和掘得员石，铭曰：‘律权石，重四钧，同律度量衡，有新氏造’。”

徽文殿　后赵五年（公元323年），“勒境内大疫，死者十二三，乃罢徽文殿作”①。

崇训宫　石虎命太子宫为崇训宫。石虎建武元年（公元335年），“幽弘及程氏并宏、恢于崇训宫”②。

泮水宫　石勒如泮水宫，因疾甚而还。

单于庭、晷影　勒徙洛阳晷影于襄国，列于单于庭。

正阳门　勒命参军鼂讚成正阳门，俄而门崩，勒怒斩讚。又勒于正阳门送张宾丧。

永丰门　勒徙洛阳铜马、翁仲二于襄国，列之永丰门。

永昌门　勒微行求出永昌门，门侯王假欲收捕之，从者至乃止。

止车门　《晋书·载记》：“有醉胡乘马突入止车门。”

东堂　建平三年（公元332年），雹起西河介山，大如鸡子，勒正服于东堂，以问徐光雹灾原因。石勒称王后，令自今有疑难大事，使八座聚集东堂，诠详评决。

西阁　《太平御览》引《后赵录》：建平四年（公元333年）七月，勒薨于西阁。

明堂、辟雍、灵台　勒起明堂、辟雍、灵台于襄国城西。

百尺楼　石季龙攻俘徐龛，送之襄国，勒囊盛于百尺楼自上扑杀之。

社稷、宗庙、东西宫　后赵元年，始建社稷、宗庙，营东西宫。

太学　勒立太学，简明经善书吏署为文学掾，选将佐子弟三百人教之。

四门与宣文、宣教、崇儒、崇训诸学　勒增置宣文、宣教、崇儒、崇训十余小学于襄国四门，简将佐豪右子弟百余人以教之，且备击柝之卫。勒亲临大、小学，考诸学生经义，尤高者赏帛有差。

---

① 《晋书·石勒载记》下.

② 同①.

观雀台　观雀台崩，杀典匠少府任汪，复使修之，倍于常度。胡三省认为观雀台在邺（今河北临漳西南邺镇）。洪亮吉曰此时石虎尚未迁都，台应在襄国①。兹从洪说。

挈壶署　勒置挈壶署，铸丰货钱。

永丰仓　勒时得一鼎，容四升，中有大钱三十文，曰：百当千，千当万。鼎铭十三字，篆书不可晓，藏之于永丰仓②。

崇仁里　后赵二年，勒徙朝臣掾属以上士族三百户于襄国崇仁里，置公族大夫统领。崇仁里，为石勒命名，是后赵都城襄国内士大夫居住区。

桑梓苑　《后赵录》：赵王八年春正月，立桑梓苑于襄国。

襄国市、襄国市西门　石勒陷蓟，擒王浚，送襄国市斩之。暴风大雨，震电建德殿端门、襄国市西门。由此推测，襄国市当还有东门、北门和南门。

襄国行宫　冉魏永兴二年（公元351年），姚襄、石琨、悦绾大败冉闵，闵潜藏襄国行宫，后与十余骑逃还邺。

襄国的坊巷，因史书阙载，已无从考见。

襄国城外有石门山，土山和石井冈。石井冈，也名龙冈。据《元和郡县图志》：冈上有井，大如车轮。石勒时，天旱。沙门佛图澄于此掘得一死龙，长尺余，渍之以水，良久乃苏，雨遂大降，因名龙冈。还有常卢泽、石勒母王夫人塚。《晋书·石勒载记》云：勒母王氏死，潜窆山谷，莫详其所，既而备九牢之礼，虚葬于襄国城南。《太平寰宇记》曰冢在龙冈县西南。又有石勒墓，勒死，夜瘗山谷，又备文物虚葬，号高平陵。后赵建武四年（公元338年），石虎祭石勒墓，朝群臣于襄国建德前殿。《太平寰宇记》云勒墓在龙冈县西南十五里。又引《郡国志》云，勒尸别在渠山葬之，夜为十余棺，分道出埋，以惑百姓。

后赵襄国拥有的人口是众多的。从《晋书·载记》所反映的情况看，这些人口大多是被迁徙来的。石勒南下豫州时，士民达三四十万，虽然战事不利，损兵折将，到都襄国时，估计人口不会下于10万，以后灭王浚，

① 《十六国疆域志·后赵》.

② 《晋书·石勒载记》下.

破东燕，降平原乌桓和并州李弘，击宁黑，讨丁零，克平阳，攻邵续，陷廪丘等，徙于襄国的人口前后达30多万，加上襄国原有的人口，后赵石勒时期襄国的人口至少有四五十万。如此众多的人口，绝非弹丸小城所能容纳，由此可以想见建平城之宏大规模了。

自石虎迁都邺后，襄国的地位衰落了，此后再没有大规模的土木工程。后赵太宁元年（公元349年），石虎死，后赵大乱，冉闵称帝，建冉魏政权，后赵新兴王石祗即帝位于襄国。不久，刘显杀石祗，自称帝。魏冉闵攻陷襄国，杀刘显及其公卿部下百余人，焚襄国宫室。至此，历经20多年建筑起来的襄国城被付之一炬。

4. 襄国在后赵史上的地位和作用

西晋"八王之乱"给中原和河北地区的民众所带来的灾难是十分惨重的。百姓流徙，田地荒芜，饿殍载道，哀鸿遍野，豪强混战，坞壁林立，逐渐演成石勒、王浚、刘琨等三股势力逞强河北，三者各以反晋起义型、割据型和复晋型鼎足赵魏、幽蓟和辽西。石勒在各种势力盘根错节的河北地区找到自己的立足之处襄国，奠基立业，这不仅仅是人为的选择，也是自然的选择和历史的选择，成功的选择为之提供了生存、发展的依托，加之石勒本人的才智和政策措施的得力，使之能够消灭王浚、刘琨的势力，取得地区性的统一。

这种地区性的统一，带来了地区社会的稳定，自公元315年至公元348年，30多年间，河北地区基本上没有发生大规模的战争和动乱，社会相对安定，人口增长。西晋太康初，幽冀三魏户数50.21万，"八王之乱"后，伴随人口流徙狂潮和战乱灾疫，人口锐减，到石勒建后赵，河北16郡，户数不超过20万。以后随着社会的稳定，户口逐渐增加，后赵全盛时，河北地区的人口估计不下50多万户，达到或超过西晋太康初的数字。这一方面是石勒、石虎不断迁徙大批人口于河北，另一方面还采取了鼓励人口生育的政策。据《晋书·石勒载记》所载，黎阳人陈武妻一产三男一女，堂阳人陈猪妻一产三男①，都受到石勒的奖赏。

社会的安定，人口的增长，为区域经济的恢复与发展创造了环境和条

① 古"猪""武"相通。《晋书·石勒载记》所载两事，可能为一事。

件。石勒起兵赵魏时，尝以军粮不给，“分遣诸将，收掠野谷”。张宾劝他定居河北，广积粮储。定都襄国后，于公元314年颁布租税制度，规定每户每年出帛2匹，谷2斛。这一年，襄国大饥，谷2升值银2斤，肉1斤值银1两，饥荒贱年使石勒认识到粮食的贵重。他很注意粮食节约，称王后，“以百姓始复业，资储未丰，于是重制禁酿，郊祀宗庙皆以醴酒。行之数年，无复酿者”①。同时又积极鼓励生产，置劝农大夫、典农使者、典农都尉，使循行州郡，核定户籍，劝课农桑，农桑最修者，赐爵五大夫。这些措施促进了中原及河北地区的农业生产。到石虎时，邺和襄国的粮食储备很多，中仓岁入百万斛，余皆储入水次仓。并且还屯田于边地，以扩充军粮的来源。在手工业方面，丝织、造船、造车技术都很先进；商业较之魏晋，在许多地方也有不少发展，襄国、邺等城都置有市，作为集市贸易活动的场所。

后赵地区性的统一与社会安定、人口增长、区域经济的恢复和发展，都是与襄国相关的。襄国作为后赵的政治中心，对地区性的统一起了关键作用，尤其是石勒时期，都城地位的崛起，同时又有周围城邑的衰落，使其吸收与辐射的功能愈益强烈，所及区域范围不断扩大。襄国作为河北地区的一大都会，充分发挥了中心城邑的作用，在后赵史上乃至十六国时期具有突出的地位。

后赵石虎时期，由于迁都邺城，襄国的地位和作用有所削弱，直至衰落下去，其主要原因是邺城的复兴，取代了襄国的地位。襄国较之邺城，在许多方面处于劣势。第一，地理位置不如邺城优越。邺扼黄河、漳河，“据河北之襟喉，为天下之腰膂”②。襄国虽处要地，而非“襟喉”“腰膂”之要害处。第二，交通不如邺城便利，而且邺又有传统水利工程，既可通漕运，又可灌溉农田。第三，传统农业没有邺地发达，邺地农业耕作条件优越，土壤肥沃，历来是富饶之乡。第四，邺又是汉魏以来北方名城，作为都城，各方面的条件要比襄国优越得多。而且石勒择都襄国也只是权宜之计，在都襄国的第二年，就欲营建邺城，但又考虑邺“风俗殷杂，须贤

① 《晋书·石勒载记》下.

② 《读史方舆纪要》卷四十九河南四.

望以绥之”①，由于找不到合适的人选而未果。俟消灭了王浚、刘琨两股势力之后，解除了襄国的危患，后赵政权初步得以巩固，石勒才于建平二年（公元331年）开始动手营建邺城。这说明他始终没有放下都邺的念头。只是到了石虎时，迁都邺城的条件成熟了，这时襄国对于后赵政权的巩固与发展的使命已经完成，随着后赵政治中心的移邺，襄国都城的地位衰落了，以后又经战争破坏和冉魏火焚，使之更加败落，以至成为河北地区一郡县小邑。

（三）中山

中山本战国时故国，都顾，即今河北省定州市。公元前408年至公元前406年，魏灭中山，顾遭受巨大破坏，并由此衰败。秦于顾地置苦陉县，在今河北省定州市南邢邑镇。汉初，刘邦置中山郡，景帝三年（公元前154年）复称中山国，都卢奴，今河北省定州市。北魏皇始二年（公元397年）置安州，天兴三年（公元400年）改名定州，州治中山。历汉魏晋十六国北朝，中山始终是郡、国、州之治所，名称沿袭不变。

中山位于太行山东麓平原上，地处南北要冲，北有滱水（今唐河），南有沠水（今沙河），分别自西北而东南，又东流汇入滹沱河。地势平坦，由西北向东南缓斜，坡度为1∶800～1∶1 500，海拔高度在35～85米间，平均高度为56.2米。溯滱水西北行，可达雁北、平城等地，既是燕赵锁钥，又是并冀咽喉。十六国至北朝时期，中山因其优越的地理位置，成为海河流域区域中心城镇。

中山自古即北方少数部族南下中原的通道。春秋战国时期，鲜虞部族活动于此，在这里建中山国。西晋末，丁零、杂胡徙居此地，初依附于石勒。汉刘聪建元二年（公元316年），中山丁零翟鼠叛勒，攻中山、常山，石勒率骑讨伐，鼠奔代郡。后赵衰败，翟鼠又率丁零部众回到中山，于前燕十五年（公元351年）降附慕容氏。苻坚灭前燕，将北地丁零翟斌部众迁至新安。淝水之战，苻坚失败，慕容垂联结翟斌，叛前秦，引丁零乌桓之众二十余万，北渡黄河，攻围邺城。不久，翟斌因政争，又背叛了慕容

① 《晋书·石勒载记》下.

垂，联结前秦邺城守将苻丕，破坏慕容垂引漳灌邺计划。垂觉，杀翟斌等，曰："丁零叛扰，乃我心腹之患"①。又发兵攻斌侄翟真。翟真击破后燕军，由邯郸北奔中山，屯于承营。日本学者青山定雄编《中国历代地名要览》，称承营在今河北省定州市东南。

后燕元年（公元 384 年）十月，翟真在承营与前秦势力遥相呼应，共同抗击燕军。慕容农、慕容麟合兵击败翟真。次年四月，翟真自承营徙屯行唐（今河北行唐北），丁零内部发生变乱，部将鲜于乞杀真及其宗族，自立为赵王。营人共杀乞，立真弟翟成为主，其众多降后燕。闰五月，慕容垂围翟成于行唐。七月，翟成长史鲜于得斩成出降，慕容垂屠行唐，尽坑其众。丁零从此衰落，不敢与后燕为敌。

慕容垂击溃丁零部众后，又相继消灭了苻秦在河北地区的残余势力，形势逐渐稳定下来，于是在后燕二年（公元 385 年）十二月，始定都中山。垂选择中山为后燕都城，是一项不得已的事情。他原打算沿承前燕，以邺城为都，由于苻丕坚守邺城，燕军久攻不下，精疲力竭，不得不退守中山。后燕为什么将都城设定在中山？其主要原因是由于当时的地理环境和政治、军事、社会形势。首先，中山具有优越的地理条件和区位优势，南距邺约 300 公里，北距蓟约 250 公里。西北可与雁北鲜卑诸部相声接，交通便利，山河四塞。其次，后燕立国后，其主要威胁是前秦残余和南方的东晋势力。慕容垂击败丁零部众，消除了心腹之患，使之无后顾之虑，便可集中力量南图，建都中山是其最佳选择。再次，中山原为春秋时期故都，北方民族与中原汉族交融，具有良好的人文传统。最后，早在后燕二年（公元 385 年）二月，慕容温即开始兴建中山宫，欲迎垂都中山，经过近一年的准备，最终将都城定于此地。

关于后燕中山都城的建筑，史书记载少而零乱。清人洪亮吉《十六国疆域志》卷十二后燕冀州中山尹"弗违"条，辑有数条材料，兹移录如下：

弗违，汉卢奴县。《元和郡县志》：后燕慕容垂都中山，改卢奴为

① 《晋书·慕容垂载记》。

弗违县。有小城。《水经注》：后燕因赵石（当为“石赵”）故宫，建都中山，小城之南，更筑隔城与复宫观。今府榭犹传故制。

承华观　（慕容）垂为太子宝起承华观。

东堂　（慕容）宝闻魏军将至，引群臣议于东堂。

芳林园　魏军进攻中山，屯于芳林园。

承营　晋太元九年（公元 384 年），后燕慕容楷进追丁零翟真，真败趋中山，屯于承营。

柏肆　《北史·高车传》：车驾伐中山，军于柏肆，慕容宝夜来攻营。（案：此与曲阳之柏肆坞非一地。）

慕容垂墓　《后燕录》：墓号宣平陵。案《晋书·载记》，垂死秘不发丧，至京，然后举哀行礼，则垂墓在卢奴可知。

关于慕容垂墓，清代、民国《定县志》有记载。民国年间，李景汉到定县做社会调查，撰有《定县调查》一书，书中载有垂墓碑照片。垂墓俗称“慕容陵”，位于城内大道观街，占地 10 余亩，陵园呈方形，四周为红砖青瓦回廊，陵高 13 米，居陵园正中，周围古柏参天，自 20 世纪 60 年代被河北省列为省级重点文物保护单位。

后燕都城中山还有外郭。建兴二年（公元 387 年）五月，慕容垂率军南攻翟辽。井陉人贾鲍招引北山丁零翟遥等 5 000 人，乘夜袭中山，陷其外郭。后燕章武王慕容宙以奇兵出其外，太子宝鼓噪于内，合击，大破丁零，尽俘其众，唯遥、鲍单马走免。据史料推测，贾鲍所陷外郭，即中山南郭，由郭城南门攻入。

中山外郭当即小城之南隔城，又称南郭。北魏皇始元年（公元 396 年）十一月，拓跋珪将兵攻中山，后燕慕容隆守中山城南郭，率众力战，杀伤数千人，魏军退。次年七月，魏将长孙肥率骑 7 000 袭中山，入其郛，慕容麟率众将之击退。拓跋珪与长孙肥攻袭中山城的重点，似均在郭城南门。后燕军城防重点在北部小城，南部郭城相对弱些。自皇始元年（公元 396 年）十月至二年（公元 397 年）十月，拓跋珪用了一年的时间，才将中山攻克，足见中山城防相当坚固。

关于中山城的城门，见于记载的有东门。《魏书·王建传》曰：“（魏军）遂进围中山。（慕容）宝弃城走和龙。城内无主，百姓惶惑，东门不闭。太祖（拓跋珪）将乘夜入城，据守其门。建贪而无谋，竟在虏获，恐士卒肆掠，盗乱府库，请俟天明。太祖乃止。”此处东门，当为外郭城门。

从史料反映的情况看，后燕都城中山由内、外城构成：内城即小城为禁城，位于北部；外城即隔城，在小城南，并与小城相接，故曰南郭。主要宫殿在内城，在后赵行宫的基础上改建、扩建而成，承华观、东堂当位于禁城的东部。外城主要建筑有复宫观等。内、外城的建筑布局似承袭邺城制度，沿中轴线左右对称，朝会大殿位于中轴线北半部，成为都城主建筑群中心。中心都城地势西北高，东南低，亦与邺城相似，故城防重点在北部内城，南部外郭防守相对弱些，因此，南郭便成为攻击的突破口，贾鲍，翟斌与拓跋珪、长孙肥等，先后攻中山，均在南郭。中山的隔城建筑还影响了邺城，后燕建兴七年（公元392年）十二月，慕容垂遣慕容农率兵镇邺，农入邺，以邺城广难固，于凤阳门大道之东筑隔城，邺之隔城建筑当仿效中山。

芳林园、承营、柏肆，均在中山城外。

自后燕二年（公元385年）十二月慕容垂定都中山，至北魏皇始二年（公元397年）十月拓跋珪陷中山，后燕都中山，前后12年。

后燕时，中山与信都、邺形成“铁三角”关系，互为掎势。信都、邺二城均有“亲贤”镇守。北魏皇始元年（公元396年），拓跋珪伐后燕，先取并州，然后出井陉，攻略河北，“常山以东，守宰或捐城奔窜，或稽颡军门，唯中山、邺、信都三城不下”①。平定河北后，拓跋珪巡视中山、常山、赵郡、邺等重要城镇，虑还雁北平城后，山东有变，乃置行台于中山，命左丞相守尚书令卫王拓跋仪镇守。已故著名历史学家周一良先生曾注意到北魏统治者对中山、邺、信都三城的重视，撰有《中山邺信都三城》一文，载入《魏晋南北朝史札记》（中华书局1985年版）。曰：

> 信都属冀州，中山属定州，邺属相州。三城为山东重镇，而此三州亦即山东重要地区……北魏统治者对于山东冀定相三州特别重视。

---

① 《魏书·道武帝纪》。

415年秋谷不登，“分民诣山东三州［就］食”（《魏书》卷35《崔浩传》）。《通鉴》胡注“山东三州定相冀也”。418年，“诏诸州调民租户五十石，积于定相冀三州”（《魏书》卷3《明元纪》）。430年，“帝闻刘义隆将寇边，乃诏冀定相三州造船三千艘，简幽州以南戍兵，集于河上以备之”（《魏书》卷4上《太武纪》）。盖吴起义反魏，446年，“发定冀相三州兵二万人屯长安南山诸谷，以防越逸”（《魏书》卷4下）。皆足证山东三州在对南朝之防御及进攻，对内部起义之镇压，经济上军事上皆具重要性。道武以后诸帝不断“行幸”三州，如太武帝，435年“行幸”定州、冀州及邺，443年“行幸”中山，445年“行幸”定州，447年又“行幸”中山。文成帝454年“行幸”中山、信都，458年“行幸”信都、中山，460年“行幸”中山、邺、信都。献文帝在位仅六年，未曾东行。孝文帝迁洛之前，481年南巡，至中山、信都，亲见高年，问民疾苦……北魏诸帝对山东三州人民特加意笼络。据本纪所载，如431年“定州民饥，诏启仓以赈之”。450年“曲赦冀定相三州死罪以下”。483年“以冀定二州民饥，诏郡县为粥于路以食之。又弛关津之禁，任其去来”。485年诏“今自太和六年以来买定冀幽相四州饥民良口者，尽还所亲。虽聘为妻妾，遇之非理，情不乐者，亦离之”。迁洛以前，对于灵丘道极为重视，482年诏“灵丘郡土既褊塉，又诸州路冲，官私所经，供费非一。往年巡行，见其劳瘁，可复民租调十五年”。是年又“发州郡五万人治灵丘道”。灵丘所以冲要，即以其为平城南巡入冀定相一带必经之路也。

北魏诸帝为什么如此重视冀定相三州？周一良先生认为原因是这里富庶繁荣，文化亦较发达。这当然是重要的方面，而且，中山、信都、邺与平城同属海河流域，同一地域，经济、文化、政治、军事等方面的联系自然紧密，休戚与共，这也是不容忽视的因素。孝文迁都洛阳后，放松了对北方的经营，加上民族矛盾激化，自然灾害频繁发生，最终导致六镇和河北流民起义，中山、信都等重要城镇均受到破坏，一度衰落。东魏、北齐时，定州的地位虽有所提升，但并不及北魏前期。北周灭北齐，政治中心西移，以后隋唐大运河开通，海河流域东部城镇兴起，太行山东麓的定州等城镇渐渐失去了地域中心的地位。

（四）平城

秦置平城县，治所在今山西省大同市东北古城。西汉沿置县，王莽改曰平顺。东汉复旧名。东汉末年，中原战乱，北方游牧民族南侵，雁北一带，边郡县皆废。历魏晋十六国，平城为北方游牧部族政权控辖。西晋时，拓跋猗卢称代王，都盛乐（今内蒙古和林格尔县西北土城子），又以平城为南都。《魏书·序纪》曰："（穆帝拓跋猗卢）六年（公元313年），城盛乐，以为北都。修故平城，以为南都。帝登平城西山，观望地势，乃更南百里于㶟水之阳黄瓜堆筑新平城，晋人谓之小平城，使长子六修镇之，统领南部。"南都即秦汉故平城。

代王什翼犍建国三十九年（公元376年），前秦灭代，平城衰废。

登国元年（公元386年），什翼犍之孙拓跋珪纠集各部在牛川即今内蒙古大黑河上游或上游支流①重建代国。天兴元年（公元398年）六月，拓跋珪改国号曰魏；七月迁都平城，开始营建宫室，建宗庙，立社稷；八月，诏有司正封畿，制郊甸，端经术，标道里，平五权，较五量，定五度。《魏书·食货志》曰："天兴初，制定京邑，东至代郡，西及善无，南极阴馆，北尽参合，为畿内之田。其外四方四维置八部帅，以监之。"晚清杨守敬、熊会贞编绘《水经注图》（光绪三十一年刊行），绘有《平城图》，见图81。

天兴元年（公元398年）十月，建天文殿，十二月"帝临天文殿，太尉、司徒进玺绶，百官咸称万岁"②。

天兴二年（公元399年）正月甲子，拓跋珪初祠上帝于南郊天坛。天坛之筑当在天兴元年。二月，北魏大破高车诸部族，"以所获高车众起鹿苑。南因台阴，北拒长城，东包白登，属之西山，广轮数十里。凿渠引武川水，注之苑中，疏为三沟，分流宫城内外。又穿鸿雁池"③。鹿苑范围广大，南界在鹿苑台，台位于平城西北，西如浑水东岸，由台向西、东筑一长墙，

① 前田正名. 平城历史地理学研究. 北京：书目文献出版社，1994：126.

② 《魏书·道武帝纪》.

③ 同②.

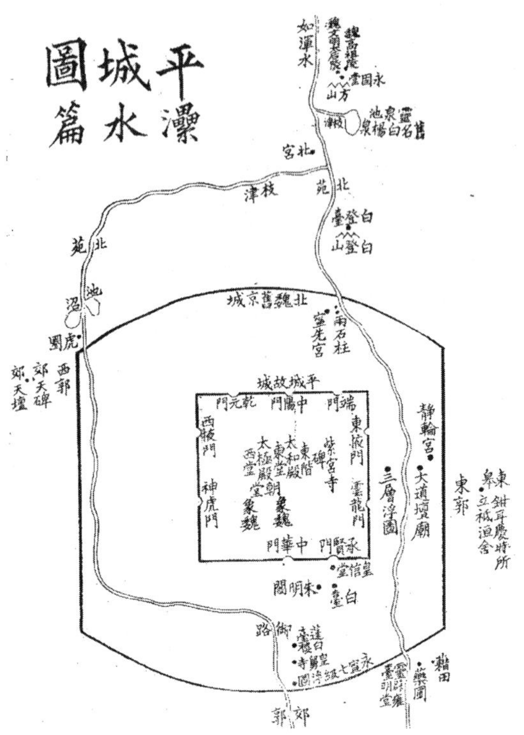

图 81　杨守敬、熊会贞绘《平城图》

墙南为宫殿区，墙北为鹿苑。秋七月辛酉，拓跋珪“大阅于鹿苑”①。

秋七月，起天华殿。增启京师十二门，又建西武库。

“冬十月，太庙成，迁神元、平文、昭成、献明皇帝神主于太庙。”是月，“天华殿成”。

天兴三年（公元 400 年）三月，“穿城南渠通于城内，作东、西鱼池”。

秋七月，“起中天殿及云母堂、金华殿”。

天兴四年（公元 401 年）五月，“起紫极殿、玄武楼、凉风观、石池、鹿苑台”。

天兴六年（公元 403 年）冬十月，“起西昭阳殿”。西昭阳殿即昭阳殿，因位于天文殿西北，故曰西昭阳。天赐元年（公元 404 年）“秋九月，帝临昭阳殿，分置众职，引朝臣文武，亲自简择，量能叙用，制爵四等，曰王、

① 《魏书·道武帝纪》.

公、侯、子，除伯、男之号，追录旧臣，加以封爵，各有差”。此时昭阳殿为内朝大殿。

天赐元年（公元404年）冬十月，“筑西宫。十有一月，上幸西宫，大选朝臣，令各辨宗党，保举才行，诸部子孙失业赐爵者二千余人”。

天赐三年（公元406年），“规立外城，方二十里，分置市里，经涂洞达。三十日罢”。

天赐四年（公元407年）秋七月，“筑北宫垣，三旬而罢”。北宫在鹿苑内，位于平城之北。

道武帝拓跋珪还筑有天安殿，其晚年喜怒无常，精神错乱，经常殴击臣下，“死者皆陈天安殿前”。天赐六年“冬十月戊辰，帝崩于天安殿，时年三十九”。（以上所引，均见《魏书·道武纪》。）

除皇宫、鹿苑外，道武帝还重建了南平城和漯南宫。《魏书·道武纪》：“（天兴六年）九月，行幸南平城，规度漯南，面夏屋山，背黄瓜堆，将建新邑。”南平城即拓跋猗卢所建新平城，即小平城。拓跋珪打算兴建的新邑，似在小平城的基础上。天赐三年（公元406年）六月，拓跋珪“发八部五百里内男丁筑漯南宫，门阙高十余丈。引沟穿池，广苑圃”。

从天兴元年到天赐六年（公元398年—公元409年），前后11年，是北魏平城都创建时期。此期主要工程有三项：即皇宫、鹿苑和漯南宫。北魏建国伊始，并未脱离游牧习性，迁都平城之初，仅筑有宫室、太庙、圆丘、社稷坛、太学、苑囿等，穿渠引水，沟池相接，但无城郭建筑，建筑单元多以矮墙相隔。对于这样的情况，《南齐书·魏虏传》曾有记述，曰：“什翼珪始都平城，犹逐水草，无城廓。”天赐三年（公元406年），规立外城；次年，筑北宫垣，平城都才逐渐显现出中原都城布局和规制。外城和漯南宫及周围池苑当是同时兴建的，是道武帝晚年规模最大一次都城建筑活动。

明元和太武帝二朝是平城都的发展时期，历永兴、泰常、始光，直到太平真君、正平年间，经过40余年的扩建、改建，平城都已成为公元五世纪中国北方通都大邑。对于这一时期平城都的景观，《南齐书·魏虏传》记载曰：

木末（明元帝拓跋嗣）始土著居处。佛狸（太武帝拓跋焘）破梁州、黄龙，徙其居民，大筑郭邑。截平城西为宫城，四角起楼，女墙，门不施屋，城又无堑。南门外立二土门，内立庙，开四门，各随方色，凡五庙，一世一间，瓦屋。其西立太社。佛狸所居云母等三殿，又立重屋，居其上。饮食厨名“阿真厨”，在西，皇后可孙恒出此厨求食……殿西铠仗库屋四十余间，殿北丝绵布绢库土屋一十余间。伪太子宫在城东，亦开四门，瓦屋，四角起楼。妃妾住皆土屋。婢使千余人，织绫锦贩卖，酤酒，养猪羊，牧牛马，种菜逐利。太官八十余窖，窖四千斛，半谷半米。又有悬食瓦屋数十间，置尚方作铁及木。其袍衣，使宫内婢为（之）。伪太子别有仓库。

其郭城绕宫城南，悉筑为坊，坊开巷。坊大者容四五百家，小者六七十家。每南坊搜检，以备奸巧。城西南去白登山七里，于山边别立父祖庙。城西有祠天坛，立四十九木人，长丈许，白帻、练裙、马尾被，立坛上，常以四月四日杀牛马祭祀，盛陈卤簿，边坛奔驰奏伎为乐。城西三里，刻石写《五经》及其国记，于邺取石虎文石屋基六十枚，皆长丈余，以充用。

…………

正殿施流苏帐，金博山，龙凤朱漆画屏风，织成幌。坐施氍毹褥。前施金香炉，琉璃钵，金椀，盛杂食器。设客长盘一尺，御馔圆盘广一丈。为四轮车，元会日，六七十人牵上殿。蜡日逐除，岁尽，城门磔雄鸡，苇索桃梗，如汉仪。

自佛狸至万民（献文帝拓跋弘），世增雕饰。正殿西筑土台，谓之白楼。万民禅位后，常游观其上。台南又有伺星楼。正殿西又有祠屋，琉璃为瓦。宫门稍覆以屋，犹不知为重楼。并设削泥采，画金刚力士。胡俗尚水，又规画黑龙相盘绕，以为厌胜。

平城都宫殿、城垣、台观、门阙、池苑、沟渠、坊市、街道等，于《魏书·帝纪》也有反映，兹簿列如下：

据《魏书·明元帝纪》：

永兴元年（公元409年）十二月，“己亥，帝始居西宫，御天文殿”。

四年（公元412年）“夏四月乙未，宴群臣于西宫，使各献直言”。八月“壬子，幸西宫，临板殿，大飨群臣将吏”。

五年（公元413年）正月“己卯，幸西宫”。“庚寅，大阅于东郊”。二月“癸丑，穿鱼池于北苑”。“十一月癸酉，大飨于西宫”。

神瑞元年（公元414年）二月“乙卯，起丰宫于平城东北”。

二年（公元415年）“二月丁亥，大飨于西宫”。“甲辰，立太祖庙于白登之西”。

泰常元年（公元416年）十一月，“筑蓬台于北苑”。

二年（公元417年）“秋七月，作白台于城南，高二十丈”。

三年（公元418年），“冬十月戊辰，筑宫于西苑”。

四年（公元419年），“三月癸丑，筑宫于蓬台北”。“夏四月庚辰，车驾有事于东庙，远藩助祭者数百国”。“九月，筑宫于白登山”。

五年（公元420年）夏四月“丙寅，起漯南宫”。

六年（公元421年）三月，“发京师六千人筑苑，起自旧苑，东包白登，周回三十余里”。

七年（公元422年）二月丙戌，“大飨于西宫”。九月“乙巳，幸漯南宫”。乙酉，“诏泰平王率百国以法驾田于东苑”。“辛亥，筑平城外郭三十二里”。

八年（公元423年）“冬十月癸卯，广西宫，周回二十里。十有一月己巳，帝崩于西宫，时年三十二”。

据《魏书·太武帝纪》：“天赐五年生于东宫。”东宫之筑似在天赐二年（公元405年）。

始光元年（公元424年）九月，“治兵于东郊”。

二年（公元425年）三月“庚申，营故东宫为万寿宫，起永安、安乐二殿，临望观、九华堂”。“秋九月，永安、安乐二殿成”。“冬十月，治兵于西郊”。

三年（公元426年）“二月，起太学于城东”。

神䴥二年（公元429年）四月，“治兵于南郊”。十月，征柔然凯旋，“告于宗庙”。

四年（公元431年）二月，击败南朝宋军，“告于宗庙”，又“行幸南宫”，即漯南宫。七月，“起承华宫”。

延和元年（公元432年）正月，“谒于太庙”。“二月丙子，行幸南宫”。“夏五月，大简舆徒于南郊”。七月，“筑东宫”。

三年（公元 434 年）“秋七月辛巳，东宫成，备置屯卫，三分西宫之一”。此次东宫之筑当为扩建工程。

太延五年（公元 439 年）“五月丁丑，治兵于西郊”。

太平真君四年（公元 443 年）六月“癸巳，大阅于西郊”。

十一年（公元 450 年）二月，“大治宫室，皇太子居于北宫”。

正平元年（公元 451 年）六月戊辰，皇太子晃“薨于东宫”。

二年（公元 452 年）三月甲寅，太武帝“崩于永安宫”。

明元、太武二帝时期，平城都主要工程有东、西苑，外郭城，东宫等。太武帝时，“群臣白帝更峻京邑城隍，以从《周易》设险之义，又陈萧何壮丽之说。帝曰：‘古人有言，在德不在险。屈丐蒸土筑城，而朕灭之，岂在城也！今天下未平，方须民力，土功之事，朕所未为，萧何之对，非雅言也。’”拓跋焘虽未采纳群臣的建议，但平城许多重要建筑仍相当雄壮、堂皇，布局也较规整，这可从文献记载和考古材料中反映出来。至此，都城规模已具，成为名副其实的皇都。

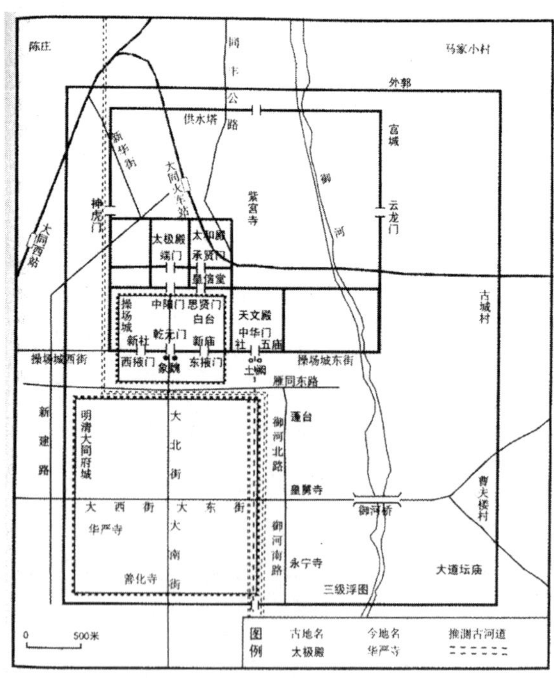

图 82　平城复原图（《水经注城邑考》据《中国地图册》绘）

文成帝兴安元年至孝文帝太和十八年（公元452年—公元494年），是平城都建设日臻完善时期，尤其是孝文帝即位后，都城各项建筑大多依据中原制度，明堂、太庙、圆丘、孔庙等礼制建筑齐备，特别是太极殿的竣工，将中国古代皇宫建筑制度发展到一个新水平。兹据《魏书·帝纪》，将有关平城都建筑的记载移录如下：

《魏书·文成帝纪》：

"正平二年（公元452年）十月戊申，即皇帝位于永安前殿。"改年号兴安。

兴安二年（公元453年）七月，"筑马射台于南郊"。"九月壬子，阅武于南郊"。

兴光元年（公元454年）"二月甲午，帝至道坛，登受图箓"。九月，"闭都城门，大索三日，获奸人亡命数百人"。

太安元年（公元455年）"正月辛酉，奉世祖、恭宗神主于太庙，又于西苑遍秩群神"。

四年（公元458年）三月，"起太华殿"。至七月建成。

和平元年（公元460年）"夏四月戊戌，皇太后常氏崩于寿安宫"。

四年（公元463年）"夏四月癸亥，上幸西苑，亲射虎三头"。

六年（公元465年）"五月癸卯，帝崩于太华殿"。

《魏书·献文帝纪》：

皇兴五年（公元471年）八月，拓跋弘禅位于太子宏，自称太上皇，"徙御崇光宫"。

承明元年（公元476年），太上皇拓跋弘"崩于永安殿"。《水经注·漯水篇》："平城东有宁先宫，献文帝之为太上皇所居故宫矣。宫之东次下，有两石柱，是石虎邺城东门石桥柱也。按柱勒，赵建武中造，以其石作工妙，徙之于此。余为尚书祠部，与宜都王穆罴同拜北郊，亲所经见，柱侧悉镂云矩，上作蟠螭，甚有形势，信为工巧，去子丹碑则远矣。"施蛰存《水经注碑录》卷二《宁先宫石柱建武题刻》，按语："《魏书·显祖纪》称：皇兴五年秋八月丙午，命太子践升大位。群公上尊号曰太上皇帝。己酉，太上皇徙御崇光宫，采椽不斫，土阶而已。承明元年五月辛未，崩于永安殿，年二十三。然则献文帝为太上皇时所居乃崇光宫，非宁先宫也”。

《魏书·孝文帝纪》:

皇兴元年(公元467年)八月戊申,“生于平城紫宫”。

五年(公元471年)秋八月丙午,“即皇帝位于太华前殿”。

延兴三年(公元473年)正月“丁亥,改崇光宫为宁光宫”。宁光宫似为宁先宫,光、先形近。《水经注》记有宁先宫。

承明元年(公元476年)“冬十月丁巳,起七宝、永安行殿”。“辛未,舆驾幸建明佛寺”。

太和元年(公元477年)正月,“起太和、安昌二殿”。秋七月“己酉,太和、安昌二殿成。起朱明、思贤门”。九月“乙酉,诏群臣定律令于太华殿”。“庚子,起永乐游观殿于北苑,穿神渊池”。“冬十月癸酉,宴京邑耆老年七十已上于太华殿”。

二年(公元478年)四月,“京师旱,甲辰,祈天灾于北苑,亲自礼焉。减膳,避正殿”。“六月己丑,幸鹿野苑”。

三年(公元479年)“正月癸丑,坤德六合殿成”。“五月丁巳,帝祈雨于北苑,闭阳门”。六月,“起文石室、灵泉殿于方山”。八月“乙亥,幸方山,起思远佛寺”。

四年(公元480年)“正月癸卯,乾象六合殿成”。“丁巳,罢畜鹰鹞之所,以其地为报德佛寺”。七月“壬子,改作东明观”。九月壬午竣工。八月“幸武州山石窟寺”。九月“乙亥,思义殿成”。

五年(公元481年)四月,建永固石室于方山上,“立碑于石室之庭,又铭太皇太后终制于金册,又起鉴玄殿”。七年(公元483年)“五月戊寅朔,幸武州山石窟佛寺”。“秋七月丁丑,帝、太皇太后幸神渊池”。“冬十月戊午,皇信堂成”。

八年(公元484年)“秋七月乙未,行幸方山石窟寺”。

九年(公元485年)正月,“癸未,大飨群臣于太华殿”。“秋七月丙寅朔,新作诸门”。

十年(公元486年)“九月辛卯,诏起明堂、辟雍”。

十二年(公元488年)九月“丁酉,起宣文堂、经武殿”。

十三年(公元489年)正月辛亥,“有事于圆丘”。五月庚戌,“有事于方泽”。

十四年（公元490年）十月“庚辰，帝居庐，引见群僚于太和殿”。

十五年（公元491年）春正月丁卯，“帝始听政于皇信东室”。四月“己卯，经始明堂，改营太庙。五月己亥……于东明观折疑狱”。八月“戊戌，移道坛于桑干之阴，改曰崇虚寺”。十月，“明堂、太庙成。十有一月丁卯，迁七庙神主于新庙”。

十六年（公元492年）“春正月戊午朔，飨群臣于太华殿”。“戊辰，帝临思义殿，策问秀孝”。“二月戊子，帝移御永乐宫。庚寅，坏太华殿，经始太极”。“五月癸未，诏群臣于皇信堂更定律条”。十月“庚戌，太极殿成，大飨群臣。十有一月乙卯，依古六寝，权制三室，以安昌殿为内寝，皇信堂为中寝，四下（四合殿）为外寝”。

十七年（公元493年）“春正月壬子朔，帝飨百僚于太极殿。”二月己丑，“始籍田于都南”。“三月戊辰，改作后宫，帝幸永兴园，徙御宣文堂”。五月“壬戌，宴四庙子孙于宣文堂”。

十八年（公元494年）“三月庚辰，罢西郊祭天。壬辰，帝临太极殿，谕在代群臣以迁移之略”。十月“戊申，亲告太庙，奉迁神主，辛亥，车驾发平城宫”。

孝文帝推行汉化政策，宫殿建筑多仿汉制。郦道元曾目睹北魏平城京建筑，《水经注》卷十三《漯水》记及平城，曰：“如浑水又南，分为二水，一水西出南屈，入北苑中，历诸池沼，又南径虎圈东，魏太平真君五年，成之以牢虎也……又径平城西郭内，魏太常七年所城也。城周西郭外有郊天坛，坛之东侧有郊天碑，建兴四年立。其水又南屈，径平城县故城南。《史记》曰：高帝先至平城……即此县矣……魏天兴二年，迁都于此。太和十六年，破安昌诸殿，造太极殿，东、西堂及朝堂，夹建象魏，乾元、中阳、端门，东、西二掖门，云龙、神虎、中华诸门，皆饰以观阁。东堂东接太和殿，殿之东阶下有一碑，太和中立，石是洛阳八风谷之缁石也。太和殿之东，北接紫宫寺，南对承贤门，门南即皇信堂，堂之四周，图古圣、忠臣、烈士之容，刊题其侧。是辨章郎彭城张僧达、乐安蒋少游笔。堂南对白台，台甚高广，台基四周列壁，阁道自内而升，国之图篆秘籍，悉积其下。台西即朱明阁，直侍之官，出入所由也。其水夹御路，南流径蓬台西，魏神瑞三年，又建白楼，楼甚高竦，加观榭于其上，表里饰以石粉，皓曜建素，赭白绮分，故世谓之白楼也。后置大鼓于其上，晨昏伐以千椎，为城里诸门启闭之候，谓之戒晨鼓也。又南径皇舅寺西，是太师昌黎王冯晋国所造，有五层浮图，其神图像皆合青石为之，加以金银火齐，众彩之上，炜炜有精光。又南径永宁七级浮图西，其制甚妙，工在寡双。又南，远出郊郭。弱柳荫街，丝杨被浦，公私引裂，用周园溉，长塘曲池，所在布濩，故不可得而论也。”这样的建筑布局、制度和城市风貌与中原无异。

自天兴元年（公元398年）至太和十八年（公元494年），北魏都平城近一个世纪。孝文帝迁都洛阳后，平城失去了都城的地位从而走向衰落。孝明帝正光四年（公元523年）以后，由于六镇起义爆发，平城都逐渐荒废，从此再未出现公元五世纪那样繁华的都市盛景。

结　语

自然环境是人类生产、生活的基本条件，是人类社会生存与发展的物质基础，区域社会的生存与发展则有赖于区域自然环境。人类社会之地理环境与自然环境的优与劣，干系最重要、最直接者是气候、气温，气候气温是自然环境之重要因素。因此，无论是地理学者还是历史学者，在探讨古代人类社会与自然环境之关系时，都十分注重气候气温的变化。然古气象研究是所有历史研究中最为困难的课题之一，正是因为其困难与重要，所以更能引发学者的研究兴趣。20 世纪六七十年代，著名科学家竺可桢先生通过对物候的长期观察，梳理古籍文献和考古资料，相互比较，撰成《中国近五千年气候变迁的初步研究》（刊《考古学报》1972 年第 1 期），创榛辟莽，为古气候研究开凿出一片新天地，后来者大都沿着竺先生所开辟的道路前进，并取得了不凡的成就。但已有的研究仍存在不少的欠缺，其主要问题在于所依据的史料大多孤单、零散。因为古人并没有留下成系统的物候观察记录，有关材料多为其他事物之相关记载，并非以专记物候为目的，一些物候现象的记录，所使用的历法不明确，或所记述的地点、时间不具体，农作物品种、地力情况不清楚，这些都会影响到史料的使用价值。而能够使用同一历法，反复记述同一地点同一农作物品种种植收获或同一种候鸟往来栖息的史料，在现存古文献中十分罕见，这是古气象研究的一大难题。欲解决这一难题，一方面须下大功夫发掘史料；另一方面还须不断调整研究思路。自然环境尤其是气候气温的演变相对来说比较缓慢，就某一地域而言，如果常年每天的日照时间与地貌不发生变化，气温在一般年份通常不会有什么大的变化。植被破坏、水文变化、大气环境、地壳运动等虽能造成一些异常气候，但并不能改变这一地域的寒暑格局。三至六世纪海河流域地貌单元结构与今天相比较，没有大的变化，常年昼夜时间自中古以来也并无多大差异，从这些方面看，古今气候在总的方面不应当有较大差别。如果仅凭一些物候证据要素不明的史料，来推断海河流域在魏晋隋唐为寒冷期，北宋以后又演变为温暖期，颇有些想当然之嫌。但从某一局部讲，由于水文、植被的变化，引起气温的降低或升高，形成局部“小气候”的波动，诸如山区沟壑小流域，原始森林茂密，暑时气候清凉，如果森林被破坏，这种清凉的小气候就不存在了。就海河流域讲，这种局部“小气候”所覆盖的范围面积都比较小，其变化不但不能影响到整个流域，而且还常常受到海河流域“大气候”的制约。海河流域自然环境基本上受地理位置与气候带支配，如果地理位置与气候带没有变化，流域地形地貌没有大的变化，境内气候气温也不会有大的变化，这是笔者通过对三至六世纪海河流域自然环境的考察得出的第一点认识。

海河流域自然环境的变化以东汉黄河改道为转折点，水系、水文、植被、物种等都发生了新的变化。海河水系的形成，地表水趋于减少，湿地不断萎缩，植被草甸化、土地沙化程度日益严重，气候逐渐干燥，这是三至六世纪海河流域自然环境变化的总趋势。而加速这一趋势发展的力量主要来自两方面：一是人类的盲目开发，较为典型的史例是北魏建都平城后，大规模移民至雁北代地，计口授田，粗放经营，使植被、生态受到严重破坏，干旱、风沙愈益严重，而环境的变化也使平城的都城地理优势大大降低。二是自然灾害，地震造成山崩泉涌，暴雨山洪冲陷河谷，砂石泥流造成植被破坏，还有干旱、蝗灾等等。人类过度开发与自然灾害都会造成生态破坏与环境改变，这两种力量，或纯属自然，或纯为人类行为，或两种力量交互作用。人类迁徙与开发如果适度，对自然环境不但不会产生破坏作用，还能改善自然环境。如汉魏之际，曹操对邺城及周围地区的治理；东魏高欢营建邺都，开挖沟渠，恢复湿地，使邺地自然环境得到改善与保护。虽然三至六世纪海河流域的自然环境趋向衰退，但对于人类来说，并非无能为力，只要开发有度，张弛有道，注意保护，优良的自然环境是能够营造的，改善自然环境，人类是可以大有作为的，这是本项研究得出的第二点认识。

三至六世纪海河流域的灾害发生较为频繁，灾害的类型亦多于黄、淮地区，其破坏程度十分强烈。许多灾害现象古今大体一致，如：暴雨，多集中在中山以南、太行山东麓迎风面，暴雨强度大而时间短，雨量最为集中的区域，一般是由南向北移动；风雹由西北向东南倾泻，沿山川强度最烈，这符合现代灾害成因理论。现代学者或有人认为，由于现代工业的发展，环境污染，资源浪费和破坏，造成暖冬、干旱、洪涝等灾害频发，气温气候反常，其程度今远甚于昔。但通过本项研究，可以看出，古代海河流域的灾害发生次数及破坏程度，并不低于现代，甚至超过现今，其灾害类型也比当今多，有些灾害如蝗、螟等，今天已完全能够控制并消除，而古人只能靠人工扑杀，并不能从根本上解决问题。至于人类活动对自然环境的破坏则今甚于昔。古代人口增长，土地开发过度，植被与生态受到破坏，引起干旱、沙化，土地无法种植，人类被迫迁徙，通过休耕以自然恢复原生态。而现代工业造成的环境污染，对植被、物种生态的破坏往往是毁灭性的，很难通过自然恢复以达到原生态。因此，经济发展与环境保护必须同步兼顾，走可持续发展的道路，可持续发展的基础与前提是优良的自然环境，首先保护好环境才能良性发展，这是现代人处理经济发展与环境、灾害关系的唯一选择。此是本项研究得出的第三点认识。

自然环境、灾害直接影响着海河流域的城镇建置与兴衰。史前考古发现的原始居民文化遗址，随时间先后，在地理上由北向南发展。商周以后，境内居民聚落由西向东扩展，至秦汉时，出现了影响至今的城镇布局。到了魏晋南北朝，城镇格局基本固定下来，并发展至今天。城镇的数量以西汉最多，但规模大多较小，三至六世纪海河流域城镇的数量虽不及西汉，但规模远远超过了西汉，其中还出现了拥有四五十万人口的都城，其城制建筑艺术已达到相当高的水平。城镇依地理形势而建置，多数沿山麓、河系分布，区域中心城镇多在太行、燕山山麓平原河流两旁形成，基本上位于传统的太行山东麓南北通道上。魏晋南北朝时，海河构成独立水系，随着人工运河的开凿，沿清河又形成了一条南北通道，这条通道可由邺，经冀州、勃海、章武、渔阳，直达辽西。已有的学术研究成果，除谭其骧先生外，很少有人注意到这条通道，本项研究经过对朝代逐一梳理，对各城镇逐一考证，使这条新兴的南北通道清晰地显现出来。正是由于这条通道的开辟，在海河流域东部冲积平原上形成了一些较大规模的重要城镇，冀州的兴起就和这一条南北通道的开辟有关。周一良先生曾论及中山、冀州和邺的“三角”关系。这三城镇之所以重要，原因在于中山位于西部山麓南北通道上，冀州位于平原中部南北通道上，两条通道向南于邺城相汇。直到隋朝大运河的开通，沿河又形成了一批重要城镇，区域中心城镇由西向东转移，海河流域城镇布局又有了新的改观，由此开启了隋唐海河流域城镇新的地理格局，这是本项研究的第四点认识。

海河流域扇状水系，地势呈漏斗状，地理位置处于北温带，属季风气候，西北部近半干旱区，寒暑变化季节性强，雨量也随季节和地理区域分布不均，水系亦属季节性河流，其主要作用是行洪、灌溉，大多数河流基本上无航运之利。这样的地理、气候造成了流域内雨则洪涝，无雨则旱，旱涝交侵，水土流失严重，水资源逐渐递减，再加上人口的聚集，城镇群的兴起及规模的扩大，人与自然、资源、土地的矛盾日益突出，魏晋、后赵、前燕、后燕、东魏、北齐面对这样的矛盾，大多采用一些临时性的措施，如：迁徙人口、重新分配土地；开挖沟渠，改善环境和耕作条件；封禁山泽，使物种休养生息；根据土宜，调整农、畜业结构等。这些措施，虽使问题有所缓解，但并不能从根本上解决问题。从海河流域的地理与自然的特点看，其整体性较强，环境治理，灾害防治，资源合理配置，须有通盘的考虑。古人的措施往往是治标不治本，当然也不可能做到根治海河。这些历史经验与教训告诉我们：海河流域的环境保护与综合治理必须有统一规划，上游地区的重点在小流域整治，水土保持，优化植被，扩张水的保养能力；中游固堤筑堰，恢复、保护湿地，重点防治环境和水资源污染；下游广开沟壑，深挖河渠，提高泄洪能力。全流域宜科学、合理调配、利用和保护水资源，使天然河道与人工水利设施既能排又能蓄，充分利用雨水，保持地表水，丰富地下水，使城镇社会、经济、自然环境、资源同时步入良性和谐的轨道，此正是通过历史研究对现实做出的思考，也是本项研究得出的第五点认识。

进入 21 世纪，每逢秋冬，直至早春，海河流域连年出现数日以至十余日雾霾天气，空气污染严重，危及人们的健康。尤其是石家庄、邢台、邯郸，尘霾最为严重，日色昏暗无光。居民紧闭门窗，躲避家中。而且，只要北京有霾，石家庄、邢台、邯郸的尘霾就十分严重。北京人常说，北京的霾来自河北，其实，石家庄、邢台、邯郸的尘霾何尝不是来自北京。空气流动由西北向东南，而太行山东麓定州至邯郸，皆居山前洪积平原。这一带常年风力较弱，飘浮空中的尘霾往往是在风力的作用下，被堆积在风力较弱的地区，空气环流，外来尘霾与本地尘霾叠加，昏暗无天日，其实此与这一带集中的雨量分布的道理是一样的。由于山前地貌的缘故，空中漂浮物由气流推动，在此形成涡流聚积。因此，暴雨、尘霾多集中在这一地带。暴雨可做提前预防，云团聚集，能够观测。而霾起自何处？有时难以观察。其实，霾与云在空中飘浮运动的态势大体一致，都是向风力较弱的地方聚集。若欲解决雾霾这一问题，须对海河流域进行整体综合治理，而目前的京、津、冀行政区划不能适应海河流域整体综合治理。京津冀协同发展是一个很好的思路，若将这一思路变成现实，还须考虑在行政区划方面进行适当调整，将北京、天津设为特别市，将河北省改建为京畿省，依据海河流域自然区划调整京畿省政区，京畿省第一首长应由国务院一位副总理兼任，统揽京津冀协同发展与管理。曹操、石勒、高欢先后建都邺、襄国，扩充京畿地区，并重新区划冀州，由朝廷重臣亲自掌控，明清京畿直隶朝廷，由此维护中央集权，稳定京城与京畿社会治理，化解中央与地方的矛盾，统一规划地方经济与社会的发展。这些都可值得借鉴。这是本项研究得出的第六点认识。

三至六世纪海河流域自然环境的变化，最明显的是水环境的变化。改善水环境，人类有不可估量的巨大潜力。曹魏、东魏北齐对邺城及周围水环境的治理，以及生态恢复，改善了人居和城市发展的自然环境，是历史上较为成功的典型范例，其经验很值得总结借鉴。又由于海河流域自然灾害频繁，而且灾害颇具突发性、极端性，破坏力极强，有时人类很难抵御。然这些特大灾害经常或连续发生的概率并不高，其爆发后持续的时间也不长久，人类可根据这些灾害特点，建立预防和应对机制，避免灾害给自己造成过大的损失，人类在减灾防灾方面也有很大的潜力可挖。只要人类抓住水这一中心环节，整治海河流域，规划布局，集约利用土地与资源，优化、美化环境，提高抗御自然灾害的能力，海河流域城镇的发展就会得到一个人与自然和谐的无限美好的前景与空间。

参考文献

［1］安介生．统万城下“广泽”与“清流”：历史时期红柳河（无定河上游）谷地环境变迁新探．历史地理，2008（12）．

［2］白洋淀国土经济研究会，等．白洋淀综合治理与开发研究．石家庄：河北人民出版社，1987．

［3］班固．汉书．中华书局点校本．

［4］北平研究院．南北响堂寺及其附近石刻目录．民国二十三年版本．

［5］曹尔琴．河北省及北京市、天津市古今县释名．中国历史地理论丛，1985（1）．

［6］岑仲勉．黄河变迁史．北京：人民出版社，1957．

［7］陈寿．三国志．中华书局点校本．

［8］陈铁卿．河北省县名次序之衍成．河北月刊，1935，3（8）．

［9］陈铁卿．河北省县名考原．河北月刊，1993，1（1）．

［10］陈铁卿．河北省行政区划沿革新考．河北月刊，1934，2（1）－1935，3（12）．

［11］程龙．井陉县址的变迁及军事意义．历史地理，2001（6）．

［12］程中．河北正定县出土前燕元玺四年刻字墓砖．文物，1981（4）．

［13］邓辉．辽代燕北地区农牧业的空间分布特点．历史地理，1998（6）．

［14］邓绥林．河北地理．石家庄：河北人民出版社，1984．

[15] 定州市旅游文物局. 定州碑刻. 北京：文物出版社，2018.

[16] 董智勇，佟新夫. 中国森林史资料汇编. 中国林学会林业史分会，1993.

[17] 杜佑. 通典. 北京：中华书局，1984年影印本.

[18] 杜预. 春秋左传集解. 上海：上海人民出版社，1977.

[19] 段伟. 自然灾害与中国古代的行政区划变迁说微. 历史地理，2012 (5).

[20] 二十五史刊行委员会. 二十五史补编. 北京：中华书局，1955.

[21] 范晔. 后汉书. 中华书局点校本.

[22] 房玄龄. 晋书. 中华书局点校本.

[23] 非鱼. 曹操所开白沟得名问题辨疑. 历史地理，1983 (11).

[24] 复旦大学历史地理研究所. 中国历史地名词典. 南昌：江西教育出版社，1989.

[25] 龚高法，等. 历史时期气候变化研究方法. 北京：科学出版社，1983.

[26] 龚高法，张丕远，张瑾瑢. 历史时期我国气候带的变迁及生物分布界限的推移. 历史地理，1987 (5).

[27] 龚江.《黄淮海平原历史地理》简介. 历史地理，1995 (8).

[28] 顾炎武. 天下郡国利病书//四部丛刊三编影印本. 上海：上海书店，1985.

[29] 顾祖禹. 读史方舆纪要. 北京：中华书局，1955.

[30] 郭仁. 北京西郊王浚妻华芳墓清理简报. 文物，1966 (12).

[31] 国家图书馆善本金石组. 隋唐五代石刻文献全编. 北京：北京图书馆出版社，2003.

[32] 国家图书馆善本金石组. 先秦秦汉魏晋南北朝石刻文献全编. 北京：北京图书馆出版社，2003.

[33]《海河史简编》编写组. 海河史简编. 北京：中国水利水电出版社，1977.

[34] 海河志编纂委员会. 海河志：第二卷. 北京：中国水利水电出版社，1998.

[35] 海河志编纂委员会. 海河志：第三卷. 北京：中国水利水电出版社，1999.

[36] 海河志编纂委员会. 海河志：第一卷. 北京：中国水利水电出版社，1997.

[37] 海河志编纂委员会. 海河志·大事记. 北京：中国水利水电出版社，1995.

[38] 韩光辉，王长松. 辽金元北京城市扩展过程与行政建制研究. 历史地理，2010 (4).

[39] 韩嘉谷.《水经注》和天津地理. 历史地理，2006 (5).

[40] 韩嘉谷. 天津平原的西汉县治和相关历史. 天津社会科学，1983 (4).

[41] 韩茂莉. 金代南京路人口与农业. 历史地理，2001 (6).

[42] 韩万珍. 通县治所的变迁. 中国地名，2002 (3).

[43] 禾子. 辨《十七史商榷》魏武有三都说之妄. 历史地理，1989 (6).

[44] 何炳棣. 华北古环境述评. 农业考古，1991 (3).

[45] 何炳棣. 华北原始土地耕作方式：科学、训诂互证示例. 历史地理，1992 (7).

[46] 河北省、北京市、天津市、山西省、山东省、河南省民国以前旧地方志与新中国成立后新编地方志、地名志。

[47] 河北省博物馆文物管理处. 河北出土文物选集. 北京：文物出版社，1980.

[48] 河北省地方志办公室. 河北省市县概况上册. 河北省地方志编纂委员会1987年铅印本.

[49] 河北省地方志编纂委员会. 河北市县概况下册. 河北省地方志编纂委员会1987年铅印本.

[50] 河北省地名办公室. 河北政区沿革志. 石家庄：河北科学技术出版社，1985.

[51] 河北省旱涝预报课题组. 海河流域历代自然灾害史料. 北京：气象出版社，1985.

［52］河北省林业厅林业志办公室．河北省林业史料．石家庄：河北人民出版社，1996.

［53］河北省社会科学院地方史编写组．河北古代历史编年．石家庄：河北教育出版社，1988.

［54］河北省政府河北月刊社．河北石征．天津：景明制版所，1932.

［55］洪亮吉．十六国疆域志．北京：商务印书馆，1958年重印本．

［56］侯仁之．北京城：历史发展的特点及其改造．历史地理，1982（11）.

［57］侯仁之．北京城市历史地理．北京：北京燕山出版社，2005.

［58］侯仁之．记英国国家图书馆所藏《清雍正北京城图》：补正《北京历史地图集》明清北京图．历史地理，1991（10）.

［59］后晓荣，陈晓飞．考古出土文物所见燕国地名考．首都师范大学学报（社会科学版），2007（6）.

［60］黄盛璋．有关吐谷浑故都：伏俟城的若干历史地理问题．历史地理，1982（11）.

［61］黄晓芬．论西汉帝都长安的形制规划与都城理念．历史地理，2011（4）.

［62］冀朝鼎．中国历史上的基本经济区与水利事业的发展．北京：中国社会科学出版社，1981.

［63］冀州地方志编纂委员会．冀州市志．北京：方志出版社，2012.

［64］贾思勰．谬启愉，校释．齐民要术校释：第2版．北京：中国农业出版社，1998.

［65］江天健．北宋河北路造林之研究．历史地理，1998（6）.

［66］焦国模．中国林业史．台北：渤海堂文化事业公司，1999.

［67］久保田和男．北宋东京外城小考：以神宗朝修城为中心．郭万平，译．历史地理，2004（10）.

［68］孔祥军．汉初“三辅”称谓沿革考．历史地理，2006（5）.

［69］孔祥铸．北京地区播种水稻始于何时．历史地理，1982（11）.

［70］蓝勇．历史时期中国野生犀象分布的再探索．历史地理，1995（8）.

[71] 乐史．王文慧，等，点校．太平寰宇记．北京：中华书局，2007.

[72] 李百药．北齐书．中华书局点校本.

[73] 李昉，等．太平御览．北京：中华书局，1960.

[74] 李鸿章，黄彭年，校刻．光绪畿辅通志．清光绪十年刻本.

[75] 李吉甫．元和郡县图志．北京：中华书局，1983.

[76] 李克让，等．华北平原旱涝气候．北京：科学出版社，1990.

[77] 李克让．中国气候变化及其影响．北京：海洋出版社，1992.

[78] 李凭．北魏平城时代．北京：社会科学文献出版社，2000.

[79] 李启文．西汉勃海郡初置领县考．上海：上海人民出版社，1996.

[80] 李启文．西汉渤海郡初置领县考．历史地理，1996（6）.

[81] 李泰，等．贺次君，辑校．括地志辑校．北京：中华书局，1980.

[82] 李孝聪．公元十一十二世纪华北平原北部亚区交通与城市地理的研究．历史地理，1991（10）.

[83] 李延寿．北史．中华书局点校本.

[84] 李延寿．南史．中华书局点校本.

[85] 郦道元．陈桥驿，校证．水经注校证．北京：中华书局，2013.

[86] 郦道元．汪士铎，图．陈桥驿，校释．水经注图．济南：山东画报出版社，2003.

[87] 林传甲．古易县考附易州沿革考．地学杂志，1918，9（9-10）.

[88] 令狐德棻．周书．中华书局点校本.

[89] 刘军，侯金亮，等．水与流域文化．北京：中国水利水电出版社，2015.

[90] 刘起釪．周初的“三监”与邶、鄘、卫三国及卫康封地问题．历史地理，1982（11）.

[91] 刘纬毅、郑梅玲，刘鹰，辑校．汉唐地理总志钩沉．北京：国家图书馆出版社，2016.

[92] 刘向．战国策．上海：上海古籍出版社，1988.

[93] 刘昫. 旧唐书. 中华书局点校本.

[94] 陆翙. 黄惠贤，辑校. 邺中记//刘心长，马忠理. 邺城暨北朝史研究. 石家庄：河北人民出版社，1991.

[95] 逯钦立，辑校. 先秦汉魏晋南北朝诗. 北京：中华书局，1983.

[96] 路洪昌，梁勇. 河北若干历史地理问题考释. 河北师范大学学报，1988 (4).

[97] 路洪昌. 论河北省县的命名. 河北师范大学学报，1982 (3).

[98] 吕绍生，李兆江. 论天津七里海湿地的历史演变过程和教训. 历史地理，2003 (6).

[99] 罗凯. 盛唐京畿都畿考论. 历史地理，2008 (12).

[100] 罗新，叶炜. 新出魏晋南北朝墓志疏证. 北京：中华书局，2005.

[101] 马正林. 论中国的城墙与城市. 历史地理，1996 (6).

[102] 马正林. 唐长安城总体布局的地理特征. 历史地理，1983 (11).

[103] 马忠理，等. 邺城及北朝史研究. 石家庄：河北人民出版社，1991.

[104] 马忠良. 中国森林的变迁. 北京：中国林业出版社，1997.

[105] 满志敏. 北宋京东故河道流路问题的研究. 历史地理，2006 (5).

[106] 满志敏. 黄淮海平原北宋至元中叶的气候冷暖状况. 历史地理，1993 (6).

[107] 满志敏. 黄淮海平原仰韶温暖期的气候特征探讨. 历史地理，1992 (7).

[108] 满志敏. 历史旱涝灾害资料分布问题的研究. 历史地理，2000 (7).

[109] 满志敏. 南宋皇城主要宫殿建筑考. 历史地理，2004 (10).

[110] 满志敏. 唐代气候冷暖分期及各期气候冷暖特征的研究. 历史地理，1990 (7).

[111] 满志敏. 用历史文献物候资料研究冷暖变化的几个基本原理. 历史地理，1995 (8).

［112］毛曦，靳润成．华北历史地理中国社会变迁：2012 年中国历史地理国际学术研讨会综述．历史地理，2013（6）．

［113］米文平．乌丸国、乌丸水与乌丸山考．历史地理，1999（10）．

［114］缪启愉．四时纂要校释．北京：农业出版社，1981．

［115］迺贤．河朔访古记．粤雅堂丛书本．

［116］钮仲勋．百泉水利的历史研究：兼论卫河的水源．历史地理，1981（11）．

［117］欧阳修，宋祁．新唐书．中华书局点校本．

［118］欧阳询，等．艺文类聚．上海：上海古籍出版社，1999．

［119］前田正名．平城历史地理学研究．李凭，等译．北京：书目文献出版社，1994．

［120］钱林书．战国时期魏国置郡考．历史地理，1999（10）．

［121］曲英杰．水经注城邑考．北京：中国社会科学出版社，2013．

［122］阙维民．南宋行在临安府的地图再现：历史地图学个案研究．历史地理，1995（8）．

［123］任美锷．中国自然地理纲要：增订第三版．北京：商务印书馆，1992．

［124］阮元，校刻．十三经注疏．北京：中华书局，1980 年影印本．

［125］邵生．晋王浚妻华芳墓志释文．文物，1966（12）．

［126］盛福尧．初探河南省历史时期的寒暖．历史地理，1989（6）．

［127］施和金．北齐地理志：2 册．北京：中华书局，2008．

［128］施和金．隋代行政区划制度改革研究．历史地理，2003（6）．

［129］施蛰存．水经注碑录．天津：天津古籍出版社，1987．

［130］石超艺．明代前期白洋淀始盛初探．历史地理，2012（5）．

［131］石永士，王素芳，裴淑兰．河北金石辑录．石家庄：河北人民出版社，1993．

［132］史为乐．简论洛阳古代都城城址的变迁．历史地理，1991（10）．

［133］水利部黄河水利委员会编写组．黄河水利史述要．北京：中国水利水电出版社，1982．

[134] 司马光. 资治通鉴. 中华书局点校本.

[135] 司马迁. 史记. 中华书局点校本.

[136] 苏秉琦. 中国文明起源新探. 沈阳：辽宁人民出版社，2009.

[137] 孙冬虎. 白洋淀周围聚落发展及其定名的历史地理环境. 河北师大学报，1989 (3).

[138] 孙冬虎. 华北平原城镇地名群的发展及其地理分布特征. 地理研究，1990 (3).

[139] 孙继民，郝良真.《水经注·漳水》邯郸附近山川城邑考. 历史地理，1993 (6).

[140] 孙继民，侯文高. 战国赵信都地望考. 历史地理，1991 (10).

[141] 孙继民. 海河流域历史上强度最大的一次降水：十六国后赵石勒时期滹沱河大洪水研究. 历史地理，2007 (12).

[142] 孙继民. 河北新发现石刻题记与隋唐史研究. 石家庄：河北人民出版社，2006.

[143] 孙星衍. 京畿金石考. 岱南阁刻本.

[144] 谭其骧. 长水粹编. 石家庄：河北教育出版社，2001.

[145] 谭其骧. 海河水系的形成与发展. 历史地理，1986 (2).

[146] 谭其骧. 西汉以前的黄河下游河道. 历史地理，1981 (11).

[147] 谭其骧. 中国历史地图集. 北京：中国地图出版社，1982.

[148] 唐晓峰. 试论晋国的都城区位. 历史地理，2006 (5).

[149] 陶炎. 中国森林的历史变迁. 北京：中国林业出版社，1994.

[150] 万国鼎. 氾胜之书辑释. 北京：中华书局，1957.

[151] 汪家伦，张芳. 中国农田水利史. 北京：农业出版社，1990.

[152] 王翠，马孟龙. 汉高帝十年侯国地理分布研究. 历史地理，2012 (5).

[153] 王存，等. 元丰九域志. 北京：中华书局，1984.

[154] 王德权. 从"罢郡存州"到"改州为郡"：隋代河北地区调整个案研究. 台湾师范大学历史学报，1998 (26).

[155] 王德权. 从"汉县"到"唐县"：三至八世纪河北县治体系变动的考察//唐研究：卷五. 北京：北京大学出版社，1999.

［156］王国维. 观堂集林. 石家庄：河北教育出版社，2001.

［157］王国维. 水经注校. 上海：上海人民出版社，1984.

［158］王灏. 畿辅丛书. 清光绪年间刻本.

［159］王会昌. 河北平原的古代湖泊//地理集刊：第 18 号. 北京：科学出版社，1987.

［160］王会昌. 一万年来白洋淀地区环境演变的初步认识. 地理研究，1983，2（3）.

［161］王建革. 华北平原内聚型村落形成中的地理与社会影响因素. 历史地理，2000（7）.

［162］王建革. 清代华北平原河流泛决对土壤环境的影响. 历史地理，1999（10）.

［163］王剑英. 明初营建中都及其对改建南京和营建北京的影响. 历史地理，1983（11）.

［164］王健. 西周“王畿”考辨. 历史地理，2003（6）.

［165］王进锋. 商周时期邶国地望与迁封. 历史地理，2013（12）.

［166］王九龄，李荫秀. 北京森林史辑要. 北京：北京科学技术出版，1992.

［167］王利器. 颜氏家训集解. 北京：中华书局，2002.

［168］王绵厚. 关于高句丽后期都城平壤“三城一宫”的地理考证. 历史地理，1998（6）.

［169］王妙发，郁越祖. 关于“都市（城市）”概念的地理定义考察. 历史地理，1992（7）.

［170］王铭等. 山西山河志. 太原：山西科技出版社，1994.

［171］王谟. 汉唐地理书抄. 北京：中华书局，1961.

［172］王庆，高光辰，仲少云，等. 一千年来中国东部平原地区四个主要河口的动力地貌演变机制与环境. 历史地理，2003（6）.

［173］王绍武. 公元 1380 年以来我国华北气温序列的重建. 中国科学：B 辑，1990（3）.

［174］王守春. 历史时期野生亚洲象与犀牛地理分布变化与气候环境变迁若干新认识. 历史地理，2002（6）.

[175] 王守春．论东汉至唐代黄河长期相对安流的存在及若干相关历史地理问题．历史地理，2000（7）．

[176] 王守春．中国城市历史地理研究的第一部系统著作：《中国城市历史地理》评介．历史地理，2000（7）．

[177] 王树枏，等．河北通志稿．北京：北京燕山出版社，1993．

[178] 王颋．黄河故道考辨．上海：华东理工大学出版社，1995．

[179] 王应麟．傅林祥，点校．通鉴地理通释．北京：中华书局，2013．

[180] 王幼辉．河北的水．石家庄：河北科学技术出版社，1999．

[181] 王豫北，文启．北魏顿丘县治考辨．中国历史地理论丛，1998（1）．

[182] 王铮，等．气候变暖对中国农业影响历史借鉴．自然科学发展，2005（6）．

[183] 王仲荦．北周地理志．北京：中华书局，1990．

[184] 魏坚，武燕．北魏六镇学术研讨会论文集．呼和浩特：内蒙古人民出版社，2015．

[185] 魏俊杰．十六国时期司州地区政区沿革．历史地理，2012（5）．

[186] 魏收．魏书．中华书局点校本．

[187] 魏徵．隋书．中华书局点校本．

[188] 温长贵．山西林业史料．北京：中国林业出版社，1988．

[189] 文焕然．二千多年来华北西部经济栽培竹林之北界．历史地理，1993（6）．

[190] 文焕然．秦汉时代黄河中下游气候研究．北京：商务印书馆，1959．

[191] 吴邦庆．畿辅河道水利丛书．清雍正四年刻本．

[192] 吴忱，等．古运粮河的形成与石家庄地区地理环境的演变．地理学与国土研究，1989，5（1）．

[193] 吴忱，等．华北平原古河道研究．北京：中国科学技术出版社，1991．

[194] 吴忱，等．华北平原古河道研究论文集．北京：中国科学技术

出版社，1991.

[195] 吴忱，许清海，马永红，等. 黄河下游河道变迁的古河道证据及河道整治研究. 历史地理，2001 (6).

[196] 吴忱. 河北平原的地貌与震害分布预测. 华北地震科学，1987 (5).

[197] 吴忱. 华北平原四万年来自然环境演变. 北京：中国科学技术出版社，1992.

[198] 吴光田，李强. 邯郸碑刻. 天津：天津人民出版社，2001.

[199] 吴松弟. 黄淮海平原历史时期人口分布的初步研究. 历史地理，1993 (6).

[200] 吴松弟. 论区域经济开发过程中影响生态环境的诸因素. 历史地理，2003 (6).

[201] 萧统. 李善，等，注. 六臣注文选. 北京：中华书局，2012.

[202] 萧子显. 南齐书. 中华书局点校本.

[203] 辛德勇.《唐两京城坊考》评述. 历史地理，1995 (8).

[204] 辛德勇. 巨鹿之战地理新解. 历史地理，1998 (6).

[205] 邢嘉明. 京津区域生态地理环境研究. 北京：气象出版社，1987.

[206] 邢台市文物管理处、隆尧县文广新体局. 河北隆尧石刻. 北京：科学出版社，2018.

[207] 邢铁. 新河县城的历史考察：华北平原古县城考察之一. 河北学刊，1998 (3).

[208] 徐海亮. 历史上黄河水沙变化的一些问题. 历史地理，1995 (8).

[209] 徐坚，等. 初学记. 北京：中华书局，2004.

[210] 徐日辉. 秦早期都邑考. 历史地理，2004 (10).

[211] 徐正. 海河今昔纪要. 河北省水利志编辑办公室铅印本1985年.

[212] 许宏. 先秦城邑考古（上、下编). 北京：金城出版. 西苑出版社，2017.

[213] 荀悦．汉纪．《四部丛刊》本．

[214] 严可均．全上古三代秦汉三国六朝文．北京：中华书局，1987年影印本．

[215] 严兰绅．河北通史．石家庄：河北人民出版社，2000.

[216] 杨景春，李有利．地貌学原理．北京：北京大学出版社，2001.

[217] 杨守敬，熊会贞．水经注疏．科学出版社，1957.

[218] 杨馨远，黄建芳．论汉代参户故城地理位置：兼论东平舒县治的位置．历史地理，2003（6）.

[219] 杨衒之．周祖谟，校释．洛阳伽蓝记校释．北京：中华书局，2013.

[220] 杨志玖．关于渔阳、范阳、蓟县的方位问题：并论《唐修蓟县志》的错误．天津社会科学，1983（3）.

[221] 一得．东汉黄河流域森林破坏举例．历史地理，1983（11）.

[222] 尹均科．论北京历史建置沿革的特点．北京社会科学，1987（4）.

[223] 尹均科．十八世纪北京的城市建设．历史地理，2000（7）.

[224] 尹均科．永定河下游的地面淤积．历史地理，2004（10）.

[225] 尹均科．永定河中、上游流域森林植被的破坏．历史地理，2003（6）.

[226] 尹君科，等．北京历史自然灾害研究．北京：中国环境出版社，1997.

[227] 于德源．密云山考．历史地理，1986（2）.

[228] 于鹤年．河北省十六国时代郡县考略．女师学院期刊，1933，1（1）.

[229] 于希贤．北京地区天然森林植被的破坏过程及其后果．环境变迁研究：第1辑．北京：海洋出版社，1984.

[230] 翟旺，米文．山西森林与生态史．北京：中国林业出版社，2009.

[231] 张德二．中国三千年气象记录总集．南京：凤凰出版社，2004.

[232] 张岗，杜荣泉．河北省志·建置志．石家庄：河北人民出版社，1993.

［233］张杰．山西自然灾害年表．山西省地方志办公室1987年刊本．

［234］张钧成．中国古代林业史：先秦篇．台北：五南图书出版公司，1995．

［235］张淑萍，张修桂．《禹贡》九河分流地域范围新证：兼论古白洋淀的消亡过程．地理学报，1989（1）．

［236］张修桂．海河流域平原水系演变的历史过程．历史地理，1993（6）．

［237］张泽咸．略论汉魏晋北朝时期海河平原农牧业生产．中国社会科学院研究生院学报，2003（2）．

［238］张之．邺之初筑是否在古邺城处．历史地理，1991（10）．

［239］章珊．华北平原古河道研究的结晶．历史地理，1995（8）．

［240］章珊．慕容皝东征路线说明的气候问题．历史地理，1996（6）．

［241］赵超．汉魏南北朝墓志汇编．天津：天津古籍出版社，2008．

［242］赵万里．汉魏南北朝墓志集释．北京：科学出版社，1956．

［243］赵希涛，张景文，焦文强．渤海湾西岸的贝壳堤．科学通报，1980（6）．

［244］赵希涛．中国海岸演变研究．福州：福建科学技术出版社，1984．

［245］赵晓华，高建国．灾害史研究的理论与方法．北京：中国政法大学出版社，2015．

［246］赵永复．郦道元任冀州镇东府史的时间．历史地理，1992（7）．

［247］《中国河湖大典》编纂委员会．中国河湖大典·海河卷．北京：中国水利水电出版社，2013．

［248］中国科学院地理研究所．黄淮海平原地貌图．济南：山东省地图出版社，1985．

［249］中国人民革命军事博物馆编著：中国战争史地图集．北京：星球地图出版社，2007．

［250］《中国水利史稿》编写组．中国水利史稿．北京：中国水利水电出版社，1979．

［251］钟翀．“东亚都市形态与文明史”国际研讨会会议纪要．历史地理，2003（6）．

[252] 周魁一，等. 注释. 二十五史河渠志注释. 北京：中国书店，1990.

[253] 周振鹤.《水经注·浊漳水注》一处错简：兼论西汉魏郡邯会侯国地望. 历史地理，1981（11）.

[254] 周振鹤. 西汉政区地理. 北京：人民出版社，1987.

[255] 周振鹤. 新旧汉简所见县名和里名. 历史地理，1995（8）.

[256] 周振鹤. 与满城汉墓有关的历史地理问题. 文物，1982（8）.

[257] 周振鹤. 中国历史上自然区域、行政区域与文化区域相互关系管窥. 历史地理，2003（6）.

[258] 朱玲玲. 中国古代都城平面布局的特点. 历史地理，1986（2）.

[259] 朱新望. 试论河北地区村落的出现与发展. 历史地理，1982（11）.

[260] 竺可桢. 中国近五千年气候变迁的初步研究. 考古学报，1972（1）.

[261] 邹逸麟. 黄河下游河道变迁及其影响概述. 复旦学报（社会科学版），1980（S1）.

[262] 邹逸麟. 黄淮海平原历史地理. 合肥：安徽教育出版社，1997.

[263] 邹逸麟. 历史时期华北大平原湖沼变迁述略. 历史地理，1987（5）.

[264] 邹逸麟. 千古黄河. 香港：中华书局（香港）公司，1990.

[265] 邹逸麟. 山东运河历史地理问题初探. 历史地理，1981（11）.

[266] 邹逸麟. 先秦两汉时期黄淮海平原的农业开发与地域特征. 历史地理，1993（6）.

后　记

1963 年 8 月，海河流域遭遇特大洪涝灾害，数日大雨滂沱。一天夜里，雨下得特别大，似翻江倒海，全家人躲在二小间的砖房内，不敢睡觉。“轰隆”“轰隆”，村子里房屋倒塌的声音不断传来，还有街坊邻居的喊叫声。村子周围一片汪洋，到处是倒塌的房屋。许多人不敢睡在房内，便宿在大街上搭起的帐篷内，躺在用板凳支起的木板上，伸手便能摸到街道上近膝盖深的流水。1976 年 7 月 28 日唐山大地震，身在千里之外，仍有特别明显的震感，教人真真切切领悟到大自然的不可抗拒。幼时每至深秋，一队队大雁从空中飞过，或成“人”字形，或为“一”字形，夜间也常听到南飞雁鸣。大人说：“过大雁了”，冬季就要来了，母亲开始准备一家人过冬的棉衣。到了春天，大雁、燕子等又都回来了。没过多少年，空中飞的除麻雀外，什么都不见了。村里的树也都砍光了，到处光秃秃的。1978 年我离开家乡时，村边的坑塘还有水，不过已少多了。几年后再回去，就已干涸了，水生物也绝迹了。农村改革二十多年后，家乡又披绿装，群鸟乱飞，叽叽喳喳。生态环境一旦破坏，逐渐修复需要很多年。

海河流域，余生于斯，长于斯，情也系于斯。学问当顺遂情性，一生从家乡到北京，从北京到石家庄、天津，又从天津到北京，上学、工作，时时留心观察周围自然环境的变化与自然灾害的发生，每到一处，考察古迹、古城与历史文物，思考天人关系，慢慢养成人生最大嗜好与习惯。1987 年以“三至六世纪海河流域经济与社会”为题，拿到国家社科基金青年项目。同时又参与《河北通史》《河北省志・建置志》等书的纂修，为本项研究打下了基础。2001 年拟题“三至六世纪海河流域自然环境、灾害与城镇兴衰”，申报国家社科基金一般项目，获准立项。这项课题结项，形成了本研究的一个初步成果。环境、灾害、战乱、城镇兴衰相互交织，于是又补写了“战乱”一章，其他各章也充实了大量资料。2014 年 5 月完成国家社科基金后期资助项目“古都邺城研究——中世纪东亚都城制度探源”，即考虑到地域研究是区域中心城市研究不可或缺的内容，京畿腹地是古代都城功能由周围区域向全国发散的关键，欲辨明邺城的历史地位，需对海河流域做深入研究。因此，本项研究可视为邺城研究的相关与延伸成果。邺城研究并不为邺城而邺城，旨在通过邺城研究找到东亚古都城制的起源。2016 年，我在邺城研究的基础上，开展第二步研究计划，以“中世纪东亚都城制度研究——‘华夏型’城市的历史变迁”为题，申报并获准立项为国家社科基金重大项目。欲完成这一重大课题，相关的先期研究必不可少，于是又花了一年多的时间，集中精力，修改、整理本项成果，为东亚都城制度、“华夏型”城市研究做铺垫。因此，本项成果又是“中世纪东亚都城制度研究”的先期阶段性成果。

自 2001 年至今，本项研究已经历了十九个年头，所展示给世人的成果基本上是材料梳理，有些问题到现在还未想明白。诸如人与自然的关系达到何等程度才能和谐？自然地理环境、行政区划、城市布局、资源配置、人口密度分布与控制，各种关系如何处理才能达到平衡？可持续发展实际上是均衡发展，各种关系不均衡则难以可持续发展。各种关系均衡的前提是优良的生态环境，优良环境是可持续发展的基础。曹魏、后赵、东魏北齐邺城的兴起与发展，反反复复都证明了这样的道理。中共十九大报告指出，中国特色社会主义进入新时代，社会主要矛盾是人民日益增长的美好生活需要和不平衡不充分的发展之间的矛盾，这一矛盾在京津冀表现得特别突出。所以，这些问题又都是京津冀协同发展带有根本性的问题。本项成果希冀通过历史的思考，求得解决问题与化解矛盾的思路。然困难重重，困惑、迷惘，让我切实感到心有余而力不足。

学术研究总是在迷惑中找到方向感。通过梳理材料可以看出，无论是灾害还是战乱，都是自然运动、自然与生物、人与自然、人与人关系的调整，其产生都是由于某些关系的失衡。厘清有关环境、灾害、战乱与城镇兴衰的关系，观察其发展过程中关系失衡与平衡的变化，寻绎其变化节点与质、量程度，总结并找出疏通、调节、控制各种关系的思路与途径，才能避免战乱，减灾防灾，使社会稳定并持续发展。历史研究虽然给出了这样的启示，然在现实操作与实施层面上仍十分困难。

就材料而言，尤其是古代城邑方位，相关记载歧异之处较多，已有成果的看法多又不一致，原计划踏遍海河流域，对照文献实地考察，由于教学任务繁重，未能如愿。虽将资料做了较为系统的整理，然分析、综括、提炼，抽象出理论认识，并未到位。再者，将历代城邑逐代整理，观察各代城镇兴衰变化，这样的编纂方法与其他相关舆地沿革著述有所不同，能否得到学界认可，心里没底。清代学者方苞、戴震都认为舆地沿革纷扰最难。戴震主张“志以考地理”“悉心于地理沿革”，强调“古今沿革，作志首以为重”“沿革定而可上考往古”。前曾对此认识不够，经过本项研究，也多了几分理解。这项成果就要问世了，心里忐忑不安，静心思虑，材料难穷尽，与其长时间窝在手里，倒不如抛砖引玉。有些材料或许还能济物利人，错误之处也可得到同人指正。故不揣浅陋，将此不尽完善之作梓之于世，乞求博雅高明之教。

本项研究，多得到研究生杜学霞、胡喜云、侯新立、宋羽、潘向东、白羽、何俞晴、张明月、程钧铭等人的辅助，中国人民大学出版社编辑付出了辛勤劳动，提出了许多宝贵的修改意见。谨向他们致以诚挚感谢！书中所引某些资料及图，未能找到原始出处，谨向原作者致以衷心感谢与敬意！

牛润珍

图书在版编目（CIP）数据

三至六世纪海河流域自然环境、灾乱与城镇兴衰/牛润珍著．—北京：中国人民大学出版社，2019.9

（百家廊文丛）

ISBN 978-7-300-25319-0

Ⅰ．①三…　Ⅱ．①牛…　Ⅲ．①海河-流域-地理学史-汉代-魏晋南北朝时代　Ⅳ．①K90-09

中国版本图书馆 CIP 数据核字（2017）第 311986 号

百家廊文丛

三至六世纪海河流域自然环境、灾乱与城镇兴衰

牛润珍　著

San Zhi Liu Shiji Haihe Liuyu Ziran Huanjing，Zailuan yu Chengzhen Xingshuai

出版发行	中国人民大学出版社		
社　　址	北京中关村大街 31 号	**邮政编码**	100080
电　　话	010－62511242（总编室）		010－62511770（质管部）
	010－82501766（邮购部）		010－62514148（门市部）
	010－62515195（发行公司）		010－62515275（盗版举报）
网　　址	http://www.crup.com.cn		
经　　销	新华书店		
印　　刷	北京玺诚印务有限公司		
规　　格	160 mm×230 mm　16 开本	**版　　次**	2019 年 9 月第 1 版
印　　张	28.25 插页 1	**印　　次**	2019 年 9 月第 1 次印刷
字　　数	428 000	**定　　价**	79.00 元

版权所有　侵权必究　　印装差错　负责调换